新世界新思想译丛
New World New Ideas

本版的修订和增补经由英国诺丁汉大学教授
克里斯·莱格利（Chris Wrigley）协助

Industry and Empire
From 1750 to the Present Day

工业与帝国
英国的现代化历程
第二版

〔英〕埃里克·霍布斯鲍姆（Eric Hobsbawm）著

梅俊杰 译

中央编译出版社
ICCTP Central Compilation & Translation Press

　　埃里克·霍布斯鲍姆（Eric Hobsbawm，1917—2012），享誉全球的思想大师、备受推崇的马克思主义史学大家，英国科学院院士及美国艺术和科学院外籍院士，先后被多个国家的大学授予名誉学位。

　　作为俄国十月革命的同龄人，1917 年出生于埃及名城亚历山大港的一个中产家庭。父亲是移居英国的俄国犹太后裔，母亲来自哈布斯堡王朝统治下的奥地利。1919 年，举家迁往维也纳，十年后父母相继去世，孤儿霍布斯鲍姆于 1931 年投奔叔父，徙居柏林，在"一战"后受创最深的德奥两国度过童年。希特勒上台后，1933 年转赴英国，幸运地躲过之后的纳粹大屠杀，完成中学教育，并进入剑桥大学学习历史。"二战"爆发后，投笔从戎，至 1946 年退伍，回到剑桥完成博士学位，博士论文题目是英国费边社的历史。1947

年成为伦敦大学伯克贝克学院讲师，1959 年升任高级讲师，1978 年成为该校经济和社会史荣誉教授。1982 年退休后，任纽约社会研究新学院政治和社会史荣誉教授。1998 年，英国时任首相托尼·布莱尔为其颁发了名誉勋位（Order of the Companions of Honour）。2002 年，被任命为他一生执教的伯克贝克学院校长，由于辞职信一直未获批准，实际上他至死都是该校校长。2003 年，获得杰出欧洲史研究奖。2012 年，中国国庆日凌晨，因病在伦敦谢世。

自 14 岁在柏林念中学时加入共产党后，一生未曾脱离，马克思主义成为他终生奉行的价值观。就读剑桥大学期间，就是共产党内的活跃分子。无论历史如何变迁，他始终认为自己是一个"不可悔改的共产主义者"。在冷战时代，身为共产党员的霍布斯鲍姆，是"西方世界潜在的敌人"和被监控的对象，生活之路频遭窘困。幸好他在伯克贝克学院觅得教职，方能维持温饱。1946 年，和一批志同道合的朋友成立"共产党历史学家小组"，持续举办马克思主义研讨会。1952 年，在麦卡锡主义正盛之时，参与创办了著名杂志《过去与现在》，成为西方影响深远的左派史学阵地。1956 年，由于赫鲁晓夫在苏共二十大上对斯大林的批判和"匈牙利事件"的爆发，国际共产主义运动陷入分裂，西方共产党员纷纷退党。霍布斯鲍姆则选择继续留在党内，但从此不再积极过问政治，而是安心于学术世界。

作为共产党人，霍布斯鲍姆可谓生逢其时，一生目睹共产主义的兴衰和资本主义的变迁。作为一个有强烈的现实关怀的历史学人，其人生和学术经历可谓相得益彰，珠联璧合。虽然信奉马克思主义的政治背景令教学生涯进展艰辛，但却使他与国际社会间有着更为广泛的接触和研究机会，从而最终建立了自己在国际上的崇高声誉。

霍布斯鲍姆的研究以 19 世纪为主，延伸至 17、18 世纪和 20 世纪；研究的地区从英国、欧洲扩展至拉丁美洲，也经常撰写当代政治、社会评论，历史学、社会学理论，以及艺术、文化批评等。其在劳工运动、农民运动和世界史范畴中的研究成果，堪称当代史学家的典范之作，极大地影响了学术界，迄今无人能出其右；其宏观通畅的写作风格，更是将叙述史学的魅力扩展至一般大众。

霍布斯鲍姆著作等身，一生写有40多本书，仅专著就有近20部，其中包括：年代四部曲《革命的年代》、《资本的年代》、《帝国的年代》、《极端的年代》，自传《趣味横生的时光》，遗作《断裂的年代》（2013年3月由著名的利特尔&布朗出版社出版，初名为《破碎的春天》），以及《匪徒》、《爵士风情》、《原始的叛乱》、《传统的发明》、《工业与帝国》、《1780年以来的民族和民族主义》等。

克里斯·莱格利（Chris Wrigley），本书第十六章作者，系诺丁汉大学历史与艺术史学院院长、现代英国史教授。著有《大卫·劳合·乔治与英国劳工运动》（1976）、《阿瑟·亨德森》（1990）、《劳合·乔治与劳工的挑战》（1990）、《劳合·乔治》（1992）。编有A. J. P. 泰勒三卷文集：《从拿破仑到第二国际》（1994）、《从布尔战争到冷战》（1996）、《英国首相及其他文章》（1999）。1996—1999年任英国历史学会会长。

埃里克·霍布斯鲍姆代表作品

《革命的年代 1789—1848》 *The Age of Revolution 1789 – 1848*

《资本的年代 1848—1875》 *The Age of Capital 1848 – 1875*

《帝国的年代 1875—1914》 *The Age of Empire 1875 – 1914*

《极端的年代 1914—1991》 *The Age of Extremes 1914 – 1991*

《劳工》 *Labouring Men*

《工业与帝国》 *Industry and Empire*

《原始的叛乱》 *Primitive Rebels*

《传统的发明》 *The Invention of Tradition*

《匪徒》 *Bandits*

《革命者》 *Revolutionaries*

《劳工的世界》 *Worlds of Labour*

《1780 年以来的民族和民族主义》 *Nations and Nationalism Since 1780*

《论历史》 *On History*

《论帝国》 *On Empire*

《非凡的小人物》 *Uncommon People*

《新千年访谈录》 *The New Century*

《全球化、民主和恐怖主义》 *Globalisation，Democracy and Terrorism*

《趣味横生的时光》 *Interesting Times*

《断裂的年代》 *Fractured Times*

《如何改变世界：马克思和马克思主义的传奇》

How to Change the World：Tales of Marx and Marxism

对埃里克·霍布斯鲍姆的赞誉

进步主义政治史界的巨人，影响了整整一代政治和学术领袖。他的史学著作是最高等级的学术作品，但又饱含了深刻的同情和正义感。他孜孜不倦地鼓动人们创造一个更美好的世界。

——英国前首相 托尼·布莱尔（Tony Blair）

霍布斯鲍姆是一位非凡的历史学家，一个对于政治充满激情的人。他将英国悠久的历史呈现于成千上万的大众面前，他把历史从高头讲章上领进了寻常百姓家。他是一位杰出的学者，关切国家、关心政治。虽然颇受争议，但他将一生都奉献给了马克思主义理论研究。

——英国工党领袖埃德·米利班德（Ed Miliband）

霍布斯鲍姆不可多得地兼具了理性的现实感和感性的同情心。一方面是个脚踏实地的唯物主义者，提倡实力政治；另一方面又能将波希米亚、土匪强盗和无政府主义者的生活写成优美哀怨的动人故事。

——《新左派评论》的灵魂人物佩里·安德森（Perry Anderson）

与这位瘦削的老者聊上几句，你就会被他带回波澜壮阔的革命与战争年代。再平庸的人，与霍布斯鲍姆相处一段时间，都会变得睿智而心思缜密……

——英国历史学家、工党下院议员特里斯特拉姆·亨特（Tristram Hunt）

霍布斯鲍姆已经阐明了许多题材和论点，从 17 世纪到 20 世纪末、印度到拉丁美洲，其涵盖面之广令人诧异。他拥有极富创意的心灵和罕见的天赋，得以构思出新的概念并加以宣扬，而且这些新概念对之后的历史创作影响深远。就史学方面的才智而言，学界无人可出其右。

——英国凯斯·托马斯爵士（Keith Thomas）

霍布斯鲍姆百科全书般的知识面要归因于他对一切事物的无尽好奇心，以及他在维也纳、柏林和伦敦这样的世界主义大都市的成长经历。

——英国剑桥大学近现代史教授理查德·J.埃文斯（Richard J. Evans）

在他所涉猎的任何领域，霍布斯鲍姆都能写出更好的作品，因为他的阅读量更大，具有更宽广和精确的理解。如果他没有成为一个终身的共产主义者，他也将作为 20 世纪一位重要的历史学家而被人铭记。

——英国历史学家托尼·朱特（Tony Judt）

霍布斯鲍姆从来不是马克思列宁主义教条的奴隶……他的作品具有非凡的知识宽度和深度，优雅、明晰，同情小人物，喜欢讲述细节。不可否认，霍布斯鲍姆是同时代最伟大的历史学家之一……霍布斯鲍姆的论著是研究当代历史的出发点。

——美国哈佛大学历史系教授尼尔·弗格森（Niall Ferguson）

当你合上霍布斯鲍姆的某一本书时，感觉就像结束了一场激烈的壁球比赛，筋疲力尽而又倍受鼓舞。

——美国哈佛大学经济史学家戴维·S. 兰德斯（David S. Landes）

霍布斯鲍姆是现时代权威的史学家……他开创了对公众抗议、暴乱和起义的研究，他的著作对社会科学家和对历史学家一样重要。

——《泰晤士报》（*Times*）

埃里克·霍布斯鲍姆可以说是英国最受尊敬的史学家，是极少数真正在国内外享有盛誉的史学家之一……无论是在对细微末节的掌握上，还是在非凡的综合能力上，他都独占鳌头。

——《卫报》（*Guardian*）

他似乎既从容不迫又熟练自在地徜徉于许多地点、主题和世纪之中，时而语带幽默并展现出难得一见的天分。尽管霍布斯鲍姆的特质与布罗代尔颇为不同，但他拥有同样宽阔的视野、深入的观察能力、朝气蓬勃的精神以及不得不再度强调的天分。

——《世界报》（*Le Monde*）

目前没有任何以英文撰述的历史学家在掌握事实与资料上的能力，堪与霍布斯鲍姆匹敌。他储存和检索细节的能力，已达到只有配备众多工作人员的庞大数据库才能够处理的程度。霍布斯鲍姆长于从众多资料中归纳出既令人惊讶又让人佩服的结论，这种天赋多年来依然不断成长。他是一位历史学家，不是小说家，但是他细密头脑内的引擎，却具有劳斯莱斯等级的想象力。

——《独立报》（*The Independent*）

目　录

图目录

导读　工业革命与不列颠新帝国的兴衰

　　英国的崛起与称霸世界，是世界现代史最引人瞩目的事件之一。如果把英国对现代世界发挥作用的历程拉长一点，1215 年，英国人为现代世界打开了规范国家权力的大门，从而奠定了现代国家的政治基础。大约在 1780 年代，英国又以工业革命掀开了经济发展的新篇章，因此奠定了现代国家牢固的经济基石。如果说英国的文化在此期间发生了相应的现代转型的话，那么，英国终于在 18 世纪晚期为人类确定了现代国家的总体框架。这对一个地域面积不大、人口不算众多、历史并不悠久、文化难言辉煌的国家来讲，绝对是一个了不起的成就：在现代世界中，无一个国家能望其项背。其中，工业革命对不列颠新帝国崛起所发挥的极大推动作用，尤为引人注目。正是工业革命，将英国正式推向新帝国的全球霸主地位。不过，令人惊叹的是，也正是新的工业革命，将跟不上革命步伐的不列颠新帝国，摔下了神坛。著名历史学家霍布斯鲍姆的《工业与帝国》，为人们绘制了这一富有传奇色彩的历史画面。借此书看开去，让人全面理解工业与帝国兴衰这一论题包含的丰富内容。

一、工业塑造新帝国

　　追根溯源，英国的现代化历史非常漫长。依据历史人类学家的描述，其前史得上溯到 13 世纪。1215 年英国贵族与约翰王签署《大

1

宪章》，就正式开启了英国现代转轨的大门。截至16世纪，英国就与全世界的发展彻底分道扬镳，进入现代社会。① 对英国现代化的这一描述，从总体上讲，是没有疑问的。但从规范的现代化，也就是民主政治、工商经济和多元社会的组合结构视角看，英国在17世纪显然还没有完全落定在规范的现代化平台上。恰如《工业与帝国》所考察的，正是从1750年起始，英国踏上工业革命征途以后，才真正成为现代化完型的典范国家。

这是在所谓狭义的现代化进程意义上作出的断定。广义的现代化一定要追根溯源，从其发端开始，缕述整个现代化的渐进过程，最后才落到由工业化显示的现代化总体状态上面。霍布斯鲍姆的兴趣不在广义现代化叙事，而在工业革命与第一个完整意义上的现代国家——现代新帝国的兴起、兴盛与衰落的主题上。这自然也是一种政治经济学的陈述方式。仅仅选择政治学的陈述，必须着眼于13世纪以来英国政治史的渐变过程。这是一部漫长的现代国家演进史，绵密的叙述常常让人对现代国家降临的问题，心生一种抓不住缰的乏力感。截断众流，直接从18世纪的工业革命叙述不列颠新帝国的兴盛，倒是给人一种从经济社会史视角观察不列颠新帝国为何兴盛的简截了当感觉。以之统率不列颠新帝国崛起的政治经济变迁过程，似可观这一天翻地覆变化的全貌。

在霍布斯鲍姆的笔下，英国的工业革命并不是那么令人惊心动魄的事情。对中国人常常惦记的工业革命始自"羊吃人"的圈地运动，以及瓦特发明蒸汽机的伟大作用，他似乎叙述得都有些漫不经心。他的叙述，并不是刻意忽略相关事件的重大象征性意义。他力图在经济社会史的演进中，为人们勾画一条英帝国兴起和兴盛的大

---

① 〔英〕艾伦·麦克法兰：《现代世界的诞生》，管可秾译，上海人民出版社2013年版，第6页。

线索。这有利于改变人们心中刻板和简单化的工业革命图景。

霍布斯鲍姆告诉人们,英帝国发生工业革命以前,并不是一个多么令人震惊的伟大国家,也还没有显示出独霸世界的雄心与能力。但是,随着工业革命的渐次展开,英国展露出一个现代世界第一强国的面目。"工业革命标志着有文字记录以来世界历史上最根本的一次人类生活转型。在某个短暂时期内,工业革命仅与一个国家即英国的历史相重合,因此,整个世界经济都以英国为基础或者围着英国转。这个国家由此上升到了足以影响并支配全球的位置,这是任何规模相当的国家此前或此后从未达到的地位,在可预见的未来恐怕没有哪个国家可以望其项背。世界史上曾有过这样的时刻,如果不拘泥字眼的话不妨将当年英国描述为:世上唯一的工厂、唯一的大规模进出口国、唯一的货运国、唯一的帝国主义者、几乎唯一的外国投资方,而且因此也是世界唯一的海军强权、唯一拥有真正世界政策的国家。这种垄断地位很大程度上得自开路先锋的独行无双,既然不存在其他拓荒者,英国便是开天辟地的主人。"①

这段话点出了理解英国工业革命与不列颠新帝国崛起的几个关键点:一是工业革命是人类历史上最根本的一次生活方式的转变。注意,这场革命并不仅仅是一般所谓生产方式的改变而已,而是人类总体生活方式的改变。二是英国在工业革命上独领风骚,具有令世人瞩目的"唯一性"。注意,这场革命并不是诸国同行、共襄盛举的产物。三是英国凭借工业革命的成功,绝对称雄世界。注意,即便是后起诸工业强国,也无法重演英国这一示范世界的现代壮举。

这就大大地激发了人们探幽索微的兴趣:英国何以在芸芸诸国中脱颖而出,以工业革命打造出一个全新帝国?霍布斯鲍姆以历史

---

① 〔英〕埃里克·霍布斯鲍姆:《工业与帝国:英国的现代化历程》,梅俊杰译,导言,中央编译出版社 2016 年版。文中除注明另引其他著作的引文之外,均引自该书,不再具体出注。

学家的精到叙事功夫，向人们展示了这一场事实上应该被称之为惊心动魄的历史巨变。在历史的时间向度上，霍氏勾勒出一条过去、现在与未来的大线索；在人类总体生活方式上，霍氏描述了漫不经心的农业到快速演进的工业生活方式的差异；在英国作为工业国家崛起的内外关系上，霍氏概观了英国与欧洲、与殖民地之间的复杂国际关系。这是一种宏观总体视角的历史社会学叙事。这也是霍氏凸显工业革命与不列颠新帝国兴起的关联画面所下足功夫的三个支点。

在英国自身历史演进的视角看，仅就财富的生产方式及与其适配的生活方式而言，1750 年前的英国与其他所有国家的差别，并不是那么巨大。但英国以工业革命而率先崛起的独特性是显而易见的。这是因为英国的旧制度已经具有相当的灵活性、当下英国对工业发展具有实际的需要、孕育新制度的大革命的风险得到管控，让英国足以将"简单的"工业技术革命引入社会生产进程。英国旧制度的灵活性来自两次革命对当权者的规训，而发达的商业传统对工业技术革命具有内在需要，广泛散布在农村的工业消解了公众革命的热望，以至于工业利益能够左右政府的政策。在 18 世纪晚期，英国而不是此外任何一个国家，之所以发生工业革命，之所以成为"世界工厂"，就变得容易理解了。

霍氏指出，对英国的工业革命，不能用气候、地理、人口的生物变化或其他外在因素来解释，也不能用偶然因素或纯粹的政治因素来分析。以英国已经具备的诸社会条件来看，它确实在这个时期完全可以为"廉价并简单"的工业革命提供足够动力。尤其关键的是，在英国这个特定时期，发达的私营经济成为工业革命的强劲推动力量。正是他们在牟利与创新之间的勉力探索，成就了第一次工业革命。交通运输业的迅速发展，食品工业与纺织工业的激烈竞争，采煤业的急速扩展，成为这次工业革命的龙头。人们常常以为的钢铁、蒸汽机，尚未发挥出它们的决定性作用。大量增加的工业产品需要市场，而英国恰好以两种手段为新兴的工业革命产出的产品提供了市场："一是夺取其他诸多国家的出口市场；二是通过政治或准政治的战争和殖民方式，摧毁特定国家内部的国内竞争"，英国的一切政策都为之开道，即使是战争，目的都在商业。在那个绝对容不下两个工业国家的世界经济体中，英国脱颖而出，就完全是情理之中的事情。

霍布斯鲍姆告诉人们，汇成英国工业革命洪流的，并不是今天传奇式说法的高技术与大工业。18世纪晚期开始的第一次工业革命，科学知识与技术能力远未引领工业发展，甚至两者还为工商业者所排斥。但正是由于实业家和熟练工感觉对技术含量不高的工业革命可望且可及，才让这次革命生龙活虎般展现出来。但低技术含量的工业革命毕竟是一场撼天动地的变革，因为那"代表了一种新的人际经济关系、一种新的生产体制、一种新的生活节奏、一个新的社会、一个新的历史时代"——社会阶级阶层结构出现了根本变化、精细的分工与合作生产机制浮现、机器产出了远比农业时代要多的产品和更快的生活节奏、权贵的优裕生活与底层的紧张状态相形而在、之前所无的大城市环境应运而生，旧时代的一切都无法在这个时代帮助人们安度困境。曾经主导经济行动的农业，彻底丧失了它的引导作用。"圈地运动"催生了大量的"剩余人口"，进入工业机制中的人口，并无稳定的工作，多出不少需要救济的人口，而《济贫法》让这些人受辱式地接受救济，这哪是此前的社会有过的现象。霍氏如此这般的描述，固然因为他左派史家的立场，但也属于有一说一：一个新的工业社会，就是一个不容乡情的社会。

工业的内生力量首先改变了英国的面貌，同时也改变了英国的世界地位和世界政经版图。前述英国所有的种种"唯一"，正是新帝国特性的集中体现。这些唯一，完全足够显示新帝国的状态，展示出所有其他国家无以期望的、让世界臣服的帝国能量，下文将要细数，在此毋庸多言。

二、新旧帝国分野：从暴力征服到利益谋求

以第一次工业革命为强大动力而崛起的英帝国，是一个不同于旧帝国的新帝国。这一"新"的特质，可以明确归纳为——受现代工业强力驱动的英国，成为三重意义上的新帝国：一是有形意义上的帝国，这就是"帝国领地"，也就是人们所熟知的"日不落帝国"。二是半有形意义上的帝国，也就是一切落后于英国、不得不与英国进行"自由贸易"的势力范围。三是无形意义上的帝国，此即资本与技术拱顶起来的霸权能量。

这是需要从不同方面加以解释的三大特征。从总体上讲，现代英国之所以被称为"新"帝国，自然是因为它具有与古典帝国相当不同的构造特质。具体讲来，一方面，新帝国之"新"，新在它不只是简单的攻城略地，诉诸强大的军事力量，不断扩大势力范围，并在军事征服的基础上对被征服者进行强制统治。这可以从不列颠进入与退出殖民地的两个方面得到理解：使用战争手段强抢别国领土，是所有早期殖民者共同的暴戾性表现。但英国情况稍有特殊——殖民当局与殖民者之间对殖民地人民的态度有所不同。譬如在北美殖民地，英当局对土著居民的"友善"态度明显要超过殖民者。[1] 在鸦片战争以后签订的中英条约，第一款要求清当局致力保护民众的人身权和财产权。[2] 在英帝国退出殖民地的时候，大多没有诉诸残暴

---

① 参见〔美〕迈克尔·曼：《民主的阴暗面：解释种族清洗》，严春松译，第四章"新大陆的种族灭绝性民主国家"，中央编译出版社 2015 年版，第 88 页及以下。

② 由于清廷与英国签订《南京条约》的时候，翻译人才奇缺，造成该条约中英两种版本的差异。这里依据的是该条约的英文本第一条表述中的文句："…their respective Subjects, who shall enjoy full security and protection for their persons and property…"

的流血战争。在愈近晚期退出殖民地的举措上，愈是体现出这一特点：北美独立还发生了短期战争，到印度独立时"非暴力反抗"成为主要动力，今日苏格兰脱英与否则依靠全民公决。这是新帝国之"新"的一个重要表现。可见，超越单纯的暴力征服，成为新旧帝国最重要的分水岭。

另一方面，新帝国之"新"，新在它不只是单方面实现帝国自身的强盛目标，而同时对被征服者和整个世界的发展发挥出积极作用。不列颠新帝国崛起之时，它是一个单元帝国，其他国家的实力难以望其项背。在此之前，西班牙与葡萄牙也曾以跨国征服冲动掀起了现代帝国建构的帷幕，但因为两国较为单纯的掠夺行为，并没能成就现代新帝国奇迹。荷兰以其商业目的建构帝国，惜乎迅速败于英国而未能完型。唯独英国崛起为现代新帝国，"工业化借单元'自由主义'世界经济、一度依赖某个领先国家这样的形式而降临，这很可能也是势所必然。那个领先国家就是英国，就此而言，英国在历史上独一无二"。这种独一无二性，源自英国成为"世界工厂"，也就是带动世界经济发展的强大引擎。旧帝国完全无法带给人类以新的生产方式、新的生活方式、新的国际关系，这就让新帝国的现代特性鲜明凸现出来。

这个新帝国，一方面自身的工业实力足够强大，除开前面所列举的几个"唯一"，在第一次工业革命的鼎盛时期，"英国生产了约占世界总量三分之二的煤、约一半的铁、七分之五的钢（世界总量不大）、约一半的棉布（限商业化产量）、四成的金属器件（按价值论）"。另一方面，基于它对国际贸易的依赖，成为其他国家发展的示范者。"就工业化国家而言，它们的发展进程基本上是英国工业革命及其技术基础的延伸。就初级产品生产国而言，它们被卷入了全球运输体系的建设进程，新的交通体系以铁路及日益轮船化的新式海运为基础，使得较易经济开发的地区和各式各样的矿区能够跟世界上城市化与工业化地区的市场连结起来。"英国展开的、无法逆转的全球工业进程，带给人类一个携手发展的全新世界。

再一方面，新帝国之"新"，新在它建立起了被征服者也乐于认同的现代国家体系。虽然"自由、平等、博爱"是书写在法国大革命旗帜上的现代基本理念，但在英国的现代转变中，它自始至终就是英国社会的基本精神，尤其是在霍布斯鲍姆考察的那一段时期，也就是英国工业革命凯歌猛进的阶段，这些基本价值不再是简单的政治口号，而是英国社会各方行动的指南。更为关键的是，正是在工业革命的进程中，由于现代国家的物质基础夯实得是如此扎实，以至于回归传统的任何想象都变得相当好笑了。现代的不可逆转，并不得自之前立宪民主制度的建立，而来自于它与当下工商经济的联姻。现代民主、宪政和法治，离开了工商经济，简直就无从想象。一种新的生产方式衍生出一种新的社会理念，社会政治整合的效果也今非昔比：阶级阶层之间的矛盾缓和了，合作增加了，颠覆性的社会政治冲动逐渐冷却下来，社会政治制度或国家基本架构的稳定性得到根本保障——"同样重要的是，人们发现，资本主义并非一场临时灾难，相反是能促成某些改善的一个恒久制度。这种认识改变了大家斗争的目标，于是，不再有社会主义者在那里幻想着某个新社会。"

单纯仰赖暴力征服的旧帝国，无论是波斯帝国、希腊帝国、罗马帝国，还是蒙元帝国、俄罗斯帝国、满清帝国，当然也掠夺被征服者的利益。因为旧帝国的征服逻辑，从来就不会单单指向政治军事压迫。自然还得承认，旧帝国从来也不会完全依靠粗暴的军事手段对被征服者进行高压统治。罗马共和阶段自身政治体建构实行的立宪制度、对被征服者实行的以万民法与民族法分而治之的策略，甚至为新帝国作出了示范。但总的说来，旧帝国既未能为人类提供财富增长的崭新方式，也未能给人类开拓出一条携手发展的通道，更未能为人类闯出一条以创新谋求持续发展的进路。新旧帝国的分野，确实是人类古代生活方式与现代生活方式的分野。诉诸军事暴力的旧帝国，与谋求利益分割的新帝国，实在呈现出两种不同的帝国逻辑。粗暴依然是帝国的行为纲领，但从赤裸裸的军事暴力走向经济贸易的双赢与多赢（尽管弱国受到不公平对待），仍然是人类社会历史上的一个显著进步。

尤其重要的是，新帝国的国家行为逻辑，成为其他国家行为的楷模，各国纷纷模仿不列颠帝国的建国模式，并且以期创造性模仿的仿真度高低，呈现出国家建构的成效大小：那些愈是能够在国家建构中秉持不列颠建国原则，同时结合本国情况加以创新的国家，就愈是有希望步入现代国家行列。反之，则上演出出建国悲剧。这可能是旧帝国全然无法呈现的国家建构状态。

三、帝国丛生与不列颠之殇

不列颠新帝国的降临，尤其是通过国际贸易展现的强大国家实力，既是对其他国家的有形示范，也是对其他国家的无形号召。

就有形示范来看，不列颠新帝国的发展态势，本身就是一个像层层涟漪外推的扩散过程。由于英国的第一次工业革命，既需要从殖民地获取原材料，又需要世界市场以销售终端产品，因此必然推动商业革命。否则，这场革命产出的巨量商品，就会因为没有销路，也就无法为工业革命提供绵绵不绝的动力。因此，工业革命势必与商业革命相伴随。真正的国际贸易时代的到来，便是不列颠新帝国一力推动的产物。而不列颠新帝国在崛起和后续的发展中，对国际贸易的明显依赖，也从另一个侧面证明了这一点。

英国的工商革命催生了两个市场，一是相对发达国家的市场，一是绝对落后国家的市场。前者主要发挥销售终端产品的功能，从而保证英国现代工业产品的广阔市场；后者主要发挥原料市场的功能，以之保障英国现代工业从原料到生产再到销售的生产链条。两者缺一不可。当然，不管是发达国家还是落后国家，原料供给与产品销售，其实都是打通的，这里只不过是要强调其侧重点而已。不过，两个有着不同侧重点的市场，对工业革命的走势确实发挥了相当不同的作用：产品市场的连带作用主要是同时启动了欧美的工业化进程，原料市场则主要生成了依附性发展的世界体系。即便这两个性质市场有转换的可能，譬如美国在殖民地时期和独立后的转换，就堪称典型，但是成功转换的国家实在不多。不管这样的转换对一个后发的国家有多么困难，一旦发生了这样的转换，就构成对英国独大的工业强国地位的直接挑战。加之在英国驱动下展开工业革命进程的诸多国家，一旦"弯道超车"，更加让英国维持不住单元工业强国的地位。

第二次工业革命，或者说工业革命的新一波浪潮，乃是诸侯风起的一场剧烈竞争。这一波工业革命的总体特征，不同于第一次或第一波以纺织业为龙头的低技术工业革命。"这一新阶段以资本货物行业为基础，立足于煤炭和钢铁。纺织工业发展的危机时代正好是煤与铁取得突破的时代，也是铁路建设的时代。"相比而言，这一波工业革命的国别特点，一是不再由一个国家独领风骚，二是多个工业化国家迅速崛起。尤其是美国、德国与日本的崛起，甚至拉开了英国与之相比的工业发展差距。这就让英国的相对衰落呈现在世人面前。如果说第一次工业革命成就了不列颠新帝国的一强独霸，那么第二次工业革命则造就了一个诸强并立的局面。这场以铁路建设为标志的高阶工业革命，英国在起始阶段也发挥了重要的引领作用。铁路的修筑、钢铁业的发达、资本的国际流动，都显示了英国前此工业革命集聚的实力。但英国的独占鳌头实在已经成为明日黄花。欧洲大陆尝试工业化的诸国，一方面在工业技术上拼力前行，从轻工业的工业化过渡到重工业的工业化。另一方面在工业企业的组织方式上超越英国，形成了有利于大工业发展的托拉斯等组织形式。到 19 世纪晚期，英国仅能维持工业大国之一的地位，与美国和德国平分工业强国天下而三国鼎立。

　　在美国、德国与日本的迅速崛起中，英国的工商革命优势逐渐丧失。这就让英国面临一个一枝独秀与百花齐放的明显变局。英国不得不努力适应新的发展局面，但适应新的局面谈何容易。首先，英国人习惯于享受第一次工业革命的成果，尽管在第二次工业革命到来之际，英国也采取了一些相应的举措，力求赶上工业革命的步伐。但因为英国社会将什么东西都伪装成传统的习惯，趋近于守成的社会心理远远无法适应急速演变的工业化需要。加之第一次工业革命积累的大量资本，在投向海外之后，收到了良好的投资回报，这也让英国人习于坐收资本红利，技术创新的动力相形下降。

　　其次，19 世纪末尾的 20 来年，工业化陷入了第一次"大萧条"之中。英国的相对滞后与新兴工业化国家的崛起，更是加剧了工业国之间的恶性竞争。帝国丛生，让英国优势不再。而且，英国安享其成的社会习气逐渐弥漫开来，英国不再有第一次工业革命那种积极向上的进取精神。"英国仅剩一条大道可走，那就是从经济上（且越来越从政治上）征服世界上那些迄今未加开发的地区，换言之，走帝国主义道路。这是英国的一条传统道路，不过，其他竞相逐鹿的列强如今也在走这条路。"于是，一个帝国主义时代降临了。帝国行径不仅有攻城略地的传统方式，也有一国或国际财团接管弱国的财经管理举措，还有以投资方式争夺利益的现代方略。这些有形、半有形和无形的帝国主义行径，将世界推向一个被工业强国任意宰割的境地。列强之间的无度竞争，将各个工业国家的政府卷进了经济利益的争夺之中，列强之间诉诸战争的方式解决争执的风险日益增强。世界大战就此与工业革命、国际竞争联系在一起。基于开放的世界经济建立起来的不列颠新帝国，不再能够适应国家保护的帝国间竞争局面，进一步的衰退完全在意料之中。英国得以长期位列诸帝国之一，多仰赖资本投资的无形帝国的支撑，让英国这个有形帝国勉强复制帝国业绩。这也应了"东方不亮西方亮"的帝国运行规律。"新工业强国的崛起、英国竞争力的衰退一方面削弱了英国的工业生产，另一方面，同样这一进程却助长了英国金融与贸易的成功。"但很显然，工业与帝国的直接关联已经被彻底割裂开来。

从世界现代史来看，早期成功登顶全球发展巅峰的国家，秉持的都是传统帝国的行动逻辑。这是因为，当时处理国家间关系的样板，只有古典帝国确立起来的征服逻辑。不过，如前所述，西班牙、葡萄牙等国的攻城略地这一赤裸裸的古典帝国行动方式，并没有真正开创现代帝国的独特行为方式，因此也未能凸显新帝国的崛起奇迹。即使是后起的荷兰商业帝国，也没有创立崭新的国家行为逻辑。倒是后发的英国，将古典帝国的征服逻辑与现代新帝国的经济利益共谋"巧妙地"结合了起来，并以之示范天下，提示所有试图跻身列强之林的国度，只有沿循这样的逻辑，才能开辟有形国家疆土之外的无形国际谋利空间。德国与日本，尽管在工业革命方面后发先至，但两个国家的军国主义行动逻辑，不仅没能发扬英帝国的现代新帝国风格，反而堕入传统帝国赤裸裸的军事征服窠臼，结果不仅未能取英帝国而代之，反而在紧张的帝国主义国家间竞争中掉入准殖民地的陷阱。尽管按照霍氏的说法，被"二战"炮火摧毁的德国（和日本）工业体系，反而有利于两国尤其是德国建立更加先进的工业系统。但一个国家跻身工业强国的尝试，居然落入准殖民地窘境，恐怕绝对不是什么值得赞赏的事情。

后起却夺人先声的是美帝国。美帝国不是秉持道德主义的现代国家，枪炮与钢铁照样是美国后发先至、成为强大工商帝国的后盾。但美国的帝国逻辑呈现的现代特性，远比英帝国鲜明：它竟然没有寻求建立像英帝国那样的有形帝国。换言之，美帝国没有在海外以武力建立殖民地体系，而是以高超的"门户开放"政策对外，以捍卫自身利益的"门罗主义"对内，以工业革命的大力推进振兴国势，因此得以取英帝国的世界霸主地位而代之。后起的美帝国，不论在国家的硬实力、软实力还是巧实力上，已经超越英帝国，成为崭新的当代帝国示范者。而在工业化的推进上，美国依仗电气、化工与自动化技术，科技专家与实业家的联姻、将工业机制推向整个社会以及标准化的福特制、人民资本主义改革等等措施，一举成为实力最强劲的工业国家。在这些方面，曾经先进的英国均技不如人，即使仍有一些不俗的成就，但远不能重建单元化的工业帝国的荣光。

四、工业衰颓的帝国挽歌

第一次工业革命的绝对领先优势，造就了大不列颠新帝国。但第二次工业革命的丛生帝国，则让英国从世界领先位置上跌落下来。英帝国的兴衰，真是个成也工业革命、败也工业革命的过程。英国国家地位的现代变化轨迹告诉人们，一旦以稳定著称的农业社会进入工业革命的创新轨道，一个国家只有按照不断创新的工业革命逻辑向前推进，如果试图停顿下来安然享受之前工业革命的成果，它就会被工业革命的不断创新逻辑无情淘汰。这就是霍布斯鲍姆指出的："一个全盘工业化的工业经济体意味着开弓没有回头箭，至少工业化将持续往前推进。"一个国家，面对全盘工业化的进程，推进有力，就持续领先；推进无力，便迅速落伍。不列颠新帝国首尝工业革命的甜头，但也势必首尝落后于工业革命步伐的苦果。

这一跌落的过程是漫长而痛苦的。漫长，是因为英国逐渐跌落的过程，耗时达到一个世纪。但跌落的世界霸主、新型帝国不列颠，不再重蹈古典帝国的覆辙：帝国的衰败，不再是一场国家衰亡之旅，而是国家毫不逊色地位列发达国家行列，仅只失去世界霸主的叱咤风云地位而已。这也是现代新帝国不同于古代帝国的一大特征。之所以会出现这样的帝国兴衰"怪事"，就是因为新型帝国的国家运行逻辑几乎完全不同于传统帝国。结合前述，可以进一步理解为：首先，国家由盛到衰的发展，不再是一个从狂风暴雨的军事征服到国内衰退、被征服或毁灭的过程。不列颠新帝国的发展，首先是长期蓄积内功的结果，其次才是对外战争与征服的产物。借助的帝国拓展动力，不仅有军事的、政治的，更有经济的、社会的因素。新帝国的现代性特征，尤其是从这个国家的切近日常生活的创新和工业化转制上体现出来。诚如霍氏指出的，英国工业革命锻造了一个新的社会结构、一种新的生产方式、一种新的生活方式、一个新的世界机制。这是诸社会要素共同作用的产物。而此前，各个社会要素很少如此交错地发挥作用。正是因为如此，勃然兴起的新帝国，即使遭遇一时的国内困难，或者碰上国家挑战，也不会催生一场国家迅疾毁灭的悲剧。"其兴也勃焉，其亡也忽焉"的古代帝国定势宣告终结。

其次，国家由盛到衰的演变，不再是一场基于无序性的骑马民族的飘风骤雨征战，也不再是一场基于稳定性要求的农业民族的韧性德性较量。而是不断创新的工业机制是否持续复制和连绵发酵的过程。只要一个国家建立起了这种机制，这种机制就会像不列颠新帝国那样，成为一种具有自我复制能力的机制。即便这个国家不再领袖群伦，成为世界霸主，但它的绵绵内力和对外关系，仍然可以保证国家跻身于发达国家行列而不至于完全被挤出这一队伍。

再次，国家由盛到衰的变迁，不再是有一种社会要素引导的畸形兴衰过程，也不再是政治与经济要素不平衡导致动乱，而一旦达成平衡则让社会陷入死寂般的宁静。不列颠新帝国创制的工业革命机制，乃是一种永无止境的创新机制。人们处在这样的机制中，总

14

是会产生种种遏制和逆转它的冲动,农业乌托邦总是引导这些人,要么试图回到已经不知所以的传统,要么迈进美轮美奂的理想境界。但结果总是差强人意,甚至造成巨大灾难。新式帝国总是促使人们相信,基于现实的进步主义,才有望引领人们迈向一个更为美好的世界。①

最后,国家由盛到衰的变化,不再是一个国家独秀始终的过程。不列颠新帝国的崛起,确实是独秀于林。但工业化的进程,不会因为不列颠新帝国不再独领风骚,就失去了工业化的国家载体。工业化是一个向全球范围推进的人类社会结构变迁过程。不列颠新帝国将工业化的诱人景象示范全球,凡是接受工业化逻辑的国家,尾随而来,努力效仿,力求超越。结果英国成为一个各国谋求发展的典范。典范本身的典范性未必能够长期保持,但模仿者本身却可能成为这一发展范式的新典型。这是一个一个工业国家接力的创新过程,是一个推动不同国家进入富裕与文明生活的扩展型发展模式。

但不能否认的是,仅就不列颠新帝国一个国家来看,它的由盛到衰,绝对不是一件令人尤其是令英国人欢欣鼓舞的事情。何以单元化的工业强国由盛到衰,并且无法阻挡呢?是英国在第一次工业革命之后"不能"延续发展奇迹吗?对此质疑,霍布斯鲍姆断然指出,不是英国人"不能"延续工业革命的奇迹,而是英国人"不想"延续这样的奇迹。他设定,资本主义这样的工业化经济类型,不是人们计划出来的,而是从众多追逐私利的个体决定中兴起的。因此,一种趋同的社会心态与行为模式,会决定这种经济形式的前途与命运。"关于英国工业活力的丧失,最常见也很可能最好的经济学解释是,问题终究缘于'工业强国的发动时间早且过程长',它以

---

① 参见〔英〕大为·兰德斯:《解除束缚的普罗米修斯:1750 年迄今西欧的技术变革和工业发展》,谢怀筑译,华夏出版社 2007 年版,第 121 页。

多种方式彰显了私有企业机制的不足。率先工业化所寄身的那些特殊条件自然不可能维持下去，它所采用的方法和技术无论当时多么的先进和有效，不可能始终独领风骚，它所创造的生产和市场方式也未必一直最适于支持经济增长和技术变革。然而，从过时的旧方式转向新方式既昂贵也困难。"因此，英国人宁愿守住成本相对低廉并且已经赚取大钱的工业机制，不愿冒险进行工业结构的再创新。加之英国从来没有遭遇德国以及日本那样摧毁性的打击，摆在面前的困难不足以让他们改弦更张。因此，英国不落伍谁落伍呢？一个惰性十足的英国便呈现在世人面前。"英国正在成为一个寄生型而不是竞争性经济体，纯粹依靠国际垄断盈余、依靠欠发达世界、依靠过去的财富积累、依靠对手的进步而过日子。"作为创造了第一次工业革命奇迹的英国，让人无比兴叹；而衰颓的英国，吃国家福利、享世界进步好处的英国，也让人无比感叹。工业社会的逻辑就是这么显出它的冷酷无情。随着"二战"的爆发，英国的世界霸主地位终于宣告终结。此后的英国，无论是凸显凯恩斯主义的政府调节，还是张扬撒切尔主义的市场化改革，都无法再将英国推向世界霸主地位。一切改革的核心，似乎都在如何维持住英国的既有地位。停滞的"英国病"就此成为一个聚集英才去努力解释的大问题。

第二次工业革命催生了丛生的帝国，这些帝国试图重建类似于不列颠新帝国那样的殖民体系，不过种种尝试均归于失败。现代世界确认的是继不列颠新帝国而起的美帝国那种旨在建立无形帝国体系的政治进路。因此，当"民族要解放、人民要革命"的殖民地崩溃事件发生以后，殖民地与前宗主国的现代行动逻辑高度一致起来，帝国逻辑势必让位给多元世界逻辑。这便是后帝国主义时代的世界大局势。

由于霍布斯鲍姆将《工业与帝国》的论述主题聚焦于经济中心论题，因此他不愿意凸显不列颠新帝国崛起的政治动力、文化精神、宗教伦理、历史背景。他明确要求对英国崛起和衰落的经济事件进行经济解释。因此他努力勾画一条不列颠新帝国从工业革命领先国家何以堕入跟随发展的经济轨迹。但不可否认的是，不列颠新帝国崛起的工业动力，实在是与英国的宗教、文化、传统与社会诸要素紧密联系在一起的综合性事件。工业衰退的帝国挽歌，其实深埋在不列颠文化深层土壤之中。① 当霍氏将经济之外的种种因素作为绝对辅助性的解释要素时，可能有损于他对自己立论的解释力。不过要承认，如果人们不追求大而全的泛泛解释，霍氏这本旨在面向公众的、着眼以经济事件解释经济问题的著作，确实是值得认真阅读的一部著作。

清华大学社会科学学院政治学系教授　**任剑涛**

2016 年 9 月 8 日

---

① 论者指出，以经济因素解释英国的停滞病是不得要领。因为它不仅无视了英国停滞病的综合导因，而且将经济发展问题推向了一个令人迷蒙不解的地步。解释英国停滞病，完全超出了经济学家的能力范围。当然也就超出了霍布斯鲍姆所界定的经济史的能力范围。参见［美］马丁·威纳：《英国文化与工业精神的衰落1850—1980》，王章辉等译，北京大学出版社 2013 年版，第 229—233 页。

译序　准确把握英国现代化的特点

最早接触埃里克·霍布斯鲍姆教授所著《工业与帝国》，还是在留学英国的时候，有一天在泰晤士河边散步，偶然买到了这本英国史书。此后不时翻阅史学大家写就的这一通俗册子，总能得到有关大英帝国兴衰荣辱的某种启发。这也从一个方面说明，此书自1968年初版以来持续畅销、年年加印，直至推出如今的新世纪定本，确实其来有自。

关于英国的现代化历程，前些年国内议论已多，特别是伴随公众对中国崛起的期盼，这一议题还曾引发学界以外的广泛兴趣。然而，一时热议未必意味着问题得到了澄清，围绕英国的现代发展问题仍可见到一些似是而非的陈言俗说，译者本人就作过若干辨识。[①]要准确把握英国现代化的规律特点及经验教训，显然有待于更多地了解相关史实，而这部已得到英国读者长期检验的经典史册至少是一本很好的门径读物。书中就英国工业革命的起源、内因与外因的关系、政府的干预作用、现代化的断裂风险、帝国体系的经营、相

---

① 参见梅俊杰：《自由贸易的神话：英美富强之道考辨》，新华出版社2014年修订版、上海三联书店2008年初版；梅俊杰：《所谓英国现代化"内源""先发"性质商议》，载《社会科学》，2010年第10期（中国人民大学书报资料中心《世界史》2010年第12期转载）；梅俊杰：《从马克思的论断看自由贸易的历史真相》，载《马克思主义研究》，2009年第6期（获上海市第十届社会科学优秀论文二等奖）；梅俊杰：《自由贸易神话的起源：亚当·斯密真相辨伪》，载《史林》，2007年第3期（中国人民大学书报资料中心《理论经济学》2007年第10期转载）等。

对衰落的缘由等重大问题所发表的见解，尤其值得我们善加借鉴。

关于工业革命的起源

国内学界在探究英国工业革命时，倾向于聚焦有限的几个因素进行解释。与此不同，霍布斯鲍姆翻检了历史演变中的诸多因素，从而全面分析了支撑英国率先工业化的适宜条件。除有利的气候、地理、资源这些自然因素外，他强调在工业革命前夕，英国经济与社会原已实现了商品化，形成了以伦敦为中心的全国性统一市场；农村生活已超越糊口水平，乡村初始工业呈自发蔓延之势；人们善于采用发明创造，而工业化的技术要求其时又相对简单；土地所有权较为集中，传统地主阶级与工商利益关系密切；国家拥有亦商亦战的海上力量，开辟了至关重要的海外市场；工业利益能左右决策，争取到了贸易保护主义政策；王权从属于崇尚实利的议会，由此构建了稳定理性的制度框架；贵族已经资产阶级化，社会财富能投向生产性及交通类领域；人口开始大幅增长，加上总体生活水平的提高，使得国内消费市场稳步扩大；世俗化方面进步明显，整个社会相当地自由宽容；等等。霍氏强调，所有上述要素彼此关联、相互促进，在工业革命前至少积累了两个世纪的发展基础；大而言之，对工业发展意义重大的因素主要是国内市场、对外出口、政府扶持这三个方面。鉴于具备如此良好且配套的综合条件，霍氏相信，"没有其他哪个国家像英国这样为工业革命作好了充分准备"（原书第11页，见本书边码，下同）。透视世界历史可知，工业革命导致了传统农业社会向现代工业社会的大转变，工业主义随之渗透到人类生活的各个领域，由此汇成现代化浪潮，但由领先者英国的历史看，工业革命本身先由全方位的"准"现代变迁所促成。

关于外部因素的作用

正如以上的多因素探讨所示，霍布斯鲍姆充分重视工业化在英国的内在动力，但这是否就等同于国内某些学者所秉持的"内源"说呢？未必如此。霍氏提出一个问题：既然英国的工业化是在资本主义制度下所发生，而资本主义的核心是自发谋利机制，那么，究竟发生了什么才会让当时唯利是图的私人企业家决定大举增加投入并由此引发工业革命呢？在此霍氏特别强调了外部市场的决定作用，毕竟国内市场据信只能创造相对有限的"自然"成长率。他认为，正是活跃的海外贸易给英国及整个欧洲带来了新原料、新消费品、新市场、新贸易伙伴、新盈利空间，一句话，外部的新需求激发了额外的、突破性的投资与生产扩张。事实上，最终触发英国工业革命的棉纺织业纯粹得自一场成功的进口替代运动，无论是其原料还是所要仿效的产品最初都来自海外，以后阶段的主要销售市场也在海外。故此，霍氏断言："我们的工业经济从我们的商业中成长起来，尤其是从我们与欠发达世界的商业交往中成长起来"；"如果没有那股国际商业特别是殖民地商业潮流，工业革命便无法得到解释"（第 32、35 页）。至于工业革命后的英国发展，更与整个世界经济密切相连，日益庞大的国际贸易流、收支流、投资流、移民流等等锻造了帝国的国际支配地位，"英国是作为全球经济必不可少的部分而发展壮大的"（第 xviii 页）。因此，如果说内部因素构成了英国工业化和现代化基本动力的话，则外部因素提供了经济起飞所必需的加速度，霍氏形象地称之为"点火的火苗"（第 26 页）。既然如此，外因的关键作用自然不能加以低估。

关于所谓的放任自流

时常能听到一种观点，谓英国作为世界现代化的原型，堪称放任自流中走向成功的典范。稽之事实，此乃大谬不然之论，霍布斯鲍姆明确指出，政府是一个"经常被忽略的因素"（第20页）。他断定，既然英国借征服海外市场而赢得发展的突破，那就"不仅需要有一个能够开发利用这些市场的经济，而且需要一个愿意为了英国制造商的利益而发动战争或进行殖民的政府"（第27页）。其实，英国历史上最接近放任自流的时候仅有19世纪中期（1873年前）这一短暂片段，大致与普遍实行自由贸易的短暂片段相重合。而之前和之后的长期历史中，英国执行的都是积极有为的干预政策，这一点集中体现于其源远流长的重商主义传统。即使有人曾以为资本主义是个自我调节的体系，他们也同时相信，需要为该体系的运作创造并维持必要的条件，18世纪末英国最早推行有关社会保障的"斯宾汉姆兰制度"便是一个明证。真要说19世纪中期某种放任自流一度流行（如政府退出直接生产领域），那也是因为此前的政府干预早已打下足够的基础，特别是因为英国相对于其他国家此时已拥有无可挑战的竞争力，霍氏即深知，"只有如此幸运的工业强国才敢于放任自流，才会不相信逻辑和计划"（第18页）。也因为这层关系，一旦英国到1870年代不再享有工业垄断优势，所谓的放任自流便随即退出历史舞台。自此往后，英国政府进一步介入福利与工商活动，在萧条和战争期间更是大举国有化，直到1980年代方才发生某种转向。所有这些提醒我们，在政府干预问题上，不宜用英国史上的例外片段去以偏概全乃至面壁虚构所谓的"历史经验"。

关于现代化断裂的风险

同样不实的一种历史观以为，英国的现代化是某种有机成长的循序渐进过程，不存在落后国现代化中寻常可见的断裂风险，可惜这也不符合史实。英国的工业化和现代化固然比后来者更显水到渠成、更似从容不迫，或许也拥有更多消化矛盾的时间，但正如霍布斯鲍姆所揭示，"革命的风险在英国同样奇高无比"（第 xv 页）。单以 19 世纪上半叶为例，由于劳工生活十分困顿、社会制度破旧而未及立新，英国就曾历经一浪接一浪的动荡，尤其在 1830 年代及 1840 年代初，"无比严峻的危机"令劳工革命一触即发，勒德分子、工会成员、乌托邦社会主义者、民主斗士及宪章运动家"飓风般接连横扫英国"，大有终结工业资本主义之势（第 51 页）。应当指出，正视英国现代化几乎断裂的意义在于，可以更有意识地关注英国为消解危机而采取的一系列和平过渡措施。透过现象看本质，务实的英国人并不比其他国民墨守成规，更没有仅实行经济变革而不及其余。工业化启动后，英国在 1780 年代、1820 和 1830 年代、1867—1874 年开展过"三个回合的政治与行政大扫除"（第 209 页）。19 世纪中，继 1830、1832 年立法改革之后，1867 年《改革法》推进了政治变革，随后在 1884—1885、1898、1928 年民主化又次第扩大，此外还有 1833、1847 年立法缩短劳动工时，1875 年废止《不公正雇工条例》，以及提高工人工资、改善城市环境等各类改良举措。如果说"现代性带来稳定，现代化引发动荡"诚至理名言，那么率先现代化的英国也不例外。对现代化道路上的后来者而言，英国如何逐步化解工业化转型中的深刻矛盾，如何设法消除现代化进程的断裂风险，是一个值得细察的永恒案例。

关于帝国体系的经营

英国在现代化过程中始终用心经营帝国体系，这种行为不能简单地用传统的"帝国主义"概念名之，它具有更为复杂的内涵。据霍布斯鲍姆分析，在英国作为工业化领先者的独特性当中，有相当一部分源于英国很早就建立了与欠发达世界的密切联系，并致力于营造一个以自己为核心的盈利体系；无论是"无形帝国"还是"有形帝国"，其目的都是要形成一种"发达地区对落后地区、工业化区域对原材料产地、国际大都市对殖民地或半殖民地"的不对称互补关系。当英国的工业实力天下无敌时，世界经济就曾发展出一个基本上全由英国控制的国际自由流通体系，大量欠发达经济体尤其被纳入英国的边缘轨道，其对英国的依附也不断加深。然而，霍氏进而指出，这样的帝国体系也埋下了帝国衰落的种子。当遭遇后起经济体的强大挑战时，英国总因为仰仗帝国体系而有路可退：一是"退回到由正式与非正式殖民地所构成的卫星世界"，或干脆说"退回到我们对欠发达地区的垄断中"；二是"退回到我们作为世界贸易、航运及金融交易的枢纽这一中介功能中"（第169、xii页）。如此一来，外部的严峻挑战固然被缓冲了，国内的安逸状态尚且维持着，甚至金融等服务收益还增长了，但长远的工业竞争力却因缺乏必要的转型和升级而日益削弱。因此，称英国兴也帝国体系、衰也帝国体系，似不无道理。以此观之，19世纪末以"势力范围"为形式的有形帝国争夺及再后的"帝国特惠制"等等，恰恰折射出大英帝国的不断衰落而不是持续强盛。这的确是一个意味深长的兴衰故事。

关于相对衰落的原因

当拿破仑战争于 1815 年结束时，英国已拥有相对于其他国家的工业垄断优势，到 19 世纪中叶，英国的强盛如日中天。此时，工业革命的早期危机已得到克服，工业化的世界性扩散带来了无限商机，而欧美的追赶者尚不足以构成有力挑战。1846 年废除《谷物法》、1849 年废除《航海法》、1860 年起大范围铺开国际自由贸易、1863 年实行金本位，这些既是英国赢得世界霸位的结果，也是英国确立自由国际经济秩序的象征。然而，不受挑战的霸权并未持久，经过 1873—1896 年世界经济大萧条，美国和德国便后来居上。人们惯于将英国的相对衰落归咎于英国社会的保守、企业精神的萎靡。在霍布斯鲍姆看来，问题偏偏出在曾经让英国率先崛起的那些特殊条件上。在英国独领风骚的工业革命第一阶段（1780—1840），那些技术手段和企业结构都相对简单，无论它们过去多么先进和有效，到国际竞争趋于激烈的工业革命第二阶段（1840—1895），却已日益成为"过时的遗产"；另一方面，在结构分散的私有制下，要从旧经营方式向新经营方式转变又谈何容易，特别是当旧方式尚未走到盈利尽头时，现代化改造更是难以毅然决然地推行；何况一段时间里，英国正好凭借向新兴工业化国家出口资本货物还能坐收领先者的红利，此外，金融服务等无形贸易一直能够有效地补足工业竞争力衰退留下的空缺。在此背景下，英国似乎越来越在积累某种"先发劣势"，逐渐成为"一个寄生型而不是竞争性经济体，纯粹依靠国际垄断盈余、依靠欠发达世界、依靠过去的财富积累、依靠对手的进步而过日子"（第170 页）。这样的解释不仅更有说服力，而且也对现代化中任何阶段、任何领域的（暂时）领先者都发出了一个警告。

　　霍布斯鲍姆书中的内容自然远不止以上数项，我不过从自身视角作了重点解读，而此处未及的其他问题，如土地制度与农业经营、教育科技与产业升级、金融发展的利弊得失、国内消费的恰当角色，也同样是观察英国现代化历程的重要侧面。凡此种种，无不事关英国的历史变迁与当今处境，无疑也关乎现代化后来者的政策抉择。正因如此，借助史家智慧就这些问题获得切实可靠的经验教训，便具有非同小可的意义。

　　当然，霍布斯鲍姆的论述绝非不容置疑的定论或公论，书中所言也偶有可商之处。举其大者，尽管他充分意识到，英国甚至在工业革命前就至少是"欧洲经济"那个国际体系的一部分，但在具体论述中他还是过多强调了英国"举世无双"的率先性和独特性，过多强调了英国无法从外部获得经验、技术、资本、制度等等这一方面，乃至断言"基本上（也许完全）不能援用外部因素"去解释工业革命（第 13 页）。且不论这一观点与书中其他表述自相矛盾，其最大问题在于不符合历史实情，这有大量的研究成果可资证明。① 诚然，霍氏本英国史的重点放在 1750 年之后，故而，略去此前英国向其他国家借鉴甚多那一方面，似在情理之中，可是以我之期待，相关的论述尚可更加周详些。为避免中国

---

　　① 尤其参见 William Cunningham, *The Growth of English Industry and Commerce in Modern Times*, Part I: The Mercantile System, Cambridge University Press, 1907, in Roger E. Backhouse and Peter J. Cain（eds.）, *The English Historical School of Economics*, Vol. 4, Overstone of Thoemmes Press, 2001, p. 75, 78; J. U. Nef, "The Progress of Technology and the Growth of Large-scale Industry in Great Britain, 1540 – 1640", *The Economic History Review*, Vol. 5, Iss. 1, Oct. 1934, pp. 11 – 17;〔德〕弗里德里希·李斯特：《政治经济学的国民体系》，陈万煦译，商务印书馆 1961 年版，第 39—40 页；〔美〕道格拉斯·C. 诺斯、罗伯特·保尔·托玛斯：《西方世界的兴起》，厉以平、蔡磊译，学苑出版社 1988 年版，第 210 页；陈勇：《十四至十七世纪英国的外来移民及其历史作用》，见吴于廑：《十五十六世纪东西方历史初学集》，武汉大学出版社 1985 年版，第 162—193 页。

语境中可能的继续误读，这里不妨白璧指瑕，兴许还能引起进一步的讨论。

霍布斯鲍姆的众多著作中，译介到中国来的概已超过十种，就此而论，本书的中文版诚该更早推出。很荣幸应中央编译出版社侯天保先生之约，我有机会翻译自己看重的这一名家名作，得以亲手补上有关空白。相信这部作品能帮助我们加深对英国现代化历程的认识，进而给中国的发展和进步带来有益的启迪。

梅俊杰

2015 年 10 月 11 日

于上海社会科学院世界经济史研究中心

原　序

　　学生如今面临经济与社会史方面的诸多考试，想要通过这门或那门考试的部分人肯定会阅读这本书，我自然希望本书能对他们有所帮助。然而，本书并未单纯按教科书来设计，它也无法充当十分便利的参考书。这本书试图描述并解释英国作为首个工业强国的崛起、其从领先者短暂霸位的跌落、其与世界其他地区颇为特殊的关系，以及这一切对英国民众生活的若干影响。所有这些问题应该会让任何有悟性的国民感兴趣，为此，我尽量以非技术性方式来写作，并假定读者不必预先具备社会科学知识。当然这不等于说，书中用通俗文字提出并希望解答的问题，不能用其他各学科更专业的语言另行表述。但我以为，读者预先大致了解英国 1750 年以来的历史脉络便可。假如读者碰巧不清楚"拿破仑战争"指什么，不知道"皮尔"或"格莱斯顿"之类名字，则不妨自己去查找一下。

　　鉴于有关英国经济与社会史的问题或答案尚缺乏普遍认同，我无法断言本书代表了学界的共识。过往 200 年的英国经济与社会史已成为研究深入、讨论活跃、时现激荡的领域，这一点令人高兴，不过也使得想要通盘解释该时期的历史学家面临极大的困难。其中部分困难缘于经济史的特异处境，它作为一种专门学问，既要适应历史学家的需求，又要适应经济学家的需求，可是二者的路径或至少二者的需求却越来越在分道扬镳。经济学已成为日益数学化的专门学科，自本书初版以来，经济史的某个分支已一枝独秀，人们冠之以"新经济史"或"历史计量学"这样的名称。该分支学科本质上使用技术复杂的量化方式，借助经济史上的实践，去证实或证伪经济理论的有关主张。与此同时，定义不确切但领域扩大化的"社会史"，在其发展中又把经济史的传统研究主题带往另外的方向，而在这一大范围内，妇女史之类新的重要领域又在兴起，其研究旨趣则更加专门化。1960 年代以来，还有一些研究人员越来越以怀疑的眼光看待经济史，这些学者无意深究历史上发生了什么以及为何那样发生，他们更关心人们（主要是当代历史学家）是如何"构建"其历史理论的。尚可欣慰的是，对经济史感兴趣的大多数人相信，经济史提出了需要回答的问题，只是上述领域都专注于各自独特的问题，并就这些问题提出各自独特的答案。

故此，读者也应当清楚本书将提出并希望回答什么问题。本书作者认为，现代世界经济史的中心命题是资本主义世界经济的成长与转型。英国既是第一个工业国，从 18 世纪至 20 世纪初又是构建世界经济的核心支柱。为什么会出现这种情况，英国与世界（包括帝国领地和经济附庸）维持着何种关系，英国的开拓性成就以及其他更现代工业强国的兴起对英国产生了何种影响，这些便是《工业与帝国》关注的一些问题。书中给出的答案是否符合实情，恐怕难下定论，但我自然希望它们如实可信，读者应自行评判，这些答案是否头头是道并环环相扣。

在修订这部初版于 30 年前的著作时，我必须自问，世纪末的读者对本书的兴趣是否迥然有别于当年的设想，乃至此书已经无关其痛痒？当年撰写《工业与帝国》时，经济史学家念念不忘经济发展与工业化问题；如今他们还是这样，尽管关注方式有所不同。当年，在非殖民化伟大运动的冲击下，他们也念念不忘"发达"世界与欧洲以外"欠发达"或"新兴"世界之间已经尖锐且不断加大的分化，当时，后一世界尚缺乏"新兴工业化国家"这样的名称与事实；

viii

今天，他们对这一话题也还是津津乐道，尽管关注方式有所不同。英国及其在世界经济中地位的衰落是本书的重大主题，至今这还是一个迫切需要关心的问题。由此可见，对于新千年的读者而言，《工业与帝国》仍具有某种相关性。

本书实乃集成型著作，并不是原创性研究成果，所以它立足于许许多多其他学者的劳动，甚至有关判断有时也采自他人。要充分表达我的感激之情将需要开列详尽而冗长的征引注释，那样虽然对我的同行尽到了礼数，但对普通读者却价值不大。为此，现有注释仅限于直接征引的文献，偶尔也包括从冷僻文献中采集的史实。即使书中某些部分依赖了一手资料而非二手资料，我在这些地方也未试图全部作出注释。后续阅读书目及每章后附的文献注释提及了我所借鉴的某些著作，但这些指南并不构成一单恰当的参考文献。

最后再作一警示。经济史本质上是量化的，所以会采用大量统计数字。然而，数字有其弱点，往往不足为外人道，专家有时也忽视这一点，专家因为需要数字，便可能不加质疑地接受数字。故此，稍列出一些数字固然值得，但也仅此而已。世间本无统计数字，除非某人曾经作过计量，而历史上经常没有人搞统计，直到相对的近期才为之一变。（例如，1854 年前没有煤炭产量数据，1921 年前则没有充分的失业数据。）在此情况下，我们缺乏统计数字，仅凭有所依据的估测，甚至或多或少的瞎猜，所能预期的最佳结果至多是确定数量级别。无论我们多么希望从这些数字中如获至宝，实际上都难以如愿，谁也不可能用几块烂木板架起一座跑重型卡车的桥梁。为任何目的收集的统计数字都有误差幅度，而且收集得越早，往往越不可靠。一切统计数字原不过在解答具体且极窄的问题，如果挪作他用，不管是原原本本地套用还是经过某种细致的调整，都必须慎之又慎。换言之，读者们必须学会谨防历史统计图表貌似的严密与确凿，特别要提防缺乏细致描述、单纯呈现数字的统计图表，须知，训练有素的统计学家都会用细致的描述来说明图表。统计图表当然必要，使我们能够十分精确、有时也生动活泼地表现某些东西，但它们未必就比文字叙述的粗略估计更加可靠。我使用的统计图表主要来自于令人钦佩的汇编，即米歇尔和迪恩的《英国历史统计概要》及其续编——B. R. 米歇尔的《英国历史统计》。

肯尼斯·贝利尔阅读了本书原稿并剔除了某些错误，但不应为余下的错误担责。由于原书实际上只写到 1964 年工党政府的上台（尽管偶尔会越过这一时间线），克里斯·莱格利教授补写了一章，使经济史实从 1960 年代一直推进到 1990 年代，他也刷新了若干统计数字、注释和后续阅读提示。我则撰写了一个全新的结论。书稿其余内容都经过了不同程度的修订，以删去不再符合实情的表述，吸收新近研究成果及后见之明，并至少作点技术性努力去弥补初版中最无可原谅的缺失，即完全没有关注到妇女。

谨向企鹅丛书及大批默默无闻的读者致谢，他们让本书从 1968 年以来连续不断地刊印，并且给予我这一机会，借助克里斯·莱格利的帮助而将它带入 21 世纪。

埃里克·霍布斯鲍姆

1998 年于伦敦

x

导言

工业与帝国
Industry and Empire

英国的现代化历程   From 1750 to the Present Day

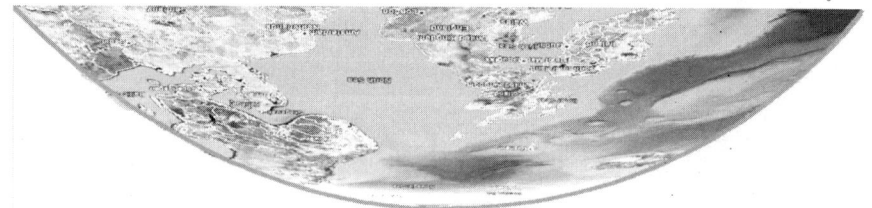

导　言

　　工业革命标志着有文字记录以来世界历史上最根本的一次人类生活转型。在某个短暂时期内，工业革命仅与一个国家即英国的历史相重合，因此，整个世界经济都以英国为基础或者围着英国转。这个国家由此上升到了足以影响并支配全球的位置，这是规模相当的任何国家此前或此后从未达到的地位，在可预见的未来恐怕没有哪个国家可以望其项背。世界史上曾有过这样的时刻，如果不拘泥字眼的话，不妨将当年英国描述为：世上唯一的工厂、唯一的大规模进出口国、唯一的货运国、唯一的帝国主义者、几乎唯一的外国投资方，而且因此也是世界唯一的海军强权、唯一拥有真正世界政策的国家。这种垄断地位很大程度上得自开路先锋的独行无双，既然不存在其他拓荒者，英国便是开天辟地的主人。当其他国家也推进工业化后，这一切便自动终结，但由英国打造并反映英国旨意的世界经济流通体系，在以后一段时间对其他地区仍必不可少。不过，对世界大多数地区来说，工业化的"英国"时代仅仅是一个阶段，是当代历史的初始或早期阶段。对英国而言，工业化时代的含义显然远大于此。我国在经济与社会领域率先开拓的经验深刻地塑造了我们自身，时至今日依然对我们影响深远。英国这一独特的历史处境便是本书论述的主题。

　　经济学家和经济史学家已详细讨论过，一个工业先驱会具有何种特征，会具备何种优势与劣势，其所得出的结论不尽相同。结论的差异主要源于他们是否力图解释，为何当今不发达经济体未能赶上发达经济体，或者为何工业化的领跑者（首先是英国）会被人后来居上。在 18 世纪及 19 世纪初开展工业革命蕴含了巨大优势，我们将在讨论该时段的有关章节中研讨这些优势。劣势则可能出现在英国的以后阶段，即 1860 年代至 19 世纪末。有关劣势譬如：颇为陈旧的技术结构和企业结构已经根深蒂固，乃至无法轻易放弃甚或加以修改，这些劣势在涉及该时段的章节中也会得到简要阐述。本书所持的观点是，大而言之，英国的相对衰落盖缘于它成长为工业强国时的那种率先性和长期性。不过，也不应当孤立地分析这一因素，至少同样重要的还有英国在世界经济中特定甚至独有的地位，这种地位一定程度上造就了我们的早期成功，而成功反过来又强化了我们的地位。英国本已是且越来越成为世界经济交往的中介，沟通着发达地区与落后地区、工业化区域与原材料产地、国际大都市与殖民或半殖民地。或许由于基本上依托英国而构建，19 世纪资本主义世界经济发展成一个自由流通的单元体系，国际资本和商品的流转几乎都要经过英国的人手和机构，借由英国的洲际航船而运输，并以英镑来计价。英国在起步时便拥有巨大的优势，即欠发达地区无法离开它（或因为的确需要我们，或因为被迫依附我们），发达世界的贸易和支付体系也无法离开它。因此，当其他经济体的挑战变得无可抵抗时，英国总还有自己的退路。我们能够进一步退回到"帝国领地"和"自由贸易"中，也即退回到我们对尚不发达地区的垄断中（这种垄断本身就使得落后地区无法工业化），并退回到我们作为世界贸易、航运及金融交易的枢纽这一中介功能中。我们并不是非竞争不可，我们终究还可以退避三舍。这样的回旋余地，反

而让拓荒时代留下的陈旧不堪、日益落伍的工业结构与社会结构得
以延续下去。

那个单元的自由主义世界经济从理论上讲可自动调节，实际上
却需要英国半自动的控制板，该经济体系在两次世界大战之间的时
期土崩瓦解。与之相应的政治体系也在 1917 年俄国革命后开始解
体，到第二次世界大战后更是加速崩溃。在原来的这一体系中，数
量有限的西方资本主义国家拥有对不发达世界的工业垄断、军事霸
权和政治控制。旧体系崩溃后，其他工业国觉得比较容易适应变局，
因为 19 世纪的自由经济原不过是其发展进程中的一个插曲，况且，
它们的崛起本身就是体系走向崩溃的一个原因。可英国却感到深受
打击，世界不再是离不开英国，按 19 世纪情况言，也不再存在那个
离不了谁的单元世界了。那么，英国经济还能找到一个怎样的新基
础呢？

这个国家确实进行了调整，只不过是以不成系统、经常是误打
误撞的方式在转型。它较快地从异常小型、不加控制的一种经济转
变为异常垄断、国家控制的一种经济，其基本产业从依赖对外出口
转变为依靠国内市场，此外，陈旧的技术与产业组织形式也在缓慢
地推陈出新。可是，这样说仍然没有回答那个大问题：这样一个国
民经济如何才能对接 21 世纪的世界经济呢？世界经济不仅大大降低
了英国的地位，使之从世界第三大国民经济（1960 年尚且如此），
滑落到 1995 年的第六位，而且削弱了绝大多数民族国家的经济角
色，只有最庞大的经济体方属例外。在欧盟这一超国家经济单元中，
英国拥有怎样的前途呢？在 1970 年代以来日益崛起的跨国或跨境的
全球经济中，它又有何种未来呢？

对于英国因率先崛起而带来的独特性，社会史学家没有像经济
学家那样经常进行讨论。可是，这些独特性一望而知，因为英国把
初看起来不可兼容的两个现象结合到一起，这一点可谓人所共知。

5

在社会与政治领域，英国的体制和做法与前工业化的过去保持了一种显著的（哪怕是表面的）连续性，这方面的象征物比比皆是，如女王和贵族、过时的制度礼仪，等等。英国保存了这些在现代社会已属凤毛麟角的东西，它们倒是吸引着外国观光客，有幸还能赚取越来越多的旅游外汇。与此同时，这个国家在很多方面又跟人类历史上过往一切阶段都彻底决裂：小农阶级已被完全铲除，纯靠工资劳动谋生的男女比例高于其他任何地方，城市化也比其他地方启动更早并很可能力度更大。故而在这个国家，阶级分化至少直到最近，比其他地方要更加简约，实际上，地区间的分化也是如此。虽然这里往往存在相当多的收入层次、地位层级以及势利习气，但大多数人事实上通常认定，严格说来只存在两个阶级，即"劳工阶级"和"中产阶级"，而且，英国的两党制度直到1990年代末都还反映出这种双重性。1990年代末以来，体力劳工阶级人数减少，永不就业的穷人虽渐成气候但终属少数，所有大党于是都把注意力投向中产阶级。

这两个现象显然都与英国经济的率先崛起连在一起，尽管其根源至少可部分追溯至本书所涉时期之前。在一国成为工业资本主义国家的过程中，该国原先的政治和社会制度会如何剧烈转型，取决于三个因素：旧制度的灵活性、适应性还有抗拒性；转型的迫切性和实际的需要性；一般孕育新制度的大革命所包含的风险性。在英国，对资本主义发展的抵制到17世纪末已不再起作用，贵族阶级按欧洲大陆标准，几已成为某种形式的"资产阶级"，两场革命已把君主调教得更有适应力了。有人断言，假如英国的旧制度不那么心甘情愿地适应新局面（比如，假如奥利弗·克伦威尔的共和国最终延续下去），英国的资本主义可能会更具彻头彻尾的资本主义特征。应当说，因为英国实际上成了工业资本主义和世界经济帝国的楷模，所以这种说法已没有什么意义。奇怪的是，一部分极左翼，还有自由市场极右翼，出于各自对立的政治理由，居然都会提出这一看法。

我们将看到，工业化要突破的技术问题当时异常的简单，当利用陈旧的制度安排，特别是利用老掉牙的法律制度去解决这些技术问题时，其所包含的额外成本和效率损失均可轻松承担。另一方面，当和平调节的机制最不能起作用时，当激进变革的需要似乎最为迫切时（如在 19 世纪上半叶），革命的风险在英国同样奇高无比，如果局面失控，当时就可能酿成一场新兴劳工阶级的革命。没有哪个英国政府可以像 19 世纪的法国、德国或美国政府那样，动员乡村政治势力去反对城市政治势力，或动员声势浩大的农民、小店主或其他小资产阶级去反对通常四处分散的无产阶级少数派。作为世上第一个工业国，英国的体力劳工阶级在数量上十分庞大。于是，缓和社会矛盾，防止统治阶级各派之间的分歧走向失控，这些不但是可取的，看来也是必需的，其实除某些例外时段外，也是相当可行的。

故此，英国形成了那种已成其独特标记的兼容性，即一方面拥有全新的社会基础，并且至少在某个时候（指激进经济自由主义时期）还有过相关意识形态的全面胜利，另一方面又拥有明显拘守传统、变化迟缓的制度架构。19 世纪建立的权力的和财富的隔离墙保护了这个国家，使之避免了那些本会促成激进变革的政治与经济灾难。我们从未被战败过，更没有被摧毁过。即使是 20 世纪最大的非政治性灾变，即 1929—1933 年大崩盘，其对我国所产生的冲击也没有像在其他国家（包括美国）那样突然、剧烈、普遍。现状有时候会遭遇震荡，但决不会被彻底打断，我们至今受到过削弱，但没有出现过颠覆。一旦存在危机无法收拾的危险，听任局面失控的严重后果总会浮现于治国者脑海。在撒切尔夫人年代之前，统治层中的政治决策者可以说一刻也没有忘记现代英国的基本政治事实，即要治理好这个国家，就不能公然藐视占大多数的劳工阶级，还有，国家总能够承担不算高昂的代价，理应安抚这一多数派中至关重要的部分。（当然，撒切尔夫人则发现，体力劳工阶级已在失去多数派地位，而且可在政治上将其中一部分人吸引到保守主义这一边。）在一个多世纪中，按照其他领先工业国的标准，**在英国**（不算殖民地和附属国）几乎没有为捍卫其政治和经济制度而流过血。①

即使如此刻意规避激烈对抗，如此偏爱给新酒瓶贴旧标签，我们也不该就此而与缺乏变革混为一谈。就社会结构和政治体制而言，1750 年以来的变化还是巨大的，某些时候变化甚至是迅速和惊人的。这些变化之所以不够彰显，既是因为平庸的改革者偏偏喜欢把细微调整吹捧为"和平"革命或"无声"革命②，也是因为所有正派的舆论反而喜欢将重大变革说成是"修补惯例"，此外，众多英国制度本身给人一种强烈的因循守旧印象。说因循守旧一点不假，可是这个词掩盖了两个相当清晰的现象。

其一就是英国人喜欢维持旧体制的**形式**，哪怕其中内容已经发生重大变化；在很多情况下，他们居然还要为相当新颖的体制去创造一种"伪传统"或"伪习惯"的正统性。今日君主制的功能与1750 年的功能早不可同日而语，我们现在所知的"公学"在 19 世纪中叶以前几乎不存在，其所积淀的传统基本上完全属于维多利亚时代。其二，却存在另一个显著趋势，即曾经的革命性创新也会因为时间的推移而获得传统色彩。由于英国是第一个工业资本主义国家，其变迁很长时间内都比较拖沓，这就为工业化后新传统的形成提供了充分机会。通常被视为"英式保守主义"的东西，从意识形态角度看，实际上是 1820—1850 年间方才胜出的放任自流型自由主

---

① 有不多几个例外，即 1887 年特拉法加广场"血腥星期日"、1893 年费瑟斯通罢工、1911 年托尼潘迪骚乱，它们醒目地凸显在英国劳工史上。

② 例如，工党政府 1945—1951 年的成就，如果有所建树的话，标志着从英国事实上的战时社会主义经济向后退却，但一度被吹捧为一场"革命"。同样被如此吹捧的还有 20 世纪上半叶英国的教育进步，可它给观察家留下的印象是异乎寻常的三心二意。

义，当然从实质上看，它也因袭了由来已久的"习惯法"的内容，在财产和契约领域尤其是这样。就其作出判决的内容而言，大多数英国法官不应该再套上垂过双肩的假发，更应当戴上高顶黑色大礼帽、留起羊排络腮胡子。就英国中产阶级的生活方式而言，其最典型的特征，即在郊区有房屋有花园，也不过形成于工业革命的第一阶段，当时，他们的祖辈开始从污染严重、烟雾腾腾的城市中心搬迁到远处的山丘和公地。就劳工阶级而言，我们将看到，其所谓"传统"生活方式，更是最近才形成的东西，1880 年代之前在哪里都难以完整见到。至于专业知识分子的"传统"生活式样，包括郊区花园、乡间房舍、每周精英聚会等等，更是最近才有的事，因为作为一个具有自我意识的团体，这一阶层在爱德华时代之前几乎还不存在。就此而言，"传统"并不是阻挡变革的重大障碍，它不过是英国人给那些相对持久的东西贴上去的一个标签，特别是恰在这些东西开始变化之时，而就在变化了一代人以后，这些东西反过来便会被称为"传统"。

我并不否认，经年累月积淀下来的制度和习惯具有阻止变革的自发力量，一定程度上，它们确实具有这种力量。不过，这种力量也至少有可能被另一种根深蒂固的英国"传统"所抵消，那种并存的传统就是，英国永远不会抵制无可抗拒的变革，相反，会尽量静悄悄地快速吸收这些变革。通常被当作"因循守旧"的力量往往是 xvii 某种迥然有异的东西，即存在既得利益同时缺乏足够压力。英国本身并不比其他国家更加墨守成规，比如在社会习俗方面就没有法国那样拘守传统，在正式坚持过时制度（如 18 世纪的宪法）方面就没有美国那样不折不扣。英国之所以至今更加保守，是由于以往的既得利益势力特别强大，它们因得到更多保护而更加自高自大；可能也是由于它们更不愿意尝试新的经济发展道路，毕竟没有什么新路看来能达到老路那样一半的诱人前景。老路或许已经此路不通，可是其他道路看上去也非常的走不通。

这本书事关英国历史，然而，哪怕前面几页已足以表明，孤立地论述英国历史恐无法说明问题，而太多的英国史都是就事论事。首先，英国是作为全球经济必不可少的部分而发展壮大的，更主要是，它构成了那个庞大的有形或无形"帝国"的核心，其自身的身家性命曾与这一帝国密切相关。假如论述这个国家而不提及西印度群岛、印度，不提及阿根廷、澳大利亚，那是不切实际的。然而，因为我这里不是在写世界经济史，也不是在写英国的帝国史，所以，我对外部世界的关注必须放到次要位置。在随后的章节，我们将看到英国与外部世界维持着何种关系，英国如何受到外界变化的影响，还有简单地说，某些时候对英国的依附如何影响到那些隶属英国卫星或殖民体系的地区，比如，兰开夏的工业化如何延长并助长了美国的奴隶制，英国经济危机的某些负担如何传递给了那些初级产品生产国，毕竟我们（或其他工业化国家）是它们的唯一出口对象。这样论述的目的不过是要不断提醒读者，在英国与世界其他地区之间存在内在的联系，舍此无法理解我们自己的历史。但也仅此而已。

然而，在另一个意义上也不可避免地要涉及国际问题。英国工业社会史是一个特殊案例，是资本主义工业化总现象中（或广言之工业化总现象中）第一个且一度最重要的案例。我们必然要问，英国这一案例在多大程度上典型地反映了工业化的一般现象？或者，既然当今世界上许多国家力图快速推进工业化，它们能从英国历程中学到什么经验呢？答案是，它们在原则上可以学到很多，在实践中却只能学到很少。英国工业化的时机使得这个国家的情况在诸多方面都无与伦比、空前绝后。没有其他哪个国家像英国这样，简直单枪匹马地搞工业革命，无法从世界经济既有工业部门那里获得助益，并且难以利用那里的经验、技术或资本等资源。英国的社会发展之所以被推向极端（比如，其小农阶层及小手艺生产者几乎被全盘清除），英国与不发达世界的经济关系之所以呈现十分特异的方式，很可能主要源于这一局面。另一方面，英国率先在18世纪进行工业革命，并且为此已作了相当好的准备，这些都大大减轻了后发工业化国家或力图后来居上国家会遭遇的某些尖锐问题。当今发展中国家必须操控的技术比英国工业革命时所采用的技术，要更加复杂和昂贵，经济组织的形式已经不同，有关政治环境也有差异。

有鉴于此，英国历史并不是当今世界经济发展的范例。假如要找出若干研究并分析英国史的理由，除了因为过去特别是过去的辉煌令众人的历史兴趣油然而生外，我们只能找到两条很有说服力的理由。英国自工业革命以来的历史依然极大地影响着现实，若要务实地解决我国经济与社会的现实问题，我们自应对历史有所了解。从面上说，启动最早、为时最久的工业与资本主义强国所留下的记录，不可能不对世界历史上工业化进程这一现象有所启迪。对于计划者、社会工程师，以及对于并不集中关注英国问题的应用经济学家而言，英国不过是某一"案例研究"而已，而且从20世纪的需要说，它也不是最有趣或最相关的案例研究。可是，对于研究人类进化的历史学家而言，既然他关注人类从山洞栖息者演变为核能操控者和太空旅行者的历程，英国历史便具有独特的趣味。自从新石器时代发明了农业、冶炼、城市以来，人类生活中还没有哪种变迁像工业化的降临那样影响深远。工业化借资本主义经济这一形式而降临，这应该是势所必然但终究暂时如此；工业化借单元"自由主义"世界经济、一度依赖某个领先国家这样的形式而降临，这很可能也是势所必然。那个领先国家就是英国，就此而言，英国在历史上独一无二。

xix

xx

第一章

1750年的英国

工业与帝国
Industry and Empire

英国的现代化历程

From 1750 to the Present Day

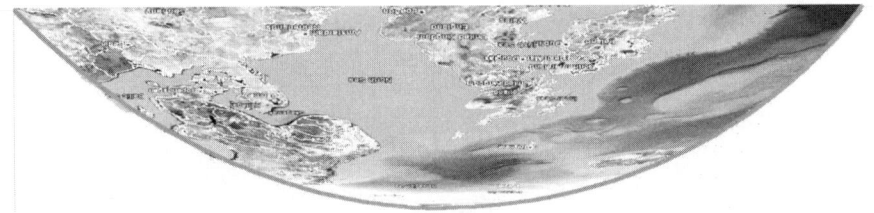

第一章
1750 年的英国 [1]

昔日观察家之所见未必就是真相，可是，历史学家假如忽略这种观察就得自担风险了。18 世纪的英国，或者干脆说英格兰吧，是个备受观察的国家。如果要把握工业革命以来英国的历史进程，首先不妨借助众多外国到访者关切的目光来作一审视。这些到访者总是迫切地想了解情况，一般都怀着仰慕的神情，也有充分的闲暇去关注周围环境。按现代标准看，他们也需要这份闲暇。1750 年前后在多佛尔或哈里奇上岸的旅行者，经历了捉摸不定、通常费时费力的海上横渡，从荷兰过来就要花费 30 多个小时。他理当在价格不菲但颇为舒适的某一英国客栈过一夜，这种客栈一定给他留下美好的印象。第二天，他可能坐马车走 50 英里，在罗彻斯特或切姆斯福再休息一晚，次日中午可到达伦敦。这种节奏的旅行需要闲暇，这位仁兄若换个方式，步行或沿岸船行的话，花费更少、速度更慢，也可能花费更少但诸事难测。一些年后，新的快捷邮政车可让旅行者朝辞伦敦晚抵朴茨茅斯，62 小时内由伦敦到达爱丁堡，但在 1750 年，伦敦与爱丁堡这段路他还是要准备花上 10—12 天。

英国乡村的翠绿整洁、满眼繁盛，"农家"一望而知的小康安逸，立刻会深深吸引到访者的目光。来自汉诺威的基尔曼塞格伯爵

1761 年如此描述埃塞克斯："该郡全境如同一个打理整齐的花园"[2]，相信其他大多数访客深有同感。由于外人对英国的走访通常限于英格兰南部和中部，上述印象算不上准确，但英国与欧洲大陆多数地方的反差还是足够的真切。接着，到访者同样一定会对伦敦的巨大规模印象深刻，谅必也该如此。伦敦拥有大约 75 万居民，其时已成基督教世界最大的城市，或许比巴黎这一紧随其后的对手要大一倍。伦敦当然谈不上漂亮，甚至会让外来客觉得灰暗阴沉。勒勃朗神父 1747 年有言："在看过意大利后，你在伦敦的建筑物上见不到能让你畅快欣喜的东西，这个城市真正了不得的地方不过就是规模大。"（可是，他跟所有其他人一样，也"赞叹英国乡间的美丽、农家打理田园的用心、牧场的肥沃、牛羊的成群，以及再小的村庄也洋溢着的富庶、洁净气氛"。）[3] 伦敦也不是一个街道干净或灯火透亮的城市，虽然比起伯明翰等工业城市要好些。这里，"人们似乎完全专注于室内的事情，很少关心室外是副什么模样，大街既没有铺设路面，也没有路灯照明"[4]。

英国城市中，还没有哪一个能跟伦敦相媲美，当然，外地那些港口和工商中心已不同于 17 世纪的情形，也在迅速拓展并明显繁荣起来。没有其他哪个英国城市拥有 50000 居民，它们也很少值得非生意人注目。不过，假如 1750 年访客去往利物浦（伦敦的公共马车尚未通达那里），他无疑会记住这个勃兴港口中的繁忙景象，这里就如布里斯托尔和格拉斯哥，主要靠奴隶以及蔗糖、茶叶、烟草、越来越多的棉花等殖民地产品贸易而一派兴隆。让 18 世纪的港口城市引以为豪的是坚固的新码头设施，还有其公共建筑那种未脱土气的考究，它们构成了"迷人的都市缩影"[5]，料想外来访客也会点头称是。这些港市中的底层居民或许更会看到滨水地带的粗暴行径，那里的酒肆和妓女等着从船上跳下来的水手，也可能包工头们正守着要把他们劫走，要么国王陛下为扩充海军要抓他们做壮丁。人所共知，海运船舶和海上贸易是不列颠的命根子，海军更是其最强悍的武器。18 世纪中叶前后，英国拥有大约 6000 艘商船，计有 50 万吨左右，比主要对手法国的商船队要多好几倍。这些船舶在 1700 年或许构成了房地产之外全部固定资本投资的十分之一，其 10 万名水手几乎是最大的非农业劳工群体。

18 世纪中叶，外来访客很可能不那么关心工厂和矿山，哪怕他已经注意到英国工艺的质量（虽然不是品味），以及让勤奋劳作如虎添翼的发明创造。英国人的机器已名声在外，正如勒勃朗神父所记，机器"确实减轻了人们的劳动，令功效倍增……例如，在纽卡斯尔的煤矿，凭借一台既奇妙又简单的发动机，仅靠一个人就能把 500 吨水抬升到 180 英尺的高度"[6]。按其雏形言，蒸汽机原已存在。英国人善于采用发明创造，这究竟是因为自己擅长发明，还是因为有能力利用他人创新，世人尚有争议。很可能是后面一条说得对，那位目光敏锐的柏林的温德邦 1780 年代曾在英国旅行过，其时工业已成为人们关注的重点，他就这样认为。不过，对大多数访客而言，"制造业"这个词一般让人联想起某些城市，如小五金琳琅满目的伯明翰、各种刀具令人叹服的谢菲尔德，还联想到斯塔福德郡的陶瓷品，以及遍及东英吉利乡间、西部地区及约克郡的毛纺织业。毛纺织业与大规模城镇没有关系（仅衰败中的诺里奇是例外），毕竟这是英国传统的当家工业，访客还不大会提到兰开夏，即使提及也只是一笔带过。

纵然农业和制造业正在蓬勃发展，在外来客眼里，它们显然没有贸易那么重要。英国终究是个"店小二民族"，商人而非实业家才是它最典型的公民。勒勃朗神父说过："必须承认，本土的自然产出最多仅占英国财富的四分之一，其余部分得自该国的殖民地，以及国民的勤劳，他们通过运输并交换其他国家的财富，不断增殖自身财富。"[7]英国人的商业按 18 世纪世界的标准看，是个异常独特的现

17

象，伏尔泰在 1720 年代观察到，它既像生意又像战争，伏尔泰的《英国书简》开启了外国人对英伦诸岛作赞美报道的风尚。除此之外，英国的商业与国王从属于议会这一独特的英式政治制度紧密相关。英国的历史学家正确地提醒我们，议会由寡头控制，但组成该寡头的是土地贵族，而不是尚未被指称的中产阶级。然而，按大陆标准衡量，那些贵族又何能算作贵族！勒勃朗神父就在想，英国贵族居然会那么怪异、那么可笑地仿效下等人："在伦敦，主子老爷穿戴得如同仆从，公爵夫人则在效法女仆。"这种气质跟真正贵族社会的贵族取向差之远矣：

> 可以看到英国人不会刻意去出风头，无论在衣着行头还是车马随从方面都这样。可以看到他们的家具朴实无华，恰如节约法令所规定的那样……如果说英国人的餐桌也谈不上节俭，那至少还是相当家常简朴的。[8]

与那些不够进取当然也不够繁荣的国家相比，整个英国体制立足于一个关心中产阶级需求的政府之上，科耶神父称，"诚实本分的中产阶级，乃国民中宝贵的群体"[9]。伏尔泰写道："商业让英国人发家致富，也使他们获得自由，这种自由反过来又拓展了商业，这是该国之所以伟大的基石。"[10]

当时的英国给外来访客留下的深刻印象是：这是一个富裕国家，主要因贸易和经营而致富；这是一个强大又可畏的国家，不过这种实力主要建立在那种商业性最强、贸易气最重的武器——海军之上；这是一个拥有非凡自由和宽容的国度，而这种自由和宽容又与贸易和中产阶级紧密地连在一起。这里固然可能缺少贵族生活排场，缺乏妙趣才情和纵情享乐，还偏好宗教等方面的某些怪诞做法，但英国毫无疑问已成为最欣欣向荣并勇往直前的经济体，在科学、文学，

4

更不用说技术领域，英国也毫不亚于任何对手。普通英国人视野狭窄、骄傲自负、精明强干、好勇斗狠也好聚众闹事，按当年适合穷人的适中标准看，他们看起来衣食无忧、家道殷实。英国的制度有条不紊，哪怕用于维持公共秩序、用于计划或管理国家经济事务的机构存在显著弱点，总体制度也还是稳定的。这个国家本质上借民间经营而兴，从这个看得见摸得着的成功故事中，凡期望让本国也踏上经济进步之路的外国访客显然能获得启发。当科耶神父 1779 年看到，即使是道路和运河都利用人们的谋利动机而修建、而维护时，他大声疾呼："还在支持监管条例和垄断特权的衮衮诸公，还是用心想想这个问题吧！"[11]①

经济与技术的进步、民间的企业经营，还有如今我们所称的自由主义，所有这些都一应俱全。可是，谁也没有料到，一场工业革命会随即大举改造这个国家，哪怕是 1780 年代初到访英国的旅客都未能料到这一点，事后可见，工业革命此时已经启动。很少人预想到行将发生的人口暴涨，这一暴涨让英格兰和威尔士的人口从 1750 年的约 650 万，增长到 1801 年的 900 多万，再增至 1841 年的 1600 万。18 世纪中叶甚至几十年后，人们尚且争论，英国人口究竟是在增长还是在停滞，可到该世纪末，马尔萨斯已言之凿凿，人口增长得过快了。

回望 1750 年，我们无疑可以看到当时人们所忽视的许多事情，这些事对他们而言尚不彰显（也可能正好相反，太过明显乃至不必言说），但我们不会在这些问题上有多大分歧。首先我们会注意到，英格兰已经是一个全国性货币与市场经济体（威尔士及苏格兰大部 5

① 并非每个人都同意这一看法，特别是有人（如著名的杜博卡奇夫人）告诉他们，伦敦之所以环境肮脏，是因为"在一个自由的国度，公民各行其是，人人只铺自家门前路"。勒勃朗神父也说："自由这一福分看来使得伦敦人无法拥有好路面或好政策。"

仍有所不同，不妨对照第十五章）。"店小二民族"意味着国民为了市场销售而进行生产，大家成为相互的消费者更属不言而喻。这一点在城市再自然不过，因为超过一定规模的城镇不可能维持一种封闭自足的经济。从经济上说，英国的幸运在于，它拥有全部西方世界最伟大的城市，从而拥有了最大的货物集散市场，这就是伦敦。及至 18 世纪中叶，伦敦居民可能已占英国人口的 15%，他们对食物和燃料永难满足的需求完全改变了整个英国南部和东部的农业，况且经由水陆运输，引来了远自威尔士和北方最偏远地区的稳定供货，此外还激发了纽卡斯尔的煤矿开采。那些不易腐烂、方便运输的食品如奶酪，在各地的价差已经很小。更重要的是，英国不再遭受饥荒之苦，饥荒实乃对自给自足、画地为牢经济的最重处罚。"缺吃少穿"在欧洲大陆司空见惯，在苏格兰低地也尚挥之难去，到这里却不再是个严重问题，尽管作物歉收依然会造成生活成本的陡然上升，依然会引发全国大部分地区随之而来的骚乱，比如在 1740—1741 年、1757 年、1767 年。

英国农村令人惊异之处在于，已经不存在欧洲大陆意义上的小农阶层。这不仅因为市场经济的成长严重削弱了局部的和地区的自给自足，甚至已将村庄都卷入现款交易的网络——当然，按当年标准，这一点显而易见乃至不必多言。茶叶、蔗糖、烟草之类纯粹的进口货得到越来越多的消费，这不但标志着海外贸易的扩张，而且体现了农村生活的商业化。到 18 世纪中叶，经合法渠道进口的茶叶约为人均 0.6 磅，此外通过走私还有相当数量的输入。有证据表明，此种饮品在农村也寻常可见，甚至在体力劳动者或更准确地说，在他们的妻女中间也已司空见惯。温德邦认为，英国人消费的茶叶量是欧洲其他国家消费总量的三倍。同样，自耕小农，即主要靠自家耕地产出而谋生的种植者，明显不如其他国家那么常见。（只有在落后的凯尔特边缘及主要是北部和西部的某些其他地区，情况有所不同。）自 1660 年王政复辟以来的一个世纪中，土地所有权日益脱离乡绅和农民之手，已大幅集中到数量有限的大地主手里。我们固然没有可靠数字，但一清二楚的是，到 1750 年，英国土地所有制的结构特点已然可辨：数千名大地主将土地租赁给数万名承租农场主，这些租赁场主转而依靠数十万农场劳工、仆人或往往再转包出去的佃农来加以经营。这一事实本身就说明，当时存在一套以现款支付并为现款而销售的强大体系。

更有甚者，英国的大量（也许是多数）产业及制造业都散布在农村，典型的工人一般就是村里的某类手艺人或自耕农，他们日益专门地制造某种产品，主要是布匹、袜子及各种金属品，久而久之就由小农或手艺人变身为靠工资为生的劳工。在某些村庄，人们利用空余时间或农闲季节纺纱、编织、开矿，这些村子往往日益成为雇佣专职纺工、织工或矿工的工业村，最终，虽不可能全部但某些村庄的确发展为工业城镇。或者更可能是，有一些小型市场中心，商人们从那里收购村里加工的产品，或者在此发放原材料并把织机或纺车租给村里工人，这些市场中心演变为充满作坊或原始工厂的城镇，忙着准备那些要"外发"给散居工人的原材料，并可能就"居家"工人交回的货品进行后道加工。这是一种乡间的"居家加工"制或"外发加工"制，其组织特点使之在整个农村全面铺开，并且强化了与之相随的现款交易网络。但凡有一个村子专门从事制造业，但凡有一片乡野变成工业村的集中地（如作为矿业地带的"黑区"和大多数纺织区），一定会有其他某个地区专门来供销这里已不再生产的粮食。

工业在农村全境广泛扩散，产生了两个相互关联且非同小可的后果。它让具有政治决定权的地主阶级与采矿业及乡村工业发生了直接的利益关联，那些矿井可能正好就在地主田园的地下，跟欧洲大陆不同的是，地主而不是国王可从中抽取"开采费"。地方贵族和乡绅之所以对投资于运河与收费道路怀有显著兴趣，不仅在于希望

7

为当地农产品开辟更大的市场，而是期待当地的矿产品和工业品能够享有更方便、更廉价的运输。① 然而，1750 年时，内陆运输的这些改善几乎尚未开始，"收费道路基金"的设立速度仍不过每年 10 个（1750—1770 年则提速到每年 40 多个），而运河项目在 1760 年前几乎没有上马过。

第二个后果是，工业利益已能够**左右政府政策**，这与另一个商业大国荷兰情况不同，在荷兰，商人利益至高无上。英国当年的实业家们刚刚起步，其财富和影响尚有限，可他们已能左右政策。据估计，在 1760 年，"商人"中最穷阶层的收入足可匹敌"工厂主"中最富的阶层，而最富"商人"平均能赚到最富"工厂主"三倍的收入，哪怕是大为逊色的"店主"中的最高阶层，也能赚到"工厂主"中最高阶层两倍的收入。这些不过是估测的数字，但反映了其时世人眼中商业与工业的相对地位。② 从各角度看，贸易尤其是海外贸易看来都比工业更有利可图、更举足轻重、更享有声望。然而，轮到在商业利益与工业利益之间作选择时，国内的工业生产者却会占据上风。商业

---

① 对于运河与收费道路基金，人们一般都希望其仅止于收回投资，最多赚取有限的利润。

② 1760 年前后，有关数字（每年英镑数）是：

职业	家庭数	收入
商人	1000	600
	2000	400
	10000	200
店主	2500	400
	5000	200
	10000	100
	20000	70
	125000	40
工厂主	2500	200
	5000	100
	10000	70
	62500	40

相比之下，律师和客栈掌柜的平均收入估计为 100 英镑，最富的农场主为 150 英镑，而"庄稼汉"和乡野劳工不过每周 5—6 先令。

利益体现为争取进口自由、出口自由及再出口自由，而工业利益在
这一阶段通常体现为保护英国的国内市场，使之免遭外国人侵占，
并为英国产品赢得海外出口市场。国内工业生产者之所以能占上风， 8
是因为商人仅能调动伦敦及若干港口站到自己一边，而实业家却符
合广大农村及政府的政治利益。大局是在 17 世纪末决定的，当时凭
借毛纺呢绒对英国政府财政历来的重要性，纺织制造商争取到了对
外来"软棉布"的禁入令。总体而言，英国工业能够在受保护的国
内市场上成长起来，等到足够强大后再要求自由进入他国市场，此
乃所谓"自由贸易"。

　　不过，若没有那些让外来访客印象深刻的难得政治条件，无论
是工业还是商业都不可能兴盛起来。从名义上说，英国并非"资产
阶级"国家，它是一个土地贵族寡头政权，掌权者是一帮等级森严、
长存不废、200 来人的贵族，这是一个由位高权重、富可敌国的堂表
兄妹关系所结成的体系，那些显赫的辉格家族如罗素、卡文迪什、
斐兹威廉斯、佩勒姆斯等家族的公爵头领为之提供庇护。谁能跟他
们斗富呢？（约瑟夫·梅西在 1760 年曾估算，有十大显贵家族的年
收入达 20000 英镑，有 20 个家族的年收入达 10000 英镑，而另外
120 个家族的年收入在 6000—8000 英镑，但也比最富有商人阶层据
说赚得的收入高出 10 倍还多。）谁还能与之比试政治影响力呢？在
英国政治制度中，凡执意在政治上有所作为的公爵或伯爵，都可几
乎自动地获得显要官位，并可在议会两院中拥有由亲戚、门生、支
持者结成的天然集团。英国的政治制度也让任何一点政治权利的行 9
使都取决于土地财产所有权，而对于尚未拥有大片土地的人来说，
大地产已越来越难以获得。然而，外来客比我们自己可能看得清楚
得多，英国的达官显贵并非那种可与欧洲大陆的封建和专制等级相
媲美的贵族阶层，而是一批英国革命后的精英，即"圆颅党人"的
传人，荣耀、勇敢、优雅、慷慨——诸如此类的封建贵族或宫廷贵

族的美德已不再支配他们的生活。一个中等规模的德国容克地主所拥有的大队仆从和家臣，可能比贝德福德公爵的手下人马还要多。历届英国议会和政府宣战并媾和，为的是争夺利润、殖民地和市场，为的是踏平商业竞争对手。当旧时代的陈迹在英国回潮时（例如，1745年，"小王位觊觎者"查尔斯·爱德华·斯图亚特带着忠心耿耿但毫无商业气息的苏格兰高地人马闯入时），一个辉格派英格兰社会与其他老旧社会之间的鸿沟即一目了然，哪怕英格兰也还保留着贵族气息。与托利派的乡绅相比，辉格党的要人们尤其清楚，英国的实力以及他们自身的实力都有赖于一种决然而然的态度，即随时准备通过军事和商业手段去谋利赚钱。当然，1750年时，靠工业还赚不到大钱，但等到赚得到时，他们不费多大力气便可调整自己的身段。

然而，假如我们自己置身于1750年的英国，不靠事后聪明，我们还能预见行将到来的工业革命吗？几乎肯定预见不了。我们跟外来访客一样，一定会特别注意到这个国家浓重的"资产阶级"商业气息，我们也会由衷赞叹其经济的活力与进步，也许还有其咄咄逼人的扩张态势；对于其形形色色、简直放行无忌的民间企业家所带来的显著成就，我们也可能留下深刻印象；我们还会预言，这个国家拥有生机勃勃、日益强大的未来。但是，我们不会料到它的脱胎换骨吧，更不会料到世界随之被改变吧？我们会预期，不出一个世纪，"工厂主"的儿子会成为英国首相吗？须知，该工厂主在1750年，才刚刚抛别其自耕农先辈的农村，定居到不大的兰开夏镇。我们料想不到的。我们会想到，1750年宁静的英国将被激进主义、雅各宾主义、宪章运动、社会主义所激荡吗？回望历史，我们可以看到，没有其他哪个国家像英国那样为工业革命作好了充分准备。可是，我们还必须弄清楚，为何工业革命实际上在18世纪的最后数十年迸发而出，其所造成的结果，无论好坏，都已变得不可逆转。

注释：

1. 参见"后续阅读" 2、3 所列 Langford, Hudson, and Deane and Cole 的著作。也参见图表 1、3、8、10、11、24、26、35。

2. Count Friedrich Kielmansegge, *Diary of a Journey to England 1761 – 2*（London, 1902）, p. 18.

3. Mons. L'Abbé Le Blanc, *Letters on the English and French Nations*（London, 1747）, Vol. I, p. 177.

4. （佚名）*A Tour through England, Wales and Part of Ireland Made during the Summer of 1791*（London, 1793）, p. 373.

5. Ibid. , p. 354.

6. Le Blanc, op. cit. , I, p. 48.

7. Ibid. , II, p. 345.

8. Ibid. , I. p. 18; p. 90.

9. Abbé Coyer, *Nouvelles observations sur l'Angleterre*（1779）, p. 15.

10. Voltaire, *Lettres philosophiques*, Letter X.

11. Abbé Coyer, op. Cit. , p. 27.

11

第二章
工业革命的起源

工业与帝国
Industry and Empire

英国的现代化历程

From 1750 to the Present Day

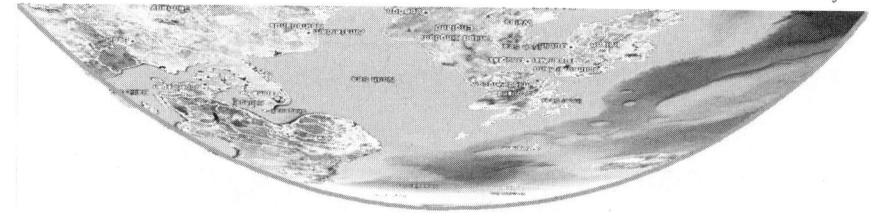

第二章
工业革命的起源[1]

有关工业革命的起源这一问题不易解答，但假如我们先不加以澄清，该问题便会更加难解。所以，不妨先作点澄清。

首先，工业革命并非单纯的经济加速增长，而是经济与社会转型所促成的加速增长。早期的观察家集中关注了发生质变的新生产方式，包括机器、工厂制度等等，他们的直觉还是对的，尽管有时一味追随这种直觉。当时的人们谈论工业革命不是因为伯明翰，该城市1850年的产量比1750年固然要多很多，但基本上沿用着旧的方法。人们谈论工业革命是因为曼彻斯特，这个城市采用了一种明显的革命性方式在增加生产。18世纪晚期，这一经济与社会转型发生并借助于资本主义经济。我们从20世纪了解到，资本主义并非工业革命寄身的唯一形式，可它是最早的形式，在18世纪也许是唯一可行的形式。对资本主义工业化的分析在某些方面理应不同于对非资本主义工业化的分析，因为我们必须解释，为什么追逐私利引发了技术转型，须知这一切并不会不言自明地自动发生。从其他角度看，无疑可将资本主义工业化视作某种普遍现象中的一个特例，不过尚不清楚这样做在多大程度上有助于历史学家解释英国工业革命。

其次，英国工业革命是历史上的首次革命，可这并不意味着它从零起步，不等于在此之前就不存在工业与技术的快速发展。当然，那些更早的发展统统未能迎来现代历史阶段，而新阶段的特点是：借由永不停步的技术革命和社会转型，实现了自我持续的经济增长。鉴于英国工业革命是史上首次，它在某些关键方面有别于随后的所有产业革命。要解释这场革命，基本上（也许完全）不能援用外部因素，如对先进技术的模仿、外部资本的输入、先已工业化的世界经济的带动。以后的产业革命能够利用英国的经验、榜样及资源，但英国只能在非常有限且很小的程度上利用其他国家的这些东西。与此同时，如已所见，英国工业革命之前，至少已有 200 年颇为连绵不断的经济发展，有关基础实已奠定。比如与 19 世纪或 20 世纪的俄国相比，英国有准备地进入了工业化，并不是没有作好准备。

然而，工业革命也不能单纯从英国角度来解释，毕竟英国构成了一个更大经济体的一部分，姑且称之为"欧洲经济"或"欧洲海洋国家结成的世界经济"。英国是庞大经济关系网络中的一部分，该网络囊括了数个"发达"区域（其中若干也是潜在的或有志于工业化的地区），也囊括那些"依附性经济"地区，还涉及尚未与欧洲大举互动的某些外国经济边缘。那些依附性经济体，部分是正式的殖民地（如在美洲）或贸易与控制点（如在东方），部分则是为响应"发达"区域需求而进行某种专业化生产的地区（如东欧某些地方）。把"发达"世界与"依附"世界连接起来的是某种经济分工：一边是相对城市化的区域，另一边是生产并主要出口农产品或原材料的地带。可以将这些关系描述为各种经济流所构成的体系，其中有贸易流、国际收支流、资本转让流、移民流，等等。数个世纪以来，"欧洲经济"已经展现了向外扩张和有力发展的显著迹象，当然，它也经历过重大的经济挫折或波动，主要在 14—15 世纪及 17 世纪。

不过，应当注意到，"欧洲经济"至少从 16 世纪以来，也趋于分割为彼此独立、相互竞争的政治经济实体，这些整合的"国家"如英国和法国各有自身的经济与社会结构，其内部既有先进的也有落后或依附的部门和地区。及至16世纪已相当明显，工业革命若要在世界某处发生，那应该是在欧洲经济范围内的某个地方。为什么是这种情况，这一点此处无法讨论，因为该问题属于更早的历史时段，不是本书所关注的时段。然而，欧洲相互竞逐的国家中，哪一个将率先工业化，这一点当时尚看不清。这里所关注的工业革命起源问题本质上要问，为什么是英国成了首个"世界工厂"。随后的相关问题是，为什么这一突破发生在18世纪晚期，而不是更早或更迟。

有关这一问题的解答始终众说纷纭、难以定案，在试图探寻答案之前，也许有必要先排除那些流行已久、仍受信奉的解释或称"伪解释"。大多数此类理论在解答之余，还是留下了未予解释的更多谜团。

此类理论中，有一部分试图用气候、地理、人口的生物变化或其他外在因素来解释工业革命。例如，有人声称，18世纪早期罕见的长期农业丰收激发了工业革命。果真如此的话，我们不禁要问，为什么这以前类似的时期却没有产生类似的后果，毕竟这种长期丰收在人类历史上时常发生？假如用英国煤炭储量丰富来解释英国的领先，那我们就该问，英国不是比较缺乏其他大多数工业原料（如铁矿石）吗，为什么这种缺乏并未同等程度地阻挡英国的领先呢？换个角度再问，在地处中欧的西里西亚，大煤田为什么就没有激发出同样率先的工业化呢？假如兰开夏湿润的气候可以解释那里棉纺工业的集聚，那我们就该问，为什么不列颠群岛同样湿润的其他许多地方却没有引来或保住这个产业呢？如此等等，不一而足。气候因素、地理环境、自然资源的分布并不能单枪匹马地发挥作用，它们总是在特定的经济、社会和制度框架内产生影响力。哪怕是某些 14

31

最强大的因素，如靠近海洋或适航河流，也不可能单独发挥作用。诚然，在前工业时代，通江达海成就了最廉价、最可行、对大宗散货而言也是唯一经济的运输方式，难以想象一个完全内陆的地区能够引领现代工业革命。不过，此类封闭的内陆地区比人们想象的要更为罕见，但即使在这些地方，同样不该忽视地理以外的因素，说起来，苏格兰西部的赫布里底群岛比约克郡的多数地方更享有临海之便呢。

人口问题稍有不同，因为人口的流动可用外部因素加以解释，也可由人类社会的变动作解释，或者同时用这两方面因素来联合解释。下文将讨论这一问题，此处我们只需提到，纯粹的外部因素解释目前并没有得到历史学家的广泛认同，本书也不接受这些解释。

用"历史偶然"来解释工业革命的方法也应当摒弃。单靠15、16世纪的海外地理大发现无以解释工业化，单靠17世纪的"科学革命"也无法作出解释。① 这两大进展都不能说明为何工业革命发生在18世纪末，而不是发生在比如说17世纪末。17世纪末，欧洲对外部世界及科技的了解有可能已经足以启动最终到来的那种工业化。工业化也无法归因于宗教改革，无论是直截了当地进行解释，还是通过新教所诱发的特殊"资本主义精神"或其他经济态度变化来解释，都说不通，甚至都无法说明为何它发生在英国而不是法国。宗教改革在工业革命前两个多世纪早已发生，皈依新教的全部区域何曾都成为工业革命的领先者？举个明显的例子吧，尼德兰那里继续信奉天主教的地区（比利时）比起改奉新教的地区（荷兰），更早发生了工业化。②

---

① 这些进展本身是否纯属偶然，或者看来更像是此前欧洲经济与社会发展的结果，与这里的话题并不相干。

② 有一种理论说，因为法国在17世纪末驱逐了新教徒，所以其18世纪的经济发展深受其害。如今人们并不普遍接受这一说法，至少这种说法很值得商榷。

最后，纯粹的政治因素也必须摒弃。在 18 世纪下半叶，欧洲几乎所有政府都想要工业化，但只有英国成功了。反过来讲，英国政府自 1660 年就已牢牢抓住了"唯利是图"的政策，可是工业革命也要过一个多世纪方才到来。

诚然，摒弃这些因素，认为它们不过是简单化、排他性甚至太粗陋的解释，这不等于说它们**毫无**重要性，那样肯定是愚蠢的。我无非是要确定重要性的相对分量，借机也澄清一下如今试图工业化的国家所面临的若干问题，只要彼此间的问题还有可比性的话。

*

在 18 世纪的英国，工业化的主要前提条件已经具备，或者已可轻而易举地创造出来。按照一般用于当今"欠发达"国的标准，英国不是欠发达国家，当然，苏格兰和威尔士的部分地方尚属欠发达，爱尔兰则肯定欠发达。在前工业化时代，经济的、社会的、意识形态的纽带往往把人们拴在传统的处境与职业中，这些纽带在英国却已弱化并可轻易割断。举个最突出的例子，如已所见，在英格兰大部分地区，到 1750 年已很难说还有一个自耕小农阶级，也肯定无法说还存在糊口型农业。① 既然如此，人们从非工业职业转往工业类职业就不存在重大障碍。英国已经实现了积累，也达到了足够的规模，可以进行经济转型所必需的设备投资，好在铁路出现之前，所需设备不太昂贵。足够的资源已经集聚到了那些愿意投资于经济进步的人手里，那些可能把资源转向其他用途的人仅掌握较少资源；投资以外的其他用途对经济发展往往不太可取，炫耀性消费即如此。当时不存在相对的或绝对的资本短缺。英国不仅仅是一个市场经济体（即大量货物和服务在家庭外进行买卖），而且它在诸多方面形成了统一的国家市场。此外，英国拥有范围宽广、相当发达的制造业部

16

———————————

① 当 19 世纪早期的作者们讲到"小农"时，他们一般指的是"农场劳工"。

门，还有更加高度发达的商业体系。

更有甚者，试图工业化的当代欠发达国家所遭遇的尖锐问题在18世纪的英国倒是毫不棘手。我们已经看到，交通联络在当时比较方便且便宜，因为英国没有哪个地方离开大海的距离会超过70英里，至于离开某条通航水路的距离则更短。早期工业革命的技术问题较为简单，还不需要具备专业科学素养的人才，无非是需要大量粗通文墨、熟悉简单机械装置、了解金属原理、具有实践经验并积极肯干的劳动力，1500年以来的多个世纪肯定已提供着这样的劳工。大多数新的技术发明和生产装置都可以小规模、低成本地搞起来，并可随后零星不断地扩充和添加。也就是说，这些东西不需要太多的初始投资，可以用积攒的利润去支付扩建投资。此种工业发展处于众多小企业家和传统技术工匠的能力范围之内，20世纪谋求工业化的国家中，没有哪个国家拥有或能拥有类似的有利条件。

这不等于说英国工业化道路上就不存在障碍，问题是有关障碍比较容易克服，因为工业化所需的基本的社会与经济条件已经具备，因为18世纪那种工业化相对廉价并简单，也因为英国已足够地富裕和繁荣，不至于被种种低效所困扰，而那些低效却可能重创不那么幸运的其他经济体。或许只有如此幸运的工业强国才敢于放任自流，才会不相信逻辑和计划（哪怕是非正式计划），反而相信事到临头必有办法——这些都成为19世纪英国的显著特点。以下我们将看到，产业成长中的某些问题会如何得到克服，这里先应指出，这些问题从来都没有达到命运攸关的地步。

因此，我们这里所关注的工业革命起源问题，并不是经济爆发的材料是如何积累的，而是它如何被点燃的，我们还要追问，在震耳的初响之后，是什么让首次爆发不至于昙花一现？究竟是否需要某种特殊的机制？在足够长期地积累了爆发材料后，是否迟早会以某种方式、在某个地方，必然地引起自然而然的爆发？也许未必如此。然而，必须加以解释的正是"以某种方式"和"在某个地方"，特别由于是一个私营经济促成了工业革命，其中的机制已引发诸多困惑，这就更需要解释上述两点。我们知道该机制在世界某些地方成功了，但也知道它在世界另一些地方却失败了，即使在西欧这一机制也花了相当长时间才奏效。

有一个困惑涉及追逐利润与技术创新之间的关系。人们经常认定，私营经济体具有自发的创新趋向，事实却并非如此，它仅仅具有谋利的趋向。只有当这样做比起其他方案能够创造更大利润时，私有经营者才会革命性地改造其生产活动。可是，在前工业社会，很少有这种情况出现。市场决定着一个企业家生产什么，既有的及潜在的市场当时包括了富人，他们需要批量小、单位利润率高的奢侈品。市场中固然也包括穷人，可是，即使穷人也参与市场，即使他们消费的不是土产或国货，他们也囊中羞涩，不习惯甚至看不惯新潮产品，不愿意消费标准化产品，甚至可能没有聚居在城市，干脆无法接触到全国性制造商。更有甚者，尽管在繁荣的 18 世纪可以成长出面向"中档人群"的市场，真正的大众市场也不可能拓展得很快，毕竟人口增长速度较慢。让高贵的小姐太太们穿上高档时装，比起冒着经营风险向农民女儿推销人造丝袜当然更具有合理性。思维正常的商人，如果他可以选择的话，更愿意为贵族生产奢华昂贵的钻石钟表，而不是廉价手表，再说，推出革命性廉价商品的过程越是开销巨大，他就越不情愿进行这方面投资。19 世纪中叶有位法国百万富翁，其经营所在的某个国家缺乏良好的现代工业条件，他曾口出妙言。"世上有三种损钱的方式"，这位了不起的罗斯柴尔德说，"那就是女人、赌博、工程师，前两种方式让人痛快，最后一种则必然让人痛苦。"[2]谁也不能指责罗斯柴尔德家族的人居然不知道赚大钱的妙法，但在一个非工业化国家，搞工业确实不是赚钱妙法。

工业化改变了这一切，它在一定范围内让生产去开拓自己的市场，甚至实际上去创造市场。当亨利·福特生产出 T 型汽车时，他也生产出了前所未有的东西，即为大批量消费者准备的低价格、标准化、简便型汽车。当然，他的企业并不再像表面看到的那样风险巨大如同赌博，一个世纪的工业化已经表明，批量生产的廉价商品能让市场成倍猛增，可使大众购买到比父辈时代更好的产品，而且挖掘出父辈未曾梦想到的需求。问题是，在工业革命**之前**，或者在工业革命尚未席卷过的国家，亨利·福特不可能成为经济开路者，只会沦为招致破产的怪人。

那么，在 18 世纪英国，是如何出现了那些条件，使得生意人革命性地改变了他们的生产活动？企业家们是如何才看到，自己面临着某种增长迅猛、无所限制的需求扩张，只能通过革命才能加以满足；也即他们怎么知道，这已不是那种或许实在但毕竟有限的需求扩张，无法依靠传统方式或对传统方式的些许延伸与改善而加以满足？按照我们如今的标准，这也只是一次小型、简单、低价的革命而已，但它终究是一场革命，是跨向黑暗的一次跳跃。有关这个问题，存在两派思想。一派主要强调**国内**市场，显而易见，国内市场至此为止仍然是本国产品的最大出路；另一派强调外国或**出口**市场，同样明显的是，外部市场更有活力也更能拓展。正确的答案很可能是，二者各有千秋但都很重要，此外还有第三个经常被忽略的因素，那就是**政府**。

国内市场尽管容量较大且不断扩张，但只能按四种主要方式去成长，而其中三种方式都不可能特别快速。一是人口增长，它会创造更多的消费者（当然还有更多的生产者）；二是人们从非货币收入转向货币收入，由此也创造更多的消费者；三是人均收入提高，这将创造更好的消费者；四是用工业品替代其他较旧的制品或进口货。

人口问题非同小可，成为近年炙手可热的大量研究的对象，这里不能不简要加以讨论。人口研究提出了三个问题，其中只有第三个与市场扩张直接相关，但它们都关涉英国经济与社会发展这一总议题。这三个问题是：（1）英国人口发生了什么变化，而且为什么？（2）这些人口变化对经济产生了什么效应？（3）它们对英国民众的结构又产生了什么效应？

以前几乎不存在可靠的英国人口统计，1840年左右，才开始实行出生与死亡的公共登记，不过，学界对人口的总体变化趋势并无太大异议。17世纪末，英格兰和威尔士可能拥有525万人口，自此至18世纪中叶，人口增长非常缓慢，某些时候也许静止不动甚至还有下降。1740年代后人口大幅增加，1770年代以后，按当时标准（而非当今标准）确实增长得非常快速。[1] 1780年后的50—60年中，总人口翻了一番，1841—1901年的60年里则再次翻番，事实上，1870年后，出生率和死亡率都开始迅速下降。然而，这些笼统数字掩盖了某些时间上和区域上非常重大的差异。例如，伦敦在18世纪上半叶（一直到1780年）若非依靠来自农村的大量移民，本来会出现人口的减少；而另一方面，在未来的工业化中心即西北地区以及东米德兰兹，人口已经在相当快速地增长。在工业革命切实启动后，除环境恶劣的伦敦外，主要地区的人口自然增长率一般都趋于接近，当然，移民情况另当别论。

19世纪之前，国际移民哪怕是爱尔兰人的迁徙，显然都没有太多地影响上述人口变化情况。这些变化究竟缘于出生率的改变还是死亡率的改变，原因究竟何在？且不论信息的匮乏，这些问题尽管很有意思，但也极为复杂。[2] 此处关注这些问题，仅仅是因为它们能够启发我们思考，人口增长在多大程度上是相关经济因素的动因，

20

---

[1] 1965年，拉美作为人口增长最快的大陆，其人口增幅接近英国当年增幅的一倍。

[2] 有关这些问题的介绍，参见 D. V. Glass and E. Grebenik, 'World Population 1800 – 1950', in *Cambridge Economic History of Europe* VI, I, pp. 60 – 138。

又在多大程度上是这些经济因素的结果。例如，如果更可能获得一块可耕种的土地或一份工作，或者如有人提出，因为存在童工需求，人们在多大程度上会提早结婚或生育孩子？人口死亡率的下降，在多大程度上是因为人们吃得更好或更规律了，或者是因为环境有了改善？（我们确知的不多事实中有一个是，死亡率的多数下降缘于婴儿、孩子也许还有青年人死亡的减少，而不是因为寿命真正延长到了古来稀的 70 岁以上。① 死亡率这样的下降可能也会引起出生率的上升，例如，如果 30 岁前亡故的妇女有了减少，他们就还可能在 30 岁到绝经这段时间内生育孩子。）

我们无法十分确切地回答这些问题，但看来颇为清楚的是，按照以前西方的标准（而不是我们在 20 世纪习以为常的标准），当时发生了快速的人口增长，实际发生的这种增长主要缘于出生率的上升。年轻妇女结婚更早了，1825—1849 年间平均婚龄为 23 岁，而 1700—1724 年间在 26 岁以上，故而育龄时间会拉长。此外，非婚生育量也大量增加。看来清楚的是，人们的婚育行为与经济因素关系密切，这种关联性远远超出了大家有时候的判断；而且，某些社会变化，比如工人"留宿"单位这一现象的减少，必定助长（甚至需要）人们成家更早并生养更多。同样明显的是，如果家庭的操持有赖于全部家庭成员参与劳动，甚至还需要童工之类的生产活动，那么这种家庭经济也会助长人口规模。当时的人们肯定注意到，人口一定程度上是在对劳动力需求的变化作出反应。死亡率尤其是婴儿死亡率，一直要到 19 世纪较晚时候才显著下降，而当它的确下降时，几乎肯定是因为经济的、社会的及其他环境的理由。医学进步在死亡率下降中或许没有发挥作用，天花致死人数的减少可能属例外。

---

① 这种情况到 1970 年左右依然如故，约从 1970 年起，有更多老年人在过了古稀年龄后继续活得好好的，这中间的原因尚待充分查究，但可能与营养改善有关。

人口变化反过来产生了何种经济效应呢？人更多意味着劳动力更多、更便宜，也经常有人认为，人口增长本身就可刺激经济增长，至少在资本主义制度下是这样。不过如今我们在许多欠发达国家中却看到，情况并非如此。人口多也许只能带来困难与停滞，或许还会引发大灾难，恰如 19 世纪早期的爱尔兰和苏格兰高地（参见原书第 284—287 页）。廉价劳动力实际上反而会延误工业化。如果说 18 世纪英国劳动力的增长促进了发展（毫无疑问是这样），那是因为当时的经济已经充满活力，而不是因为某种外在的人口注入促成了发展。无论如何，人口在欧洲北部各地都在迅速增长，可是工业化并未遍地开花。另一方面，更多的人口当然意味着消费者更多了，不妨更有力地推断，既然人口总要获得赡养，这必定为农业也为工业提供了激励。

但如已所见，在 1750 年之前的一个世纪中，英国人口增长得非常缓慢，后来人口的增长是与工业革命相随而来的，并未发生在工业革命之前，只有个别地方是例外。假如英国经济不那么发达，那可能会有更大的空间，可供人们突然并大量地从（比如说）糊口经济转向交换经济，或者从家庭手工业转向工厂工业。但前已看到，英国已经是个市场经济体了，原已拥有庞大并不断扩张的工业部门。英国的平均收入很可能在 18 世纪上半叶有了大幅提高，要找理由的话，应该归之于人口的停滞和劳工的短缺，故此，在布雷尔牧师的歌唱中，这一时期被恰如其分地称为"甜美时光"。人们更加富裕，能购买更多东西，另外，很可能此时孩子相对较少，而按小家庭过日子的青壮年相对较多。孩子会让穷困父母把大量开支转向必需品的购买上，青壮年则手握更多的可支配收入。在这一时期，很可能英国人学会了培育新的需求，并且确立了新的期望水准。有若干证据表明，1750 年前后，英国人开始更喜欢把新增的生产率用于购买更多消费品，而不是享受更多闲暇。某些过于热情的历史学家信马由缰，宣称当时出现了一场"消费革命"。应该说，那种增长如同一条水量丰沛的河流，并不像一泻千里的瀑布。这可以解释为什么在没有技术革命的背景下，如此众多的英国城镇得到了改建，呈现出一派古典建筑的乡村雅致。不过，这本身仍不足以解释为何发生了工业革命。

有三个特殊方面也许属例外，它们是：交通、食品、资本货物尤其是煤炭。

从 18 世纪早期开始，内陆运输经历了规模庞大、代价高昂的修建，涉及河流、运河甚至道路，其目的是要降低货物长途运输极其高昂的成本。该世纪中叶，一吨货物陆上运输 20 英里的成本可能高达货值的一倍。交通设施的修建对工业发展具有何等重要作用，尚难下定论，但修建的动力无疑来自于国内市场，特别是因为城市中对食品和燃料的需求在节节攀升。西米德兰兹的制造商为交通所困，如斯塔福德郡的制陶厂商、伯明翰地区的五金制造商，也在敦促降低运输成本。运输成本价差实在过于悬殊，所以大举投资显然值得进行。在利物浦和曼彻斯特或伯明翰之间，运河能将每吨成本砍去 80%。

食品工业与纺织业相互竞争，争当私营工业化的领头羊，二者都拥有一望可知、长盛不衰（至少在城市中）、只待开发的庞大市场。再缺乏想象力的生意人都想得到，无论多么贫困，每个人都需要吃喝和穿戴。诚然，与纺织品相比，加工食品及饮品的需求要小一些（仅面粉和酒精饮料等产品有所不同），但另一方面，食品遭受外国竞争的可能性却远低于纺织品，毕竟只有相当原始的经济体才会完全自产纺织品。有鉴于此，食品行业的工业化在欠发达国家往往比在先进国家中发挥更重要的作用。不过，即使在英国，面粉磨制和啤酒酿制仍然是技术革命重要的领跑者，哪怕它们没有得到纺织业那样的关注度。而之所以不如纺织业那样引人注目，是因为食品行业本质上并未明显改变周边经济。单从外表看，某些面粉和啤酒生产厂俨然是现代社会的庞然标志，比如都柏林的吉尼斯酿酒厂，还有伦敦那座名闻遐迩、曾让诗人威廉·布莱克叹为观止的阿尔比恩蒸汽面粉厂。伦敦当时乃西欧最大城市，而一个城市越大，城市化越迅猛，此种食品类工厂的发展空间便越大。每个喝酒的英国人都熟悉的啤酒手柄，不就是亨利·莫兹利最早的一大杰出贡献吗？此人是机械工具的伟大先驱之一。

国内市场也为后来所谓资本货物提供了重要出路。**煤几乎完全** 24 跟城镇特别是大城市中的火炉同步增长，铁一定程度上也反映了国民对壶、盆、钉、炉之类商品的需求。英国家庭的烧煤量远远大于对铁的需求量，部分原因是英国的壁炉比起欧洲大陆的炉子热效率要低很多，故此，工业化以前的煤业基础已比铁业要稳固得多，其产量在工业革命前已达数百万吨，煤炭成了使用这种巨额计量单位的第一种大宗商品。蒸汽机就是矿井的产物，1769 年，在泰恩河畔纽卡斯尔周围，已经安装 100 台"大气式"蒸汽机，其中 57 台在实际工作着。（更现代的詹姆斯·瓦特的蒸汽机确实是工业技术的基础，但这一机型在矿井中应用得十分缓慢。）

另一方面，英国对铁的总消费量在 1720 年不足 5 万吨，即便在工业革命阔步迈进的 1788 年，也不可能超过 10 万吨。对于钢的需求，按该金属当时的价格，几可忽略不计。铁的最大民用市场很可能仍在农业领域，犁之类的农具、马掌、轮毂等有了大幅增长，但恐怕还没有大到触发一场工业变革。其实如将看到，铁和煤领域真正的工业革命尚待铁路时代的到来，铁路才不仅为消费品而且为资本货物提供了大批量市场。工业化前的国内市场，哪怕在工业化的第一阶段，都未能大规模地做到这一点。

因此，工业化前国内市场的主要优势在于其庞大规模与蓄势待发，它可能并没有直接促成工业革命，但无疑促进了经济增长。更重要的是，国内市场永远现成可依，使得生机勃勃的出口行业能够缓冲自身因活力四射而势所难免的大起大落和轰然崩塌。在战争和美国革命造成扰乱的 1780 年代，国内市场就拯救过出口行业；在拿破仑战争后很可能也是如此。不过更有甚者，国内市场为某种**完整的**工业经济提供了宽广基础。为何曼彻斯特今日所思会成为整个英国明天所想，那是因为全国各地都有志于赶超兰开夏。曼彻斯特不同于共产党统治前中国的上海，也不同于印度殖民时代的阿默达巴德，它并非嵌在普遍落后版图中的一块现代飞地，相反成了国内各地竞相效仿的楷模。国内市场或许没有提供点火的火苗，但它提供了足够的燃料及风力来保持火势。

出口行业的运作环境迥然有别，但从潜力看更富有革命性。这些行业上下振荡，乃至一年中会有 50% 的起伏，造成有的制造商既可以纵身跃入抓住扩张的商机，也可能一着不慎而满盘皆输。长远看，出口部门的开拓比国内市场的开拓成就大很多、速度也更快。1700—1750 年，国内产业增长 7%，出口产业却增长了 76%；1750—1770 年（不妨将此期视作工业"起飞"的跑道），二者又分别增长了 7% 和 80%。国内需求也有增加，但外部需求却成倍增加。如果需要火苗的话，这就是采火的地方。最早启动工业化的棉纺织业本质上与海外贸易连在一起，其每一盎司的原材料都必须从亚热带或热带进口，且如下文可见，棉纺织品也将压倒性地销往海外。从 18 世纪末起，棉纺织业已经是一个产品大部分外销的产业，到 1805 年，其出口比重可能已达三分之二。

这种超常扩张力背后的理由是，出口产业不依赖一国"自然"成长率中终究有限的内需，而是以两种手段去创造飞速增长的景象：一是夺取其他诸多国家的出口市场；二是通过政治或准政治的战争和殖民方式，摧毁特定国家内部的国内竞争。哪个国家成功抢占他人的出口市场，或在足够短的时间内成功垄断世界大部分地区的出口市场，它就可以加速扩张自身出口产业，而这种加速扩张使得工业革命对企业家来说不仅已切实可行，而且有时候简直非这样不可。这就是英国在 18 世纪成就的大业。①

　　然而，借助战争和殖民去征服市场，不仅需要有一个能够开发利用这些市场的经济，而且需要一个愿意为了英国制造商的利益而发动战争或进行殖民的政府。这就把我们带到了工业革命起源中的第三个因素——**政府**。在这方面，英国明显具有胜过潜在竞争对手的优势。与某些对手如法国相比，英国准备着让**一切**外交政策全都从属于经济目标，其战争无不为商业目的服务，这基本上也等于是为海军目的服务。伟大的查塔姆在自己的备忘录中就列举了应当征服加拿大的五条理由，前面四条纯属经济理由。与荷兰等国不同，英国的经济目标并未被商业与金融利益集团所完全支配，而是越来越被制造业压力集团所主导，这些工业势力最早是事关财政大计的毛纺织业，以后则是其他行业。工业与商业之间的打斗在东印度公司问题上体现得最富戏剧性，到 1700 年终于在国内市场决出胜负，此时，英国工业生产商争取到了贸易保护，禁止了印度纺织品的进口。不过，在海外市场，工业势力的获胜尚待 1813 年，那年，东印度公司被剥夺了在印度的垄断权，从此兰开夏棉纺织品开始大举涌入，由此打开了南亚次大陆"去工业化"的闸门。最后，与所有竞争对手不同，英国在 18 世纪的政策是系统的好战政策，最明显体现为打击法国这一主要对手。在该时期的五场战争中，英国显然处于守势的战争只有一场。② 这一个世纪断断续续的战事造就了任何国家 27

---

　　① 　如果一个国家这样做了，其他国家就不可能培植工业革命的基础，这一点势所必然。换句话说，在前资本主义条件下，所存在的空间很可能只够一个领先国进行工业化（事实上就是英国），容不得几个"发达经济体"同时展开工业化，于是，至少在某段时间内，只能容许一个"世界工厂"。

　　② 　即西班牙王位继承战争（1702—1713）、奥地利王位继承战争（1739—1748）、七年战争（1756—1763）、美国独立战争（1776—1783）、革命与拿破仑战争（1793—1815）。

至此从未赢得的最大胜利，英国在欧洲列强中，实现了对海外殖民地的实际垄断，以及对世界性海军力量的实际垄断。况且，战争通过重挫英国在欧洲的劲敌，一般都大举促进英国的出口；相反，和平如果产生效应的话，却往往放慢英国出口的节奏。

进而言之，战争特别是英国海军这一着眼商业的中产阶级组织，更直接地为技术创新和工业化作出了贡献。海军的需求岂可忽略不计：海军的舰船吨位从 1685 年的约 10 万吨倍增至 1760 年的 32.5 万吨，海军对枪炮的需求也大为增长，尽管幅度没有那么引人注目。颇为肯定的是，战争成了铁的最大消费方，像威尔金森、沃克斯、凯伦工厂等厂商之所以业务壮大，部分原因就在于得到了政府的火炮合同，南威尔士的铁业则纯粹仰仗战争。从面上看，政府合同或者东印度公司之类大型准政府机构的合同源源而来，都需要准时履约。为交付合同货品，生意人就值得去引进革命性方法，我们反复可见，某个发明家或企业家因为获利丰厚的前景而受到激励。亨利·考特革命性地改造了制铁方法，他在 1760 年代作为海军代理商起家，"出于向海军供铁的需要"，急切地想要提高英国产品的质量。[3]那位机床先驱亨利·莫兹利是在伍尔威奇兵工厂开启个人事业的，他的成就始终与海军合同紧密相连，这一点犹如曾在法国海军任职的大工程师马克·伊萨姆巴德·布鲁内尔。[①]

假如我们总结工业化启动过程中三大需求部门的作用，可以得出如下结论。得到政府系统并猛烈支持的出口提供了火苗，且借助棉纺织品成就了"先导产业部门"，另还带来了海上运输的改良。国内市场为总体工业经济培育了宽广的基础，并通过城市化进程为内陆交通的重大改善提供了激励，此外为煤炭工业及某些重要的技术

28

---

① 决不应该忘记政府自己所建的企业，拿破仑战争期间，这些企业先已发明了传送带、罐装行业等等。

创新奠定了强大基石。政府为商人和制造商提供了系统的支持，并对技术创新和资本货物行业的发展施加了某些决非可有可无的刺激条件。

如果我们最后回到当初的问题，即为何是英国而不是其他哪个国家率先工业化？为何是在 18 世纪末而不是此前或此后发生这场革命？答案不可能那么简单。当然，到 1750 年，要说有哪个国家会赢得比赛，成为首个工业化国家，那就该是英国，对此并无太多疑义。荷兰人已经退隐到了那个习以为常的舒适位置，专注于开发庞大的商业与金融体系，并且剥削已征服的殖民地。但凡英国人没有通过战争而加以阻挡，法国人就能跟英国人一样迅速扩张，尽管如此，法国也无法恢复在经济大萧条的 17 世纪所丢失的阵地。按绝对值算，法国到工业革命时也许看起来像个规模相当的强国，可是按人均指标算，法国的贸易与工业规模即便当时也已大大落后于英国。

另一方面，这并未解释为什么工业突破发生在实际的那个时候，即 18 世纪最后三分之一或四分之一时段。对这个问题尚难有精确的答案，但显然只有追溯英国置身其中的那个总体的欧洲或"世界"经济①，我们才能找到答案。须知，在那个经济大网络中，存在着"发达"区域，主要是西欧，也存在它们与殖民地或半殖民地依附经济体的联系，还存在位处边缘的贸易伙伴，另外也有尚未深度介入欧洲经济交换体系的其他地区。

在传统的欧洲扩张格局中，既有地中海势力，主要是意大利商人及其同伙，再加西班牙和葡萄牙征服者，也有波罗的海势力，主要是日耳曼城邦。此种传统格局在 17 世纪的经济大萧条中已经消亡，新的扩张中心是北海和北大西洋周边的海上国家。这一转变不

---

① 应当这样来理解该术语，即欧洲经济当时位处世界性网络的中心，但**不是说**世界所有地方都介入到了这一网络中。

但是地理性的，也是结构性的。"先进"区域与世界其他地区之间的新型关系已有别于旧有格局，它趋于不断地强化并扩大商业交流。要是没有这种变化，便无法想象力量强大、不断增长并日益加速的海外贸易潮流，这一大潮横扫欧洲范围内的幼稚产业，有时候实际上先已**引发**了这些幼稚产业。这股国际贸易流依靠三样东西：一是欧洲对外来产品的日常需求有了上升，而随着更大量的外来产品能以更低的价格获得，该需求市场便得以继续扩大；二是海外形成了生产这些产品的经济体制，比如由奴隶耕作的种植园；三是对殖民地的征服，这种征服旨在助长欧洲宗主国的经济优势。

先来说明第一个事实。1650 年前后，在阿姆斯特丹销售的东印度货物中，占货值三分之一的是胡椒。这是一种典型的商品，即利润是通过"囤积居奇"再以垄断价卖出而获取的。到 1780 年，该货物的货值占比已降至 11%。另一方面，1650 年时，纺织品、茶叶、咖啡只占销售货值的 17.5%，而到 1780 年，它们已上升至 56%。现在从热带进口的典型货物不再是黄金和香料，而是蔗糖、茶叶、咖啡、烟草及其他类似产品；从欧洲东部进口的产品多为小麦、亚麻、铁、大麻、木材，而不是毛皮。第二个事实可以用奴隶贸易来说明，这是最惨无人道的贩运。在 16 世纪，不足 50 万黑人被从非洲运往美洲。到 17 世纪，主要是上半叶或更早，或许有 150 万黑人被运往巴西种植园，这开了日后殖民格局的先河。在 18 世纪，遭贩运的黑人可能多达 700 万。① 第三个事实几乎不需要作说明。1650 年，英国和法国都还没怎么建起帝国，西班牙和葡萄牙的帝国大部分已成废墟，或者不过体现为世界地图上的轮廓而已。18 世纪不仅目睹了昔日帝国的复兴，如在巴西和墨西哥，而且见证了新兴帝国的扩张和剥削，如英国、法国，且不论如今多已忘却的曾由丹麦人、瑞典

30

----

① 各方估算数会有差异，但不改变数量的大小级差。

人等作出的尝试。更有甚者，这些帝国的经济规模有了巨幅增长。1701 年，未来的美国尚不足 30 万居民，到 1790 年已接近 400 万人；甚至加拿大也从 1695 年的 1.4 万人大增到 1800 年的近 50 万人。

随着国际贸易网络的日趋紧密，欧洲商业中海外贸易的角色也愈加放大。1680 年，东印度贸易占荷兰外贸总额的 8% 左右，但到 18 世纪下半叶已增至约 25%，法国的贸易变迁中也可见类似势头。英国人对殖民地贸易的依赖发生得更早些，1700 年前后，殖民地贸易已占总贸易量的 15%，而到 1775 年已涨至三分之一。18 世纪贸易的总体扩张在几乎所有国家都令人印象深刻，但与殖民体系相关联的贸易扩张更是无比巨大。举个简单例子。西班牙王位继承战争后，每年有两三千吨的英国船只驶离英国前往非洲，主要为了运送奴隶。七年战争后，这样的船只吨位在 1.5 万—1.9 万吨，而到美国独立战争（1787），又进一步增至 2.2 万吨。

如此庞大并日增的货物流通不但给欧洲带来了新需求，另还刺激了国内对舶来品的替代生产。雷纳尔神父在 1776 年写道[4]："如果萨克森和欧洲的其他邦国可制造精美的瓷器，如果瓦伦西亚生产出质量高于中国的宽条子绸，如果瑞士模仿孟加拉的麦斯林纱和精软棉布，如果英国和法国把亚麻布印得非常雅致，如果这么多以前我们气候条件下未知的东西，如今雇佣着我们最好的工匠，我们难道不该为种种这些好处而感谢印度吗？"① 除此之外，货物大流通为商人和制造商提供了销售与盈利的无限空间。而英国人既凭借自身的进取经营和创新技能，也同样凭借国家的政策与实力，抓住了这些市场。

在工业革命背后，存在着我们对海外殖民和"欠发达"市场的这种倾心专注，依仗这场成功的战斗，英国确保他人无法染指这些

31

---

① 不出几年，他一定会提及曼彻斯特，那可是印度货最成功的仿制者。

海外市场。我们在东方打败了他们：1766 年，我们在中国的销售量甚至已超过荷兰人。我们在西方打败了他们：1780 年代初，从非洲出口的占总数一半以上的奴隶让英国的奴隶贩运船赚得了利润，这个奴隶数几乎是法国贩运的两倍。而且，我们这样做时，好处统统落到了**英国**货的头上。西班牙王位继承战争后约 30 年里，英国驶往非洲的船只尚且主要装载外国（包括印度）的货物，而奥地利王位继承战争后不久，英国船只就开始绝大部分装载英国货物。我们的工业经济从我们的商业中成长起来，尤其是从我们与欠发达世界的商业交往中成长起来。在整个 19 世纪，英国都将保持这一特有的历史方式，即由商业和航运来维持我们的收支平衡，同时，以外国初级产品交换英国的制成品将成为我们国际经济的基础。

当国际交换由涓涓细流汇成滔滔江水时，在 18 世纪中期某个时候，可以观察到整个国内经济在加速变迁。这并非英国的专门现象，而是普遍发生的趋势，体现在价格的变动中，也反映在我们稍有了解的人口、生产及其他方面。就价格而言，经过一个世纪波动起伏、断断续续的变化后，从此开启了一个缓慢通胀的长期过程。工业革命是在 1740 年代后的几十年里发动的，其时，国内经济大规模但低速度的增长与国际经济的快速扩张（1750 年后极快速扩张）两相结合。工业革命就发生在这个抓住了国际机遇、掌控了大部分海外市场的国度。

注释：

1. 现代对工业革命和经济发展的讨论始于 Karl Marx, *Capital*, Vol. 1, Parts 3, 4, Chapters 23 – 4。就广泛的讨论，参见 E. J. Hobsbawm, *The Age of Revolution* (1962), K. Polanyi, *Origins of Our Time* (1945) 及 "后续阅读" 3 提及的书籍。有关工业革命前制造业基础的辩论，参见 L. A. Clarkson, *Proto-industrialization*: *The First Phase of Industrialization?* (1985)。有关英国在 18 世纪世界经济中的地

位，参见 F. Mauro, *L'expansion européenne 1600 – 1870* (1964) and Ralph Davis, *The Industrial Revolution and British Overseas Trade* (1979)。有关英美、英法比较，参见 H. J. Habbakuk, *American and British Technology in the Nineteenth Century* (1962), P. K. O'Brien and C. Keyder, *Economic Growth in Britain and France 1780 – 1914* (1978) and F. Crouzet, *Britain Ascendant: Comparative Studies in Franco-British Economic History* (1990)。有关具体行业，参见 S. D. Chapman, *The Cotton Industry in the Industrial Revolution* (second edition, 1987), J. R. Harris, *The British Iron Industry 1700 – 1850* (1988), 以及图表 1 – 3、10、18、24、26、35。

2. C. P. Kindleberger, *Economic Growth in France and Britain* (1964), p. 158.

3. Samuel Smiles, *Industrial Biography*, p. 114.

4. Abbé Raynal, *The Philosophical and Political History of the Settlements and Trade of the Europeans in the East and West Indies* (1776), Vol. II, p. 288.

33

第三章
工业革命，1780—1840年

工业与帝国
Industry and Empire

英国的现代化历程

From 1750 to the Present Day

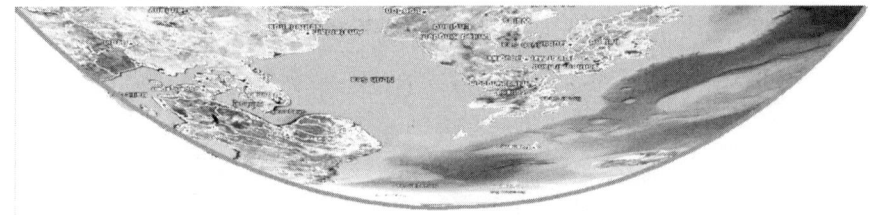

第三章
工业革命，1780—1840 年¹

不管是谁，凡讲到工业革命都会说到棉纺织业。当我们想到棉纺织业时，一如当年造访英国的外国人，眼前就会浮现曼彻斯特这一新兴的革命性城市。1760—1830 年间，曼彻斯特的规模增长了 10 倍，居民从 1.7 万增加到 18 万人。在这里，"可以看到数以百计的五六层高的厂房，每座厂房的一侧都有一个高耸的烟囱，冒着黑色的煤烟"。众所周知，曼彻斯特今日所思便是英国明天所想，该城市也将自己的名字冠于那个主导世界的自由经济学派。如此抬举曼彻斯特，无疑是恰如其分的。英国工业革命绝非**仅仅是**棉花或兰开夏甚或纺织品，棉纺织业一两代人之后也失去了在这场革命中的显赫地位。然而，棉纺织业终究是工业变革的领跑者，对于那些若无工业化便无以立足的先导地区而言，棉纺织业奠定了它们的基础。同时，棉纺织业也体现了工业资本主义这一新的社会形态，该社会形态立足于"工厂"这一新的生产形式。其他一些城镇在 1830 年也烟雾腾腾，到处都是蒸汽机，但远没有达到棉纺织城市的程度，它们恐怕要到 19 世纪下半叶才成为由**工厂**主导的城市。即使是伯明翰，在 1838 年，其所拥有的蒸汽马力也只是曼彻斯特和索尔福德的三分之一稍强。^① 其他工业

---

① 这两个城市的人口在 1841 年分别在 28 万和 18 万左右。

区也拥有大型企业，无产者也在其中做工，四周多为挖煤和炼铁之类的抢眼设备，可是，这些工业区通常地处穷乡僻壤，其劳动力墨守成规，其社会环境反差很大，故而它们难以典型地代表这个新时代，尽管它们也有能力把建筑及其周边景观改造成烟火缭绕、矿渣堆积、铁架纵横那种前所未有的场面。矿工们过去是如今也基本上还是村民，其生活和干活的方式在外人看来陌生而怪异，当然，他们也很少与外人接触。那些炼铁厂主，如在塞法萨的克劳谢家族，可能会要求也经常获得手下人的政治忠诚，但这更像是地主老爷与种田农民之间的关系，而不像工厂雇主与工人之间的关系。因此，工业主义新世界最显著的特征是在曼彻斯特及其周围地区，而不在其他那些工业区。

前已看到，如果没有那股国际商业特别是殖民地商业潮流，工业革命便无法得到解释，而棉花加工正是那股不断加速的商潮所带来的一个典型副产品。棉花原料几乎完全是殖民地产品，它在欧洲首先用于跟亚麻进行混纺，以生产一种更便宜的纺织品（即"棉亚麻混纺粗布"）。18 世纪初欧洲所知的唯一纯棉加工属于印度，印度所产"软棉布"经由欧洲的东方贸易公司而在各国国内市场及海外市场销售，但在国内销售时，却遭到了本国羊毛、亚麻、丝绸行业制造商的激烈反对。英国毛纺织业在 1700 年成功地禁止了一切棉织品进口，因此无意间成功地让本国未来的棉纺织厂商拥有了国内市场上的某种独家经营权。这些厂商目前还太过落后，尚无法供应这一市场。当然，现代棉纺织业的雏形此时已经确立，有几个欧洲国家建起了能部分替代进口的软棉布印染业。在布里斯托尔等殖民与奴隶贸易大港的腹地，甚至在格拉斯哥和利物浦，已建立了规模不大的本地棉加工企业，这一新产业最终在格拉斯哥和利物浦实现了本土化。棉纺织业为国内市场生产了可替代麻袜、毛袜和丝袜的产品，在海外市场则设法替代印度的优质货品，特别是当战争或其他危机暂时阻断了印度的对外供应时，就更有了替代印度货的机会。直到 1770 年，90% 以上的英国棉纺织出口都以这种方式输往殖民地市场，主要是非洲。1750 年后出口的巨幅增长刺激了这一产业的发展，棉纺织品出口在 1750—1770 年间猛增了 10 倍还多。

棉纺织部门因此获得了其与欠发达世界的独特联系，无论此后形势如何跌宕起伏，这一联系都得到维持并日益加强。前期，西印度群岛的奴隶种植园提供了棉花原料，1790 年代后，在美国南方的奴隶种植园找到了几乎无限的新供应源，美国南方因此基本上成了兰开夏的经济附庸。于是，最现代的生产中心保留并拓展了最原始的剥削形式。棉纺织业时不时也需要依赖英国国内市场，它在国内日益替代了麻织业。但从 1790 年代起，棉纺织业总是把大部分产品输往海外，其出口比例到 19 世纪末大约在 90%，该行业本质上始终是一个出口行业。有些时候，英国棉纺织业也打入欧洲和美国利润不菲的市场，然而，战争的爆发及本土竞争的兴起阻碍了这一扩张，该产业便一次次退回到欠发达世界某个或新或旧的地区。19 世纪中叶之后，它在印度和远东找到了主体销售市场。英国的棉纺织业当时固然世上最为卓越，但它取得如此的结果就如其开端一样，并非依赖自身竞争优势，而是靠了对殖民地和欠发达市场的垄断，可这种垄断是由大英帝国、英国海军加上英国商业优势赋予的。第一次世界大战后，英国的这一产业便日薄西山，印度人、中国人、日本人生产甚至还出口其棉纺织品，英国的政治干预再也无力阻止他们这样做了。

每个学童都知道，纺织行业中决定机械化实质的技术关键，是纺纱效率与织布效率之间的不平衡问题。纺车的生产效率本来就明显比不上手织机，特别是当 1730 年代发明、1760 年代传播的"飞梭"加快了织机速度后，纺纱环节就更无法赶上织布环节的快节奏。人们熟知的三项发明纠正了这一失衡：1760 年代的"詹妮纺纱机"

55

使得一名在家的纺纱工能够同时纺多根纱线；1768 年的"水力纺纱机"采用了早先的相关纺纱理念，把多把摇车和多根锭子组合到一起；然后是以上二者相结合，形成了 1780 年代的"走锭纺纱机"①，蒸汽动力不久便应用于此。最后这两项创新意味着机器生产，工业革命年代的棉纺织工厂本质上多为纺纱厂，外加那些为准备纺纱而对棉花进行梳理的设备。

织布环节借助手织机及织布工的成倍增加来跟上以上创新。虽然力织机也已在 1780 年代发明出来，但该工业部门直到拿破仑战争之后才实现了一定规模的机械化。此后，工厂主凭借"难保温饱"的饥饿手段，清退了原先吸引到该行业的男性织工，并在工厂内换上了妇女和儿童。与此同时，难保温饱的工资延误了织布环节的机械化。因此，一方面，自 1815 年到 1840 年代，工厂生产在整个行业普及开来，同时，通过采用 1820 年代的"自动"装置及其他改良措施，织布行业继续完善。但另一方面，不再出现进一步的技术革命。"走锭纺纱机"一直是英国纺纱业的基础，"环锭纺纱"还要留待外国人在 1840 年代去发明，该发明至今仍在普遍使用。在织布环节，力织机在英国长期占支配地位。兰开夏至此确立了显赫的世界霸位，可是这也开始让它在技术上趋于保守，尽管还不至于停滞不前。

由上可见，棉纺织业的技术颇为简单，下文也会看到，一起汇成"工业革命"的大多数其他变革也不复杂。它们不需要多少科学知识或技术能力，基本上不会超出 18 世纪初一个从业机械工的掌控范围。连蒸汽动力也不那么需要，因为虽然棉纺织业很快应用了新的蒸汽机，且比采矿和冶炼之外的其他行业应用程度更高，但迟至

---

① 这并非其专利人理查德·阿克赖特（1732—1792）的早先想法，阿克赖特不同于该时期大多数真正的发明家，他是一位发了大财的企业家。

1838 年，其四分之一的动力仍然由水力提供。这并不是说当时缺乏 37
科学创新，也不是说新的实业家对技术革命缺乏兴趣。恰恰相反，
科学知识其时十分丰富，而且科学家们都积极地将之应用于实际活
动中，他们还不愿像以后那样区分出"纯科学"与"应用科学"。
凡实际需要或有利可图，实业家们都雷厉风行地吸纳这些创新成果，
特别是把严格的理性精神应用到生产方法中，这是那个科学时代的
突出特点。棉纺织厂主不久就学会以完全实用的方式建造厂房设施，
当然，那些对现代性一窍不通的外来访客会说这样的建筑"经常损
害外部美观"[2]。从 1805 年起，工厂主还用煤气灯进行工厂照明，以
此延长每天工作时间，不过，煤气照明最早的尝试也不会在 1792 年
之前。工厂主还立即采用最新的化学发明进行纺织品的漂白和染色，
化学也不过随工业革命在 1770 年代和 1780 年代才刚问世。以此为
基础，苏格兰的化工行业到 1800 年已很兴盛，它可追溯到并不太远
的 1786 年，法国化学家贝托莱当年曾跟詹姆斯·瓦特提到，氯可以
用来进行漂白。

早期的工业革命在技术上相当简陋，并不是因为当时没有更好
的科学与技术，也不是人们对科技没有兴趣，更不是无法说服人们
使用科技。技术的简单性是因为大体而言，仅采用简单的想法和装
置（其中相关理念可能已经存在数个世纪），便可产生了不起的结
果，而且这样的采用经常不费什么高昂代价。这里的新颖性并不在
于创新，而在于实际工作者愿意积极采用由来已久、唾手可得的科
技，也在于如今有了一个可大量接纳商品的广阔市场，只要商品的
价格和成本迅速降下来。新局面之所以降临，不是因为某些个人的
创新天才迸发出来，而是因为实际状况促使人们去思考那些解决得
了的问题。

这一局面十分幸运，因为它让开创性的工业革命获得了巨大或
也必需的一股动力，它让那些积极进取但不是特别有文化或受过教

38 育、也不是特别富有的那批实业家和熟练工觉得工业革命既可望又可及，这些人在一个生机勃勃、不断扩张的经济中进行经营，能够轻而易举地抓住这一经济给予的机会。换句话说，这一局面最大限度地降低了对技能、对资本、对大规模企业、对政府组织与规划之类的基本要求，而如今若无这些东西，工业化就不可能成功。我们不妨对照一下20世纪所谓"第三世界"国家所面临的局面，它们正在设法培育自己的工业革命。要向前迈开最基本的步伐，比如说要建设一个够用的空中交通系统，就要求必须掌握科学和技术，而这种科技知识对人口中绝大部分来说，与其手中所掌握的技能简直远隔十万八千里。那些最富现代特征的生产类型，比如说汽车制造，其规模和复杂性超出了当地可能已冒出来但人数不多的实业家群体中大部分人的经验，这些行业所要求的初始资本投入量也远远超过了他们独立积累资本的能力。即使是我们在发达社会中视若当然的那些细小的技艺和习惯，对他们而言也可能无比稀缺，像民众识字、守时可靠、日常规矩，这些东西的缺失就足以让他们寸步难行。举个简单的例子，在18世纪，为发展采煤业，仍可以挖掘相对浅表的井道和巷道，让人走到采煤点去开采，再靠人力拉着小车或者矮马驮着煤篮，把煤炭运到地面。① 今天已彻底不可能用任何类似的方法去开发油田，无论如何都不可能以此去跟规模庞大、技术精湛的国际石油业展开竞争。

同样，如今落后国家经济发展中的关键问题，往往就如深有感触的约瑟夫·斯大林所言："干部决定一切。"找到资本去建设现代

39 工业，比起经营现代工业还是要容易很多；给中央计划委员会配备多数国家都可提供的少量博士，比起物色到大批具有中档技能、具

---

① 我并非暗示，这就不需要大量的技巧积累或某些相当精细的技术，也不是说英国的煤炭行业并不拥有或并未开发像蒸汽机那样较为复杂且强大的设备。

有技术与管理能力等等的大批量员工也要容易很多，须知，没有大量的此类员工，任何现代经济都可能陷于低效的泥潭。凡是成功推进工业化的落后经济体，都必定找到方法，成千上万地培养出了这样的骨干，并在总体人群依然缺乏现代工业技能与习惯的背景下，使用了这样的骨干。在这一点上，落后国家会发现英国工业化的历史无法为我所用，完全是因为英国当年几乎没有碰到过这种问题。例如，英国在任何阶段都没有遭遇金属加工人手缺乏之苦，正如英语中"工程师"一词的用法所示①，从具有实际车间经验的人员中，当年容易争取到较高级的技术支持。英国在 1870 年前没有国家主办的初级教育，在 1902 年前没有国家主办的中级教育，即便如此对当年英国都无伤大雅。

有一个例子能最好地说明英国的方式。早期棉纺织实业家中，最伟大的人物当数罗伯特·皮尔爵士（1750—1830），他去世时留下将近 150 万英镑，当年这可是一笔巨款，另还留下一位很快就将当政的英国首相。皮尔家本乃境况一般的自耕小农，如同兰开夏山地的其他家庭一样，他们最晚从 17 世纪中叶开始在农耕之外兼事家庭纺织生产。罗伯特爵士的父亲（1723—1795）尚且在乡间叫卖售货，1750 年才搬迁至布莱克本镇，即便那时也还没有完全放弃农耕。此君接受过一点非技术性教育，具有简单设计与发明的小天赋，至少能够赏识本镇同乡詹姆斯·哈格里夫斯那些人的发明，哈格里夫斯是织工、木匠，也是"詹妮纺纱机"的发明者。罗伯特爵士之父拥有价值 2000—4000 英镑的土地，当他于 1760 年代与内兄哈沃斯及耶茨成立一家软棉布印染商行时，他用地产作了抵押。刚才所说的耶茨投入了自己家庭在布莱克本开客栈所积累的收入，这一家也有

① "工程师"一词既可指熟练的五金工人，也可指"土木"或"电器"工程师这样的专业技工。

经验，有几个人在做纺织业生意。软棉布印染此前多集中于伦敦，如今前景看好，生意的确兴隆。三年之后，在1760年代中期，棉纺织印染需求大增，这家商行另还介入棉布加工。就如当地一位历史学家以后所言，这一事实"可以佐证，当时容易发财"[3]。企业一派兴旺，随之分头经营。皮尔留在布莱克本，他的两个合伙人转移至贝瑞，未来的罗伯特爵士于1772年在此地加入合伙，他从父亲那里起初得到过某些支持，但随后就很少依靠家里了。

父亲的支持也不那么需要，年轻的皮尔是个精力充沛的企业家，毫不费力就能筹集到额外的资本。他可以从当地居民中吸收合伙人，这些人或者渴望投资于正在扩张的产业，或者干脆可派去在新城镇开设商行分号或做新生意。由于很长时间内单靠商行的印染业务一年就可稳赚7万英镑，资本并不短缺。到1780年代中期，生意确实已经做得很大，也就能够轻而易举地采纳任何有用且赚钱的现成新器械，如蒸汽机。到1790年，罗伯特·皮尔年方40，从商才不过18年，就已成为准男爵、议会议员，以及实业家这一新阶层的公认代表。[1] 他有别于本阶层中其他那些唯利是图的兰开夏企业家，其中包括他的几个合伙人。这主要是指他不愿意急流勇退，过起舒适的富家生活，到1780年代中期他已完全可以这样做，但他决心执掌所在行业之牛耳，并因此攀升到简直令人炫目的一个新高度。在皮尔开始经商的那个年代，从兰开夏进入纺织行业的农村中产阶级中，任何人只要稍有生意头脑和一点干劲，不想立即赚大钱都有点难。这本质上或许是因为当时的生意简单易行。在商行开始软棉布印染

41

① "他属于某类人中为人津津乐道的一个样本。这类人在兰开夏利用自己及其他企业主的新发现，凭借当地特定的棉纺织制造和印染设施而赚钱，当然，他们还看准了半个多世纪前人们对工业制品就已表现出的匮缺和需求，就此成功地发了大财。可是这类人却既没有雍容的仪态，也没有内在的修养，甚至缺乏基本的常识。" P. A. Whittle, *Balckburn As It Is* (Preston, 1852), p. 262.

之后的许多年，它甚至没有"制图室"，也就是说，要设计那些决定商行财富的印花图案，前期准备工作居然无比的简陋粗糙。实际情况是，在这一阶段，几乎什么东西都好卖，特别是要卖给国内外那些头脑简单的顾客，更是不在话下。

在此情况下，就在兰开夏烟雨蒙蒙的田头和村庄，以新技术为基础的一个新产业体系相当快速地顺利兴起。但如已所见，它的兴起靠的是新旧结合，然后是新陈代谢。产业内部积累的资本取代了土地的抵押和开店的积蓄，工程师取代了心灵手巧的织工兼木匠，力织机取代了手织工，雇佣无产者的工厂取代了大批家庭工人与少数机械装置所组成的外发加工制。拿破仑战争之后的几十年里，新工业世界中的陈旧因素逐渐被淘汰，而现代工业由少数开拓者的不凡成就，演变为兰开夏的生活规范。英国的力织机从 1813 年的 2400台增加到 1829 年的 5.5 万台，再增至 1833 年的 8.5 万台和 1850 年的 22.4 万台，同时，力织机织工在 1820 年代依然增至最高的约 25万人后，到 1840 年代初降为刚过 10 万人，到 1850 年代中期再减到5 万人稍多，而且此时这些人均为缺吃少穿的可怜者。然而，即使在这一大转型的第二阶段，照样存在相对而言的简陋性，该阶段照样留下了某些明显过时的遗产，对这些东西视而不见是不明智的。

不妨提及由此造成的两个后果。其一，棉纺织业的业务结构极其支离破碎，英国 19 世纪的大多数行业实际上均如此，这本身是因为棉纺织业原从小作坊、无计划中成长起来。该行业形成了并一直保留着某种综合体的特征，综合体内部是一个个高度专业化、经常也是高度地方化的中型商行，包括了形形色色的买卖商、纺纱厂、织布厂、染色厂、梳整厂、漂白厂、印花厂等等，各行业内部往往还会进一步细分，相互之间依靠个体商户在"市场"上交易这一复杂网络而连接起来。这种形式的业务结构具有灵活的优势，特别有助于初始的快速扩张，但在工业发展的以后阶段，当计划和整合展

42

现出大得多的技术与经济优势时，它反而会造成相当程度的僵化和低效。其二，棉纺织业的通常特点是，劳工的组织性极其弱小且不稳定，因为它所打交道的劳动力主要是妇女、儿童、非熟练移民等等。如此一来的第二个后果是，强大的工会运动得以发展。兰开夏棉纺织工会的骨干主要是走锭纺纱机的熟练男工，他们人数上属少数派，但即使在机械化进入更先进的阶段后，也没有或无法动摇其强大的谈判地位，相关努力在 1830 年代就曾失败过。这些熟练男工周围是占多数的非熟练工，男工成功地将其组织起来，很大程度上也由于非熟练工多为男工的妻子和孩子。由此可见，棉纺织业在成为工厂化行业的过程中，是用手艺行会那些方法组织起来的，那些方法之所以还能管用，是因为纺织业在关键的发展阶段，仍是一种未脱旧胎的工厂化行业。

然而，按 18 世纪的标准看，棉纺织业还是充满了革命性，在指出了它的种种过渡性特点和持续性落伍之后，决不应当忘记这一事实。该行业代表了一种新的人际经济关系、一种新的生产体制、一种新的生活节奏、一个新的社会、一个新的历史时代，当时的人们几乎从一开始就意识到了这一点：

> 就如洪水决堤一样，中世纪给工业施加的规范和限制统统消失了。面对自己难以掌控也无法追随的宏大现象，当政者惊讶得目瞪口呆。机器顺从地效劳于人的意志，但就在机器远超人力之际，资本胜过了劳动并创造了一种新的奴役。……机械化以及难以置信的精细分工降低了民众应有的体力和智力，竞争又将其工资压低到仅够糊口的最低水平。在市场过剩的危机时刻，工资还会降到糊口底线之下，而这种过剩危机正以愈加频繁的节奏发生。通常可见，工作会在一段时间内完全停顿下来……悲惨的人类大

43

众只能遭受饥饿与匮乏的种种煎熬。[4]

这些话语，酷似弗里德里希·恩格斯之类社会革命家的言辞，是由一位德国自由派生意人在 1840 年代初写下的。可是，甚至在一代人以前，另一位本身也是棉纺织厂主的实业家——罗伯特·欧文已经强调了这一变迁的革命特征，他在《论工业制度的影响》（1815）中写道：

> 全国范围内工业的普遍扩散在国民身上形成了一种新的特性，由于这种特性形成时所依靠的原则不利于个体的或全体的福祉，工业扩散将产生最令人痛心、最经久不息的罪恶，除非通过立法干预或指导去遏制其发展趋势。工业制度已经将其影响广泛地扩及大英帝国，因而对国民大众的总体特性会造成一种本质的变化。

在当时的人们看来，他们所见到的尤其体现于兰开夏的新制度包含了三个要素：其一，工业人口被一分为二，一边是资本主义雇主，另一边是除劳动力之外一无所有、仅靠出卖劳动换取工资的工人。其二，生产在“工厂”中进行，这里集合了专门的机器和专门的人力，或者正如早期理论家安德鲁·厄尔博士所称：“由各种机械的和知识的机体组成了一个庞大的自动装置，大家协调一致、连续不断地运转……全部从属于一股自我规范的动力。”[5]其三，资本家对利润的追逐和聚敛主导了整个经济，甚至是全部生活。一些人并不觉得新制度有何根本问题，他们不愿费心区分这一制度的社会面与技术面。另一些人则在违背本人意志的情况下被强行塞入这一制度，他们除贫困化之外从中一无所获。1833 年布莱克本三分之一的人口当时即如此，他们过日子仅靠每周 9 先令 2 便士的**家庭**总收入（约 44

为人均 1 先令 8 便士)①，这些人自然会排斥新制度的社会面与技术面。第三种人就是罗伯特·欧文出面代言的那个团体，他们把工业制度与资本主义分割开来，即一方面接受工业革命和技术进步，相信它们会迎来知识的增长和全民的富裕，另一方面则拒斥资本主义方式，认为它会引发实际的剥削和普遍的贫困。

从细节上去挑剔当年人们的看法一般再容易不过，工业制度的结构毕竟在当时远没有如今想象得那么"现代"，哪怕是在铁路时代的前夜都是如此，更不用说在拿破仑滑铁卢战败的年份。纯粹的"资本主义雇主"和"无产阶级"一点也不常见，倒是有许多人处于"社会的中层"（他们只是到 19 世纪前期才开始自称为中产阶级）。这批人固然也想发财，但只有少部分人准备把技术进步的无情逻辑以及"贱买贵卖"的市场律令全盘应用到赚钱过程中。是有大量的男男女女纯粹靠工资劳动过日子，不过，其中许多人仍然是变相的过去年代的独立匠人、业余打工的自耕农、兼职的小业主等等，真正的工厂操作工的确很少。1778—1830 年间，针对机器的进一步普及，出现过反复的造反活动。这些造反经常得到当地生意人或农民的支持，有时候实际上还受到他们的唆使，这本身就说明当时经济的这个"现代"部门是多么的有限，毕竟真正属于现代部门的话一般都会接受机器，哪怕还不至于欢迎机器。只有那些尚未融入现代部门的人才会设法排斥机器，当然总体而言，这批人还是失败了，这也表明，"现代"部门已开始占据经济的主导地位。

我们再次要等到 20 世纪中叶的技术，才能看到工厂生产实现半自动化或自动化。19 世纪上半叶那些"蒸汽挂帅"的哲学家曾经怡然自得地以为自动化行将到来，他们从当时漏洞百出、古旧不堪的棉

---

① "1833 年就家庭收入作过一次少有的估算，结果如下：布莱克本 1778 个劳工阶级家庭共有 9779 人，其总收入仅为 828 英镑 19 先令 7 便士。" P. A. Whittle, *Blackburn As It Is*（Preston, 1852），p. 223. 参见下文第四章。

纺织机器中看到了自动化的未来。铁路问世以前，在现代生产工程师眼里，除了偶尔可见的煤气厂或化工厂外，很可能没有什么企业值得一提，除非出于考古的兴趣。可是，棉纺织厂居然引发浮想联翩，让不少人以为未来的工人将被挤压甚至被非人化为"操作工"或"人手"，终将被完全"自动"的机器彻底替代，这一事实同样值得重视。"工厂"把不同流程组合成合乎逻辑的一个循环，其中每个流程都有一台由专门"人手"所照应的机器，把各个环节连接起来的是"发动机"不通人性、永远不变的节奏，以及机械化所施加的严格纪律。这样的工厂，加上其煤气灯照明、铁结构纵横、场地上冒烟，的确是一种无比新颖的工作样式。工厂工资一般要高于在家加工所得收入，只有那些技能高超、多才多艺的手工劳动者才是例外，但尽管如此，工人们还是不愿意进厂干活，因为这样做的话就会丧失其与生俱来的独立性。事实上，这也是为什么只要可能，工厂里便充斥着更容易管束的妇女和儿童，1838 年的纺织厂工人中，成年男子只占到23%。

*

在英国工业化的第一阶段，就重要性而言，没有其他哪个行业能跟棉纺织业相提并论。该行业在国民收入中的比重从数量上看也许并不突出，拿破仑战争结束时可能在7% 或8%，当然，这个比重比其他行业要大一些。然而，棉纺织业开始扩张的时间更早，而且一直比其他行业增长得更快，它的节奏某种意义上决定着总体经济的节奏。① 46

---

① 英国工业生产增长率（按每十年的百分比增幅）是：

1800 年代至 1810 年代	22.9	1850 年代至 1860 年代	27.8
1810 年代至 1820 年代	38.6	1860 年代至 1870 年代	33.2
1820 年代至 1830 年代	47.2	1870 年代至 1880 年代	20.8
1830 年代至 1840 年代	37.4	1880 年代至 1890 年代	17.4
1840 年代至 1850 年代	39.3	1890 年代至 1900 年代	17.9

1850 年代至 1860 年代的下降很大程度上是由于美国内战造成了"棉花荒"。

拿破仑滑铁卢战败后的 25 年里，棉纺织业以每年 6%—7% 的非凡速度持续扩张，英国的工业扩张也迎来一个高潮。当棉纺织业停止扩张时，比如在 19 世纪的最后 25 年，其增长率跌至每年 0.7%，该时期英国的整个工业便一蹶不振。其次，同样独一无二的是该行业对英国国际经济作出的巨大贡献。大而言之，在拿破仑战争结束后的几十年，**全部**英国出口值中，有**一半**属于棉纺织品，在作为其巅峰的 1830 年代中期，原棉占到全部净进口的 20%。真真切切的是，英国的国际收支取决于这单个行业的兴衰，英国的航运和海外贸易总体上也多有赖于此。第三，就对资本积累的贡献而言，棉纺织业几乎肯定比其他行业作用更大，姑且只提一个原因：快速的机械化和廉价劳动力（妇女和少年）的大量使用，使得收入能够非常顺利地从劳动一方转向资本一方。1820 年后的 25 年中，该行业的净产出按现价算增长了约 40%，而工资水平仅增长 5% 左右。

棉纺织业总体上刺激了工业化和技术革命，这一点可谓不言而喻。化工行业和机械行业都大大得益于棉纺织业，到 1830 年，也只有伦敦的师傅才能跟兰开夏的机器制造师一比高下。然而，棉纺织业在这方面也非独一无二，它"缺乏"**直接的**能力去激发那些最需要激励的部门。我们在分析工业化时知道，煤炭和钢铁这样的重型资本货物行业最需要激发，可惜，棉纺织业并没有为它们提供十分广大的市场。好在普遍的城市化过程在 19 世纪初为**煤炭业**提供了有力的激励，使之像在 18 世纪那样获得激发。迟至 1842 年，英国家庭中冒烟的壁炉仍然消费着英国国内供煤的三分之二，当时英国 3000 万吨的煤炭产量也许占到整个西方世界产量的三分之二。煤炭的生产依旧简陋不堪，蹲着的矿工在地下通道内手拿镐头又劈又砍，这就是产煤的基本形态。但是，单是庞大的煤炭产量便让该行业不得不引领技术变革，毕竟需要从越挖越深的矿井中排水，还需要把煤从采煤作业面运到坑口，再运到港口和市场。因此，远在詹姆斯·瓦特之前，采矿业就已开蒸汽机应用之先河，1790 年代起便采用了改良的井口提升装置，特别是还发明并铺设了**铁路**。从乔治·斯蒂芬森开始，早期铁路的建造者、工程师、驾驶者往往来自于泰恩河畔煤区，这一点并不偶然。不过，蒸汽船的发展跟煤矿没有关系，其开发早于铁路，尽管大面积使用要晚得多。

炼铁行业面临较大的困难。工业革命之前，英国生产的铁数量不大、质量也不高，即便到 1780 年代，对铁的总需求量也基本上没有超过 10 万吨。[①] 战争，特别是海军，为铁业提供了持之以恒的激励、时断时续的市场，燃料节省的需要才让它获得了技术进步的动力。由于这些原因，在铁路时代降临以前，铁行业的供应能力往往超过了市场需求，故而迅猛的跃增之后难免出现漫长的萧条。为解决这一问题，炼铁厂主会拼命地为这一金属寻找新用途，也会结成价格联盟并削减产量，以图缓解过剩问题（钢则几乎仍未受到工业革命的触动）。有三大创新提高了铁的生产能力：用焦炭代替木炭进行熔炼；搅炼和滚炼这些发明在 1780 年代得到更广泛的应用；1829年后詹姆斯·尼尔森的"热鼓风"法得到采用。这些变化也导致炼铁业把场地移到了煤田那里。拿破仑战争后，工业化在其他国家开始起步，铁于是获得了重要的出口市场，产量中 15%—20% 已能销往国外。英国自己的工业化为铁金属创造了各色各样的国内需求，不仅用于机器和器械，而且用于桥梁、管道、建筑材料、家用器皿。但纵然如此，总体需求也仍然大大低于如今我们认为某一工业经济应有的水平，尤其要记住，当时对有色金属的需求简直无足轻重。1820 年代前，总需求很可能从未达到 50 万吨，在铁路年代之前居冠的 1828 年最多勉强达到 70 万吨。

48

---

① 但英国的人均消费量远高于其他可比国家，比如在 1720—1740 年间是法国消费量的大约 3.4 倍。

铁业不仅刺激了全部的铁消费行业，而且刺激了煤炭行业，1842 年大约四分之一的煤由铁业所消耗。铁业还刺激了蒸汽机、运输，其对运输的刺激机制与对煤的刺激机制相同。然而，炼铁行业与煤炭行业一样，直到 19 世纪中叶方才经历真正的工业革命，这比棉纺织业晚了 50 年左右。原因是，消费品行业即使在前工业经济中便已拥有大规模市场，而资本货物市场只有在工业化已发动或已完成的经济中才能拥有这样的市场。恰恰是铁路，才让煤和铁的产量在 20 年中增加了三倍，并几乎创造出了一个钢铁行业。①

在其他领域，存在显而易见并令人注目的经济增长和某种产业转型，但基本上尚未发生工业**革命**。大批行业，如制衣业（不含制袜）、制鞋业、建筑业、家具业，除了零星地采用新材料外，还是继续按照完全传统的方式在运转。至多，它们为了满足大举扩张的需求而延伸"居家加工"之类的做法，这种延伸将独立的工匠变成城市地窖或阁楼车间里贫困化、日益专业化的血汗劳工。工业化所带来的不是家具厂，而是已被组织起来但跌入潦倒境地的熟练家具木工；工业化所带来的不是制衣厂，而是成千上万食不果腹、身染肺病的缝纫女工和衬衫加工者，这些人的苦难甚至在那个极端不敏感的年代，都拨动着中产阶级舆论的心弦。

其他行业将一些简单的机器与动力（包括蒸汽动力）应用于小型工厂，主要是谢菲尔德和米德兰兹寻常可见的一批使用金属的行业，不过其生产工艺和面向国内市场的特点并未因此而改变。这些互相关联配套的小厂集群中，有一些厂设在谢菲尔德、伯明翰这样

---

① 产量（以万吨为单位）：

年份	煤	铁
1830	1600	68
1850	4900	225

的城市，另一些厂则是在"黑区"偏僻的村庄里。它们的工人中，部分是有内部组织、钟爱行会、学徒期满的熟练工匠①，如在谢菲尔德的刀具行业，另部分则是深陷野蛮残暴而难以自拔的男男女女，他们正在村庄里敲打出铁钉、链条及其他简单五金用品。（在伍斯特郡的达德利，1841—1850 年的人均预期寿命仅为 18.5 岁。）然而，另有些行业，如陶瓷业，却形成了类似于原始工厂制的东西，或者干脆就是规模较大、内部分工细密的企业。不过总体而言，除了棉纺织业以及铁业与煤业特有的那些大企业外，一直要到 19 世纪下半叶才会出现机械化工厂或类似企业的生产，况且工厂或企业的平均规模都偏小。甚至到 1851 年，据企业向人口普查作出的报告，按雇工达到或超过 100 人为指标，1670 名棉纺织业主所拥有的此类规模企业，要大大多于 41000 名其他各类业主所拥有的全部规模企业，其他各类涉及缝纫、制鞋、机器制造、建筑、车轮制造、糅革、毛纺、精纺、丝织、磨粉、花边、制陶等众多行业。

当然，如此有限的工业化既不稳定也不可靠，毕竟它本质上立足于纺织业中的一个部门。从以后历史的角度看，面对 1780 年代至 1840 年代这一时期，我们不妨称之为工业资本主义的初级阶段。但它有没有可能也是工业资本主义的最后阶段呢？这个问题看似荒唐，因为工业资本主义显然并未到此为止。不过，这样说就低估了该初级阶段尤其是 1815 年后 30 年所蕴含的不稳定性和矛盾性，也低估了当时经济的隐忧，以及当时严肃思考经济前景的人士心头的隐忧。在 1830 年代及 1840 年代初，工业化早期的英国历经了一场无比严峻的危机。如今知道，这不是任何意义上的"终结性"危机，不过是某种成长中的危机，但这不应该诱导我们去低估危机的严重性，

50

① 他们实际上被描述为"组织在行会中"，说这话的德国访客甚至蓦然间觉得自己在那里看到了欧洲大陆的常见现象。

经济史学家惯于低估这种严重性，还好社会史学家没有这样做。[6]

　　这场危机最明显的证据就是社会不满情绪的高涨，从拿破仑战争后期一直到 1840 年代中期，不满情绪如同飓风般接连横扫英国，包括了勒德主义与民众激进运动、工会主义与乌托邦社会主义运动、民主与宪章运动等。在英国现代史上，还没有其他哪个阶段中，普通民众如此持续、广泛，经常也是绝望地感到愤愤不平。17 世纪以来还没有其他哪个时期广大民众具有如此激越的革命精神，也还看不到其他哪个政治危机时刻像 1830 年与 1832 年《改革法》期间那样，会让革命如此一触即发。有些历史学家试图轻描淡写这种不满情绪，声称除了潦倒的少数人外，工人的生活状况只不过改善得慢了一些，没有赶上工业化不免让人无穷遐想的程度。可是，"因期望攀升而引发革命"更见于书本而非现实，要说人们在拥有自行车后未能再拥有汽车并因此跨越路障起而造反，这样的例子尚待日后才会大量出现。（当然，一旦人们习惯了骑自行车，假如他们穷困到买不起自行车，那他们是较可能走极端的。）另一些历史学家更有说服力地断言，不满情绪之所以上升，纯粹是因为人们难以适应一种新的社会形态。但即便如此，也首先一定是经济苦难已无以复加，让人们觉得自己付出太多却毫无回报——移民去美国的记录当可表明这一点。那几十年里，英国人怨声载道，必然是因为存在绝望和饥饿，这两样东西当时可谓比比皆是。

　　英国人的贫困本身就是资本主义经济困境中的一个重要因素，因为贫困大大限制了英国产品的国内市场，令市场的规模及扩张都成问题。如果观察某些日用品的人均消费，特别是比较 1840 年代后（即维多利亚时代的"黄金岁月"）此项消费的迅猛增长与之前此项消费的停滞不前，这一点便一目了然。1815—1844 年间，英国人每年消费的糖人均不足 20 磅，其中在 1830 年代及 1840 年代初，人均消费量不到 16—17 磅。但在 1844 年之后的 10 年中，每年的人均消

费量上升至 34 磅，1844 年后的 30 年里，进一步增加到 53 磅，而到
1890 年代，消费量已跃升至 80—90 磅。然而，无论是早期工业革命
的经济理论还是其经济实践均未以劳动人口的购买力为基础，大家
普遍认为，劳动者的工资不应该明显高出其基本谋生需要。偶尔情
况下一旦某部分人赚得稍多，可以购买"上等人"所消费的那些产
品（经济繁荣时不时会出现这种情况），中产阶级的舆论便会哀叹或
嘲讽这种"公然有违节俭原则"的事。高工资的经济优势，无论是
激发更高的生产率还是增强购买力，要到 19 世纪下半叶才会被人发
现，而且即使到那时，也只是为少数先进且开明的雇主（如铁路承
包商托马斯·布拉赛）所发现。直到 1869 年，约翰·斯图尔特·穆
勒作为正统经济学说的捍卫者，才放弃了"工资基金"理论，而这
一理论所倡导的基本上就是糊口工资论调。①

　　与此相反，经济理论和经济实践当时都强调了资本家资本积累
的极端重要性，也就是说，都崇尚最大限度地赚取利润，最大限度
地将收入从非积累性的工人转向雇主。人们相信，依靠利润才能让
经济运转起来，也才能通过再投资而让经济扩张，因此，理当不惜
一切代价地扩大利润。这一观点立足于两个假定：其一，工业进步
需要大量投资；其二，如果不压低非资方的工人的收入，单靠储蓄
不足以进行投资。第一个假定长远看更加正确，短期看却并不太对。
如已看到，工业革命的第一阶段（就说 1780—1815 年吧）进展有限
且成本较低，总资本形成到 19 世纪初可能只占到国民收入的 7% 还
不到，该比例低于如今某些经济学家认定工业化所必需的 10% 这一
水平，也远低于新兴国家快速工业化或发达国家现代化所经历的
30% 这一水平。直到 1830 年代和 1840 年代，英国的总资本形成才
跨过 10% 这个门槛，到那时，以纺织业之类为基础的低成本工业化

52

---

①　不过，有些经济学家至少从 1830 年代起就显示出对这一理论的不满迹象。

时代正在让位于铁路、煤炭和钢铁时代。第二个假定，即必须压低工资，则完全错误，当然，最初它还貌似有理，因为该时期最富裕的阶级和最大的潜在投资者（大地主及商业与金融利益集团）并没有大举投资于新产业。于是，棉纺织企业主及其他渐起的实业家只得积攒一点初始资本，以后通过利润再投资去扩大资本，这不是因为存在绝对的资本短缺，而是因为实业家们难以获得大量资金。到1830年代，再次可见，任何地方都不存在资本短缺问题。①

有鉴于此，19世纪初生意人和经济学家担心的是这两件事：利润率和市场扩张率。这两个问题都值得担心，尽管我们今天注意第二个问题更多于第一个问题。随着工业化的发展，生产成倍增长，制成品价格节节下降。（由于中小生产商之间存在激烈竞争，很难通过操纵价格或限制产量的卡特尔或类似安排去人为抬高价格。）生产成本并没有（大多情况下也无法）按同样的节奏来降低。拿破仑战争结束后，当经济总气候从长期的价格通胀转变为价格通缩时，利润率便遭遇更大的压力，因为在通胀情况下，利润会得到额外的抬升②，而在通缩情况下，利润会被拖后腿。棉纺织业深深感觉到了利润率的如此挤压：

1磅棉纱的成本与售价⁷

年份	原料	售价	其他成本和利润
1784	2先令	10先令11便士	8先令11便士
1812	1先令6便士	2先令6便士	1先令
1832	7.5便士	11.25便士	3.75便士

① 然而，苏格兰很可能存在总体的资本短缺，故此，苏格兰银行系统远在英格兰银行之前就开发了合股组织与工业众筹方式，因为一个穷国需要采用某种机制，将涓涓细流般的储蓄汇聚成大规模生产性投资可用的资本池子，而一个富国可以依靠当地洋洋大观的泉水与河流来敞开供给。

② 原因是，工资一般滞后于价格，无论如何，货物销售时的价格水平往往高于其生产时的价格水平。

诚然，4 便士乘上 100 倍比起 9 先令要更多，但假如利润降至零又该如何？它会因为引擎失速而让经济扩张的战车戛然而止，酿成一种经济学家都无比恐惧的"停滞状态"。

鉴于市场在迅速扩张，我们深信上述前景不可能成真，可能从 1830 年代以来，经济学家们也的确越来越这样看问题。然而，市场的扩张速度不够快，无法按照经济已经习惯的增长速度去吸收产品。我们看到，国内市场疲软，在饥饿的 1830 年代及 1840 年代初，很可能变得更加疲软。放眼海外，发展中国家不愿意进口英国纺织品，英国执行保护主义政策则让这些国家更不愿意进口英国货。至于棉纺织业所依赖的那些不发达国家，其市场空间要么不大，要么扩张缓慢无以吸纳英国产品。拿破仑战争后的几十年里，国际收支统计数让我们见识了一个非常奇怪的景象，即世界上唯一的工业经济体，也是唯一像样的制成品出口国，居然在商品贸易中无法维持出口顺差（参见第七章）。其实在 1826 年后，这个国家不但在贸易项下发生赤字，而且在服务项下（包括航运、保险、外贸、银行等方面）也有赤字。① 54

在英国历史上，还没有哪个时期像 1830 年代及 1840 年代初那样局面紧张，那样充满政治与社会矛盾。劳工阶级与中产阶级或者单独行动或者联合起来，要求进行其所期望的根本变革。从 1829 年到 1832 年，不满情绪聚焦于对议会改革的诉求上，为此，民众发起骚乱和游行，工商界也展开罢市行动。1832 年后，当中产阶级激进者的数项要求得到满足后，工人运动只得单打独斗并独自品尝失败的滋味。自 1837 年的危机开始，中产阶级的躁动又在"反谷物法联盟"的旗帜下复活，劳工大众的躁动则拓展为争取"人民宪章"的

---

① 更确切地说，该收支平衡在 1826—1830 年为不大的负数，在 1831—1835 年转为正数，在 1836—1855 年以五年为单位的全部时段中均为负数。

宏大运动，不过，此时二者已相互独立乃至彼此对立。然而，在不惜走极端这一点上，双方可谓不分伯仲，尤其是在 1841—1842 年这段该世纪最糟糕的萧条岁月。宪章运动鼓动进行总罢工，中产阶级极端分子则呼吁全国闭厂，以让饥寒交迫的劳工如潮水般涌上大街，借此逼迫政府采取行动。1829—1846 年间的这种矛盾很大程度上源自劳工阶级的绝望，毕竟他们食不果腹；同时也源自制造商的绝望，因为他们真切地相信，现行的政治和财政安排正在窒息经济。他们有理由如此忧心忡忡。在 1830 年代，哪怕是最简单的衡量经济进步的会计标准，即人均实际收入（不应与平均生活水准相混淆），事实上也在下降，从 1700 年以来还是首次出现此等现象。假如无所事事，资本主义经济就不会崩溃吗？已穷困潦倒、被剥削殆尽的劳苦大众，就不会像 1840 年前后欧洲全境的观察家日益担忧的那样起来造反吗？恰如马克思和恩格斯正确地指出，1840 年代，共产主义的幽灵在欧洲上空徘徊。即使英国相对而言不太畏惧这一点，经济解体的幽灵也同样让中产阶级胆战心惊。

55

注释：

1. 参见"后续阅读"及第二章注释 1。P. Mantoux, *The Industrial Revolution in the 18th Century* 仍有价值；T. S. Ashton, *The Industrial Revolution*（1948）非常简明。有关棉纺织业，A. P. Wadswoth and J. L. Mann, *The Cotton Trade and Industrial Lancashire*（1931）系基本读物，但只写到 1780 年。N. Smelser, *Social Change in the Industrial Revolution*（1959）实际上涉及棉纺织业，只是术语晦涩。有关企业家和器械行业，Samuel Smiles, *Lives of the Engineers*, *Industrial Biography*，以及有关工厂制度，Marx, *Capital* 仍然是必读著作。A. Redford, *Labour Migration in England 1800 – 1850*（1926）and S. Pollard, *The Genesis of Modern Management*（1965）也值得参考。参见图表 1 – 3、7、11、17、25、26、35。

2. Fabriken-Kommissarius May, 1814, 引见于 J. Kuczynski, *Geschichte der Lage der Arbeiter unter dem Kapitalismus*（Berlin, 1964），Vol. 23，p. 178.

3. T. Barton, *History of the Borough of Bury* (1874), p. 59.

4. F. Harkort, 'Bemerkungen über die Hindernisse der Civilisation und die E-mancipation der unteren Klassen' (1844), 引见于 J. Kuczynski, op. cit. , Vol. 9, p. 127.

5. Andrew Ure, 'The philosophy of Manufactures' (1835), 引 见 于 Marx, *Capital* (British 1938 edition), p. 419.

6. S. G. Checkland, *The Rise of Industrial Society in England* (1964) 讨论了这一问题；也参见 R. C. O. Matthews, *A Study in Trade Cycle History* (1954).

7. T. Ellison, *The Cotton Trade of Great Britain* (1886), p. 61.　　56

第四章

工业革命的人文结果，1750—1850年

工业与帝国
Industry and Empire

英国的现代化历程　　　　From 1750 to the Present Day

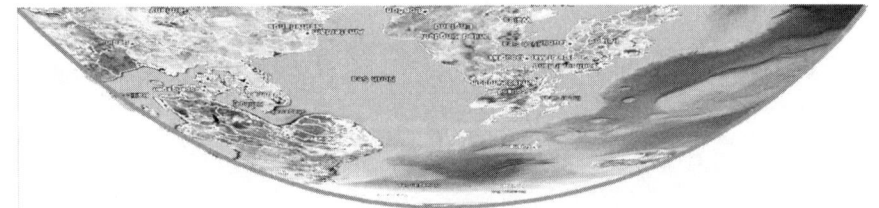

第四章
工业革命的人文结果，1750—1850 年[1]

算术是工业革命的基本工具，使用者将算术视为一系列的加加减减：贱买贵卖之间的成本差额，生产成本与销售价格之间的差额，投资与回报之间的差额。杰里米·边沁及其追随者堪称此类理性最一贯的倡导者，在他们看来，甚至是道德和政治都受到这些简单计算的支配。幸福理当是政策的目标；每个人的快乐至少在理论上可用某个数量来表达，其痛苦也是如此；将痛苦从快乐中减去，所得的净值便是幸福；可以将全体人的幸福加总到一起，再减去不幸福，凡能争取最大多数人之最大幸福的政府，便是最好的政府。据说，对人性的衡量也会得出其负债和收益数字，就像生意场上的计算一样。①

在讨论工业革命的人文结果时，人们并没有完全从这一粗陋的方法中解放出来，我们依然常常问自己：工业革命让大家过得更好了还是更糟了？变化的幅度有多大？更精确地说，我们会自问：它让多少人获得了多少购买力，或获得了多少金钱可以购买的货物、

---

① 实际应用边沁的"幸福计算法"时，将需要采用一些远比算术更复杂的数学方法，这一点并不妨碍我这里的论述。不过，值得一提的是，即使按照边沁的理论，计算幸福也已被证明是无法做到的。

服务等等。这里假定的前提是，拥有一台洗衣机的妇女会比没有洗衣机的妇女过得更好，这当然有合理之处。但同时，这里也假定，

57 其一，个人幸福在于积累消费品之类的东西；其二，公众幸福在于最大量的个人进行最大量的这种积累，而这样的假定就有不合理之处。上述问题固然重要，但难免误导世人。工业革命是否让英国人有了绝对或相对意义上更多更好的衣食住行，这自然是每个历史学家所感兴趣的。但假如他忘记，那不但是一个加减的过程，而且是**一场根本性社会变革**，那就会错失问题的要害。工业革命改变了人们的生活，令其面目全非。更准确地说，它在初始阶段摧毁了人们旧的生活方式，任由他们在缺乏相应能力和知识的情况下去自行寻求新的生活方式，却很少告诉他们如何去办。

工业革命既是舒适品的提供者，也是社会的改造者，实际上这二者之间是有关联的。正常而言，自身生活被改造最少的阶级也是物质上受益最显著的阶级，反之亦然。受益最大的阶级之所以不必追赶正在扰动其他阶级的这场革命，或者之所以没有被迫随机应变，不仅在于他们原本物质富裕，而且因为他们精神上富足。假如一个人闲适地生活在自己的精神世界，这个世界都由跟自己一样的人组成，同时他又家道小康或万事顺遂，那还有比他更怡然自得的人吗？

故此，英国的贵族和乡绅很少受工业化的影响，除非是有利的影响。由于社会对农产品的需求在扩大，自家土地上城市和煤矿在扩张，自家田庄上铁厂和铁路在修建，这些人的租金在上涨。即使在农业歉收的年份，如从 1815 年至 1830 年代，他们也不可能坠入贫困。他们显赫的社会地位依然如故，其在乡村的政治权力毫发无损，即便身处国民中间也未遇到严重的麻烦。当然，从 1830 年代起，他们不得不顾及强悍的地方中产实业阶层的情绪，很可能在 1830 年后，绅士生活的湛蓝天空开始出现乌云。但乌云实际上也没有看上去的那么大、那么黑，道理很简单，50 年的工业化对于有土

地、有头衔的英国人而言，终究是一个黄金时代。如果说 18 世纪是乡绅显贵的辉煌年代，那么乔治四世（作为摄政者和国王）的年代如同人间天堂。他们那一群群猎狗在中部的猎狐区东窜西跑（现代猎狐制服仍反映出摄政时期的渊源），弹簧枪和看场人保护下的雉鸡则等待着对猎物的哄赶围捕，凡交不出年租金折合 100 英镑的人休想靠近这里。帕拉弟奥新古典主义式样的乡间别墅纷纷建造起来，数量上超过了除伊丽莎白时代以外的任何之前和之后时期。与社会习俗方面不同的是，乡绅显贵的经济活动已经适应了中产阶级的经营方式，因此，蒸汽机和会计室不会造成严重的精神调适问题，除非他们属于边鄙之地的小地主阶层，或者仅从酷似爱尔兰的纯农业经济中获得收入。这些人不必在此刻改变封建生活方式，因为他们早就去封建化了。最大的变化不过是，来自内地的某个粗野无知的准男爵新近发现，有必要把儿子送到一个合适的学校（1840 年代开始建造新"公学"，借以调教新兴实业家及其子弟），或者需要适应更加频繁的伦敦客居生活。

　　贵族社会众多寄生虫的生活也同样平静而富足，这些人的社会地位有高有低，在乡村和小镇范围内，涉及乡绅显贵的跟班随员、供货商贾，还有那些传统、无聊、腐败、随工业革命的推进而愈显反动的行当；在大都市范围内，则涉及政府的各式主顾、分肥差使、裙带亲属。当时激进派所攻击的"古老腐败"可以带来惊人的财富，这一时段过后，身价百万的法官便数量骤减。教会和英国大学躺在其俸禄、特权、贪渎以及与权贵的关系上，继续混混沉睡，无论在理论还是实践中，人们更加一贯地在攻击其腐败行为。律师及所谓公务人员仍未洗心革面、改过自新。旧制度很可能也在拿破仑战争后的 10 年中达到了登峰造极的地步，自此往后，在大教堂院子、大学校园、法官住地及其他地方，一潭死水的表面终于泛起些许波澜。从 1830 年代起，变革开始降临，总体上不温不火，但也有一些来自

58

59 局外人的猛烈、轻蔑但也不算有效的攻击，查尔斯·狄更斯的小说就是人所熟知的此类攻击。在作家特罗洛普笔下的巴塞特寺院，有一些值得尊重的维多利亚时代的神职人员，虽然他们在地域上比较靠近摄政期那些喜欢猎狐的堂区牧师与地方长官，其行为却有别于这些被画家贺加斯所讥讽的权贵。不过应当知道，那些正派的神职人员并非大破大立的产物，而是刻意温和调整的结果。在把英国社会带入一个新世界时，人们比较在意教会和大学权贵们的情绪，但谁也不会太留心纺织工人和农场劳工的苦难。

英国社会的延续性部分反映出旧上层阶级的树大根深，部分则体现了主政者的刻意而为，他们不愿加剧与权贵或富裕阶级的政治矛盾。此种延续性的一个重要后果是，新兴的实业家阶层看到，一种稳固的生活方式正在等待自己。只要成功足以将一个人抬升到上流社会的行列，这种成功不会制造不确定性。成功者会变身为"绅士"，一定会有一幢乡间别墅，兴许最终还能受封爵士或贵族头衔，给本人或者给接受了牛津剑桥教育的儿子谋得议会席位，再加一个明确且指定的社会角色。他的妻子将成为"女士"，1840 年代后源源刊印的一大批礼仪规范手册会指导她如何举手投足。这样一个吸纳过程早已让老一批生意人受益匪浅，尤其是**商人**和金融家，特别是其中参与海外贸易的商人。在纺织、炼铁等各类工厂令北方天空烟雾弥漫之后很久，这些商人和金融家仍然是创业者中最受敬重、作用最大的一批人。他们的生意集中于伦敦，被称为"城里"，在19 世纪末之前一直积累着数量最大的创业财富。对商人而言，工业革命并没有带来重大转型，也许只是改变了可供自己买卖的商品。实际上如已所见，倒是工业革命嵌入到了作为 18 世纪英国实力基础的贸易框架中，这是一个力量强大、遍及全球、蒸蒸日上的贸易体系。从经济与社会角度看，无论商人爬到成功阶梯的哪个台阶，其60 活动和地位都是人们耳熟能详的。到工业革命时，诺丁汉银行家艾贝尔·史密斯的子孙已经稳稳掌控着本郡席位，坐到了议会中并与乡绅联姻了，日后则还会与皇室通婚。格林家族已经从海顿花园的晒盐生意上升到一个类似的地位。巴林家族已由西南部的制衣行业拓展为行将公认的国际贸易和金融业巨头。这些家族的社会上升势头与其经济实力扩张同步而进，贵族身份已经获得或即将到手。顺理成章的是，其他类型的生意人，如棉纺织业主老罗伯特·皮尔，居然也登上了同样的物质财富与公共荣耀的上行高坡，政府职位在高坡顶端向人招手，对皮尔的儿子和利物浦商人格莱斯顿而言，干脆就是首相的职位在召唤自己。事实上，19 世纪下半叶议会中的"皮尔派"保守党团，很大程度上代表了这一融入土地寡头集团的工商家族，当然，在工商利益与土地利益发生冲突时，双方也会立场不一。

然而，融入贵族寡头的渠道，顾名思义也仅对少数人开放，这方面终究只能容纳少数超级富豪，或容纳通过世代承传而享有声望的行业中人。① 至于出身低微（很少真正贫寒）但经营致富的大批人士，还有紧随其后、靠穷困打拼跻身中产阶级的更多民众，他们人数实在太多，岂能融入显贵行列，况且在其社会晋升的早期阶段，他们也不关心这档子事（当然，其太太在这个问题上可能不会那么无动于衷）。他们越来越认识到，一般是在 1830 年后认识到，自己属于"中产阶级"，而不单单是社会的"中间层"，他们也以此来声索自己的权利和权力。进而言之，经常情况下，特别当他们来自英吉利以外的族群、其家乡又缺乏牢固的贵族传统结构，则他们在感情上便不会依恋旧制度。"反谷物法联盟"的支柱就是这些人，他们扎根于曼彻斯特的新工商世界，包括了亨利·阿什沃斯、罗奇代尔的约翰·布赖特（两人均为贵格会教徒）、《曼彻斯特卫报》的波 61

---

①　说起来，像零售及其他某些行业都还没有赢得声望。

特、格莱葛一家、以前的棉纺织业主兼基督教徒布鲁泽顿、淀粉胶生产商乔治·威尔逊，还有科布登本人，科布登很快就将放弃自己在软棉布贸易中不够辉煌的事业，转而当起专职的自由贸易说教家。

不过，虽然工业革命根本改变了他们本人也许还有其父辈的生活，让他们踏入新的城镇，给他们以及全体国民提出了新的问题，但是，这场革命并没有扰乱他们的生活。功利主义哲学和自由主义经济学的简单原理，甚至进一步被简化为记者和吹鼓手的口号，正好为他们提供了所需要的指南。如果还嫌不够的话，志存高远的企业家身上的传统伦理，无论是新教的还是其他的，包括勤劳节俭、道德严谨等等，也可提供补充。贵族特权、迷信和腐败这样的旧堡垒，一方面需要加以摧毁，以让自由企业给人类带来千禧曙光，另一方面也保护着他们，使之得以摆脱围墙之外捉摸不定及问题成堆的世道。1830 年代之前，他们基本上还用不着考虑如何支配余钱的问题，这指的是小康之家生活富足以及追加投资扩大经营之后的余钱。个人主义社会的理想，即个体家庭通过私人经营满足其全部的物质和精神需求，适合他们的胃口，因为他们是不再需要传统的人。个人努力已经把自己从常规积习中解放出来，成功某种意义上就是对自己的回报，就是生活的内容，如果尚嫌不够的话，自己手里总还是有钱的，还有日益远离工厂烟雾、远离企业账房的舒适房屋，有尽忠竭力、谦恭低调的妻子，有家人圈子，外加旅行、艺术、科学、文学给人的快乐。他们成功且受到尊重。一位"反谷物法"鼓动者曾经告诉敌对的宪章派听众："不管你怎么指责中产阶级，你们当中只要一周的收入有半便士，有哪个不想削尖脑袋挤进他们的行列？"[2] 只有破产的噩梦或债务的阴影有时会闯入中产者的生活，从这一时期的小说中还能看到这种景象：听信靠不住的伙伴，发生商业危机，丧失中产小康生活，女眷生活无着仍难舍虚荣，也许只得迁居殖民地，反正那里是遭人遗弃、生活潦倒者的垃圾桶。

62

　　成功的中产阶级以及那些志在效仿的人士感到心满意足，但实际上占大多数的劳苦大众却并不满意。对劳苦者而言，工业革命摧毁了他们的传统世界和生活方式，却没有自动带来可以替代的东西。要说工业化的社会影响，问题的要害正在于这种破坏。

　　工业社会中的劳动在许多方面都迥然有别于前工业化社会。首先，它已压倒性地成为"无产者"的劳动，无产阶级除了以自身劳动换取一份现金工资外，已没有值得一提的收入来源。相比之下，前工业社会的劳动多为家庭劳动，家庭拥有自己的小农地块、手工作坊等等，也许另有工资收入作补充，或者因为直接拥有生产资料而得到补贴。不仅如此，无产者与其雇主的唯一关系就是"金钱纽带"，这跟前工业社会中的属下或"仆从"已有天壤之别。原先的从属者跟"主人"有一种复杂得多的人身与社会关系，其中蕴含了双方彼此的义务，尽管也非常的不平等。工业革命用"打工者"或"人手"替代了原来的仆从或属下，只留下了主要由女性充任的家庭佣人。随着中产阶级的扩大，家庭佣人的数量成倍增长，要想跟劳工阶层划清界限，最可靠的方法就是自己雇佣劳工。①

　　其次，工业劳动，特别是机械化工厂的劳动，施加了一种固定性、重复性、单调性，与前工业化时代的劳动节奏大相径庭，以前的劳动受制于季节和天气的变化，未受分工影响的职业中劳动呈现出多样性，他人乃至动物的加入更让场面变幻多端，干活者甚至有意玩耍而不是要劳作。哪怕是工业时代熟练技工的工资劳动也还保留着这种特征，例如，学徒期满的工匠仍然改不了周二才开始一周工作的习惯，他们的周一是"圣星期一"，这往往让工厂主无比绝望。工业化带来了时钟严苛的约束、决定速度的机器，以及不同流

63

---

　　① 不过，某些种类的工人并没有被完全降格为单纯的金钱关系，比如"铁路服务员"付出了服从纪律并缺乏权利的代价，但换得了不同寻常的工作稳定性、渐次晋升的可能性，甚至还有退休养老金。

程之间复杂且定时的互动。对生活的度量单位不再是春秋这样的季节，甚至也不再是星期或日子，而变成了分钟，尤其突出的是，工作被赋予了一种机械的**规律性**，这不仅与传统相矛盾，而且跟一切尚未适应这种节奏的人类天性相冲突。由于常人不会自动顺应这些新方式，于是就必须采用强制手段，包括工作纪律及罚款，如1823年的《厂主与雇工法》（该法威胁要把违反合同的工人投入监狱，但对老板只是罚款了事），再如低而又低的工资，以迫使工人只得连续不断地干活才能苟活。工人们既然身无分文，除了吃饭、睡觉以及安息日的祷告时间（毕竟还是个基督教国家），大家就只能一刻不停地干活。

　　第三，工业时代的劳动越来越发生于前所未有的大城市环境，而以前大多数旧式工业变革主要发生在工业化的村庄里，矿工、织工、制钉制链者及其他专业工人都是在那里加工生产的。1750年，英国只有伦敦和爱丁堡这两个城市拥有5万以上的居民，1801年，此类规模的城市已有8个，1851年则达到21个，其中9个城市的居民均超过10万。至此，住在城里的英国人已超过住在乡下者，而且三分之一的英国人居住于5万人以上的城市。那可是怎样的城市啊！问题不仅仅在于城区烟雾缭绕，污秽遍地，供水、卫生、清扫、公园之类基本公共服务都无法跟上民众的大量迁入，特别在1830年后，频频酿成霍乱的流行、伤寒的传播，此外还有19世纪中一直让大量人群死于非命的两大杀手，即由空气污染和水体污染酿成的呼吸道疾病和肠胃疾病。问题不仅仅在于新来的城市人口，有时如爱尔兰人那样完全不习惯非农生活的人口，纷纷挤进了拥挤不堪、破破烂烂、让人倒吸凉气的贫民窟。（法国伟大的自由人士托克维尔曾就曼彻斯特写道："文明会创造奇迹，文明人竟然蜕化为野蛮人。"³）问题也不仅仅在于人们杂乱无章地聚居、唯利是图地搭建，查尔斯·狄更斯在对"柯克镇"的著名描写中就曾聚焦过这种环境，那

64

里建起了一排排望不到头的住房和仓库，还有鹅卵石街道和人工运河，可是既没有喷水池也没有公共广场，看不到大街与树木，有时候连教堂也难觅踪影。（有个公司建造了铁路新镇克里维，倒是慷慨地允许居民隔三差五地在一个圆形机车修理房做礼拜。）1848 年后，各城市一般会具备这种公共设施，但在工业化第一阶段，很少有这些东西，除非碰巧从过去继承了气派的公共建筑或开放空间。工作之余，穷人的生活就消磨在那一排排因陋就简的危棚简屋、临时搭就的廉价酒肆中，还有草草建起的礼拜教堂里，只有这些礼拜堂似乎表明，人并不满足于面包果腹。

岂止如此，城市还摧毁了社会。有位神职人员这样评论曼彻斯特："世上没有哪个城市的贫富差距会如此之大，贫富鸿沟会如此难以跨越；在棉纺厂长与雇佣工人之间，在软棉布印染商与其满手油污的打工仔之间，在缝纫厂主与其跟班学徒之间，相互的**个人交流**要远远少于威灵顿公爵与其庄园中最底层劳工的交流。"[4] 城市就是一座火山，有权有势者正在惊恐地静听岩浆的隆隆涌动，他们实在惧怕突然之间的爆发。可对穷人而言，城市不仅时刻提醒他们已被排除在人类社会之外，而且城市形同一片荒芜的戈壁滩，他们在这里只能通过自身努力才能谋得一片宜居的天地。

第四，前工业社会的经验、传统、智慧、道德无法为资本主义经济所需要的那种行为提供充分的指南。前工业劳工对物质刺激作出反应，无非是想要赚钱去享受那份舒适，这份舒适对应于上帝令其所处的社会地位，但即便是关于舒适的观念也由过去所决定，或受制于一个人所处地位的"名分"，或受制于其上一级社会地位所允许的程度。假如他赚到的钱多于他认为足够的报酬，他就可能像爱尔兰移民那样，把钱花到消遣散心、饮酒作乐上，这样做显然与资产阶级的理性格格不入。既然如今一无所知，既不知道如何以最佳方式在城里生活，也不知道如何消受跟乡间迥异的工业食品，那就

65

只会让贫困比"本该"的情况更加严重，这里的"本该"是指如果他没有成为势所必然的城市工人，他本来可能过的日子。在过去的"道义经济"与今日资本主义的"经济理性"之间存在着冲突，这种冲突在社会保障领域表现得尤为突出。传统的观点是，一个人有权养家糊口，如果做不到这一点，他就有权让自己的团体来养活。这种观点在各种类型的农村社会及劳工阶级群体的内部关系中，仍以某种曲折的方式存在着。而中产阶级的自由主义经济学家却认为，人们必须从事市场所提供的工作，无论在哪里并以什么价码提供，同时，理性的人应该以个人或集体的自愿方式，进行储蓄和保险，以便为事故、疾病、老年作好准备。当然，实际上也不能让乞丐之类的社会残渣饿毙于街头，但所给予的施舍不该超出绝对最低的幅度，还应当低于市场给出的最低工资，而且应该以最勉强的方式给予。与其说《济贫法》是为了帮助不幸者，莫如说是要给社会中自认失败的人贴上耻辱的标签。至于那些"互济会"，中产阶级认为，它们是理性的保险形式，可这种观点跟劳工阶级的看法截然对立。除保险功能外，劳工阶级也将"互济会"视为个体沙漠中的朋友圈，他们自然会把钱花费于社交聚会、节庆活动，还有"无用的"奇装异服和礼仪规程，1815 年后在北方纷纷冒出来的"特立共济会"、"林中兄弟会"及其他"帮会"就热衷于那些"无用的"东西。与此类似的还有那些昂贵到非理性程度的葬礼和守夜，劳工们坚持要搞这些活动，视之为对死者的一种传统悼念以及对生者的一种共同重申，但在中产阶级看来，这有点不可理喻，因为喜欢这些活动的人通常花不起这个钱。不过，工会或"互济会"为成员支付的最大补贴几乎永远是葬礼开销。

　　既然社会保障有赖于劳工自身的努力，按照中产阶级标准，社会在这方面花钱从经济学角度看往往是低效的。既然社会保障（及其他不多的公共救助）由统治劳工的人来决定，那它就成了一台夺

66

人尊严、给人压迫的机器，而不是一种物质援助手段。很少有法规像 1834 年《济贫法》那样惨无人道，该法规定一切救济只能低于社会上的最低工资，只能在监狱般的济贫院内提供，而且要强行拆散丈夫与妻女，为的是惩戒穷人的赤贫，并防止他们经不起诱惑再去繁衍下一代乞丐。这部法律从未完全履行过，因为凡在穷人势众力大的地方，他们都抵抗那些极端措施，久而久之，法律的严苛程度也稍有降低。然而，这种法律直到第一次世界大战前夕都一直是英国扶贫济困的基础，查理·卓别林的孩提经验显示，后来的情况跟狄更斯《雾都孤儿》时代仍大同小异，狄更斯在这部小说中表达了 1830 年代民众对济贫制度的恐惧。[①] 在 1830 年代甚至直到 1850 年代，英国人中至少有 10% 属于要靠《济贫法》领取救济的穷人。

对于正在急速从非工业社会直接跃向现代工业社会的国家而言，过去的经验一定程度上也不是毫无用处，乔治时代的工商人士便这样认为，而且在爱尔兰和苏格兰高地实际上也是如此。17、18 世纪半工业化的英国在某些方面为 19 世纪的工业时代作了铺垫和预演。例如，劳工阶级用以自卫的基本制度，即**工会**，在 18 世纪已经存在，不过当时的工会形式，部分体现于那种冷漠无情但并非无效的定期"骚乱型集体谈判"，多见于海员、矿工、纺工、织工群体；部分则体现于熟练工匠的同业公会，这种组织形式要稳定得多，它通常帮助那些行走各地以寻找工作或积累经验的失业会员，故此有时也拥有全国性网络。

完全可以真切地说，大部分英国劳工已经适应了正在变迁、正在工业化、尽管尚未全盘革命的那个社会。对于某些种类的劳工（我马上想到矿工和海员），他们的状况尚未发生根本性变化，旧传统可能仍然够用。海员那里多出了很多歌曲，讲述他们在格林兰岛

---

① 苏格兰的《济贫法》稍有不同，参见第十五章。

周围捕鲸等 19 世纪的新阅历，但那些都是传统的民间曲调。有个新团体甚至接受并且欢迎工业、科学、进步（只是不包括资本主义），他们就是有技能、有专长、独立性强、受过教育的"技工"或"技师"。这些人觉得自己跟社会地位类似的其他人没有太大区别，如那些选择成为企业家的人、继续做自耕农的人、兼有劳工阶级和中产阶级成分的小店主。① 这些"技工"在理念和组织方面，都是穷苦劳工的天然领袖，是激进主义（以及日后的早期社会主义即欧文版社会主义）的先驱，也是推动社会讨论及平民高等教育的先锋（其推动工具包括技师学院、科学会堂、各种俱乐部、学会、自由思想印务所和出版社），他们还是工会、雅各宾主义、宪章运动或其他进步运动的领导核心。农业劳工的骚乱因为乡间的鞋匠和泥瓦匠而变得更加猛烈，在城市，手织机织工、印染工、裁缝等不大的群体，也许还有一些小商人和小店主，直到宪章运动衰落之时甚至之后都一直提供了持续的左翼政治领导力量。这些人敌视资本主义，独特地阐述了自己的意识形态，他们并不是一味地想要回归被美化的传统，而是勾画了一个技术进步的公正社会。尤其突出的是，在方方面面都合力贬低劳工的那个年代，他们代表了自由和独立的理想。

　　然而，即便是这些变革，也只能过渡性地缓解劳工问题。工业化让手织机和针织机工人成倍增长，这一趋势一直延续到拿破仑战争结束时。之后，工业化慢慢地绞杀直至消灭以上两类工人，那些斗志高昂又思虑缜密的群体，如邓弗姆林劳工群体，到 1830 年代最终在士气低落、穷困潦倒、向外迁移中纷纷解散。熟练技工被迫沦

---

　　① 英国首相哈罗德·威尔逊（1964—1970）家族堪称这一阶层的经典写照，他家父系八代人的职业变化是：种地小农、小自耕农、家畜饲养者、制革者兼农民、作坊主、货店销售员、布商、工厂化学家。这一家族在 19 世纪通婚的对象：有一代是纺织工，再一代是棉经纱生产商、铁路运煤工、铁路机车装配工，第三代则是铁路职员和教师。（*Sunday Times*, 7 March 1965）

为血汗打工者，就如伦敦的家具行业一样，而且，即使他们逃过了
1830 年代和 1840 年代的经济地震，也无法再指望他们发挥巨大的社
会作用，毕竟此时的经济中，工厂已成为一种普遍的制度，不再是
局部的例外现象。在工业社会节节上升势不可挡之际，前工业传统
已无法占据主流地位。在兰开夏可以看到，古老的节庆活动，如灯
草铺撒、摔跤比赛、公鸡互斗、纵狗咬牛，1840 年后便慢慢消失。
1840 年代也标志着民歌时代的终结，民歌此前一直是产业工人的主
要音乐形式。该时期的伟大社会运动，从勒德主义到宪章运动，也
在消亡之中，这些运动曾借当时无比的苦难而发展壮大，而且从穷
人以前的斗争方法中汲取了力量。英国工人阶级要形成新的斗争和
生活方式，还需要再过 40 年时间。

　　以上展示了若干定性的困扰，它们在工业革命最初的几代人时
间里折磨着穷苦的劳工，此外，我们还必须补充定量的困扰，那就
是物质上的贫困。贫困实际上是否更趋严重，历史学家们众说纷纭，
但能够提出这样的问题，这本身就给出了一个朦胧的答案，即谁也
无法严肃地断言情况在恶化，这样的时期（如同 1950 年代那样）明
摆着不会如此。①

　　当然，有个事实也不容争议，那就是**相对而言**，穷人更穷了，
原因就是这个国家及其富人和中产阶级明显变得更富有了。1840 年
代初中期，正当穷人们山穷水尽之时，中产阶级却富得流油，正在
狂热地把多余的钱财投资于铁路，花费到 1851 年万国博览会上展示
的数量暴增的豪华家居装饰上，也花费到即将在雾霾的北方城市拔
地而起的宏伟市政建筑上。

69

---

　　① 事实上在这样的时期，人们往往会忘记大量现存的贫困现象，不得不定期地
（至少由本身并不贫困的人）去再发现贫困，1880 年代就这样发生过，当时，最早的
社会调查所揭示的贫困现象让中产阶级惊讶不已。在 1960 年代初中期也有过一次类
似的再发现。

其次，工业化早期阶段劳工阶级的消费遭遇到非同寻常的挤压，对这一点没有也不该有争议，相对贫困化就反映了这一事实。工业化本身意味着国民收入相对而言要从消费转向投资，那等于为了建铸铁车间就要少吃牛排。在资本主义经济中，这种收入转移的形式大体是，从农民和工人这样的非投资阶级，转向潜在的投资阶级，即庄园和企业的所有者，而这就是从穷人转向富人。在英国，鉴于整个国家的富裕以及早期工业流程成本偏低，从来就没有出现任何一点资本总体短缺的现象，可是，得益于上述收入转移的群体中，有很大一部分人（尤其是其中最富的人）却将钱财花到了直接工业发展以外的方面，或者说挥霍浪费了，这样便迫使剩下的小企业家更加严厉地压榨劳工。更有甚者，经济的发展并不依赖于劳动人口的购买力，事实上，经济学家们一般都认定，劳工的工资不应该明显超出勉强糊口生存的水平。大约要到 19 世纪中叶才出现某些经济理论，开始倡导高工资有利于经济发展这样的观念。另一方面，供应国内消费市场的产业（如衣着和家具业）要到 19 世纪下半叶才会发生革命性转型。英国人当时要想有一条裤子的话，其选择不外乎：由裁缝量身定做；购买社会更高阶级抛弃的二手货；依靠慈善去领取；继续穿破裤子；或者自己动手做。最后，某些生活必需品，如食品，也许还有住房，但一定也包括城市设施，远远不能赶上城市或总人口扩张的速度，有时候这种脱节已一目了然。例如，伦敦的肉类供应从 1800 年到 1840 年代，几乎肯定落后于城市人口的增长。

70

第三，无可争议的是，人口中某些阶级的生存状况无疑也恶化了，他们是 1851 年时约 100 万农业劳工，肯定包括英格兰南部和东部的种田民工、威尔士及苏格兰凯尔特边缘地区的小自耕农和小农场佃户。（当然，850 万爱尔兰人多为农民，他们的贫困化令人难以置信，其中接近 100 万人实际上在 1846—1847 年的饥荒中活活饿死，这是 19 世纪全世界范围最大的人类灾难。）① 此外，由于技术进步的缘故，一些行业走向没落，相关职业也被淘汰，最为人熟知的例子莫过于 50 万手织机织工，但这绝非唯一的例子。这些人忍饥挨饿地与新出现的机器展开竞争，工作时间越来越长，劳动报酬越来越低，最后终归绝望而败。本来在 1788—1814 年，他们人数翻了一倍，拿破仑战争中期以前工资尚显著上升，但 1805—1833 年间，工资从每周 23 先令跌落到每周 6 先令 3 便士。也有一些非工业化的职业，固然用自身产品满足了快速增长的需求，但其所依靠的手段不是技术革命，而是层层加码和"血汗苦干"，在阁楼或地窖内数不胜数的缝纫女工便是明证。

　　这一切对"生活水准"总体上产生了何种影响，专家们争论甚多，但由于有关材料来源的不确定性和相互矛盾，他们未能就 19 世纪中叶之前的这段时间得出普遍认同的答案。身高是反映营养的最可靠指标，据知，1780 年代前出生的几代人可能变矮了，1780 年代与 1830 年间出生者却增高了，但随后 30 年里出生的人又稍再变矮，到 1860 年后，人们的身高开始持续不断地上升，使得每一代英国人都比父母更高、更健康、更长寿。从拿破仑战争到 1840 年代中期，唯一可靠的国民消费数据看不出有何提升，有时候人均的数据反而还有下滑，但从 1840 年代中期开始却有急剧且不断地提升。这种提升与此前时期的趋势适成对照，事实上也透露了我们需要知道的东西。1840 年代，英国的状况大多数时候都在改善（爱尔兰不在此列），即使这样，人们依然称该时期为"饥饿的 40 年代"，想必也错不到哪里去。这一时期之后，失业问题无疑大为缓解，比如，此后再没有哪一场周期性萧条像 1841—1842 年的暴跌那样灾难深重。特别应当指出，拿破仑战争结束以来（1820 年代多数年份除外），人

71

----

① 这是相对于所涉人口规模而言的。

93

们一直感到社会爆炸行将到来，但到 1840 年代之后，这种感觉已烟消云散，英国人不再倾向于革命了。

可这样的笼统概括意味着什么呢？尤其是对境况甚差的近 30% 国民又意味着什么呢？人口中将近 30% 的这批人在 19 世纪末依然严重营养不良，乃至无法正常地干一天活。（在 19 世纪初，"有充分理由让人相信，情况还要更加糟糕，而且当时人口中有更大部分人一年中某些时候生活在勉强糊口水平之下"[5]。）另有 40% 的人也非常接近勉强糊口状态，所以很容易滑到苟活水平线之下。

当然，普遍的社会与政治骚动不仅反映了物质的贫困，而且映照出社会制度的贫困化，即，旧的生活方式遭到摧毁，令劳苦群众满意的相应替代品却付诸阙如。无论动机是什么，反正一浪又一浪的激烈行动在全国各地反复爆发，如 1811—1813 年、1815—1817 年、1819 年、1826 年、1829—1835 年、1838—1842 年、1843—1844 年、1846—1848 年。在农业地区，这些行动呈现盲目自发性，当亮出行动目标时，则几乎完全缘于经济动因。恰如 1816 年来自东部沼泽地带的一名动乱者所说："我就这样在天地之间挣扎，上帝帮助我吧。我宁愿马上去死，也不愿意这样回家。我要面包，我会有面包的。"[6]1816 年在东部各郡全境，1822 年在东英吉利，1830 年在肯特与多塞特、萨默塞特与林肯之间任何地方，1843—1844 年再次在东米德兰兹及东部各郡，人们起而争取最起码的生活条件，脱粒机随之被砸坏，禾草堆晚上遭焚烧。在工业和城市区域，1815 年后的经济和社会骚乱一般都与特定的政治意识形态和行动纲领相结合，它们具有激进民主甚至"合作主义"（即如今所谓"社会主义"）色彩。但在 1811—1813 年开始的首次大动乱中，东米德兰兹和约克郡的勒德分子并无政治改革或革命的具体纲领，不过就是打砸机器。强调政治发动的运动与强调工会发动的运动一般互相交替，政治运动通常更加声势浩大，在 1815—1819 年、1829—1832 年，尤其是

72

1838—1848 年的宪章时代，政治问题占主导地位，而在 1820 年代初、1833—1838 年，工会组织问题更占上风。然而，大约从 1830 年起，所有这些运动都更有意识地变得更具无产阶级特征。在 1829—1835 年的动员中，"总工会"及其杀手锏"总罢工"的理念脱颖而出，据信，总罢工可以用来争取政治目的。宪章运动牢牢扎根于工人阶级意识中，而且，在设想以任何切实方法去实现目标时，该运动寄希望于总罢工，当时也称之为"神圣月份"。但从本质上说，真正贯穿这些运动，或令其在反复失败与解体后得以复活的东西，是人们普遍的不满情绪，大家痛感在这个充满财富的社会里自己居然还在挨饿，在这个以自由为豪的国家中自己居然沦为奴隶，而且自己在争取面包与希望的时候居然被报以石块和绝望。

他们的这种感受有没有道理呢？1814 年前往曼彻斯特的一名普鲁士官员曾作过一个还算欣喜的判断：

> 老远就能看到煤烟的黑云，房子都被染黑了。流经曼彻斯特的河道充斥着废弃的染料，活像一个大染缸，整个画面令人忧郁。不过，到处都可见到忙碌、快乐、营养良好的人们，而这提起了观察者的兴致。[7]

可 1830 年代和 1840 年代观察曼彻斯特的许多人中，谁也没有把目光停留在快乐且温饱的人身上。美国人考曼在 1845 年写道："不足道、受诈骗、被压迫、遭碾碎的人性，沦落在社会的整张面孔上，在不停地流血。我活着的每一天里，我都感谢上苍，庆幸自己不是英国家庭中的穷人。"[8]既然如此，工业时代英国第一代贫苦劳工看着资本主义的结果，觉得它们无法令自己满意，这还值得我们大惊小怪吗？

73

注释：

1. 参见"后续阅读"，尤其是 4（包括 E. P. Thompson and F. Engels）and Polanyi（第二章注释 1）。有关"生活水准"的讨论，参见 E. J. Hobsbawm, *Labouring Men*（1964），A. J. Taylor（ed.），*The Standard of Living in Britain in the Industrial Revolution*（1975）and J. Burnett, *Plenty and Want：A Social History of Diet from 1750 to the Present Day*（1966）。也参见 I. Pinchbeck, *Women Workers and the Industrial Revolution 1750 - 1850*（1969），M. Hewitt, *Wives and Mothers in Victorian Industry*（1958），I. Pinchbeck and M. Hewitt, *Children in English Society*, Vol. 2（1969）and B. Taylor, *Eve and the New Jerusalem*（1983）。有关劳工问题，也参见 D. Thompson, *The Chartists*（1984），Gareth Stedman Jones, *Languages of Class*（1983）and J. R. Dinwiddy, *Radicalism and Reform in Britain 1780 - 1850*（1992）。有关社会状况，参见 E. Chadwick, *Report on the Sanitary Conditions of the Labouring Population*, ed. M. W. Flinn（1965），J. H. Treble, *Urban Poverty in Britain 1830 - 1914*（1979），F. B. Smith, *The People's Health 1830 - 1910*（1979）and H. J. Dyos and M. Wolff（eds.），*The Victorian City*（2 Vols, 1973）。也参见图表 2、3、15、35、43、44。

2. N. McCord, *The Anti-Corn Law League*（1958），pp. 57 - 8.

3. A. de Tocqueville, *Journeys to England and Ireland*, ed. J. P. Mayer（1958），pp. 107 - 8.

4. Canon Parkinson, 引见于 A. Briggs, *Victorian Cities*（1963），pp. 110 - 11.

5. R. Floud, *The People and the British Economy 1830 - 1914*（1997），p. 23.

6. William Dawson of Upwell, 引见于 A. J. Peacock, *Bread or Blood*（1965），p. 116.

7. Fabriken-Kommissarius May, 1814（参见第三章注释 2）.

8. 引见于 A. Briggs, *Victorian Cities*, p. 12.

74

第五章

农业，1750—1850年

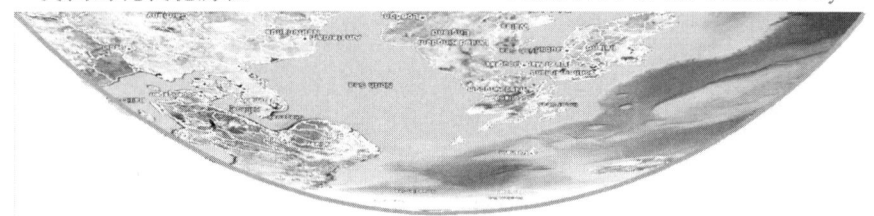

工业与帝国
Industry and Empire

英国的现代化历程　　　　　　　From 1750 to the Present Day

第五章
农业，1750—1850 年[1]

即使在 18 世纪中叶，农业也不再主导英国经济，这一点有别于大多数其他国家。到 1800 年，农业很可能最多雇佣三分之一的人口，其所提供的国民收入也大致限于同等比例。然而，与其经济中的比重相比，农业在公众印象中的地位却要重要得多，理由有二。其一，农业是工业不可或缺的基础，毕竟没有其他固定的国民食物来源。数量不大的食物进口固然可能，但在 19 世纪中叶以前，运输成本与技术手段尚不允许一国专靠海外进口货来养活，哪怕像英国这样海港四通八达的国家也不行。基于这一理由，在 1846 年采用自由贸易政策后的一代人时间里，英国农业始终维持着强有力的高价格，没有受到外国竞争的影响。英国的农民**不得不**供养一个已大为增长且仍在快速增加的人口，虽然这项供养工作做得不算太好，但农民们也没有让大家挨饿。晚至 1830 年代，英国消费的食物中 90%以上是在英伦诸岛生产的。考虑到英国人口在 1830 年肯定已是 1750年的两倍还多，而务农家庭所占比例明显更少了，我们便可体会到英国种田人的辛劳与成就。

农业地位显赫的第二个理由是，"土地利益集团"主宰着英国的政治与社会生活。跻身上层阶级意味着要拥有一片庄园及一座"乡间别墅"，土地所有权是进入高层政治的通行证。在议会里，由贵族和乡绅所控制的"郡"和镇远比城市更有影响力，上层阶级的生活方式与格调都以乡村为重心：堪称英国典型文化输出的体育项目（早于英式足球之类城市普罗游戏，也早于网球和橄榄球之类郊区中产阶级游戏）；对公园绿地和如画村庄的理想化（这仍然保留在我们的月历牌上）；英国俱乐部和图书馆的"乡间会员"；维多利亚时代新生中产阶级为了让其子弟得到恰当的刻苦教育，专在乡间建造或接手的那种学校。大地主们有权有势，而有权有势者就是地主，哪怕他们不可能都是公爵。任何涉及土地的经济变革，或者干脆说，任何涉及乡村中产阶级和上层阶级的经济变革，都必然会在政治上产生强烈反响。（乡村的穷人无关宏旨，他们默默无闻，除非发生灾难或造反，否则不会受人注意。）鉴于其特别的结构方式，英国的政权趋于放大并附和土地所有者的声音或噪音。

然而，工业革命必然要把非常根本性的变化施加到土地上，英国农业经济活动的规模本身就意味着会有这些变化。初看之下，对土地的冲击似乎限于技术与经济层面，而不会扩及社会层面，毕竟18世纪的农业社会（不算威尔士和苏格兰的某些地方及英格兰的偏僻角落），已经借助最佳的技术与商业手法，大举适应了面向市场的商业化生产。到18世纪中叶，土地所有及农耕的基本结构已经定型，到工业革命最初几十年，当然更是如此。英国的特征是：土地主要由大地主控制，佃户依靠雇佣劳工来耕种土地。其他一些经营方式可能会模糊人们对这种结构的认识，因为存在着勉强糊口的佃农或劳工，还有其他独立或半独立的小自耕农，可是这些都无法掩盖已经发生的根本变化。到1790年代，地主拥有了可能占四分之三的耕地，终身占地者可能占有15%—20%，而通常所称的"小农"已经不复存在。在该时期部分现代化的农业与19世纪初全面现代化的农业之间，只存在或看来只存在程度的差异，已没有类型上的差

别。尤可佐证这一点的是，18 世纪人均生产率的提高中，很大一部 76
分似乎在 1750 年前已经发生。

不过，生活并非如此简单。从逻辑上看，农业完成其向高效商
业化生产的转变貌似顺理成章，国民特别是城市人口无限的需求，
加上节节上升的价格，也会让这一转变获得回报。须知，当时的总
人口一直在增长，而且其增速稍稍超过了农民的增产速度。也从逻
辑上看，英国的地主和农民并不反对这一有利可图的进程，其实还
在追求这一进程。可是，与工厂中棉纺织生产不同的是，"土地"不
单是所有者和经营者赚钱的一种手段，它还是一种生活方式。经济
逻辑意味着不仅应当把农产品完全交给高效农业和市场去处置，而
且应当把土地及土地上的人都交过去。对于前一类要求，地主们即
表示异议，尽管他们此前没有反对农民之间的大规模土地转让，也
没有反对租用权的改变。1660 年以来，地主们调动自身的政治影响
力及律师的聪明才智，力图阻止大所有者所推动的强制性土地出售。
农业改良造成的社会后果，乡村中失业穷人的日益出现，稳定的传
统乡村等级制的破坏，既让地主也让大部分农民惶惶然、戚戚然。
可以设想，假如失业农民静悄悄地流到了城市和工厂，有些阻力就
可能不会那么大。然而，工业化初期的一个惯有特点是，农业变革
所引发的社会动荡很多情况下会大于非农部门最初吸纳劳工的能
力，况且，农村穷人一时难以割舍祖祖辈辈传下来的生活，毕竟
这是传统社会群体所熟悉也能想象的唯一生活，据信也是上帝和
命运安排的一种生活。只要没有大灾大难把问题尖锐地摊到乡村
统治者面前，这种问题便可能得过且过，1790 年代中期的艰难
时光却把问题推到了风口浪尖。

另一段艰难时光出现在 20 年后，农业繁荣期那时戛然而止。本
来，拿破仑战争期间，英国的农业繁荣达到了高不可攀乃至难以为
继的地步，像所有战争一样，这段时间堪称农田价格的黄金时代。 77

可是 1815 年后，不但穷人而且农场主自己都感到了农业转型的压力。土地利益阶层不再单纯面临手下穷人的问题，更还有自身的麻烦。乡间穷人尚可以也的确就地安置了，作为治安官的贵族和乡绅，还有作为监护人和督办人的乡村中产阶级都发挥了作用，但是，自身的麻烦却需要在国家层面采取行动。城里的经济学家提出了若干解决方案：什么没有经济效益的农田理当退出经营，最后仅保留有经济效益的农田；什么过剩穷人不该不讲经济效益地雇佣，应当把他们赶到其他行当去，让手握工作机会的人按市场决定的工资去雇佣他们，等等。土地利益阶层觉得这些方案完全无法接受，针对低效农田退出经营的可能，他们利用自身的政治主导权实施了《谷物法》。作为一项保护主义政策，该法大大得罪了城市与工业利益集团，加剧了英国政治的紧张对立情绪，使得 1815—1846 年间不时走到剑拔弩张的地步。针对过剩穷人转移改行的可能，土地利益阶层就没有那么坚定，事实上还作出退让，接受了 1834 年的《济贫法》。不过，除了一小撮苏格兰贵族为了给赚钱的养羊业腾出地方、把忠心耿耿的族人赶往大洋彼岸的加拿大之外，也很少有人准备采取这种极端措施，哪怕所伤害者本乃自己的剥削对象。农田中的打工者弯腰曲背，地位远在农场主之下，离乡绅老爷更是远隔十万八千里，这是不言而喻的。但要说他们无权住在祖辈的土地上讨生活，那就说不过去了。（再说，如果他们远走他乡，农业劳动的工资水平还有农场主的劳动力，会出现什么情况呢？）

有两个问题戏剧性地放大了农业变迁造成的社会问题，一是"圈地运动"，二是《济贫法》。圈地意味着重新安排原先的公地或敞地，使之成为自成一体的私有土地单元；或者就是划分了原属公有但未加开垦的土地，如林地、劣质牧地、"荒地"等等，使之成为私有财产。私有地权的合理开发早已有之，人们以前也在交换、购买或租赁某些条形地，以形成合并的块地。17 世纪中叶以来，这并未引起多少轩然大波。从大约 1760 年起，地主们再次利用其对政府的操控，借助一系列议会法律，先是局部而为，1801 年后则全盘推开，加速将土地转变为纯由私家地块组成的拼盘。这场运动大致限于英格兰某些地区，呈一个倒三角形，底边沿着约克郡、林肯郡和诺福克郡海岸，三角形的顶点在多塞特郡。这些地方中世纪时常常可见敞地，后来专门种植一些大田作物，尤其是粮食作物。对"公地"和"荒地"的圈占在各地分布得比较均衡，只有最东南和西南地区除外。在 1760 年与 1820 年之间，被圈占的有：亨廷登、莱斯特、北安普顿各郡的一半左右，贝德福德、拉特兰各郡的 40% 以上，林肯郡、牛津、约克郡东区的三分之一以上，伯克、白金汉、米德尔塞克斯、诺福克、诺丁汉、沃里克、威尔特各郡的四分之一或以上。所圈占土地一般来自敞地，但某些情况下，法律不过是在追认既成事实。①

圈地的理由是，让未垦殖的土地得以利用起来，并让有商业头脑的"从事改良"的农场主能够摆脱毗邻农场主的限制，毕竟那些毗邻者更加顾忌习俗、积习难改。这个道理毋庸置疑。反对圈地的理由决没有这么明白，因为那些反对者经常把圈地令这一特定手段与笼统的农业集中现象混为一谈，而事实上，圈地只是农业集中的一个方面而已。人们指责圈地行为把农民从土地上扔了出来，让劳工失去了工作。第二个指责是对的，有些时候，圈地确将原来耕种的土地改成了牧场，可是，考虑到对谷物的需求蒸蒸日上，尤其是在拿破仑战争期间，则该指责从面上看根本不对。如果圈地是为了耕种，或者圈占的是未耕种土地，那实际上意味着会增加当地的工作机会。至于圈地法令在多大程度上把耕作小农从土地上扔了出来，

① 另一方面，议会授权的圈地在某些郡中微不足道，在康沃尔仅占 0.4%，在德文仅 1.6%，在埃塞克斯仅 1.9%，在肯特仅 0.3%，在苏塞克斯仅 1.2%。就所涉敞地而言，议会授权的圈地在北部和西部也微不足道。

这是个有争议的问题，但并没有特别理由让人相信，圈地法令在驱赶农民这件事上，一定会比以前收购或租赁条形地和小地块更加雷厉风行。与私下协议卖地的人相比，根据圈地令而卖地的人当然可能会怨气更大，觉得钱财更多、权势较大的毗邻者强迫了自己，可是，交易结果是赚是赔在两种交易方式下不会有多少区别。另一方面，有一个阶级明摆着是圈地运动中的大输家，那就是苟活的佃农和小自耕农，这些人本来从小块土地上刨口饭吃，也许会雇佣一点工薪劳力，但肯定还要借助各种虽不起眼、对他们却至关重要的公共资源，如禽畜的放养地、烧饭的柴禾、建筑用材、修理农具及篱笆和门窗的木料，等等。圈地运动会使他们直接沦为工薪劳力，更有甚者，会把他们以及劳工从社区中拥有一系列特定**权利**的自立社员，变身为依附富人的下等人。这可不是小变化！萨福克的一位神职人员 1844 年这样描写自己的村民：

> 他们没有村头的草地或公地来开展体育活动。我听说 30 年前，在特定的某一片地里，在一年中某些季节，他们**有权**占用一块体育场地，开开心心地在上面踢足球。但由于这样或那样的原因，该权利已不复存在，这一地块如今已被耕种。……最近，他们开始打一点板球，有两三个农场主**非常好心地允许**他们在自家地里打球。（引者着重加黑——霍布斯鲍姆按）[2]

让生来自由的英国人交出自身权利，去获得哪怕再好心的"上等人"的准许，这总是一件难事。到 1800 年，甚至是为提高生产率而大肆鼓吹圈地的一干人，如阿瑟·扬，面对其所看到的圈地运动的社会后果也开始犹豫退缩。扬写道："我宁愿英国的全部公地都沉入大海，也不愿穷人今后在圈地中遭受至今碰到的那种待遇。"[3]不过，假如贫困化与失地不是因圈地运动而来，那究竟是由什么造成的呢？

主要原因还是农地的集中和整合，由于这一兼并，1830 年英国人眼中的"小农场"在欧洲大陆上就跟小庄园一样大。

农场越来越大，农场主相对减少，村民们愈发没有土地，这一切都发生在某个总体进程中，圈地运动只不过在其中最惹人注目，事实上也是官方政治推动的一个侧面而已。所以，乡村穷人之所以沦落，缘由并非圈地运动本身，而是那个更大的总体进程。须知，在英国乡村某些异常穷困的地区，圈地运动几乎没有触及到。有位专家在 18 世纪末写道："总体而言，自耕小农在每个国家都遭遇沦落，在某些国家还几乎被消灭。"及至这一时刻，除非是商品菜园或性质类似的地块，不然 25 英亩的一片地连一个人也雇佣不了。外来访客原本惯于见到 10—12 英亩的小农地块，如今听到 100 英亩大的农场还被称为"小"农场，简直不敢相信自己的耳朵。这样的兼并发生在开放的和封闭的乡村，发生在新圈占的和旧圈占的土地上，推动的手段包括强征与没收、强迫或自愿的出售，尤其发生在那些新近进行开垦的大片土地上。[①] 这种土地集中化过程原会让一个规模稳定的人口坠入贫困，而对一个正在快速增长的人口更是一场灾难。

过剩人口依靠出租自身劳动维持生计，但在英国许多地方（尽管在苏格兰及北方要少一些），甚至连这样出租打工的情况也在恶化。诺福克的一名观察家 1840 年代在对照"40 或 50 年前"的情况后写道："周工资制是第一个打击，削弱了至今一切情况下都将农场

---

① 例如，在斯塔福德郡巴高特庄园 4400 英亩的土地上，1724 年时有 65 个农场，其中 16 个规模超过 100 英亩，平均规模 135 英亩；到 1764 年，在 5700 英亩的土地上，仅有 46 个农场，其中 23 个规模超过 100 英亩，平均规模 189 英亩。G. Mingay, 'The Size of Farms in the 18th Century', *Economic History Review*, XIV, p. 481.

雇工跟雇主连结起来的纽带。"[4]传统的农场雇工是每年一次到雇佣集市上去雇来的，这种雇工假如未婚就吃住在农场，他的收入大部分用实物支付。雇工赚得很少，但至少手里捧着长工的稳定饭碗，而每周、每天或每事一雇的短工，只要一停下来便一无所有，冬天农闲时就没多少活好干。（此所以在1816、1822、1830年，雇工们把无声的愤怒发泄到脱粒机上，因为这种机器抢走了寻常可见的冬季农活。）假如雇工不住农场雇主的房子，而是住到自己家里，农场主除了支付寥寥无几的工资外，另外不承担什么义务。如果雇工还有某种意识的话，他会多养点孩子，因为妻子和孩子意味着额外的收入，有些时候还能根据《济贫法》得到额外的补贴。因此，半家长制传统农场的解体鼓励了当地劳工的生育，其后果便是工资水平的走低。

到1790年代，由此造成的乡村穷人的沦落在英国南部和东部已发展到灾难性地步①，问题就轮到《济贫法》来处理了。18世纪的乡村贵族固然不是慈善家，但他们觉得还是难以设想，一个社区可以不给最卑贱的打工者提供一份最低工资，或者不给那些无法干活的人提供某种最基本的生活保障。当然，乡绅们对"外乡人"则另眼相看，当外来者无法打工谋生时，往往就会被遣送回自己的"定居教区"。正是基于上述模糊却深信的观点，当伯克郡的地方行政官于1795年在斯宾汉姆兰开会时，他们试图改变《济贫法》，把它从协助经济正常运转的一种制度转变为保障劳工基本工资的某种普遍手段。于是，他们定出了最低工资，工资与谷物价格相挂钩，假如低于最低工资水平，那就用济贫费用来补足。这套"斯宾汉姆兰制度"，按其比较极端的形式而言，并没有像曾经认为的那样得到广泛

---

① 在工业区，劳工从土地上的流出已经让形势趋于严峻，而在苏格兰和最北端，传统制度尚未解体到同等程度。

采纳，但某种温和的形式还是得到了采用，这就是为人口较多的家庭提供系统的孩子津贴。① 按当时情况说，这已属慷慨之举，该补贴制度几乎覆盖了南部和东部的许多地方。

这种自发推出的社会保障制度产生了何种效果，这一点备受争议。传统的观点是，该制度酿成了灾难性后果，看来没有多少理由不接受这一观点。一般认为，**所有**当地的济贫费缴纳者无一例外地补贴了农场主，尤其是补贴了那些雇工很多的大农场主，如此一来，缴费者自己支付的工资就更趋低下。这加剧了劳工的贫困状态和低落士气，也增加了他们的流动困难，因为他们只能指望在自己的教区争取勉强果腹，而到其他任何地方便难免挨饿。此外，这套政策也严重歧视了单身汉和子女偏少的家长。在这一制度下，济贫费猛增，却未能减少贫困。从 18 世纪中叶到 1780 年代后期，济贫开支翻了一倍，到 1800 年代初再翻一倍，而到 1817 年又翻一倍。对此能说出的最好理由是，鉴于工业无法吸纳农村剩余劳力，那总要做点什么才能把他们留在乡下。然而，斯宾汉姆兰制度的意义在于社会方面而非经济方面，它是在市场经济大潮面前为维持传统乡村秩序而作出的尝试，也是最后的、无效的、考虑欠周、未能成功的一次尝试。

但正是作出这一尝试的人，却在破坏他们力图保留的东西。商业化"发达"的农业隐含了不讲人性的经济逻辑，这一逻辑绞杀了社会秩序的人文价值。况且，日益兴旺的农场主财源滚滚，他们的女儿们弹起了钢琴，这些都使得乡间富人更加远离贫困的劳工，甚至在精神上也是如此。地主的奢华更上层楼，其象征便是当时保养猎物供竞逐杀戮这一新时尚，另还有越来越野蛮的反偷

---

① 每个（三四岁以上的）孩子获得 1 先令 6 便士甚至 2 先令，这对譬如说每周 7 便士的工资来说是笔不小的补贴。

猎法律①，如此奢华也加大了不同阶级之间的裂痕。生来自由的英国人沦落为"卑躬屈膝、精神颓丧"的庄稼汉，一名美国到访者在 1840 年代即目睹了这一情形。然而，农业产量和生产率就在这个时期有了提升，从 1750 年到 1830 年代后期，这种提升通常并没有借助任何重大的技术创新，也许只有苏格兰是例外，那里率先开启了高效的机械化农业。该时期农业产出的提高主要得益于种植面积的增加、农场规模扩大后效率的改善、种植作物的改变及轮作范围的扩大、牲畜饲养方法及农具的改进，等等，这些东西 1750 年前就已为人掌握。1830 年代末之前，工业革命或科学发现基本上还没有影响到农业，之后，皇家农学会于 1838 年成立，洛桑实验站于 1843 年组建，这些进展让这一时期引人注目，自此往后，农业进步才显著提速。从 1820 年代起，"地下排水"得到更广泛应用，这对开垦淤泥洼地至为关键，1843 年，圆筒状淤泥排水管得以发明。肥料开始得到迅速的使用，过磷酸钙于 1842 年获得专利，在 1840 年代的前七年，秘鲁鸟粪进口量从几乎为零增加到 20 万吨。以大量投入和一定机械化为特征的"高级农业"主导了 19 世纪中期，从大约 1837 年起，产量出现了颇为惊人的增长，英国农业经过 1815 年前 70 年的扩张及随后二三十年的徘徊后，进入了一个黄金时代。在 1850 年代，即便是悲惨劳工的命运也有了陡然改善，当然，这不是因为农业发展了，而是因为大批人员"逃离土地"，去往铁路、矿山、城市、海外，由此引发了农村劳动力可喜的短缺及工资的小幅上扬。

这一改善发生时，恰逢《谷物法》在 1846 年被废除、英国农业向国际竞争洞开大门。《谷物法》的废除遭遇到农场主和乡绅老爷的

① "狩猎书"记录了打下来的飞鸟数量以及严格的禁猎措施，这些书似乎出现于 18 世纪晚期。猎狐在 19 世纪最初 30 多年成为一个流行项目，猎狗的头数在 1835 年达到顶峰。

激烈反对，经过 30 年才终于冲破他们的阻力，因为"土地利益集团"不仅捍卫着利润和租金收入，而且要维护其社会与政治优势，这种优势的象征体现为：贵族院实乃土地贵族院，下议院实乃乡绅下议院。诚然，有自我意识的中产阶级已在挑战这种优势，这一新阶级要求在王国原有统治者当中甚至在其上方占有一席之地。况且，这个中产阶级将地主的租金视为纯粹的抢劫，他们认为拿破仑战争后，正当工商业变幻莫测之时（参见原书第 53—55 页），人为地保护高昂的租金和高昂的食品价格无异于开枪打向国家的经济心脏。可是，除了在自由贸易问题上外，中产阶级也不是不准备妥协。1832 年议会改革之后，中产阶级坚持要求出台《新济贫法》，要求在政治上控制各市镇当局，但另一方面仍把"郡"地方政府留在地主乡绅手里（直至 1889 年），并尽量克制自己对由来已久的贵族既得利益的正当批评，这些既得利益涉及法院、公务系统、军队、大学、法律等，甚至还涉及更大的教会利益。（教会的经济权利在农场主那里极其不得人心，不过，经由 1836 年《什一税替代法》，教会权利虽未被废除，但至少得到了合理化。）⁸⁴

　　另一方面，贵族同样准备妥协，哪怕是在自由贸易问题上。真正的大地主并不一定依赖农业租金，他可能享有城市房地产价值上涨的成果，或者命好的话，也可能享有自家地下矿井或地上铁路的利润，还可能享有以往巨额收入转成投资所带来的红利。有位德文郡七世公爵，由于六世公爵不同寻常的挥金如土，陷入了 100 万左右的临时性财务麻烦，他尚不必出售众多邸宅中哪怕比较外围的部分，而可以仰仗福奈斯山冈和白克斯顿水疗胜地的开发。从社会地位上看，他还没有遭受富裕实业家的竞争威胁，那些实业家钱再多也只能买到富裕乡绅的地位和庄园，尽管偶尔有金融家也许能混得更好。新贵族的册封，按 18 世纪长存不废的 200 个这一标准看，固然有点令人不安，但按我们的标准看也没什么了不起。1837 年之前的 50 年中册封了 133 个，年均 2.5 个，其中许多人是海军和陆军的将军，传统上就应当受封的。贵族身份可以赠与转让，也只有土气保守的小乡绅和农场主才会去拼命争夺。可是，长期以来的历史经验已经表明，乡绅老爷自身不再是国家中自立可依的政治力量。更主要是，到 1840 年代，农业人口已成为明确的少数派利益团体，最多占人口的四分之一，在国民收入中的占比更是等而下之。当贵族放弃农业时，如在 1846 年以及更明显的 1879 年所发生的那样，最后剩下的不过是一个少数派压力集团，其背后硬撑的力量只有一帮酷爱猎狐的后座议员。

注释：

1. 就有用的考察，参见 J. D. Chambers and G. E. Mingay, *The Agricultural Revolution 1750 – 1880*（1966）and J. V. Beckett, *The Agricultural Revolution*（1990）。G. E. Mingay, *English Landed Society in the Eighteenth Century*（1963）长于论述农业，F. M. L. Thompson, *English Landed Society in the Nineteenth Century*（1963）长于论述贵族和乡绅。最近的著作有 J. V. Beckett, *The Aristocracy in England 1660 – 1914*（1986）。

有关农场劳工，J. L. and B. Hammond, *The Village Labourer*（1911）仍是入门好书，如同出色的 M. K. Ashby, *The Life of Joseph Ashby of Tysoe*（1961）。最近的研究包括 A. Armstrong, *Farmworkers：A Social and Economic History 1770 – 1980*（1988）and Keith Snell, *Annals of the Labouring Poor*（1985）。有关乡村的不满情绪，参见 E. J. Hobsbawm and G. Rudé, *Captain Swing*（1973），J. P. Dunbabin, *Rural Discontent in Nineteenth Century Britain*（1974）and J. Archer, *By a Flash and a Scare：Arson, Animal Maiming and Poaching in East Anglia 1815 – 70*（1988）。有关《济贫法》，参见 K. Polanyi（第二章注释 1）and M. A. Crowther, *The Workhouse System 1834 – 1929*（1981）。也参见图表 4。

2. Rev. J. S. Henslow, *Suggestions towards an enquiry into the present condition of*

the Labouring Population of Suffolk (Hadleigh, 1844), pp. 24 – 5.

3. *Annals of Agriculture*, XXVI, p. 214.

4. R. N. Bacon, *History of the Agriculture of Norfolk* (1844), p. 143.

86

第六章
工业化的第二阶段，1840—1895年

工业与帝国
Industry and Empire

英国的现代化历程

From 1750 to the Present Day

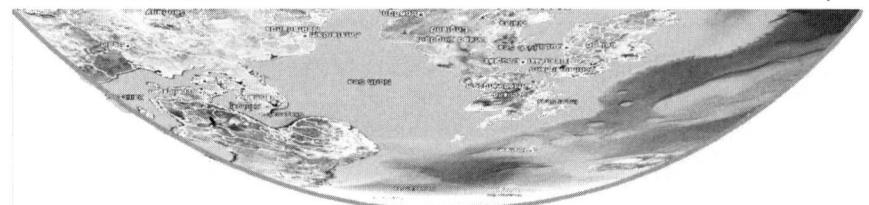

第六章
工业化的第二阶段，1840—1895 年[1]

英国工业化的第一阶段即纺织业阶段已经走到极限或者看来行将结束。幸运的是，工业化的新阶段即将取而代之，并为经济增长提供一个坚实得多的基础。这一新阶段以资本货物行业为基础，立足于煤炭和钢铁。纺织工业发展的危机时代正好是煤与铁取得突破的时代，也是铁路建设的时代。

这一局面的背后存在两个互相吻合的动因。首先是，世界其他地方的工业化不断推进，这为有关资本货物提供了一个快速拓展的市场，而资本货物除了从"世界工厂"进口外简直别无他途，各国自己尚无法在本国大举生产。英国出口的扩张速度[①]在 1840—1860 年间比以前要快出很多，譬如，显著快于 1780—1800 年这一棉纺织业的开拓期。尤其突出的是 1845—1855 年，该时期英国产品的海外销量**年增**已达 7.3%。在出口的快速增长中，主要得益的是新兴的资本货物。1840—1842 年，资本货物构成了英国制成品出口值的 11% 左右，1857—1859 年间占 22%，1882—1884 年间则占 27%。自 1840—1842 年至 1857—1859 年，煤炭出口从不足 75 万英镑升至 300

---

① 是指相对于英国人口规模而言的出口增长。Cf. W. Schlote, *British Overseas Trade* (Oxford, 1952), pp. 41 - 2.

万英镑以上，钢铁出口从约 300 万英镑增至 1300 万英镑以上，棉纺织品的出口增长稍慢，但也翻了近一倍。到 1873 年，这三个部门的出口值分别为 1320 万英镑、3740 万英镑、7740 万英镑。铁路和轮船在各国的兴建为英国的钢铁和煤炭出口提供了重要市场，而铁路和轮船引发的交通革命又进一步刺激了新市场的开辟和旧市场的拓展。[1]

然而，第二个理由跟需求的增长没有什么关系，那就是资本积累越来越多，进行盈利投资的压力越来越大，这一点最清楚地体现在铁路建设中。

1830—1850 年，英国开通了约 6000 英里的铁路，这主要是两轮巨额集中投资与建设的结果，即源自 1835—1837 年的小"铁路热"和 1845—1847 年的大"铁路热"。其实到 1850 年，英国铁路的基本网络已大致成型，从任何一个意义上说，这都是一场革命性改造，甚至比棉纺织业的崛起更具有革命性，因为这代表了一个程度高得多的工业化阶段，其影响所及已超越具体产业部门的有限范围，跨入了普通公民的日常生活。铁路网既通达农村某些最偏远的地区，也通达最大城市的中心，它改变了交通运输的速度，甚至改变了人类生活的速度，计量的概念从每小时数英里提高到了数十英里。此外，铁路网以其象征性的列车时刻表，引入了规模庞大、覆盖全国、复杂而准确、作业规程环环相扣这种理念，此后各种"时刻表"都从这里借鉴名称、获得启发。铁路以无与伦比的方式揭示了技术进

① 1830—1870 年主要出口商品在英国总出口中所占比例（％）：

	1830 年	1850 年	1870 年
面纱及棉产品	50.8	39.6	35.8
其他纺织品	19.5	22.4	18.9
铁、钢、机器、车船	10.7	13.1	16.8
煤、焦炭	0.5	1.8	2.8

步的可能性，因为它比大多数其他技术活动方式更为"先进"，同时
又无处不在。1800 年的棉纺织厂到 1840 年已经过时，可是铁路在
1850 年已经达到了很高的运行标准，直到 20 世纪中叶放弃蒸汽动力
前，该标准一直不必作出大的改进。铁路系统的组织与方法所取得
的水准令其他任何行业都望尘莫及，它对以科学为基础的新颖技术
（如电报）的使用也是绝无仅有的。铁路部门看起来比经济其他部门
要先进好几代，事实上在 1840 年代，"铁路"一定程度上成为"超
现代"的代名词，一如"原子"在第二次世界大战后的含义。单是
铁路的长度和规模就挑战着世人的想象力，令过往大多数巨型公共
建筑都相形见绌。

　　人们会不假思索地认定，这一了不起的进展反映了工业经济对
运输的需求，但实际上并非如此，至少短期看不是这样。英国多数
地方当时依傍大海、河流、运河，都处在水运容易通达的范围内①，
须知，水运以前是如今也还是运输大件商品最便宜的方式。对于不
易腐烂的货品，速度相对而言并不重要，只要能保证固定的供应流
便可，而易腐货品基本上只限于农业和渔业。没有证据表明，运输
问题**总体上**严重阻碍了工业发展，哪怕个别情况下显然如此。相
反，按任何运输标准看，实际修筑的许多铁路当年而且一直都显
得相当的非理性，故此也从未赚到过像样的利润，也许根本没赚
到。这一点在当时可谓彰明较著，事实上，J. R. 麦卡洛克等讲究
实际的经济学家就曾公开质疑绝大多数铁路的价值，他们仅仅认
同数量有限的若干主线或特别重型货运线。就此而言，这些人提
早一个多世纪，开了 1960 年代铁路合理化建议之先河。

　　当然，运输需求也催生了铁路，沿着"轨道线"把煤车从矿

---

　　① 　英国没有哪个地点离开海边的距离会超过 70 英里，除了米德兰兹某些区外，
所有工业区离海边的距离都明显更近。

井坑口拉到运河或河流，这还是合理的；采用固定蒸汽机来拉煤车是自然的，而设置一个**移动**蒸汽机（火车头）来拉或推煤车也是明智的。为了把远离河流的内陆煤田与海岸边连接起来，1825年从达林顿修一条较长的铁路到斯托克顿，同样是合情合理的，因为修筑这样一条线的高成本，可以通过铁路增加的煤炭销售来冲抵并有余，哪怕铁路自身的利润寥寥无几。① 精明的贵格会教徒找到或筹到了钱修建这条铁路，他们是对的，1826年，这条铁路有2.5%的盈利，1832—1833年为8%，1839—1841年为15%。一旦展现了铁路盈利的可行性，矿区以外的其他人，准确地说是东北煤田以外的其他人，自然会模仿并完善这一想法。例如，利物浦和曼彻斯特的商人们及其在伦敦的支持者意识到，打破独家运河的垄断定价不仅对兰开夏，而且对投资者自己都大有好处。（实际上，这条垄断性运河当年也是出于非常类似的原因而开挖的。）这些投资者也做对了，1830年修筑的利物浦至曼彻斯特铁路线基本上最高只需支付10%的红利，实现这个盈利目标不存在困难。这是第一条常规的铁路线，它反过来激励了其他投资者和实业家，大家急于扩大自己所在城市的生意并为手上的资本寻找充分的回报。不过，1850年前投资于铁路的2.4亿英镑中，只有很小一部分具备如此明智的理由。

大多数资金沉淀到铁路中，很多资金一去不复返，因为到1830年代时，已积累的庞大资本跃跃欲试伺机出笼，正在寻找超过公债3.4%回报率的任何投资机会。② 及至1840年代，急盼投资机会的过剩资金每年估计有6000万英镑，几乎比1830年代中期棉纺织业资

---

① 斯托克顿至达林顿线路最初仍然按一般道路进行经营，也即铁路仅仅提供设施上的便利，任何人缴费后均可在铁轨上运行。

② 事实上，铁路回报也最终回落到比公债盈利率稍高的水平，平均维持在4%左右。这一事实并非无足轻重。

本总值要多一倍。整个经济根本无法提供如此规模的工业投资机会，于是，原本讲究实际的生意人越来越愿意掏钱去搞一些不大可能盈利的项目，如那些大而无当、花费不菲的市政楼宇，北方城市 1848 年后开始用这些楼宇来相互攀比并抬高自己。如此作为不但证明了 生意人手中越来越多的财富，而且证明其积蓄在日益过剩，超出了当地工业再投资的需要。对于手头的过剩资本，最显而易见的出路就是海外投资，所以很可能在 18 世纪末，资本出口就已超过资本进口。拿破仑战争时期，英国向盟国提供贷款，在战后年代，则又发放贷款重建欧洲大陆的反动政府。这些资本经营至少尚可预期，而 1820 年代向拉美新独立国家及巴尔干半岛国家政府所提供的那一批贷款却完全不知所踪，1830 年代贷款给美国各州热情有余却诚信不足的借款人也是如此。至此，太多的投资者已尝到了苦头，不再鼓励资本进一步涌向外国政府的口袋。借用当年研究铁路的一位历史学家的话说，英国富豪拥有的钱财"年轻时……扔进了战争贷款中，成年时又浪费在南美矿山上"；"一个勤俭民族的财富积累总是超出正常的投资渠道"[2]，如今终于回过头来要投到可靠的英国国内。由于缺乏同样能够吸纳资本的领域，这笔钱实际上涌进了铁路部门，并把一项有价值的运输创新打造为一个重大的全民资本投资项目。

如同资本过剩时代屡屡发生的那样，大量资本草率且愚蠢地投资出去，其中有些更是投资得无比荒唐。余钱过剩的英国人受到规划人、承包商及其他相关者的挑动，须知，这些中间商不是靠经营铁路去赚钱，而是靠规划和修筑铁路来赚钱。在这一挑动之下，英国富豪毫不畏惧高得离谱的铁路成本，这使得英格兰和威尔士每英里铁路线的资本量居然是普鲁士的三倍、美国的五倍、瑞典的七倍。[①] 大

---

① 据估计，每一英里铁路线的前期开支和法务成本为 4000 英镑，1840 年代的土地成本为每英里 8000 英镑，伦敦至伯明翰铁路单单土地成本一项就高达 75 万英镑。

量资本就亏损在疯狂之后的跌落中。而大量资本之所以被吸引过来，可能多半不是因为人们进行了理性的盈亏计算，更是因为技术革命具有浪漫的魅力，铁路当时就是技术革命的一个奇妙象征，它足以让平时循规蹈矩的人摇身变成梦想家，这个梦想家在经济领域就成了投机家，在赛马领域就成了狂命赌徒。无论如何，钱放在那里总要花出去，如果它总体上没有创造很多利润的话，也还是创造了更有价值的某种东西，那就是一个新的运输体系，一种调动各种资本积累、用于工业目标的新手段，尤其是一个庞大的就业源泉，以及对英国资本货物行业一种巨大并持久的激励。从投资者个人的角度看，铁路经常也不过是另一种美洲贷款；从整个经济的角度看，铁路却是一个值得称道的解决方案，虽然事出偶然而非刻意设计，但它的确化解了英国资本主义第一阶段的危机。铁路之外，很快就将出现**轮船**，这种运输方式于 1800 年代由美国率先推动，不过，轮船不太能够与日益高效的大型帆船展开竞争，这一局面一直延续到工业经济的资本货物基础发生革命性转变之后，而这种转变还是由铁路时代引发的。①

　　1840 年代铁路建设的资产负债表给人深刻的印象：在英国，投资额达到 2 亿英镑，1846—1848 年建设高峰时直接雇佣约 20 万人，对于经济其他部门就业的间接刺激则难以估量。② 1830 年代中期到 1840 年代中期英国铁产量的倍增，很大程度上归因于铁路，特别是在 1845—1847 年的高潮期，铁路可能占到国内全部铁消费量的 40%，随后才逐步降低到 15% 这一稳定幅度。如此庞大的经济刺激到来时，恰

---

　　① 1830 年代中期以前，每年的轮船建造很少超过 3000 吨，1835—1845 年间年均约为 10000 吨，1855 年达 81000 吨（仅为帆船吨位的十分之一）。直到 1880 年代，英国建造的轮船吨位才超过了帆船吨位。不过，轮船的单位造价固然高于帆船吨位，轮船的性能却更加强大。

　　② 铁路革命大举影响了采矿、冶炼、机器和车辆制造等领域，这些行业雇佣的人员在 1841—1851 年几乎增加了 40%。

逢总体经济正在经历该世纪最具灾难性的大滑坡（1841—1842），时机的匹配应该说再好不过。在英国之外，其他国家的铁路建设也极大地刺激了英国资本货物的出口。例如，道莱斯制铁公司 1830—1850 年的供应对象中，既有 12 家英国公司，更有 16 家外国公司。

但这一刺激并未在 1840 年代就耗竭，相反，世界铁路建设以日益庞大的规模延续下去，至少延续到了 1880 年代，下表足可为证。这些铁路很大程度上是用英国的资本、英国的材料和设备修筑的，经常还是由英国承包商承建的：

每十年开通的世界铁路里程（英里，取千位整数）

年份	英国	欧洲（含英国）	美洲	世界其他地区
1840—1850	6000	13000	7000	—
1850—1860	4000	17000	24000	1000
1860—1870	5000	31000	24000	7000
1870—1880	2000	39000	51000	12000

这种非凡扩张反映了一个合二为一的进程，即"发达"国家的工业化及欠发达国家的经济开放。这一进程在维多利亚时代中期的几十年里彻底改造了世界，德国[①]和美国一跃而为主要工业经济体，很快就将与英国并驾齐驱；北美、南美、南俄的大草原得到开发，开始出口农产品；中国和日本在坚船利炮面前败下阵来，转而向世界贸易开放；热带与亚热带地区专门出口矿产品和农产品，由此打下其经济基础。这些变迁所释放的影响，英国要在 1870 年代危机过后才充分感受到，但就危机之前而言，上述变迁总体上仍然明显有利于英国，毕竟它是此期工业产品与资本的最大出口国，对世界某些地方而言，英国干脆就是工业产品与资本的唯一出口国（参见第七章）。

---

① 或许应当说，1871 年成为德国的这一地区。

英国经济的总体趋向由此而改变，可以观察到这种变化的三个结果。

第一是重工业领域的工业革命，这首次为英国经济提供了大量的铁，以及更重要的钢，此前炼钢方式相当陈旧且产量很少[①]：

生铁、钢材、煤炭的产量（万吨）

年份	生铁	钢材	煤炭
1850	225	4.9	4900
1880	775	144	14700

煤炭产量的增加主要通过熟悉的方法而实现，也即并未借助任何显著的劳动力节省工具，这意味着产煤量的增长带动了矿工人数的大增。1850 年，英国已有 20 万煤矿工人，1880 年前后约有 50 万，到 1914 年已明显超过 120 万，他们工作于 3000 个煤矿。矿工的数量跟整个农业人口和男女纺织工人数相差无几，这不仅反映到英国劳工运动的特征上，而且体现于国家政治中，因为矿工集中在单个行业支撑的乡村团块，是体力劳工中能够决定议会选区结果的少数团体之一，在农村地区则是能发挥决定作用的唯一团体。"英国工会联盟"之所以早在 1890 年代就致力于工业国有化这样的社会主义口号，主要缘于矿工的压力，而矿工施加这种压力，是因为他们怀有极其普遍也十分有理的不满情绪，他们特别不满雇主们公然无视矿工的安全和健康，其时，采煤终究是个暗无天日、危在旦夕的职业。[②]

94

---

① 1850 年，西方世界总的钢产量可能还超不过 70000 吨，英国在其中占七分之五。

② 1856—1886 年，每年事故中遇难的矿工在 1000 名左右，偶尔会有重大矿难，如海布兰塔矿难（1877 年，死亡 200 人）、海道克矿难（1878 年，死亡 189 人）、埃布谷矿难（1878 年，死亡 268 人）、里斯卡矿难（1880 年，死亡 120 人）、西汉姆矿难（1880 年，死亡 164 人）、彭尼克莱格矿难（1880 年，死亡 101 人）。

铁产量的巨幅增长也没有依赖革命性改良措施，它主要源于高炉产能或生产率的显著提高。顺便要说，这种提高往往让该行业的产能远大于实际产量，1880年代中期，英国实际的铁产量离潜在产能的一半还差不少。这就造成了一种总是把铁价格拉低下来的趋势，当然，其他原因也让铁的价格遭遇大幅波动。另一方面，钢的生产经历了革命性改良，得益于1850年代发明的贝塞麦转炉、1860年代发明的平炉、1870年代后期发明的碱性炼钢法。批量产钢的新能力进一步强化了原由运输给资本货物产业所施加的总刺激，因为一旦钢变得大量可得，人们便开始用它来替代持久性稍差的铁，于是，铁路、轮船等等实际上在一代人的时间内就用到了两种材料。鉴于这些行业中的人均生产率上升得非常迅猛，它们也从来不需要大量的体力劳动，所以其对就业的促进并不太大。然而，就如煤炭行业那样，当然也正如随煤、钢、铁而大发展的运输行业那样，钢铁业也为迄今失业或极难就业的人提供了工作机会，那些缺乏技能的人是从英国或爱尔兰农村过剩人口中吸收而来。因此，这些行业的扩张可谓一举两得，一方面它们能为缺乏技能者提供待遇更好的工作，另一方面通过吸收农村剩余劳力，它们改善了留守农村的劳工的处境，使之在1850年代开始经历显著乃至惊人的改善。①

然而，资本货物行业的兴起也同样刺激了器械加工、机器制造、船舶建造等行业，促使其在大发展中大举雇佣技术工人。这些行业中的工人数在1851—1881年间也大致增长了一倍，而且与煤业和铁业不同的是，这种增长趋势一直延续到了1960年代末。及至1914年，这些行业形成了英国男性工人中最大的一个类别，人数大幅超过了纺织业中包括男女在内的全部工人。它们 ⁹⁵

---

① 受雇于运输业的人员在1840年代增加了一倍以上，在1851—1881年间再次翻倍，已接近90万人。

因此大大加强了劳工中的高等群体，这些贵族劳工自认为而且也确实是比工人阶级的主体要富裕得多。

由上便可显见，新时代的第二个结果是，总体就业状况有了可观改善，包括劳动力大规模地从薪酬较低工作向薪酬较高工作转移。这基本上可以解释，为什么在维多利亚时代中期这一黄金岁月，虽然诸多工人阶层的实际工资并没有明显提高，住房条件和城市设施照旧触目惊心，但大家普遍觉得生活水平得到了改善，社会矛盾也得到了缓解。

可是，这方面恰如经常发生的那样，经济变化对男性和女性的影响是迥然有异的。工业革命第二阶段的那些行业，如建筑、采矿、交通、器械、造船、钢铁，其劳动队伍清一色地或压倒性地由男性构成。虽然工业部门中妇女的比例有了颇为显著的上升，但家政服务至今仍然是雇佣妇女的最大行当。况且，典型的男性工人越来越走出家门去工作，而以前，农民和手织机织工是在家干活的，即使现在，在低薪"血汗行当"打工的妇女也不需要走出家门，这就直接影响到了两性关系。按照中产阶级的模式，人们越来越认为成年男子是家中唯一赚钱的顶梁柱，他理当抚养妻儿，只要有份收入颇丰的工作，妻子就应当待在家里，毕竟不必再为家庭增加收入，相比之下，底层工人阶级中，妇女甚至孩子都还得外出干活。1851 年，已婚妇女中有四分之三参与了某种形式的就业，到 1913 年，却只有 10% 在就业。

第三个结果是，英国资本向海外的输出有了显著增长。到 1870 年，英国的海外投资已达七亿英镑左右，其中超过四分之一投向美国正在崛起的工业经济。本轮海外投资力度很大，所以，即使英国随后不再进一步输出资本，其海外资产也将照样取得引人注目的增长，因为单纯依靠已有海外资产的利息与红利便可进行再投资。（实际是否发生了这种情况，那是另一个问题。）当然，这种资本外流只是利润和储蓄通常四处涌动、寻找投资机会的一个表现而已，但经过铁路时代资本市场的转型，这种外流的资本已不单准备投资于旧式的房地产或政府债券，更有意投入工业股份中。另一方面，实业家和经纪人（同时代人很可能称之为"无良实业家和可疑经纪人"）现在更可放手筹集资本，不仅从潜在的合伙人或其他知情的投资人那里筹措，而且可从不太知情的大众那里筹措，大家都希望手中的资本能在黄金般世界经济的任一领域获取回报，而且发现可借助家庭集资行和股票经纪商之类的代理机构去投资，无非是经常向这些代理商支付一些费用、委托他们管理由此筹得的基金。新的立法允许设立责任有限的共同股份公司，这鼓励了更有冒险性的投资，因为假如这样的公司破产，持股人仅仅损失自己的投资，而不会像以往所要求的那样损失全部家产。①

从经济角度看，铁路时代资本市场的转型是一件很有意义的事件，曼彻斯特、利物浦、格拉斯哥的股票交易所同为 1840 年代"狂热"的产物。这样的资本市场，对于筹集资本，以便从事合伙制无能为力的大型事业，或在世界偏远地方创业经营，都是大有价值的手段，当然也基本可以断定，并非必不可少的手段。然而，从社会角度看，这样的资本市场也映照出维多利亚时代中期经济的另一个侧面，即一个**食利者**阶级在悄然成长，食利者依靠前两三代所积累的利润和储蓄而生活。到 1871 年，英国已经有 17 万名无明显职业的"上流多财人士"，他们几乎都是女性或可谓"名媛"，其中未婚女性的数量足令人惊异。② 债券与股票，包括为此已变成"私有公司"的家族企业中的股份，是一种供养遗孀、女儿或其他亲戚的简 ⁹⁷

---

① 当然，在一般的有限责任公司形式问世以前，也曾为某些类型的合股投资出台过特别规定。

② 1870 年代在苏格兰银行和苏格兰商业银行的股东中，约五分之二为女性，其中几乎三分之二系单身。

便方法，这些人无法也不再需要介入财产和企业的管理。肯辛顿令人惬意的大道、水疗胜地的别墅、越来越多的中产阶级海滨景点，还有瑞士绵延的高山、托斯卡纳的城市，都在张开双臂欢迎她们。这个铁路、钢铁及海外投资的年代，也为维多利亚时代的未婚名媛和唯美人士提供了经济基础。

*

就这样借助铁路，英国进入了全盘工业化时期。英国经济不再岌岌可危地依赖两三个先导部门（主要是纺织部门）所撑起的狭隘平台，它已稳稳地站到了资本货物生产的宽阔基础之上。正是资本货物的生产，反过来促进现代技术与组织（或至少在 19 世纪中叶属于现代的东西）渗透到一大批行业中去。英国手握技能，虽然还不至于什么都去生产，但的确可以生产打算生产的一切。这个国家已跨越早期工业革命的初始危机，又尚未感受到工业领先者即将被赶超的危机——以后当英国不再是唯一的"世界工厂"时，危机就将降临。

一个全盘工业化的工业经济体意味着开弓没有回头箭，至少工业化将持续往前推进。在经济、社会生活和政治方面，新形势下最鲜明的特征之一是，英国人如今更愿意接受大开大合的革命性生活方式，视之为天经地义，至少也是不可逆转，而且愿意适应这种变化。不同的阶级以不同的方式在这样做，我们必须简要地考察两个最重要的阶级，即雇主阶级和工人阶级。

确立一个工业经济体不同于经营一个业已存在的工业经济体，从皮特首相到皮尔首相当政的半个世纪中，即从 18 世纪末期到 19 世纪上半叶，英国"中产阶级"把大量精力主要放在确立工业经济体这一目标上。在政治与社会领域，这表现为大家纷纷对历史使命充满信心并引以为豪，而且长期以"贵族"为斗争对象，致力于按照符合工业资本主义的方式去改造英国制度。19 世纪初可谓绝无仅

有的时光，名媛们居然写下了政治经济学教学手册，让其他女子去
教授其下一代，最好还去教授社会上的穷人。① 随着 1830 年代的改
革、1846 年自由贸易的确立，中产阶级基本上实现了改造制度的目
标，至少在这样做时，并没有因为不可收拾地发动劳工大众而大冒
风险（参见第四章、第十二章）。借助"黄金岁月"，这些战斗都打
赢了，尽管针对旧制度的陈迹还需要采取一些战斗行动。维多利亚
女王本人就是（或看似）中产阶级体面性和正当性的一个有形支柱，
而保守党代表了与工业国格格不入的一切东西，数十年里始终是一
个缺乏意识形态或行动纲领的政治少数派。劳苦大众的猛烈运动，
从雅各宾主义、宪章运动，到初始的社会主义，都已烟消云散，只
留下卡尔·马克思那样的外国流亡人士郁郁寡欢，琢磨着如何利用
那股自由激进主义思潮以及后继声势浩大的工会运动。

　　但在经济方面，有关变化也同样引人注目。在工业革命的第一
阶段，资本主义制造商实乃拓荒的少数派，他们自己也知道这一点。
这批开路先锋力图确立一套新的经济体制，可是运作的环境远非顺
风顺水，周围大众对其所作所为深表疑虑，其所雇佣的劳工阶级不
适应乃至敌视工业方式。工业先驱们为了兴办工厂，至少在早期贡
献了自己有限的原始资本，再依靠节衣缩食、刻苦做事，外加压榨
穷人而用利润去再投资。维多利亚时代中产阶级的兴起堪称壮丽的
史诗，塞缪尔·斯麦尔斯的作品对此作了记录。这部史诗让人看到
了一个经常带有神话色彩的时代，其时少数英雄自我奋斗，痛恨进
步的愚蠢大众却横加阻挠，但英雄们最终凯旋，头上戴着标志成功
的高顶黑色礼帽。同样值得注意，这些人本身是过去年代的产儿，

---

　　① 这些作者包括马塞特夫人、哈丽特·马蒂诺、小说家玛丽亚·埃奇沃思，李
嘉图也曾对之大加赞叹，年轻的维多利亚公主曾读过这些书册。最近有位作者非常
敏锐地注意到，在简·奥斯丁和玛丽亚·埃奇沃思的小说中，法国革命和拿破仑战
争居然了无踪影，这可能是作者有意要排斥那些不该让体面中产阶级感兴趣的主题。

尤其缺乏科学方面的教育，往往以经验主义为自豪。因此，对于采用最理性的方法去管理企业，他们纯粹是一知半解。如今看起来简直无比荒唐，拿骚·西尼尔这样的经济学家在反对 1847 年《十小时工时法案》时，居然断言雇主的利润要靠最后一个工时来赚取，所以，减少工作时间会对雇主造成致命伤害。要知道，当时许多精明的人都以为，盈利的唯一方法就是为尽可能长的时间支付尽可能低的工资。

由上可见，雇主阶级本身不太了解工业时代的游戏规则，也不想遵循此类规则。这些规则认定，经济交易本质上由市场上诸多力量的自由互动所主宰，大家都在无所限制地竞相追逐自身经济利益，这将自动带来各方的最佳结果。可是，雇主们一方面不愿意在于己不利的时候展开竞争①，另一方面又认为上述自由规则不适用于工人。这些工人有时仍然被周期长、不灵活的合同捆绑着，例如，煤矿工人在东北地区就受制于"年度契约"。雇主们常常额外地榨取工人利益，手段包括强制的非货币性"实物交易"，这种实物支付强迫工人在公司的内部商店购物，另外的手段还包括罚款。总体而言，工人们受到合同法的严格约束，1823 年制订的有关法律规定，若违反雇佣契约，工人会被投入监狱，但雇主若违反契约却可免罪，或者仅仅罚款了事。虽然正如卡尔·马克思将断言，"计件工作"是此时最适合资本主义的工资支付形式，可是除了在某些行业或某些劳动中外，一般很少见到按绩效付酬之类的经济激励。当时公认的唯一激励就是利润，赚不到利润的人，无论是企业家还是各种分包商，都只能去照着机器的节奏，在管束之下或在分包商的驱使下干活，当然，假如自己手艺了得而不至于被驱使，那么就去自谋出路。尽

100

---

① 不过在当时，卡特尔、价格操纵等做法往往难以持久或产生效果，只有政府承包等领域方属例外。

管当时人们已经知道，提高工资、缩短工时会提高生产率，但雇主们还是继续不相信这一套，仍力图压低工资并延长工时。理性的成本核算或工业管理可谓凤毛麟角，出面推荐这些东西的人，如科学家查尔斯·巴贝奇（此人也是电脑先驱），被视为不切实际的怪人。在时人眼里，工会要么注定行将失败，要么会制造经济灾难。虽然自 1824 年起工会在形式上不再属非法①，但只要可能，雇主们总是不遗余力地摧毁它们。

在这种情况下，工人们也拒绝接受资本主义，这就不足为奇了，如前已见，资本主义原本就一点也不吸引工人。资本主义在实践中很少给工人带来好处，而且，与该制度的卫道士所言正好相反，资本主义甚至在理论上也没有带给工人多少希望，至少，**只要他们继续当工人**，就不会有什么好处，而大多数工人注定只能当工人。在铁路时代到来之前，资本主义自己都没有给人行之久远的感觉，它看来会自我崩溃或被人推翻，总之更像是某个小插曲，而不是一个新纪元。资本主义初出茅庐，无法依靠其存续时间来确立其恒久性，因为如已所见，除了某些率先的领域外，即使在纺织业中，工业化的重大进展也还是在拿破仑战争后才取得的。1842 年伟大的宪章运动总罢工发生时，比如布莱克本的每个成年人都还记得，不到 25 年前，这个市镇才开始有了第一家纺纱厂和第一台力织机。而假如"劳苦大众"尚无法将眼前的体制视为新常态，那他们就更不可能去适应这个新常态了，哪怕是在自己的抗争中也不会去主动适应，除非强迫他们或者动用额外的经济压制方式。穷苦劳工可能试图绕过资本主义，早期社会主义者就曾借助"自由的合作生产共同体"想绕过去。短期内，他们可能想逃避资本主义，早期工会就曾让失业

---

① 工会合法化归因于"哲学激进派"的努力，这些人辩称，合法之后，工会的彻底无效性很快就将大白于天下，工人们因此就不会再受到工会的蛊惑。

101 人员流浪到其他城市来加以逃避，但终究发现，新经济中的"糟糕光景"是周期性发作的，也是覆盖全国的。他们也可能试图忘却资本主义，幻想能够回归小农土地所有制，所以并不偶然的是，该时代最伟大的群众领袖，即宪章运动的民权护卫者费尔格斯·奥康纳，是一位爱尔兰人，他给效忠群众提出的一份"积极经济纲领"就是一项土地安置方案。

所有这一切在 1840 年代的某个时候统统开始变化，而且快速地变化，尽管不是通过大规模的国家立法或组织，而是借助局部的非官方行动在推进。雇主们着手放弃"粗放的"剥削方式，转而采用"集约的"方式，因为延长工时、减少工资只会适得其反。1847 年《十小时工时法》首先在纺织业中强制执行，但即使没有立法压力，我们也发现同样的趋势已在北部工业区蔓延开来。欧洲大陆人所称的"英国星期"，即周六中午开始的空闲周末，1840 年代开始在兰开夏推行，1850 年代则在伦敦推开。绩效付酬（即付给工人的激励性报酬）无疑变得更加普遍，合同一般变得周期更短也更灵活，只是这两方面的进展尚无法得到充分的材料佐证。现金以外的强制方法有了减少，雇主也更愿意接受可敬的工厂巡查员来依法督察劳动条件。凡此种种，与其说是理性乃至政治压力的胜利，莫如说是矛盾缓和的结果。英国的实业家们现在觉得已经足够富有和自信，能够支付得起这些变革。有人已指出，1850 年代和 1860 年代，不少雇主倡导适当提高工资并通过改革去安抚工人，提出这些政策的人通常代表了那些基础稳固、欣欣向荣的企业，再也不会因生意波动而面临破产的威胁。这些"新模范"雇主在其他地方比在兰开夏更常见，他们包括：酿酒行业的巴斯兄弟，煤铁行业的埃尔科勋爵，铁路承包业的托马斯·布拉赛，制袜业的泰特斯·索特、阿尔弗雷德·伊林沃斯、来自布拉德福德周围的凯尔兄弟、A. J. 芒德拉、塞缪尔·莫利。这中间有几位来自布拉德福德，有意思的是，布拉德福德在西区掀起了一轮修造市政大厦的排位赛，这里建起了一座宏大建筑，其中有"招待商界人士"的餐厅、容纳 3100 人的会堂、巨大的管风琴、由 1750 个联排煤气火焰提供的照明。正是在这个建筑的刺激下，作为对手的利兹也花费 12.2 万英镑的巨资，营造了自己的市政厅。出现这一切该不是偶然的吧？布拉德福德如其他许许多多城市一样，是在 1849 年开始打算告别市政建设的吝啬传统。

102

及至 1860 年代末，变化更加清晰可见，因为它们更加有形可见并具官方色彩。1867 年，有关工厂的立法首次真正延伸到纺织行业以外，并已开始放弃原来的不实说法，即，保护儿童是其唯一目的，毕竟成年人理论上能够自我保护。即使在纺织行业，风向也在变化。此前，业界普遍认为，1833 年和 1847 年立法（《十小时工时法》）肆无忌惮、十分有害地干预了私有企业，而现在的看法却已和缓很多。《经济学家》写道，**现在**谁也"不再怀疑那些措施的明智与得当"[3]。煤矿中的进步要慢些，但东北矿区的年度契约在 1872 年遭到废除，此外雇主在理论上承认，矿工有权经由所选出的"计量员"去核对绩效付酬的正确性。缺乏公正性的《厂主与雇工条例》最后在 1875 年被废除，更主要的是，工会实际获得了此后一个多世纪将一直保留的法律地位，工会从此被接纳为工业活动场所的永恒部分，而不是让人讨厌的部分。这一变化尤其惊人之处在于，促成此事的 1867 年"皇家委员会"之所以如此决断，居然是因为谢菲尔德小行会采取了某些惹人注目但完全无理的恐怖主义行动（史称"谢菲尔德暴行"），人们原以为，这样的行径应该引起强烈的反工会措施，退回 20 年前就很可能这样。事实上，1871 年和 1875 年立法赋予了工会相当大的法律自由，乃至态度保守的律师时不时想削弱这种自由，1880 年代的保守党政府终于把这件事做成了。

但最显著的变化体现于政治方面。如已所见，1867 年《改革法》为一大批重要的立法变革打了头阵。该法律接受了一个由工人

阶级选票说了算的选举制度；尽管它没有引入议会民主制，但它暗
示，英国的统治者倾向于最后引入这一基本制度，等 1884—1885、
1898、1928 年这些后续改革实现这一目标时，大惊小怪的异议便越
来越少了。① 20 年前，人们抵制宪章运动，是因为相信，民主制意
味着社会革命。50 年前，除了大众及一小撮极端的中产阶级激进派
外，民主制尚且不可想象。1817 年，乔治·坎宁曾感谢上帝，庆幸
"下议院没有过分跟人民连到一起，从而不至于沾染其幼稚思
想。……我们的大法中没有哪个原则说应当如此……，也从来没有摆
出要这样做的样子，任何这样做的企图只会给本王国带来破坏和苦
难。"4 1866—1867 年的那些辩论明确揭示了英国上层阶级的态度，有
位名叫塞西尔的人在为守旧者辩护时还警告听众，民主制就等于社
会主义。英国的统治者并不欢迎改革，假如没有穷人的群众发动的
话，他们本不会作出如此多的让步。与 1839、1842、1848 年针对宪
章运动而大规模调动武力相比，他们在 1867 年的退让意愿简直已有
天壤之别。现在，统治者准备接受改革，因为他们再也不认为英国
工人阶级充满革命精神，倒是判定工人阶级已经发生分化，一派是
政治上持温和立场的劳工贵族，他们愿意接受资本主义，另一派是
缺乏组织、缺乏领袖、故而在政治上缺乏效能的底层无产阶级，这
一派构不成心腹大患。说到底，宪章运动那样声势浩大的运动，即
发动全体劳苦大众去反对雇主阶级的群众运动，已经寿终正寝，社
会主义已从它的故乡随风飘去。

> ［一位曾经的宪章运动者在 1870 年写道］我的悲痛印
> 象得到了确认。不错，在我们以前搞宪章运动的年代，数
> 以千计的兰开夏工人穿得破烂不堪，其中很多人经常食不

---

① 但《泰晤士报》一直要到 1914 年才认为民主制可以为人所接受。

果腹。但不管你走到哪里，都可看到他们的聪明才智得到了展现。你会看到他们一群群地在讨论政治正义的伟大学说……**如今**，你在兰开夏看不到这种群体了，你只能听到，衣冠楚楚、双手插兜的工人边走边聊着"合作社"，以及自己在合作社或建屋互助会中的股份。你还会看到其他人像白痴一样遛着几只小灰狗。[5]

104

在惯于饥饿的人看来，富足意味着舒适，这样的富足已经熄灭了饥肠中的怒火。同样重要的是，人们发现，资本主义并非一场临时灾难，相反是能促成某些改善的一个恒久制度。这种认识改变了大家斗争的目标，于是，不再有社会主义者在那里幻想着某个新社会。工会依然存在，但它们不过是要利用政治经济学法则，制造所在行业的劳工短缺，借以提高工会成员的工资。

*

英国中产阶级的公民在考察 1870 年代的局面时一定会认为，事情已经皆大欢喜、尽善尽美，英国经济中没有哪个重要方面会出问题。但问题偏偏就来了。恰如工业化的第一阶段踏入了自我引发的萧条和危机，第二阶段也滋生了自己的困难。经济史学家称 1873—1896 年这段岁月为"大萧条"，比起 19 世纪其他任何经济转折阶段，他们更热衷于讨论这一时期。"大萧条"这个名称有一定的误导性。就劳动者的境况而言，这个时期不应跟 1830 年代和 1840 年代，或 1920 年代和 1930 年代（参见原书第 185—188 页）相提并论。但如果"萧条"指的是人们对英国经济前景的某种不安和阴郁的感觉（对 1850 年之后成长起来的人，这是一种新的感觉），那么这个词还是准确的。在经过辉煌的前进后，经济停下了脚步。虽然 1870 年代初的英国繁荣并未像美国和中欧那样急转直下、陷于崩盘，但在金融家破产、炼钢炉冷却的背景下，它还是无可阻挡地向下滑行。与其他工业强国不同的是，英国的繁荣将不会真正再生。价格、利润、利率纷纷下跌，或者低得莫名其妙，中间几次小小的经济回暖并没有真正阻挡令人沮丧的长期下行，这一颓势一直要到1890年代中期才得以逆转。当经济膨胀的太阳再次穿透漫天迷雾时，阳光已经照到了一个全然不同的世界。在1890—1895年这段时间，美国和德国的钢产量双双超过英国。英国就在"大萧条"时期失去了"世界工厂"的地位，仅仅成为三大工业强国之一，而且在某些重要方面还是其中最弱的一个。

"大萧条"不能单纯从英国角度加以解释，因为它是一个世界性现象，当然，其影响所及在各国还是各有差异的。在几个国家，主要是美国、德国及北欧工业化新兴国家中，该时段总体上是进展非凡而不是停滞不前的时期。但在所有国家，大萧条都标志着经济发展的一个阶段走到了尽头，也即工业化的第一阶段或可谓工业化的"英国"阶段就此宣告结束，另一阶段随之徐徐开启。广而言之，19世纪中期繁荣的缘由在于，英国以外的其他主要"发达"经济体启动了初期（或基本上属初期）的工业化，同时，此前交通不便、未曾开发利用的那些初级农矿产品地区得以开放。[①] 就工业化国家而言，它们的发展进程基本上是英国工业革命及其技术基础的延伸。就初级产品生产国而言，它们被卷入了全球运输体系的建设进程，新的交通体系以铁路及日益轮船化的新式海运为基础，使得较易经济开发的地区和各式各样的矿区能够跟世界上城市化和工业化地区的市场连结起来。上述两大进程极大地刺激了英国经济，同时又尚未给英国经济造成明显的危害（参见原书第93页）。然而，这两个

---

① 这不是要否认1840年代前英国以外其他国家的工业发展，而是要强调其与英国工业化相比而言的情形。例如在1840年，美国和德国金属制成品产值各自仅为英国的六分之一左右，其全部纺织品产值分别为英国的六分之一稍多和五分之一，其生铁产量分别为英国的五分之一以上和八分之一左右。

进程中任何一个都不可能无限期地延续下去。

首先，工业成本在急剧下降，同样，交通革命之后初级产品的成本也在急剧下降，而成本下降迟早必定会表现出来。新工厂的投产，新铁路的开通，新农地的耕种，凡此种种，都会造成价格的下跌。这些变化汇聚到一点，就是 20 年惊人的通货紧缩，使得总体价格水平下降了大约三分之一，大多数生意人讲起持续不断的萧条时，指的就是这个现象。通缩对农业中某些环节产生了最剧烈甚至灾难性影响，还好，农业在英国经济中仅占小头，但其他国家就另当别论了。只要低价农产品像 1870 年代那样大举涌入欧洲城市化地区，农业市场就会被彻底扰乱，不仅在销售市场是这样，而且在海外彼此竞争的其他生产市场也会如此。北美大陆的平民党农场主于是义愤填膺，俄国 1880 年代和 1890 年代乡村革命浪潮涌动，更不用说爱尔兰在巴涅尔主义与迈克尔·戴维特土地联盟时代集中爆发了农村动荡和民族主义骚乱。[①] 所有这些都证明，小农耕种或家庭农场地区受到了冲击，它们只能直接或间接地听凭国际价格的摆布。进口国尽管具有一定的防御能力，但还是准备动用关税手段保护本国农民，有几个国家在 1879 年后就这样做了。我们将看到，英国的农业遭受了重创，因为它专门生产粮食作物，而今在该领域终究缺乏竞争力，另一方面，该领域又还没有那么重要，尚不足以获得国家的保护。最终，英国农业只得转而生产其他产品，主要是海外生产商未予挑战或不易挑战的那些产品（参见原书第 177 页）。

在其他工业化国家也再次可见，工业化第一阶段的直接好处已在流失，初始（或英国）工业时代的技术创新正在消耗其种种潜力，那些在这一阶段经受最彻底改造的国家尤其显露出这种迹象。1890

---

① 爱尔兰的动乱在英国少数小农地区引发了某些反响，主要是，苏格兰高地的小农场主发生风潮，威尔士山丘的小农场主也出现类似风潮，但这些地方要偏僻得多，所以这些运动影响较小。

年代，一个新的技术阶段开辟着新的可能性，但与此同时，某种程度的步履蹒跚也可以理解。局面更棘手的地方在于，新老经济体都遇到了市场与利润率问题，英国工业 40 年前就经受过这种打击。随着需求真空被填补，市场便趋于饱和，因为虽然市场有了明显扩大，但其扩大的速度还不够快，至少在国内，市场增速无法跟上工业制成品产量及产能的成倍增长。另一方面，由于存在其他生产者的降价竞争，同时由于机械化日益推高工厂造价，加之运营成本也日益提高并刚性化，两相挤压之下，工业领先国的超高利润不断减少。在此情况下，企业经营者焦急地寻找着出路。就在这个当口，工业经济体中人数日众的工人阶级与农村人口携起手来，呼吁实行改良和变革，英国在自己工业化的相应阶段也出现过这一局面。大萧条时代也是群众性社会主义工人阶级政党在欧洲各地纷纷兴起的年代，这些主要是马克思主义的政党结成了一个马克思主义的国际联合会。

在英国，这些全球变化的后果比其他地方既更大也更小。农业危机仅在较小程度上影响了英国（爱尔兰另当别论），日益廉价的食品和原料进口其实还带来了好处。另一方面，其他地方不过在工业化进程中摔了一跤需要调整步伐，而在英国这里问题却要严重得多。首先，这是因为英国经济基本上已无法割舍其在海外的不断扩张，尤其是在美国的扩张。1870 年代时，世界铁路网的建造远未完成，可是，1870 年代初建造狂潮的放缓①已经对英国的资本输出和货物输出产生了足够大的影响，所以至少有一位历史学家以此来解释大萧条的由来（他追问"建造铁路后发生了什么"⁶）。英国的"食利者"已经如此习惯于接收来自北美及欠发达地区的现金流，乃至外国债务人 1870 年代的违约拒付（如 1876 年土耳其金融崩溃时），会造成英国火车厢内乘客寥寥，以及伯恩茅斯、福克斯通等地建筑业

---

① 在美国和德国，1873 年的崩溃很大程度上是铁路建设的崩盘。

冷冷清清。（更发人深省的是，危机局面促动好战的外债持有财团或政府起来为投资者维权，这使得外国名义上独立的政府简直或确实沦为欧洲强权的受保护国或殖民地，1876 年后的埃及和土耳其便是如此。）[108]

可是，经济放缓并不能挥之即去，它实际上表明，其他国家现在已能自行生产以往只能从英国进口的东西，它们甚至还能为出口而生产呢。它也表明，英国几乎完全没有准备好采取各种可能措施来应对局面。其他国家，如法国、德国、美国，此时改用关税来保护本国的农业和工业市场，与此不同的是，英国继续坚持自由贸易（参见第十二章）。同样，英国也不准备走系统的经济整合道路，而德国和美国在 1880 年代组成了托拉斯、卡特尔、辛迪加等等（参见第九章）。英国已在骨子里烙上了工业化第一阶段的技术和企业组织，它们也的确成效巨大，可是积习太深使得英国难以热情饱满地踏入革命性技术与工业管理的新领域，这些东西在 1890 年代已经走到前沿。如此这般，导致英国仅剩一条大道可走，那就是从经济上（且越来越从政治上）征服世界上那些迄今未加开发的地区，换言之，走帝国主义道路。这是英国的一条传统道路，不过，其他竞相逐鹿的列强如今也在走这条路。

因此，大萧条时代也开启了帝国主义时代，有关帝国主义行径包括：有形的帝国主义，如 1880 年代"瓜分非洲"；半有形的帝国主义，如一国或国际财团接管弱国的财经管理；无形的帝国主义，如外国投资。面对 19 世纪最后数十年一小撮西欧列强（外加美国）如此瓜分世界，政治史学家声称无法找到其背后的经济理由，但经济史学家这里就不存在这种困难。帝国主义对英国来说并不是新鲜玩意儿，此时的新鲜之处仅在于，英国在不发达世界的变相垄断已走到尽头，故而有必要正式地划出帝国势力范围，以排除潜在的竞争对手。英国这样做时，往往事先看不到任何实际经济利益的前景，[109]

而且必须承认，经常收获的是令人失望的经济结果。①

大萧条时代更还有另一后果必须提及，那就是兴起了一个由工业与经济发达列强所构成的**竞争集团**。这一集团聚合了政治竞逐与经济争夺，兼容了私有经营与政府撑腰，这一点在保护主义的上升及帝国主义的摩擦中已经清晰可见。商业集团越来越多地会以这种或那种方式，呼吁国家政权不但要放任其为所欲为，而且必要时应出手相救。一个新的维度由此进入国际政治。值得注意的是，经过较长时间的总体和平后，强权国家再次滑入世界大战的年代。

与此同时，视若当然的扩张年代的结束，还有对英国经济前景的疑虑，触发了英国政治的根本变化。1870 年，英国是自由党的天下。英国资产阶级中的大部分、英国具有政治意识的工人阶级的大部分，甚至是土地贵族中的旧辉格部分，都在威廉·尤尔特·格莱斯顿的党派那里找到了自己的政治主张和意识形态，格莱斯顿盼望和平、收缩、改革，以及完全废除所得税与国债。有人不认同这一套倡议，但也拿不出可替代的纲领或立场。到 1890 年代中期，伟大的自由党已经分裂，其中几乎所有的贵族和一大批资本家分化为保守派或称"自由党统一派"，他们后来与保守党合流。伦敦城在1874 年前是自由党的大本营，此时已披上了保守党的色彩。一个独立的工党即将出现，该党得到工会的支持并且受到社会主义者的启发。第一位来自底层工人阶级的社会主义者坐进了下议院。才几年前（但历史时代跨度已很大），一个精明的观察家于 1885 年尚且这样评说英国工人：

---

① 但即使这一点也不算新鲜。1820 年代，英国商人曾对拉美寄予很大希望，他们希望通过建立诸多独立共和国，在拉美建起一个非正式的无形帝国。他们至少在最初阶段失望不已。

这里比新旧大陆的任何其他国家都更不可能倾向于社
会主义。英国的工人……不会就工时或工资的规范问题，
向国家提出任何过分的保护要求。这些要求在美国和德国
的工人阶级中却颇为流行，也让某种形式的社会主义在这
两个国家都令人讨厌。[7]

到大萧条结束时，情况已然改变。

注释：

1. 参见"后续阅读"（尤其是 Landes, Floud and McLoskey, and Crafts）。有关金融问题，参见 P. L. Cottrell, *Industrial Finance 1830 – 1914*（1980），M. Collins, *Banks and Industrial Finance in Britain 1800 – 1939*（1991），S. D. Chapman, *The Rise of Merchant Banking*（1984）and *Merchant Enterprise in Britain*（1992）。有关经济增长，参见 R. C. P. Matthew, C. H. Feinstein and J. C. Odling-Smee, *British Economic Growth 1855 – 1973*（1982），A. L. Levine, *Industrial Retardation in Britain 1880 – 1914*（1967）及偏重总论的 R. Church, *The Great Victorian Boom 1850 – 1873*（1975）。J. H. Clapham, *An Economic History of Modern Britain*（3 vols, 1926 – 38）依然因其详尽而有价值。有关铁路影响之介绍，参见 T. R. Gourvish, *Railways and the British Economy 1830 – 1914*（1980）。有关若干重要产业的研究，参见 R. Church, *The History of the British Coal Industry, Vol. 2：1830 – 1913*（1986），D. A. Farnie, *The English Cotton Industry and the World Market 1815 – 1896*（1979），D. T. Jenkins and K. G. Ponting, *The British Wool Textile Industry 1770 – 1914*（1982）and S. Pollard and P. Robertson, *The British Shipbuilding Industry 1870 – 1914*（1979）。也参见图表 1、3、5、6、10 – 12、16、17、22、24 – 26、29、30、35、48、51。

2. John Francis, *A History of the English Railway*（1851），II, p. 136.

3. 引自 J. H. Clapham, *An Economic History of Modern Britain*，II, p. 41。

4. 引自 W. Smart, *Economic Annals of the 19th Century*（1910），I, p. 54。

5. *The Life of Thomas Cooper, Written by Himself* (1872), p. 393.

6. W. W. Rostow, *British Economy in the 19th Century* (1948), p. 88.

111 7. T. H. S. Escott, *England* (1885 edn), pp. 135 – 6.

第七章

世界经济中的英国

工业与帝国
Industry and Empire

英国的现代化历程

From 1750 to the Present Day

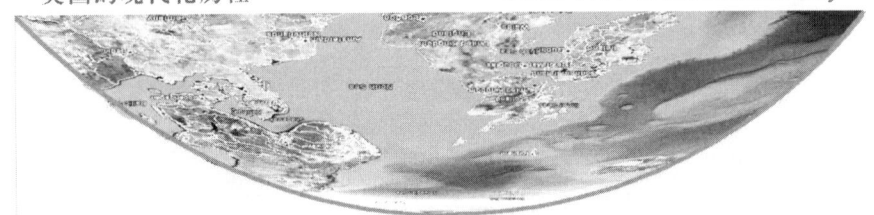

第七章
世界经济中的英国[1]

维多利亚时代中期是一个绝佳的瞭望点，从这里可观察英国与世界其他地区的经济关系，特别是其中所呈现的典型而又关键的体系特点。

按字面说，英国可能从来就不是"世界工厂"，然而，英国的工业优势在 19 世纪中叶无比显赫，所以这一说法也不无道理。英国生产了约占世界总量三分之二的煤、约一半的铁、七分之五的钢（世界总量不大）、约一半的棉布（限商业化产量）、四成的金属器件（按价值论）。另一方面，即使在 1840 年，英国也仅拥有世界蒸汽动力的约三分之一，所生产的制成品可能还不到世界的三分之一。英国的主要对手纵然在当时也已经是美国（应当说是美国的北方各州），另还有法国、德意志邦联、比利时。所有这些竞争者，除小小比利时的某些部分外，都落后于英国的工业化，但也清楚可见，如果这些及其他国家继续工业化的话，英国的优势将必然缩小。事情就这样发生了。虽然英国的地位在棉纺织业中还比较稳固，在生铁领域的地位实际上可能还有所加强，但到 1870 年，"世界工厂"仅仅拥有世界四分之一至五分之一的蒸汽动力，生产了远不足世界一半的钢铁。到 1880 年代，即便在以前占主导的生产行业，英国的相对衰落也不难看出。到 1890 年代初，在钢铁这一工业化关键商品的生产中，美国和德国双双超过英国。从此往后，英国仅为一组工业强国中的一个，不再是工业化的领头羊。事实上，在工业列强中，英国的地位最为疲弱，而且显露出最明显的相对衰落迹象。

这样的国际比较不单是个民族自豪或民族焦虑的问题，实具有迫切的实际意义。如已所见，早期的英国工业经济在扩张中主要依赖了国际贸易。当时必须如此，因为除煤炭外，英国国内并没有非常丰富的原料供应，某些关键行业如棉纺织业完全依赖原料进口。况且，从 19 世纪中期开始，英国再也不能靠国内农业生产来养活自己。此外，尽管英国人口增长较快，但它最初还是不足以维持实际形成的那个较大规模的工业与贸易体系，更有甚者，人口中的大部分即劳工阶级太过贫穷，无法为基本谋生必需品之外的任何东西提供一个深度市场，而那些必需品不过包括食品、住房、若干简单的衣服及家具用品。国内市场固然穷困，它本来也可能得到有效开发，但主要由于依赖了海外贸易，所以国内市场遭到忽视，而这反过来又进一步加深了英国对国际市场的依赖。

比这一点更重要的是，英国也有条件将其国际贸易发展到一个超常的程度，原因就在于它垄断了工业化，此外它于 1780—1815 年成功建立了与欠发达海外地区的联系。从某种意义上说，英国的工业是在向国际真空地带拓展，当然，部分地带的真空实乃英国海军扫荡后的结果，真空得以维持也是因为贸易列强无法跨越英国人所控制的公海。

英国经济故此形成了一种标志性的、独特的国际关系模式，它严重依赖对外贸易，广言之，即，惯于用自己作为发达经济体的工业制成品及其相关配件与服务（包括资本、航运、银行、保险等等），去交换原料、食物之类的初级产品。1870 年，英国的人均贸易（不算"无形"项目）为 17 英镑 7 先令，法国人均为 6 英镑 4 先令，德国人均为5英镑6先令，美国人均为4英镑9先令。只有另一个工业先驱即小小的比利时，此时在各工业国中拥有跟英国可以一比的数字。海外地区作为产品的市场和资本的出路，在英国经济中发挥了十分重要且不断放大的作用。到18世纪末，国产出口品占到国民收入的约13%，到1870年代初，增至22%左右，此后平均维持在16%—20%（只有1929年大崩盘至1950年代初这一时期除外）。19世纪大萧条之前，出口通常比总的国民实际收入增长得更快。在主要行业中，外国市场的作用甚至更具有决定性，这最明显地见于纺织业，19世纪初，出口占到纺织业总产值的一半以上，19世纪末又提升到将近五分之四。在钢铁行业，从19世纪中期起，其40%左右的总产量依赖海外市场。

　　如此大规模交往的"理想"结果本来应该是，让世界上各经济体依赖于英国，并且为英国拾遗补缺，大家都用自身地理条件所适宜生产（或当时较幼稚的经济学家断言它们适宜生产）的初级产品，去交换英国这一世界工厂的制成品。实际上在不同时候，的确形成过这样一些互补型经济体，它们基本上专门生产主要由英国购买的本土产品，如美国南方各州内战前的棉花、澳大利亚的羊毛、智利的硝酸盐类和铜、秘鲁的鸟粪、葡萄牙的酒，等等。1870年代后，食品类国际贸易的大量增长又让其他诸多国家加入这一经济帝国，特别如阿根廷（提供小麦、牛肉）、新西兰（提供猪肉、乳品）、丹麦农业部门（提供乳品、熏肉）等。同时，南非以其黄金和宝石出口也建立了类似经济关系，伦敦控制着相关世界市场；不少热带国家以其各异的植物产品（如棕榈油、橡胶）也参与其中。

　　显而易见，不可能把整个世界改造成这种围绕英国这一"经济太阳"而旋转的行星体系，原因就在于英国并非唯一的发达或工业化经济体。其他先进经济体固然各有其国际关系模式，但它们都是英国的贸易伙伴，事实上由于其富裕程度较高且更依赖于制成品采购，它们比不发达世界更是英国产品的重要消费国。众所周知，两个发达国家之间的贸易通常比一个发达与一个落后国家，或者比两个落后国家之间的贸易要更加紧密和深入。然而，这种贸易却要脆弱很多，因为在缺乏经济或政治控制的情况下它难以得到保障。处于工业化进程中的先进国家最初会需要英国，毕竟在早期阶段，借助英国独有的资本、机器、技术会大有裨益，有时除此之外简直别无他途。我们屡屡发现，欧洲大陆的首批工厂或称机器工厂是靠某个英国人才建立起来，当地最早的机器模仿了某种英国设计（1825年前属非法走私，此后才能合法获取）。欧洲充斥了桑顿厂（在奥地利和俄国）、埃文斯和托马斯厂（在捷克斯洛伐克）、科克里尔厂（在比利时）、曼比和威尔森厂（在法国）、穆尔维尼厂（在德国），足球之所以在 20 世纪得到广泛普及，很大程度上是因为英国的老板、经理和员工在欧洲各地建立了工厂球队。势所必然，我们发现最早的铁路（往往也是大部分铁路）系由英国承包商建造，采用了英国的机车、铁轨、技术人员及资本。

然而，同样势所必然的是，一个正在工业化的经济体一定会力图保护自身产业、抵抗英国产业，因为假如不这样做，它就不可能发展到能在国内乃至在国外跟英国相竞争的程度。美国和德国的国民经济学家们从未过分怀疑保护主义的价值，跟英国相竞争的领域中的实业家们更不会如此怀疑。甚至约翰·斯图尔特·穆勒等坚信自由贸易的人士都认为，为了扶植"幼稚产业"而采取歧视性贸易政策乃合理之举。不过，哪怕认为歧视性贸易政策不合理，也无法阻止经济独立、政治独立的主权国家采取此类政策，美国北方 1816 年之后、其他先进国家 1880 年代后便是如此。再说，即使不实行这样的歧视性贸易政策，一旦某个经济体站立起来后，它对英国的需求度也会快速下降，除非其国际贸易与金融机制正好坐落于伦敦。从 19 世纪中期起，这一点已日趋明显。英国对"先进世界"的货物出口依然规模较大，但已呈停滞乃至收缩态势。在 1860—1870 年，英国资本投资中有 52% 本已投入欧洲和美国，而到 1911—1913 年，留在这些地区的英国投资仅剩 25%。

由此可见，英国在欠发达世界的霸权地位基于某种持久的经济互补关系，英国在工业化世界中的霸权地位却基于潜在的或实际的竞争关系。前一种互补关系有可能延续下去，而后一种竞争关系终究难以维持。纵然在其他"先进"经济体规模甚小、苦苦奋斗之时，其利益归属也是一分为二的，即，既很想利用英国的资源加速自身发展，又很想保护自己免遭英国工业超级优势的伤害。一旦这些国家尽可能利用了英国之后，它们便必然会转向保护主义，除非它们已经后来居上从而能比英国人卖得更便宜。而真要碰到这种后来居上的情况，很可能会轮到英国来保护自己，并保护自己在第三方那里的市场，为的是抵抗这种强劲对手。

放眼观之，统共只存在过一个相对短暂的历史时期，当时世界的发达与欠发达部分都愿意与英国经济携手合作而不是抵抗英国经济，也许可以说，当时大家在这个问题上也别无选择。这一时期就是废除《谷物法》的 1846 年至大萧条爆发的 1873 年之间的几十年。其时，许多欠发达地区基本上只能向英国出口产品，因为英国是唯一的现代经济体。[①] 同时，较先进经济体正在进入快速工业化阶段，其对进口的需求，尤其是对资本和资本货物的需求，简直已到无限的程度。万一有什么国家不愿意跟先进世界（主要是英国）发生联系，坚船利炮也会迫使它们就范，中国和日本等世上最后的"封闭"国家便是如此，被迫在 1840—1860 年卷入与现代经济体无所限制的交往中。

116

---

① 例如，甚至到 1881—1884 年，英国的人均消费仍是欧洲其他国家的两倍以上，它几乎消费了欧洲糖消费总量的一半，而且，因为有几个欧洲大陆国家靠自产甜菜来满足本国的糖需求，所以英国在欧洲进口蔗糖总量中占到了大半以上。

在这一短暂时期之前与之后，英国在世界经济中的处境在某些重要方面呈现前后不同的特点。1840 年代以前，国际经济活动的规模相对不大，国际经济要素流动的范围尚且有限，部分原因在于除英国外，毕竟缺乏可供出口的足够生产剩余，也因为在技术和社会层面尚难以大量地运输人员和货物，也因为迄今所积累的海外投资存量哪怕是英国都还不够大。1800—1830 年间，国际贸易总量从约 3 亿英镑增长到约 4 亿英镑，增幅仅为不起眼的 30%；而在 1840—1870 年间，国际贸易总量增长了 5 倍还多，到 1870 年已超过 20 亿英镑。1800—1840 年，100 万稍多的欧洲人移居美国，这可以较直观地用来衡量总体移民流动情况；而在 1840—1870 年，将近 700 万人跨越了大西洋。1840 年代初，英国所积累的海外放款量可能有 1.6 亿英镑，1850 年代初增至约 2.5 亿英镑，可是在 1855—1870 年间，英国海外投资量平均每年有 2900 万英镑，故而到 1873 年，英国的海外投资存量累计已达 10 亿英镑。所有这些不过用另一种方式表明，铁路和轮船时代以前，世界经济的范围还比较有限，英国经济的范围随之也相对有限。

1873 年后，"先进"世界呈现出发达国家互相竞逐的局面，而且在这些国家中，只有英国对完全的自由贸易怀有内在的兴趣和利益。无论是美国还是德国或法国，都并不严重依赖食品与原料的大量输入，事实上除德国外，美、法都是食品出口大国。此外，这些国家也远没有像英国那样，要通过对外出口来为国内产业寻找市场，实际上美国几乎完全依靠国内市场，德国很大程度上也如此。世上其实从未存在过一个把各国都纳入其中、几乎让资本、劳工、货物放任自流的世界体系，可是在 1860—1875 年，大致出现了与此差之不远的某种格局。有历史学家写道："到 1866 年，西欧大部分处于一种非常接近自由贸易的状态，或者至少比历史上任何时候都更接近自由贸易。"[2] 美国是维持系统保护主义政策的唯一经济大国，但即

117

使这个国家，也在 1832—1860 年间及内战（1861—1865）至 1875 年间出现了关税的降低。与此同时，欧洲主要国家的货币在 1863—1874 年间普遍采用金本位制（美国又属部分例外），从而简化了世界贸易那个自由多边体系的运作，该体系越来越单一地围着伦敦转。

这一体系并未持久，1880 年后，关税壁垒及其他歧视措施日益频繁地设置并垒高，使得货物的自由流动首先遭到阻碍。人员的自由流动一直未遇阻碍，维持到了第一次世界大战及之后。[①]（资本和货物的自由流动在第二次世界大战后的几十年，特别是在 1970 年代后得到了恢复，但与此不同的是，跨境自由移民自此从未得到恢复。）只有资本自由流动及自由支付延续到了 1931 年，不过 1914 年后也已日益遭到动摇，随之，伦敦的显赫地位以及对完全自由世界经济的幻想也遭打击。如果说此前虽疑虑重重，但还有可能建立完全自由的世界经济的话，那么，这种可能性到 1870 年代末便已胎死腹中。

*

衡量一个经济体与外部世界关系的主要指标是收支平衡，此即该国得自海外的收入和资本相对于其对外开支的情况。国际收支数字如同其他一切簿记形式，需要非常专业的解读，但不管有关数字意味着什么，它们都揭示了一国国际交易的实质与方式。国际收支包括"有形"项目和"无形"项目。在贷方这一边的"有形"项目是商品的出口（包括输入英国后再输出的货物），以及金银的出售；"无形"项目包括外贸与服务的利润，涉及英国公司在海外从事英国及其他国家的商品买卖，另也包括保险、经纪等业务的收益，海运的收益，外国人在英国（如旅游）的个人花费及侨民汇回的款项，

118

————————

① 这一点对英国不太重要。

还有则是真正无形、经常无法计量的项目如走私者的收益。此外，
"无形"收入也包括收到的来自海外的利息和红利。在借方这一边的
项目正好相反，包括商品的进口成本，向外国厂商和发货人的支付，
红利和利息向海外的汇出，等等。在极端情况下，这两边的收支会
完全平衡，当然，这不大可能会发生，实际上也很可能并不可取。
假如存在盈余或赤字，古典国际贸易理论认为，迟早需要转让若干
金银（如果这是国际支付最终手段的话），但这一差额当然也可通过
借贷加以弥补。再次按照理想状态说，与世界其他地区的收支平衡
意味着要有一个世界清算体系，也即与某些国家交易中获得的盈余
应当用来抵消与另一些国家交易中发生的赤字。与所有国家相关的
账户保持平衡，这一点极其不可能。长期以来，英国在与世界某些
地区的（有形）贸易中，其实一直发生着持续性赤字，比如与法国、
波罗的海地区及东欧，特别是与印度，而且，在前自由主义时代，
这一局面着实令经济学家和治国者们忧心忡忡。

（有形）平衡不仅反映了货物等项的进出口数量，而且反映了其
价格，此即所谓**贸易条件**。假如贸易条件"改善"，一吨的出口货品
将可换来更多的进口货品，而假如贸易条件"恶化"，一吨的出口货
品便只能换回较少的进口货品。[①] 对于英国这种特点的国家，至少直
到1880年代去工业化之前，贸易条件基本上反映了英国工业品价格
与外国原料和食品价格之间的关系。在英国工业风光无限的时期，
我们净进口中有90%以上属于初级产品，而我们国产的对外出口中，
75%—90%属于制成品，此外还有我们转而出口的经由英国工业加
工或提炼的进口货。但这里出现了一种奇异情况。

不妨假定贸易条件朝着有利于英国的方向变化，也即我们能比

---

① 为计算贸易条件，通常将某一基准年中出口与进口之间的关系设定为100，
然后用百分比来表达其他年份与这一基准年的对照情况。

之前更便宜地获得初级产品，或者我们的制成品出口卖价更高，或者二者兼而有之，如此则英国产品的主要购买者（即那些初级产品生产国）将只能买到**更少**的英国产品，因为其可花费收入更少了。然而，贸易条件的恶化未必会产生相反效果，因为英国为了供养本国人口并运转本国工厂，总是需要进口数量并无多少弹性的食品和原料。于是，就会出现一个趋势，即无论发生什么，英国的进口都会维持在高位：如果贸易条件对我们有利，我们会倾向于买得更多；如果贸易条件对我们不利，我们也不会减少进口。还有一个自然趋向是，当贸易条件恶化时，我们的出口仍会增长，实际上也确实如此。从维护英国工业霸权地位的角度看，我们也不妨高价买进，而不是低价买进。

广而言之，工业因为技术不断革命的缘故，经历了一个持续降价的过程，但农业生产尚无法跟工业革命相媲美，仅仅经历了时断时续的降价过程。另一方面，农业到 19 世纪末依然生产着绝大部分的食品及工业原料，1880 年代初以前，这些工业原料中有六七成属于纺织业所需原料。总体而言，在初级产品生产部门发生改变之前，贸易条件的变化往往不利于快速降价的工业产品。但有几个因素改变了初级产品部门，它们是：工业革命进入铁路和轮船时代，从而开辟了诸如美国中西部之类新的廉价农产品供应源；在个体农户层面，农业机械得到广泛应用，比如以蒸汽为动力的甘蔗机；对非农原料的需求日益增长，如煤矿和油井的产出大受追捧。即便如此，农业领域的改变也尚待 19 世纪最后三分之一这段时间。故此，19 世纪前面 60 年里，初级产品与工业品之间的比价机制一直激发英国增加出口，1860 年后，该机制不再起作用。而之所以出现这一转向，不单是因为初级产品部门发生了变化，也是因为英国自身在发生变化。英国的出口不再主要依靠纺织品，而是日益转向更加昂贵的资本货物与原料，如铁、钢、煤、船舶、机器。纺织品在 1867—1869

年占到我们制成品出口的72%，到"一战"前夕下降到51%，而资本货物的出口占比从20%上升到39%。与此同时，在国内市场上，生活水平有了提高，食品进口更趋便宜，棉纺织业的重要性则相应下降，这在扩大内需的同时，也把净进口原料的比重从超过70%压缩到40%左右，并把进口食品的比重从不足25%扩大到45%左右，这种重大变化在1860年后发展得相当迅速。英国自然有更大的动力要让大量进口的食品在价格上低于原料，因为食品高价不可能如原料高价那样，通过工业效率的提高而得到消化。另一个因素也影响了两个部门之间的价格关系。简言之，在此后的周期性衰退中，初级产品价格比工业产品价格更可能大幅下跌，而在19世纪上半叶情况正好相反。① 最后，殖民地或半殖民地经济体不断扩大其初级产品生产，这些卫星或附庸只能任由强势工业经济体特别是英国来控制其贸易条件。

121

综上所述，1860年后，原本对英国不利的贸易条件发生逆转，一度快速地、后来则缓慢地朝着有利于英国的方向改变，直到1896—1914年才停止。"一战"后，贸易条件又陡然向我们的利益回归，"二战"以来则出现波动和反复。所以，在这一长时段内，激发英国增加出口的机制已不再像以前那样在强有力地发挥作用，当然，英国大量的海外投资不时也会让客户得到更多的钱来购买我们的产品，运费等其他成本的降低也会促进英国货物的海外销售。随着英国出口从第三世界市场转向第一世界市场，贸易条件中的一个关键因素是，我们的成本跟其他工业国竞争对手相比结果如何呢？

---

① 对于这一重要现象，可以提出各种理由，其中相关的两条理由是：1. 19世纪下半叶以前，经济衰退仍然经常起源于农业部门，比如由作物歉收引起，但以后则起源于工业部门。2. 工业部门中的"垄断程度"日益高于农业部门，这个垄断程度是指维护价格稳定、借助减产等方法应对衰退的能力。其实，农业在实际中往往通过**增加**产量去应对衰退。

大多数情况下，英国产品处于不利地位。于是，当英国工业不是非出口不可时，就愈发瞄准国内市场而不是海外市场。

因此，可以预期而且我们确实发现，1860 年后，英国的进口量越来越超过其出口量。然而，我们也发现一个颇为奇怪的现象，即，整个 19 世纪中，尽管英国工业处于垄断地位，具有明显的出口导向，而且国内消费市场有限，可是，英国**没有在任何**时候出现过货物出口的顺差。① 1846 年前，自由贸易论者断言，这是因为《谷物法》使得我们潜在的客户无法充分地向我国出口，无法足够地赚取外汇，也就无法大量购买我国产品，但这个说法令人生疑。英国出口货的购买方实际上折射出了英国出口市场的有限性，即，我们的出口对象国要么不想吸收更多的英国纺织品，要么太过贫穷只能拥有很小一点人均需求。但这个情况也反映出英国经济传统上偏重"欠发达"世界的倾向，还在一定程度上反映出英国中上层阶级的奢侈品需求。如已所见，1814—1845 年间，我国净进口值中约 70% 为原料，约 24% 为食品和酒类，其中绝大部分是茶叶、蔗糖、咖啡等热带或类似产品。英国消费了这么多的此类商品，是因为传统上我们大量经营了这些商品的再出口，这一点应该没有多少疑问。事实上，我们的棉纺织品生产的成长，本身就是英国大规模国际转口贸易的一个副产品，而蔗糖、茶叶之类异常的大量消费也是如此，它们占到了我们经常项目赤字中的一大部分。

放到今天说，各国政府都会为这样的赤字忧心忡忡，在 19 世纪

---

① 对相关统计数字的解读极具争议性，某些学者干脆否认"无出口顺差"这一说法。他们声称，因为货物是用英国船只装载的，所以照理应当在外国港口计算货值，这样算的话，出口货值经常应该大于进口货值。另一方面，在有形和无形贸易中不出现持续的顺差可能反而更加有利。假如出现了持续的顺差，我们就会积累庞大的黄金储备，乃至会引发一场流动性危机，除非我们动用出口顺差在海外进行比实际更多的放贷。这个观点由 K. 贝利尔提出。

却并无担忧，也不完全是因为它们初期没有意识到存在这样的赤字。① 实际上，英国的"无形"贸易让它获得了大笔顺差，从而与外部世界不存在赤字。这些盈利中，很可能最大的一项最初来自于**英国的航运**，它当时占到世界总吨位的三分之一到二分之一。（主要因为美国商船队的崛起，英国的航运占比在19世纪上半叶相对衰落，但1860年后在铁制轮船时代，英国又全部收复甚至扩大了自身的显赫优势。）1870年代初之前，航运收益超过了英国海外投资的**利息和红利**，越来越成为填补进出口差额的重要手段。这份收入原先起步于拿破仑战争之后，到1840年代后期已接近无形收入中的第三大项即**对外贸易服务利润**，而到1860年代后期则已反超。19世纪中期时，第四大项即**保险、经纪佣金**等也已变得相当重要，它们是伦敦城强势金融地位的产物。

123　　大体而言，在19世纪前25年，利息和红利以外的无形收入抵消贸易赤字还有余，但在1825—1850年这段早期工业经济的艰难岁月（参照原书第54—56页），却做不到这一点，而1875年后，通常已不再足够。然而，1825—1850年间，此前输出的资本所创造的收益已经有所盈余，1875年后，随着此前庞大海外投资的红利滚滚回流，盈余额也日益增长。因此，要维持英国经济的国际收支状况，就越来越需要英国将所积累的富余资本投向海外或贷给海外。

　　可是，这一点如同有形贸易一样，愈发让英国跟欠发达世界连结起来，乃至在经济和政治上去有效控制其中某些部分，从而形成了所谓"有形"和"无形"帝国。更准确地说，英国的独特地位使得其有形与无形交易自然地往这一方向发展。

　　如已所见，1820年后，英国的有形贸易始终觉得更容易向欠发达世界渗透，而不便打入利润更高却阻力更大的竞争性发达市场。

---

① 对赤字无意识，跟当时编订贸易统计的特别且误导性方法有关。

无论英国工业处于生机勃勃、世界领先之时还是在其他时候，情况都是如此，可见于下表：

棉纺织品出口（按百万码计，总额占比％）

年份	欧洲和美国	欠发达世界	其他国家
1820	60.4	31.8	7.8
1840	29.5	66.7	3.8
1860	19.0	73.3	7.7
1880	9.8	82.0	8.2
1900	7.1	86.3	6.6

英国的总体贸易虽不像棉纺织品这样极端，但还是呈现类似模式，即持续地逃避那些有阻力、有竞争力的现代市场，转而进入欠发达市场。就此而言，世界上有两个区域对英国尤为重要。

　　第一个区域是拉美，可以说拉美在 19 世纪上半叶拯救了英国的棉纺织业，该地区（主要是巴西）成了英国棉纺织品出口的最大市场，1840 年代占到该品类出口总额的 35％。19 世纪后期，拉美的作用有所降低，但到世纪末，堪称英国非正式殖民地的阿根廷成为一大市场。第二个区域是东印度群岛，这里不久变得相当重要，以致需要将其细分为印度和东亚。该地区对英国的作用很快就至为关键，拿破仑战争后它仅吸纳英国棉纺织品出口的 6％，1840 年增至 22％，1850 年为 31％，1873 年后占到绝对多数，高达 60％。印度尤其举足轻重，大萧条降临后占到大约 40％—45％。事实上，在这一困难阶段，亚洲拯救了兰开夏，其作用甚至比 19 世纪上半叶的拉美更具决定性。由此可见，为何英国 19 世纪上半叶的外交政策赞成拉美的独立，也赞成中国的"开放"，完全是其来有自。而为何印度在整个这一时期对英国的政策可谓生死攸关，背后更有令人信服的理由在。

　　资本输出，包括向欠发达世界尤其是大英帝国领地的输出，稍后变得重要起来。1840 年代以前，资本输出的主要形式为政府贷款，此后是政府贷款外加铁路和公共设施的承建。1850 年前后，欧洲和美国加在一起占到其中的一半以上，但 1860—1890 年间，如可预期，欧洲的比重急剧下跌，从 25% 跌至 8%，而美国的比重缓慢疲软，直到"一战"期间也大幅下跌，从 19% 跌至 5.5%。拉美和印度照例会填补这一空缺，但如果我们不考虑各自独立运动所造成的投资萎缩的话，则这两地的演变次序正好相反。在 1850 年代的印度，由于大举投资于政府担保（有违"放任自流"理论）的铁路及其他收益项目，该国一马当先，约占我国投资总额的 20%，此后，印度的投资份额骤然下降。然而在拉美，由于阿根廷及其他依附经济体的发展，其占英国债权的份额到 1880 年代翻了一倍，此后也上升到 20% 左右。① 但真正惊人的增长不是欠发达世界中那些落后区域，而是那些**发展中**区域，尤其是大英帝国范围内的区域。"白人"自治领，即加拿大、澳大利亚、新西兰、南非，将其份额从 1860 年代的 12% 提高到了 1880 年代的将近 30%。如果因经济情况类似而把阿根廷、智利、乌拉圭视作"编外"自治领的话，全部自治领作为资本输出对象的份额上升则更加惊人。"一战"后，自治领所占份额愈发重要，已接近 40%。将帝国领地和拉美加总到一起，其份额上升情况如下：

年份	帝国领地（%）	拉美（%）	二者加总（%）
1860 年代	36	10.5	46.5
1880 年代	47	20	67
1900—1913	46	22	68
1927—1929	59	22	81

除去一个重大例外，这些进展至少在开始时都不是政策引导的

---

① 1890 年，在投向拉美的 4.24 亿英镑中，阿根廷占约 1.57 亿英镑，以前最大接受国的巴西占约 6900 万英镑，墨西哥 6000 万英镑，乌拉圭 2800 万英镑，古巴 2700 万英镑，智利 2500 万英镑。

产物。英国的率先经济霸权实际上在国际经济舞台上搭就了一个斜坡，英国无非是顺坡而下罢了。唯一的例外是印度，其反常性一望可知。首先，印度是大英帝国范围内从未采用放任自流做法的一个地区。那些在英国最最热捧放任自流的人士在到达印度后，成了奉行官僚主义的计划者，那些最坚定地反对政治殖民化的人士很少也从未认真地建议，应当解散英国在印度的统治。即使大英帝国在其他地区不再扩张"有形"帝国，在印度它却照做不误。如此反常现象背后存在着难以抗拒的经济理由。

如已所见，印度是英国大宗出口品（即棉纺织品）愈发紧要的市场，而之所以如此，是因为在 19 世纪最初 25 年里，英国的政策摧毁了本来与兰开夏相竞争的印度纺织业。其次，印度通过其与远东的贸易顺差，控制着远东贸易。印度向远东主要出口鸦片，这是一种国家垄断业务，英国几乎从一开始主要为了财政收入的目的而系统地加以扶植。晚至 1870 年，中国全部进口中将近一半属于这些成瘾麻醉品，这可是西方自由主义经济体所乐于提供的。这些顺差，加上印度与世界的其他贸易盈余，自然为英国所吸走，因为英国凭借政治手段，确立并维持了英印之间的贸易赤字。英国的政治手段就是设置"国内收费"，此乃印度为了受英国管理这一"特权待遇"而支付的费用，另外就是收取"印度公债"所产生的日益庞大的利息费用。到 19 世纪末，这些收费项目已日趋重要，"一战"前，"英国的全部收支格局都要靠印度支撑，印度很可能弥补着英国全部赤字的五分之二"[3]。另一位作者也写道：

> 故此，印度不仅提供了投资于印度自身的资金，而且提供了英国得自海外的全部投资收益中的很大部分，这笔资金让英国在 19 世纪最后 25 年中获得了收支盈余。印度确实就是帝国王冠上的宝石。[4]

所以毫不奇怪，即便是自由贸易论者也不希望看到这个"金矿"脱离英国的政治控制，也毫不奇怪，英国大部分外交、军事及海军政策本质上都是为维持对印度的牢固控制而设计。

在印度，有形的殖民帝国从来就跟英国经济息息相关，在其他地方，有形的帝国控制要到 1870 年代后才显得日益不可或缺。1870 年代后，外国竞争日趋激化，英国试图避其锋芒，也大致做到了这一点，办法就是退到自己的附属地。从 1880 年代起，大国中盛行"帝国主义"，列强纷纷把世界瓜分为正式的殖民地及"势力范围"，一般与此相关联的一项战略是，刻意打造各自的经济卫星体系，就如英国曾经自行建立的那样。对英国而言，这等于后退了一步。英国用遍及大半个欠发达世界的无形帝国，换得了其中四分之一的有形帝国，外加旧时的卫星经济体。这样的变化也不是特别容易或诱人，真正有价值的卫星经济体（除印度外），或者不在政治掌控范围内，如阿根廷，或者属白人定居者"自治领"，它们拥有自身经济利益，未必跟英国的利益相一致。如果要这些自治领将其市场全部交给母国，它们会要求自身产品在英国获得补偿性优惠待遇，正是在这一问题上，约瑟夫·张伯伦的帝国整合政策在 1900 年代初半途而废。尽可能多地吞并落后地区，以图牢牢控制其原料，这也不无道理，即使在 19 世纪末，原料也愈加显得为现代经济所必需，后来也证明确实如此。"二战"结束时，马来亚的橡胶和锡，非洲中部和南部的丰富矿藏，特别是中东的石油蕴藏，都成为英国的重大国际资产及收支平衡的主要依靠。不过在 19 世纪末，吞并大片丛林、灌木和荒漠的经济理由并非那么强大无比。然而，并不是英国在采取主动，当其他对手挑头时，英国也只得追随。如已所见，在两次大战之间时期，随着英国前 1914 年国际经济关系结构分崩离析，在一个日渐艰难的世界上，帝国领地为英国提供了一个缓冲。

就有形贸易而言，暴跌发生在"一战"之后。暴跌一是因为世界经济爆发了总危机，危机收缩了国际经济交易的范围，随之也减少了以此为生的英国的交易量；二是因为英国工业已经陈旧且低效，这一事实的祖露虽然姗姗来迟但终究不可避免。"一战"之后，只有在很短一段时间内（1926—1929），世界贸易才恢复到1913年的水平，而在最糟糕的时候，它跌到了原来规模的约四分之一，若与1875—1913年世界贸易增长三倍的时候比，已有云泥之别。但是，如果在此艰难时期英国的出口下跌了一半，那不仅是因为世界经济出现了总收缩，而且是因为英国出口不再具有竞争力。

　　面对1873—1896年的大萧条，英国并未致力于本国经济的现代化，而是利用了其传统格局中尚存的可能性，如此才设法躲避了这一首次国际挑战。英国更多地向落后的卫星经济体出口（如在棉纺织领域），并尽量开发了自己领先的伟大技术创新中的最后一项（即铁制轮船，用于船舶制造和煤炭出口）。当棉纺织品的最后进口大国（印度、日本、中国）也发展了自己的纺织业后，兰开夏的丧钟就敲响了。虽然到1890年代兰开夏的压力集团还在阻挠印度，不容许印度为保护自身棉纺织业而设置关税，但哪怕是政治控制也无法永久地让印度不去涉足工业。[①] 战争打断了国际贸易的正常进程，刺激了许多国家的工业发展（这种发展需要随后加以保护），战争于是以残酷的方式揭开了一个新局面。战争以前，印度工业仅仅供应了本地纺织品的28%，战争之后，它已供应着60%还多。竞争对手更有效的供应，加之油动力船的出现，一起减少了煤炭的出口。本来煤炭出口从1880年代初的约2000万吨跃升至1913年的7300万吨，可在1920年代，年平均出口已降至4900万吨，在1930年代续降至4000万吨。至于有形贸易的赤字即进出口差额，通常已达到1913年前最糟糕年份的两倍以上。

---

　　①　实际上，这些关税一直要到1917年后才得以设置。

128

另一方面，英国的无形贸易看来可以绰绰有余地填补这一差额。就在工业萎靡不振之际，金融却凯歌高奏，英国作为航运商、贸易商以及国际支付体系中介商所提供的服务变得更加不可替代。事实上，如果说伦敦确曾担当过世界经济的枢纽，英镑也确实成为这一枢纽的基石，这就发生在 1870—1913 年间。

我们已经看到，对外投资主要在 1860 年代和 1870 年代取得突飞猛进，以后则依靠其所产生的利息和红利进行再投资。到 1913年，英国拥有价值约 40 亿英镑的海外资产，相比之下，法国、德国、比利时、荷兰、美国总共拥有不足 55 亿英镑的海外资产。1850年代后期，英国船只承运了大约 30% 进入法国或美国港口的货物，到 1900 年，英国船只承运了法国货物的 45%、美国货物的 55%。①颇显矛盾的是，新兴工业强国的崛起、英国竞争力的衰退一方面削弱了英国的工业生产，另一方面，同样这一进程却助长了英国金融与贸易的成功。新工业强国扩大了其从欠发达世界的初级产品进口，但它们缺乏英国与欠发达世界传统的那种共生安排，故而发生了大笔的总赤字。英国弥补了这一赤字，具体手段包括：（1）自己增加了从工业国的制成品进口；（2）动用了自己从航运服务之类项目中赚取的"无形"收入；（3）动用了自己作为世界最大债权国所获得的收入。世界贸易与金融结算网络的线条途经伦敦，久而久之，它们不得不途经伦敦，毕竟只有伦敦才能弥补其中的漏洞。

第一次世界大战撕破了这一网络，尽管英国政府拼命加以维护。英国不再是世界的债权大国，因为它被迫清算自己在美国的大部分投资（如多为铁路股份的 5 亿英镑），还倒过来向美国欠下许多债

---

① 德国在 1890 年代切实开启了与英国海上争霸的进程，所以只有德国从那时起减少了对英国航运业务的使用。

务，美国在结束战争时自己成了最大的债权国。1919 年后，英国看似在复原，政府作出英雄般努力，希望再造 1913 年的局面，从而恢复失去的乐园。到 1925 年，投资收益及其他无形收益按现值算，超过了以往任何时候，可这不过是一个幻景而已。总投资收入从 1870 年代原占国民收入约 4.5% 提高到 1910—1913 年约占 9%，但"一战"后，这一占比平均而言退回到了 1870 年代的程度，"二战"后则更退回到 1860 年代曾经的水平。1929 年的崩盘击碎了回归 1913 年美好时光这一幻想，"二战"则彻底将它埋葬。英国如今既没有充足的有形收入，也没有充足的无形收入，反复出现的"收支平衡"危机便是这一窘境的切实症状，收支危机首次在 1931 年搅得英国政府寝食难安。

  "二战"后特别是 1970 年以来世界经济的巨大变化，将在以下第十六章中加以讨论。

注释：

  1. 参见"后续阅读"（尤其是 Landes，Floud and McLoskey，and Floud）。M. Barratt Brown, *After Imperialism* (1963) 仍然是出色的引论著作。其他有用的考察有 A. G. Kenwood and A. L. Lougheed, *The Growth of the International Economy 1820 - 1990* (third edition, 1992) and B. W. Alford, *Britain in the World Economy Since 1880* (1995)。更详细的研究有 L. H. Jenks, *The Migration of British Capital to 1875* (1927)，W. Schlote, *British Overseas Trade 1870 - 1914* (1952)，A. Imlah, *Economic Elements in the Pax Britannica* (1958)，S. B. Saul, *Studies in British Overseas Trade* (1960)，D. C. M. Platt, *Finance, Trade and Politics in British Foreign Policy 1815 - 1914* (1968) and *Foeign Finance in Continental Europe and the US, 1815 - 1870* (1984)。M. Greenberg, *British Trade and the Opening of China* (1951) and H. S. Ferns, *Britain and Argentina in the Nineteenth Century* (1960) 是较旧但仍有用的案例研究。有关众多文献的大范围考察，参见 P. Cain and A. G. Hopkins, *British Imperialism* (2 Vols, 1993)。也参见图表 18、22 - 30、32 - 34。

2. Hauser, Maurain, Benaerts, *Du Libéralisme à l'Impérialisme* （1939），pp. 62 – 3.

3. S. B. Saul, op. cit. , p. 62.

4. M. Barratt Brown, op. cit. , p. 85.

131

第八章
生活水准，1850—1914年

工业与帝国
Industry and Empire

英国的现代化历程   From 1750 to the Present Day

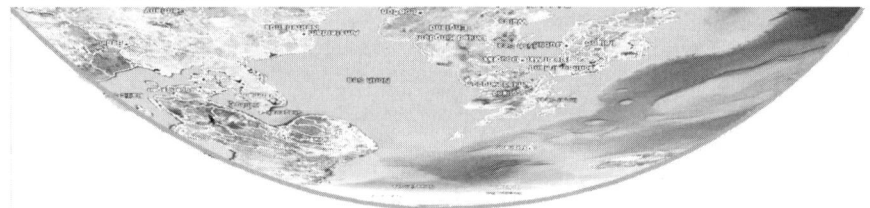

第八章
生活水准，1850—1914 年[1]

让我们稍停片刻，换个角度来观察资本主义发展高潮时刻的英国情况，此时与工业革命已相隔三四代人。首先，英国成了工人的国度。R. 达德利·巴克斯特计算了 1867 年英国各阶级的规模，估计英国当时 2410 万居民中，有 77% 即超过四分之三属于"体力劳动阶级"。他把全体办公和售货人员、全体大小店主、全体领班和监工等等，统统归入"中产阶级"。上述两个阶级中，最多 15% 的人属于技术熟练、薪资尚好的劳工贵族，周工资在 28 先令至 2 英镑之间；一半以上的人属于无技能、干农活、女性或其他类型的低薪者，周工资为 10—12 先令，其余的人处于这两类之间。在工作场所，有一部分人，即纺织工人、1860 年代刚纳入工厂立法制度的其他各类工厂的工人、一定程度上甚或煤矿工人，已在享有对劳动条件的某种法定规范，不过对工时依然规范不够。从 1871 年起，他们甚至获得了对非宗教闲暇时间的首度法定认可，此所谓"法定假日"。但普遍而言，他们的工资和劳动条件取决于劳资双方谈判的结果，这种谈判由个人或由工会出面与雇主进行。到 1870 年代初，凡在成功立足的地方，工会组织已得到官方的接受和认可。由于英国经济结构陈旧的缘故，工会组织不仅囊括了手工行业的技工（如泥瓦匠、裁缝、印刷工等），而且存在于骨干性基础行业，如棉纺织厂和煤矿，以及机器制造、船舶制造等大型企业，这些行业的多数技术工作仍主要由体力工匠承担。即便如此，工会工人也仅占英国工人的一小部分，只有在某些地方和某些行当方属例外。纵然是 1871—1873 年的工会大扩展，也不过让工会人数增加到 50 万左右。在经济中的很大部分，如在交通运输行业，工人基本上仍未组织起来。然而，可以明显看到，一种相当老式的工会组织（经常类似于行会），已在英国某些主要的工业化部门奠定了一个有助于未来发展的永久基础。其优势是，能够为劳工运动注入很大的潜力；其劣势是，给劳工运动安装了一个相当老式、难以适应的结构（这点也适用于整个英国工业），以后当有人倡导建立更理性、更有效的工会组织（如"产业"工会）时，就将始终无法突破这一结构。

工人们在完成某项任务时，或在某一星期或某一天或某一小时结束时，都可能失去这份工作。一旦遭遇失业，他们便无可仰仗，只能依靠自己的积蓄，依靠"互济会"或工会，依靠在小店里赊账，依靠邻居和朋友，依靠当铺老板，或者依靠《济贫法》，《济贫法》依然是提供如今所谓社会保障的**唯一**公共支持。待年老体弱时，工人们若非得到孩子的帮助，便生活无着，因为有效的保险或私人养老计划仅仅覆盖少部分人。要说维多利亚工人阶级生活有什么最突出的特征，或者有什么最让我们难以想象的东西，应当首推社会保障简直完全缺失这一现象。技术熟练的工人或扩张行业中的工人，除非遇上频发的经济危机，一般总会因为技工供应短缺而享有某些好处，这些工人也可求助于工会、互济会、合作社，甚至还可依靠不多的个人储蓄。无技能的工人若能勉强维持生计就算走运了，每星期遇上工作断档时，他们很可能要靠典当或再典当那些破烂家什才能对付过去。在 1850 年代的利物浦，典当铺的全部抵押物中，有 60% 不值或仅值 5 先令，有 27% 不值或仅值 2 先令

6 便士。

与其他国家不同的是，这里几乎不存在"下中产阶级"跟"中产阶级"的分野，也谈不上彼此间的联系。事实上，当时所使用的"下中产阶级"这一术语既包括劳工贵族，也包括了小店主、小旅馆老板、小雇主等等（他们往往就从劳工贵族中成长起来），此外当然也指称薄薄一层白领工人及其他光鲜行当中的从业者。1871 年，仅有 10 万"商界职员"和"银行职员"在从事这个世上最大商业与银行国家的业务，其人数比煤矿工人的三分之一多不了多少。这些人未必很富有，但其地位受到尊重，毕竟英国 1870 年后才建起全民基础教育体系，此时连普遍的识字率都还没有实现，再说，要到 1891 年才真正强制推行全民基础教育。白领聚居的郊区基本上从 1870 年代开始才渐成雏形，中产阶级的生活方式明显成为豪乐湾"月桂区"普特夫妇等家庭的效仿样板，不过，相对小康的劳工贵族和小业主可能一方面效仿中产阶级的物质标准（如购置金表和钢琴），另一方面又保留着体力工人阶级的那些习惯，因为他们大多还跟体力工人住在一起，习惯上的一致有助于互相打成一片。在建筑和各种五金行业，工人贵族和小业主通过开店经营，有可能谋得经济独立或自己当上老板，于是就可能脱离工会，但破产和返回无产阶级的巨大风险会让他不愿这么做。然而，只要他还是一名工人，富裕便带来政治上的温和，但不是**资产阶级化**。

沾沾自喜的观察家或许会把维多利亚中期的英国说成是一个中产阶级国家，实际上真正的中产阶级却规模不大。就收入而言，中产阶级大致对应 20 万英格兰和威尔士纳税户，他们按照 1865—1866 年的 D 类报表（涉及工商、执业、投资等经营利润），需要为超过 300 英镑的年收入缴纳所得税。在这批纳税户中，7500 户的年收入超过 5000 英镑，这在当年可是一笔巨额财富；42000 户的年收入在 1000—5000 英镑之间。这一较小的群体在 1871 年应当包括 17000 多

134 名商人和银行家，1700 多名船东，数目不详的厂主和矿主，还有下列专业人员中的大部：15000 名医生、12000 名诉状律师、3500 名出庭律师、7000 名建筑师，以及 5000 名土木工程师。土木工程师职业在这几十年发展迅猛，但到 19 世纪结束时却裹足不前，这是令人遗憾也影响深远的一件事。① 中产阶级不会包括很多今天所谓知识分子或"创意"业者，当年只有 2148 名"作家、编辑、记者"（而"一战"前夕足有 14000 名），没有单独归类的科学家，大学教师的数量则停滞不变，维多利亚时代的英国终究算不上知书达理的社会。

要定义中产阶级及其效仿者，最宽泛的一个指标当属私家服务员的雇佣。诚然，家佣的人数从 1851 年的 90 万大涨至 1871 年的 140 万（接近峰值）。② 但 1871 年时，仅有 9 万名女性厨师以及数量差不多的保姆，用这些数字来估算中产阶级的真实规模应该更加准确，尽管很可能失之过窄。另外，当时有 16000 名私家车夫，这一数字有助于估测当时更富有的人群规模。还有谁在雇请这些家佣呢？或许主要是那些抱负不凡的"下中产阶级"成员，他们努力求取社会地位和社会尊重，而且就在此时发现，控制生育乃加速取得成就的终南捷径。正如最近的研究所示，在更高的生活水准与更多的孩子养育之间存在取舍关系，当时，更高的生活水准已唾手可得，人们的取舍选择使得从 1870 年起上层阶级和中产阶级的生育率趋于下降。

这便是维多利亚时代中期的社会金字塔，它越来越成为一个城市现象，也许对金字塔中间层而言，它越来越是一个郊区现象，因为非无产者在加速向城郊迁移，这尤其发生在 1860 年代及后来的

---

① 土木工程师从 1861 年的 3329 名增至 1881 年的 7124 名，但在 1911 年，**包括矿业工程师在内**总共仅有 7208 名。

② 并未包括客栈和宾馆服务员，当时他们与家政服务归入同类。

1890 年代。1851 年，城镇居民首次在数量上超过乡村居民，更能说明问题的是，到 1881 年，每 5 个英格兰和威尔士人中，就有 2 个居住于六大建成区（或称"集群都市圈"），即伦敦、东南兰开夏、西米德兰兹、西约克郡、默西赛德、泰恩河畔，而乡村地区也仅有很少农业人口。1851 年，在 900 多万定居的英国人中只有 200 万在从事农业，到 1881 年，1280 万总人口中仅 160 万从事农业，"一战"前夕从事农业的人口已不足 8%。城市如今已构成真实英国的主体，它们再也不是 19 世纪上半叶那种被全然抛弃、管理乏善的逐利荒漠。那个时期的恐怖场景集中体现于日益加剧的流行疾病，哪怕中产阶级也未能幸免。正是此等恐怖引发人们从 1850 年代起展开系统的卫生改良，包括铺设污水管道、安装供水设施、安排道路保洁等等。同时，财富增长也促进了市政建设，加上人们激进的呼吁，居然还在某些尚未建设的幸运地段，为公众保留了开放空间与公园。另一方面，铁路、岔线、车站破土动工，直达市中心，从而把原先那里的居民赶往其他贫民窟，并给留下来的居民铺上厚厚一层煤灰和黑污，至今在北方城市的某些角落尚可见到这些痕迹。外来访客感到已成此处特色的刺鼻雾霾，更加紧紧地包裹着维多利亚时代的英国。

与 1830 年代和 1840 年代的城镇相比，维多利亚时代中期的城市在大多数方面都有了显著改善，或许只有外观是个例外。当然，这种改善来自于对城市基本建筑与设施大范围的投资，而不是因为公共部门努力改善了工人阶级的生活条件。不过，还是有一波市镇改良让工人阶级获益了，况且，更有强大的商业运动通过提供有关设施，开发了劳苦大众尚未得到满足的娱乐和享受欲望，那些设施中就包括装有雕花玻璃与镜子的豪华小酒店，还有给人虚假富足感的维多利亚杂耍场，其本质格调如今还经常清晰地停留在 1860 年代。如果说英国城市依然是个令人惊恐的住地，聊胜于英国工业村

和矿业庄那里直来直去的低房矮街，那是因为城市与工业仍然扩张
得太快，超出了自发的或计划的城市改良步伐。伦敦从 1841 年居民
人数 200 万刚出头，增长到 1881 年的将近 500 万；谢菲尔德从 11.1
万增至 28.5 万；诺丁汉从 5.2 万增至 18.7 万；索尔福德从 5.3 万增
至 17.6 万；只有兰开夏的各城市已在放缓增长速度。毫无疑问的改
良（或许再次不包括外观方面），仅发生在不断成长的中产阶级郊
区，肯辛顿基本上是 1860 年代和 1870 年代的产物；还发生在新兴
中产阶级或**食利者**聚居的滨海景区和水疗胜地，随着铁路的通达以
及地主积极开发房地产①，这些地方在 1850 年代和 1860 年代迅速得
到建设。

＊

总体而言，大多数英国人的生活在"黄金岁月"都有了改善，
尽管改善的程度可能没有当时人们以为的那么大。在"大萧条"期
间，生活改善得更多也更显著，只不过缘于颇为不同的理由。就实
际收入而言，它们很可能在 1900 年前后不再提高，到 1914 年前，
可以感到真实工资已趋停滞甚至有所下降，"一战"前为何存在极其
尖锐、普遍的劳工骚动，其中的主要原因很可能就在这里。可是，
在其他方面，改善的步伐可能在继续。

1870 年代标志着一个明确的转折点。在此之前，无论收入情况
如何变化，死亡率特别是婴儿死亡率之类可靠的社会福利指标均未
大幅下降，在城市地区，其实还可能在"黄金岁月"有所反弹。
1870 年代后，这些指标进入了几乎是持续不断的下降过程，最初下
降得缓慢但可察觉，20 世纪初往后则加快速度，这已成为发达国家

---

① 德文郡公爵从 1851 年起开发了伊斯特本；著名的"突码头"在绍斯波特建
于 1859—1860 年，在伯恩茅斯（1851 年只有 1000 名居民）建于 1861 年，在布赖顿
扩建于 1865—1866 年。

的通行特征。[①] 随着前述生育控制及生活水准提高这些原因，出生率也开始下降，至少中下中产阶级的生育率在下降。因此，人口增长如今不再那么依靠高死亡率与更高出生率之间的差额，而是越来越依靠死亡率下降与出生率不那么快速下降之间的差额。

从这些方面看，"黄金岁月"固然决非金光灿烂，但就实际收入和消费水平而言，它们已经显示出清晰可见的进步。从 1850 年到 1860 年代初，平均真实工资（考虑失业因素后）大致始终未变，可是在 1862—1875 年间提高了约 40%。1870 年代末，平均真实工资有过一两年的疲软，但到 1880 年代中期已恢复至原先水平，此后则快速攀升。到 1900 年，工资水平已比 1875 年高出三分之一，比 1850 年高出 84%。1900 年后，则如已所见，工资水平停止上升。

即使我们认为这些笼统的平均数是可靠的（仍要打上问号），它们也肯定无法反映真实情况。19 世纪末布思和朗特里分别在伦敦和约克进行首次认真的社会调查，结果表明，工人阶级中约 40% 的人生活在当时所谓"贫困"甚至更糟的状态，也即只能靠 18—21 先令

---

① 每千人死亡率

年份	男性	女性	活产（0—1 岁死亡数）
1838—1842	22.9	21.2	150
1858—1862	22.8	21	149.4
1868—1872	23.5	20.9	155.8
1878—1882	21.5	19.1	142.2
1888—1892	20.2	17.9	145.6
1898—1902	18.6	16.4	152.2
1908—1912	15.1	13.3	111.8
1914	15	13.1	105

138 的家庭收入谋生①，其中悲惨的三分之二会在生命中某个时候（一般在老年）沦为十足的穷人。在工人阶级的另一端，最多有 15%（很可能不到这一比例）的人生活于时人眼中的小康状态，收入比如达到两英镑或更多。换言之，维多利亚和爱德华时代的工人阶级一分为三：一头是工人贵族，他们通常生活在卖方市场，即能够让自己变得相当稀缺，从而可以谋取更高的工资；另一头是无技能、无组织的大众，他们只能从买主那里索取勉强糊口或接近糊口的工资；剩下的就是两头之间的中间层。

这可以解释，为何生活水准在"黄金岁月"、"大萧条"、爱德华年代各有不同的变动。在通货膨胀时期，如在第一个和第三个时期，凡是能够比物价更快地提高自己货币工资的人，都可以改善自身处境。他们也的确这样做了：

> 拥有与中产阶级格调相同的大量食品和衣物；付得起房租时，要有个整洁的客厅，配置挺括的便宜家具，就算家具本身谈不上奢华精美，也要让它展现自尊的大气，体现出迎候更好东西的诚意；还要有一份报纸、一支拐杖、偶尔一次度假，也许还有一样乐器。[2]

---

① 根据朗特里的计算，1899 年要维持一对夫妻加三个孩子，每星期的最低生活成本为 21 先令 8 便士，其构成如下：

夫妻的食品	6 先令
三个孩子的食品	6 先令 9 便士
房租	4 先令
成人的衣着	1 先令
孩子的衣着	1 先令 10 便士
杂项（照明、家用设施、肥皂等）	2 先令 1 便士

食品中**不包括**肉店的肉，比起为身强力壮的救济对象准备的日常饮食还明显要差，这的确不过是苟活于世的标准。

一位见多识广的观察家就这样描述了 1880 年代中期这部分人的情况。可是对工人阶级中底层的 40%，或者说那些无法让自己变得物以稀为贵的人，生活就不是这样。他们的处境只有在失业率下降后（从 1840 年代起大致肯定如此）才有改善，还有，只有当他们从低薪行业流向较高薪行业、从停滞行业流向扩张行业时（我们看到许多人在"黄金岁月"如此流动），其处境也才会得到改善。然而，清楚可见，1860 年代以前，并未发生惊人的总体改善，或许农场劳工属例外，他们成批逃离土地，倒是改善了留守农场劳工及那些新来者的处境。社会金字塔底部无处可去的穷困民众，则跟以前一样不能流动，一样处境凄凉。1900 年代初，一位老人这样回忆：

> ……这可以让你对利物浦的状况有所了解：寻常可见的是，一法寻（四分之一便士）的牛奶也会售卖，而且，不仅会买卖，还会送上门。到周末时，为这一星期七法寻的牛奶，有人会来收取一便士三法寻。这是在利物浦最穷的地方。……我记得有一次，我在有轨电车上干活，电车从史密斯堂路开往码头顶端，总共搭乘了 75 名乘客，他们都支付两便士。当我最后结账时，只有一个三便士硬币，其他都是小碎币，那就说明大家都很穷。[3]

大萧条带来了重大变化，19 世纪工人阶级生活状况最快的总体改善很可能发生在 1881—1895 年间，只是该时期较高的失业给生活改善稍稍打了点儿折扣。情况有所好转的原因是，生活成本的下降让大家包括最穷的人都沾了光，而且，穷人沾光的程度还要高于其他人。如已所见，大萧条首先是一个价格下跌的时期，而价格的下跌主要在于英国人此时迎来了一个廉价进口食品的全新世界。在 1870—1896 年，英国人的人均肉食消费几乎上升了三分之一，其中进口肉类的占比却扩大了三倍。从 19 世纪末直到"一战"后，英国人食用的肉类中有约 40% 来自海外。

实际上在 1870 年后，英国人的食物及饮食习惯开始发生转变，比如，他们开始吃水果，此前水果尚属奢侈品。刚开始，工人阶级的水果消费体现为吃果酱，后来才吃新奇的进口香蕉，香蕉补充或替代苹果，成了城市穷人消费的唯一鲜果。甚至是英国普罗大众生活中具有招牌特征的炸鱼加炸薯条店，也最早出现在这一时期，这种小吃店很可能发源于奥海姆，1870 年后才向外蔓延。

更值得注意的是，从 1870 年代起，不但穷人的食物供应，而且穷人的整个消费品市场都开始变化，因为出现了面向工人阶级群体的特定商店（尤其是联号商行）和定向工厂生产。一批条件优越的工人，特别是北方的部分工人，从 1840 年代起着手构建属于自己的分配体制，即所谓"合作社"。这种合作社起初生长缓慢，1881 年时也只有 50 万成员，但其后发展得十分迅速，到 1914 年，合作社成员已达 300 万。联号商行和连锁商店的兴起更加引人注目，从 1880 年到 1900 年，联号肉铺分店从 10 家增加到 2000 家，杂货分公司从 27 家增加到 3444 家，1900 年代增长趋缓。由于早期的联号商行主要瞄准工人阶级市场，更值得关注的是服装和鞋类商店的兴盛，这是 1860 年代工厂化制鞋和制靴行业蓬勃兴起的副产品，也是 1880 年代工厂化制衣行业蓬勃兴起的副产品。引领风骚的是鞋类，1875 年已有 300 家连锁鞋店，25 年后猛增至 2600 家，其中一半是在 1890 年代开设的。随后稳步跟进的是男性服饰店，它们即使在不太景气的 1900 年代也快速扩张。三者中发展速度最慢的是女性服饰店，其全盛时代尚未到来。

有一点对未来同样有意义，只是眼前还没有那么重要，那就是在美国的带领下，工业文明现在开始生产相对低廉的耐用消费品，如缝纫机和自行车。缝纫机在 1890 年代售价为四英镑，而且首开分期付款的先例。自行车几乎立刻就进入大众视野，歌舞杂耍场、民间宣传会、热情洋溢的年轻社会主义者的"嘹亮骑车俱乐部"，还有穿着灯笼裤的萧伯纳先生，都在传颂这一激动人心的新机械。很穷的人当然买不起自行车，但这一时期让他们拥有了有轨电车这个专门瞄准工人阶级的公交工具。有轨电车 1871 年前基本上还不存在，但到 1901 年已雇佣 18000 人，1880 年代的平均电车票价还不到 1.5 便士。最后，大众娱乐也发生转型，1880 年代在此方面再次堪称转折点。在英国，留声机和电影院这些革命性发明尚处于起步阶段，哪怕到 1914 年也是这样。可是，歌舞杂耍场（至少在伦敦）于 1880 年代经历了首次蓬勃发展，1890 年代乃其辉煌岁月，1900 年后主要服务日益增长的家庭群体。综艺演出场最早出现在无产者聚居的郊区，随着财大艺精，它们搬迁至市中心。与此同时，体育特别是足球联赛发展成我们如今所知的全民赛事，1885 年，职业联赛得到法律确认。

一句话，1870—1900 年间，英国的工人阶级生活方式趋于定型，1950 年代的作家、戏剧家、电视出品人都认为这是"传统"的生活方式，岂知它并不"传统"，反倒是新生的。人们以为这种生活方式代代相传、经久不变，是因为很长时期内，它确实一经形成便未再大变，一直要到富裕的 1950 年代，英国的生活才又发生重大改变；也是因为其最完整的形式可见于 19 世纪末工人阶级生活的那些典型中心，如北方工业地带（如利物浦）或非工业城市的无产者地带（如伦敦的南部和东部），而这些地方在 20 世纪上半叶并未发生太多变迁（除非变得更糟）。这种生活既谈不上非常好，也谈不上非常富，但它很可能自工业革命以来，首次让英国工人阶级在工业社会获得了坚实的归宿和依托。

显然，在 19 世纪最后 25 年里，尽管爱德华时代有所退步，但工人阶级的生活总体上变得大为便利也更加丰富。不过，趋势并不等于成就，当时的调查揭示的社会状况还是给出了令人恐怖的画面，经常也让调查者自己惊诧不已。这个画面显示，一个世纪的工业化让工人阶级发育受阻、元气大伤。在 1870 年代，来自上层阶级公立学校的 11—12 岁的男孩平均而言，要比技工学校的男孩个头**高五英寸**，在 13—19 岁年龄段的任何岁数，要比工匠的孩子高出三英寸。1917 年，当英国人为了服兵役而首次进行大规模体检时，10% 的年轻男子完全不适合当兵，41.5%（在伦敦是 48%—49%）有"明显残障"，22% 有"部分残障"，只有三分之一稍多体质合格。我们这个国度充斥了生活凄苦的芸芸众生，他们一辈子注定只能勉强度日，老来最多托付给《济贫法》去了此残生，过着吃不饱、穿不暖、住不好的日子。按照 1965 年甚至是 1939 年的标准，把工人阶级的生活提升到适度的人道水平，此时不过才开了个头。

　　幸运的是，严重的失业问题、生活中的不确定性，尤其可能是，对英国资本主义自动带来进步的日益不相信，都使得大家不会被动地接受命运安排，反倒给了他们更多改善命运的有效手段。社会主义在 1880 年代再次崭露头角，并招募到了一批活跃且能干的工人精英，他们反过来创造或改造了基础更广的群众性劳工运动，包括各式工会及新颖的独立工人阶级党派，它们在 1900 年代初走到一起，建立了工党。爱德华时代英国的困难时势为一场波澜壮阔的政治转型创造着条件，战争则加速了有关转型。工会运动在 1889—1890 年的大"爆炸"中，窜到了约 150 万会员这个台阶，后来放慢速度增长到约 200 万，在 1911—1913 年的"劳工大骚乱"中又翻倍至 400 万左右，"一战"结束时再次翻倍，一度达到 800 万这个峰值。如此进展很大程度上是因为，此前缺乏组织的行业，如水务、铁路、公路，纷纷建起了工会，此外，工会也延伸到某些古老行业中原未组织起来的部分，如五金行业中的非熟练工和半熟练工也组建了工会，当然，很多进展也得益于旧有工会的扩张。

工人们宣告自己在政治上站立起来，这并没有产生惊天动地的结果，不过，到 1914 年，已产生 40 名工党议员。可喜的是，1884—1885 年投票权的扩大让工人阶级获得了相对旧有党派明显更大的政治影响力，对自由党尤其如此，因为自由党通常渴望得到无产者势力的支持。于是，公共部门和国家首次认真地考虑社会改良问题。及至 1914 年，借助 1906 年自由党的相关立法，社会保障制度的轮廓已呈现在国人面前。然而，公共部门尚不能发挥实际的重大作用。如果不算《济贫法》的话，1908 年推出的养老金（70 岁起可获每周五先令），是唯一真正具有再分配功能的社会支付形式。1911 年《国民保险法》，顾名思义，应该是一个从精算角度看恰当可行的保障计划，费用从投保金中支出，此外，其医疗服务虽然不多但比较管用。然而，该计划应对失业的能力在 1920 年后暴露出明显的不足。除教育外，中央政府直接花费于社会项目的资金十分有限，1913 年在 1.84 亿英镑的总开支中，花在养老金、工作更换与失业方面的资金仅为 1700 万英镑。到 1939 年，总开支达 10.06 亿英镑，同口径社会花费为 2.05 亿英镑。地方政府的有关开支相对而言更加有限，英格兰和威尔士 1913 年的总开支是 1.4 亿英镑，同口径社会花费约为 1300 万英镑，这个比例比起 50 年前要小很多，因为尽管 1868 年以来地方政府的总开支增长了大约五倍，但作为主要项目的《济贫法》花费甚至都没有翻倍。公共住房简直可以忽略不计，在开始进行相关统计的 1884 年，这方面的花费和贷款仅约 20 万英镑，1913 年为 100 万英镑。为比较起见不妨注意，1930 年代住房方面的公共开支每年从未低于 7000 万英镑。总体而言，穷人缴付的税收要多于他们从社会服务中得到的回报。

上层阶级的情况截然不同，社会顶层与底层之间鸿沟巨大，富豪们 1914 年前数十年里的骄奢淫逸和无度靡费不过是冰山一角而已，富豪们的头领便是堪称奢华阶级象征的国王爱德华七世。比亚

143

里茨、戛纳、蒙特卡洛、马里昂巴德这些国际豪华酒店基本上就是该时代的产物，且以所谓"爱德华时代"风格来呈现其最佳建筑形式，汽动游艇、大型跑马场、私人专用列车、大规模猎杀鸟类、乡间别墅内通宵达旦的纵情周末聚会，打发着富人们越来越多的闲暇时光。从总人口看，只有6%的人离开人世时会留下一点值得一提的财产，只有4%的人会留下超过300英镑的钱财。然而，在1901—1902年，有将近4000份地产是按1900万英镑的资本值在缴税，其中149份经核实价值在6250万英镑。富人终究是富人，毕竟英镑仍然是英镑。贝德福德公爵虽然像所有大地主所声称，正遭逢农业萧条的打击，但还没有走到彻底破产的境地，照样可以给管家发放丰厚的工资和养老金，让他们免费住在乡间别墅里，同时由公爵付钱，雇佣着三名室内仆人、七名室外仆人、三名猎场看守人，并且使用着另一幢乡间别墅，外加作为免费补贴的猎物野味、花圃出产、奶油、牛奶、黄油、威士忌等等。

在富豪阶层之下，是中产和下中产阶级，假如以雇佣家仆为标准，则这个庞大群体或许包括了人口的30%，至少在约克是这样。在爱德华时代中期，可能有175万人属于年收入超过700英镑的那些殷实小康家庭，可能有375万人属于年收入在160—700英镑之间的那些尚可维持的家庭，这一情况应该是合理的。1913—1914年，一名普通成年男子每周工作54小时，约赚到30先令，如果常年就业的话，折合年收入77英镑；一名普通成年妇女每周同样长地在工厂工作，约赚到13先令6便士，常年就业的话，折合年收入约35英镑。这些中间层人士吃得好，其实还吃得有点太多。他们住得也好，日益生活在那些城市周边雾霾较轻地带的中产和下中产阶级郊区。这些聚居区中，既有像图廷那样有露台或半封闭的花园排屋朴素小区，也有像温布尔顿那样的高档住区，还有远处乡野翠绿的股票经纪人地带。这些地方形同政治保守主义的坚强堡垒，住在里面的保守主义捍卫者们每天早上从家里动身，怀揣《每日邮报》之类（1896）新派报纸，前往他们中越来越多人所工作的办公室。

办公室工作的增加，如同零售业的巨额增长一样，反映了经济中第三产业或服务部门的崛起，服务业在 20 世纪的所有发达经济中都日益占据主导地位。1914 年，该经济部门在规模上依然远低于以耕种、挖掘、制造为主的第一和第二产业，但已经为**妇女**的就业提供着巨大空间，她们成了售货员、服务员、电话接线员（新通信工具主要由女性操作）、打字员、教师和记者。1841 年，女性中只有 3% 曾在上述领域工作过，而到 1911 年，这样就业的女性已扩大至 11%，她们当时几乎都是单身女子，准备着婚后即放弃工作。

到 1906 年，可能有 50 万左右这类新**雇员**（约占下中产阶级的一半）年收入超过 160 英镑，人数日益增多的这些职员仅仅在志向上可以向中产阶级看齐。1910 年，超过四分之三的男性商业职员及全体女性职员，每周收入不足三英镑。（超过四分之三的女性职员每周收入不足一英镑，女性职员仍属少数群体。）只有在银行和保险行业，薪酬水平才高些。贫穷的白领并不比高收入的工人过得更好，特别是假如他们坚持要过中产阶级的生活方式（这也天经地义），则更是如此。在 19 世纪后期的几十年里，白领为了一心工作提高收入，会通过生育节制来控制家庭规模，节育手段主要是放弃性生活或者体外射精。[①] 恰如 A. J. P. 泰勒所言："历史学家应当记住，约 1880—1940 年间，他面对的是一帮心灰意懒的人群"[4]，这一点尤其适用于维多利亚时代后期及爱德华时代的下中产阶级。

然而，英国生活方式中除了这些可测量的变化外，另还有一些同样重大但难以量化的变化。首先涉及保守主义（此时主要是沾沾

---

①　用于男性的器械手段到两次大战之间才得到广泛使用，用于女性的器械手段也要到 1930 年代才普及。

自喜），前已看到，这种自满情绪让英国富人日益僵化。足以反映这一特点的是，1874 年后，保守党趋于代替自由党，成为英国富人的一致诉求，尽管这一趋势在 20 世纪初一度曾被打断。宗教不信奉尤其是中产阶级的宗教不信奉在趋于弱化，但从表面看，"不信奉人士"在选举中的影响力不断增强，到 19 世纪最后几十年已趋登峰造极，同时，不信奉的工商人士进一步赢得财富和权势。但实际上从1870 年代起，宗教不信奉势力不再大举扩张，于是，有助于自由主义和竞争性私人经营的一支强大力量也随之而衰落。

19 世纪中叶以来，英国工商阶级已在加速融入乡绅和贵族的社会规范，这一时期兴办或改造了许多所谓"公学"，这里说到"改造"，是因为有的学校原本为穷人而建，最后却把穷人赶了出去。①1869 年，这些学校基本上都脱离了政府的一切控制，着手打造那种反智主义的、反科学的、游戏至上的托利帝国主义，这种风尚将成为这些学校的标志性特征。（有一种说法称，滑铁卢战役是在伊顿公学的操场上打赢的，实际上当时还不存在伊顿公学。这种说法正是维多利亚晚期杜撰的故事，得胜的威灵顿公爵不可能这样说过。）

不幸的是，公学构成了中学教育新体制的样板。1902 年《教育法》出台后，新兴中产阶级中特权稍逊的那些群体获准可兴办中学教育，目的是要把工人阶级的子女排斥在中学教育之外，因为工人阶级在 1870 年不巧已经获得了全民小学教育的权利。既然如此，在新的英国教育体制中，知识特别是科学知识仅占据次要位置，维护阶级之间的严格界限反而占据首位。1897 年，作为大学预科的文法学校的学生中，来自工人阶级家庭的还不到 7%。故此，在进入 20世纪及现代科技时代时，英国居然是个教育严重不足的民族。

---

① 从 1840 年代初到 1860 年代中期，纷纷兴建了切尔滕纳姆、马尔博罗、罗素、哈利伯瑞、威灵顿、克里夫顿、莫尔文、兰辛、赫斯彼逢特、阿丁磊等公学，另外则改造了阿宾汉姆公学。

1914 年前的几十年里，英国社会中已可明显看出经济的萎靡不振，爱德华时代英国所见不多的活跃企业家往往是外国人或非主流人士。（德国犹太金融家愈发重要，这为该时期流行的反犹主义提供了不少借口；同时，美国人在电气行业举足轻重，德国人在化工行业表现突出，贵格会教徒及利弗那种举止粗野的不顺从国教者在开发热带帝国的新资源中作用关键。）反过来，伦敦金融城热气腾腾的活动已陷入彬彬有礼、互不竞争的堂皇架势中，须知，恰恰是人寿保险、建屋互助会等蓬勃兴起的业务，作为不信奉者的乡野创业，才造就了伦敦金融城。司空见惯的是，一个往往品质可疑公司的董事会中，会安排某个贵族担任"摆设"董事，为的是利用他的公关价值。与此相对应，那些真正的资产阶级也已经不同于"反谷物法"时代的前辈，他们的自我期许是成为福尔赛世家中那种"绅士"，实际上他们也确实变成了这种"绅士"。

出现在旅游海报和日历牌上的那个典型的英国，是随后才出现的某种神话。英国公共生活中看似积习甚深的东西，貌似保留了中世纪或其他旧时代的礼仪规程（如对王室的顶礼膜拜），实不过发端于维多利亚时代后期，这一点如同那个不实说法，所谓每个英国人内心都是一个田舍郎或者小乡绅。但如已所见，在社会等级的另一端，恰恰在同一时期，出现了一个迥然有异的社会现象，这就是英国城市工人阶级标志性的"传统"生活方式。然而，与上层阶级情况不同的是，工人阶级这边形成的"传统"并不简单地代表倒退和僵化，哪怕它狭隘和刻板，也反映了现代化的进程。日益主导工人运动的社会主义或许极其含混模糊，很多情况下（如其和平主义与国际主义内容所示），它不过表明，无产阶级拾起了工商阶级正在迅速放弃的"英国至上"这种激进自由主义心态。然而，社会主义一**心要**从根本上改变经济结构，它所立足的经济分析考虑到了某些新因素，如产业集中化已是大势所趋、公共部门有必要日益系统地干

预经济事务，须知，"财政当家人"愈发僵化的经济教条反而没有重
148　视这些新因素。也许正因为这一缘故，像费边社这种规模不大、尚
无代表性的技术与管理型知识分子团体会寄身于劳工运动。劳工运
动的悲剧是，它在实践中辜负了自己的理论。

注释：

　　1. 参见"后续阅读"（尤其是 Floud and McLoskey, *The Cambridge Social History*, Hobsbawm and Tressell）and Treble, Dyos and Wolff（第四章注释1）。有关社会考察，参见 E. P. Thompson and E. Yeo, *The Unknown Mayhem*（1971）and R. O'Day and D. Englander, *Dr Charles Booth's Inquiry*（1993）。也参见 Gareth Stedman Jones, *Outcast London*（1971）, José Harris, *Unemployment and Politics*（1972）and Asa Briggs, *Victorian Cities*（1963）。除了 Hobsbawm, *Labouring Men*（1964）and *Worlds of Labour*（1984）, 也参见 E. H. Phelps Brown, *The Growth of British Industrial Relations*（1959）, H. Pelling, *A History of British Trade Unions*（1963 and later editions）, H. Clegg, A. Fox and A. F. Thompson, *A History of British Trade Unions Since 1889, Vol. 1: 1889 – 1910*（1964）and *Vol. 2: 1911 – 33*（H. A. Clegg, 1985）and C. J. Wrigley（ed.）, *A History of British Industrial Relations 1875 – 1914*（1982）。E. P. Thompson, 'Homage to Tom Maguire' in A. Briggs and J. Saville（eds）, *Essays in Labour History*（1960）就社会主义的复兴提供了极好的介绍。也参见 D. Howell, *British Workers and the Independent Labour Party 1888 – 1906*（1983）, D. Tanner, *Political Change and the Labour Party 1900 – 1918*（1990）, E-. Gordon, *Women and the Labour Movement in Scotland 1850 – 1914*（1991）and L. Barrow and I. Bullock, *Democratic Ideas and the British Labour Movement 1880 – 1914*（1996）。有关零售业，参见 J. Benson, *The Rise of the Consumer Society in Britain 1880 – 1980*（1994）。有关生活水准，基本的材料收于 G. H. Wood 的若干文章，参见 *Journal of the Royal Statistical Society*, 1899 and 1909。有关最近的考察，参见 T. Gourvish, 'The Standard of Living 1890 – 1914' in A O'Day（ed.）, *Edwardian England*（1979）。也参见 Paul Johnson, *Saving and Spending: The Working Class Economy in Britain 1870 – 1939*（1985）, Elizabeth Roberts, *Women's Work*

1850 – 1950（1988）and *A Woman's Place*（1984）。也参见图表 2、3、7、8、10、16、30、35、38、41、43、44、47、48、51、52。

2. S. Pollard, *History of Labour in Sheffield*（1959），p. 105.

3. *Tom Barker and the IWW*（ed. E. C. Fry, Australian Society for Labour History, 1965），pp. 5, 7.

4. A. J. P. Taylor, *English History 1914 – 1945*（1965），p. 166.　　149

第九章

衰落的开始

工业与帝国
Industry and Empire

英国的现代化历程　　　　　　　　　From 1750 to the Present Day

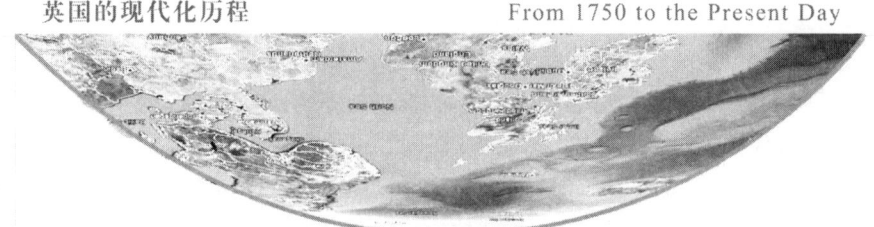

第九章
衰落的开始[1]

自从工业革命以来，产业的变革已成持续不断之势，但时不时在某些阶段，有关变革的累积效果无比抢眼，以致观察家们会谈论"第二次"工业革命。[①] 19世纪的最后几十年就是这样一个阶段。前后之间的分野看上去特别巨大，因为前一阶段的工业化异常且明显地原始，作为领头羊的英国显然固守这一陈旧格局，而其他新兴的工业经济体却在阔步前进。

第一项变革，从长远看也是影响最深远的变革，涉及科学与技术的作用。如前已见，在工业化第一阶段，科技的作用不大且居次要地位，重要的发明较为简单，纯粹得自技能的熟练、实际的经验、试验新东西的意愿，而非得自高深的理论或玄妙的知识。当时的关键动力如煤和水，都是旧有的、熟悉的，关键的原料也不过是那些自古熟知的东西，无非是像铁这样的材料，用得比以往任何时候都更加普遍并经过了某些改良。技术上更具革命性的器件（如在化工行业）原已有之，有时候因其公共场合的突出位置而引人注目（如

---

① 相当奇怪的是，很少有人指称"第三次"或"第四次"。随着时间的推移，"第二次革命"融入到过去的变革中，到一定时候，人们会发现又一"第二次"工业革命，1920年代也许就是这样，然后便是"二战"后雄心勃勃的自动化实验时代。

气灯照明），但它们在生产中只发挥辅助性作用。工业化初始阶段最伟大的技术成就当数铁路和轮船，可它们属于前科学时代的成果，至多只能算准科学成果。

然而，铁路的庞大规模及其所开启的交通革命，使得科学技术更为必要，世界经济的扩张越来越多地向工业提供着新奇的原料，要求进行科学加工以便有效利用，橡胶和石油即属此列。科技的一大工具即经典物理学（包括声学）早已存在，另一大工具即无机化学在工业革命的初期也已确立。1830年代和1840年代，还有两个学科即电磁学和有机化学已成长起来，亦可为工业所利用。约在1790—1830年间，作为科学基本体制的研究实验室（尤其是大学的研究实验室）也得到发展。科技不仅更加可取，而且已变得更加可能。

因此，19世纪下半叶的重大技术进步本质上以科学为基础，也就是说，要想实现那些技术进步，首先至少需要一定程度上了解纯科学最近所取得的原创发明，需要大大系统地进行科学实验并检测实验结果，需要在实业家、技术人员、专业科学家、科学机构之间建立日益密切的不断联系。以前，某位发明家可能从未听说过牛顿，他照样可以构造出力织机这样的东西。可是，电力时代哪怕是技术素养最差的发明家，比如说美国的塞缪尔·莫尔斯（电报的莫尔斯电码便以他的名字命名），至少应该听过几堂科学讲座。（跟莫尔斯对应的英国人查尔斯·惠斯通是位大学教授和皇家学会会员。）纵然是最"偶然"的发明也越来越发生于科学环境中，如苯胺紫这一最早的苯胺燃料便是如此，它由W. H. 珀金于1856年发明，当时珀金还是皇家化学院的青年学生。愈发常见的是，科学实际上不仅提供解决方案，而且提出问题本身。例如，治安法庭书记员吉尔克里斯特-托马斯在夜校听讲时，注意到了冶金中利用含磷铁矿石的困难性，后借助讲座提供的化学知识，于1878年攻克了这一难题。可巧的是，吉尔克里斯特-托马斯还有个表兄弟在威尔士炼铁厂担任化学师，因此他有条件检验自己的解决方案，该方案需要用碱性炉渣去 151
垫衬贝塞麦转炉。

工业化新阶段中有两个重要的成长型行业，那就是电气和化工行业，它们完全以科学知识为基础。第三个行业涉及内燃机的开发，虽然它本身并没有提出任何非常新颖的科学问题，但该行业依赖于化工行业的至少两个分支，即石油和橡胶的炼制与加工，毕竟难以利用未经提炼的这两种材料。一些较次要的行业一直要到 20 世纪才充分成长起来，如以照相术为基础的一系列行业，甚至更加牢固地扎根于化学和光学的科学基础。事实上，著名的德国光学行业诞生了一家重要公司——蔡司公司，该公司纯属耶拿大学科研实验室计划下的产物。到 19 世纪末已很清楚，技术进步的成就取决于投入系统研究项目中、符合科学要求的人力、设备和资金，引领世界的德国化工产业的经验尤其证明了这一点。在美国，托马斯·爱迪生（1847—1931）从 1876 年起在曼洛园以更加实证的方式，展现了大规模技术发明实验室所能创造的成果。

第二个重大变革相对而言不那么具有革命性，它无非是将工厂制度系统地延伸到此前从未涉及的领域，具体就是把制造过程分解为一系列简单环节，每一环节都由动力操作的某一专门机器来完成。从长远看，其所涉及的一个最重要领域当属机器本身的制造，这些机器即现代所谓"耐用消费品"，主要用于个人目的而非生产目的。有关变革部分是技术性的，部分是组织性的，我们称此进展为"批量生产"，而当实际生产流程中人力使用降至零点时，我们称之为"自动化"。从原理上看，这里没有任何革命性的东西，初期的棉花工厂原已在追求自动化理想，希望成为一个巨大、复杂、"自行"（当时说法）的体系，每一项技术创新都在往该目标迈进一步。如果 152
不算提花机等少数例外，则棉花工厂按现代标准看，离自动化目标尚有较大距离，原因在于消除熟练工的动力不够强大，也特别是因为当时对劳动管理和生产组织方面将会引发的后果还没有系统地考虑清楚。但批量生产已清晰可见，自动化也步上轨道，早期化学生产的某些形式就更加接近这一状态，因为其运转连续不断、温度控制已自动化（1831 年恒温器获专利权）、所有流程工作基本上已趋淘汰。

机器制造的机械化首先需要对同一种机器存在大量的标准化需求，这就是为什么机械化率先在制造弹药箱和小武器的军械领域启动，以后，工业及富有消费者中的潜在市场规模才使之具有商业价值。由于显而易见的原因，这方面最先取得突破的主要是美国产品，如：埃利亚斯·豪发明的缝纫机（1846），该机经由商业开发者艾萨克·辛格改进（1850）后更为世人熟知；1843 年发明、1868 年后取得商业成功的打字机；耶尔锁（1855）；科尔特左轮手枪（1835）；机关枪（1861）。尽管机动车其实是欧洲（主要是法国和德国）的发明，但也首先由美国开启了汽车的批量化生产，机械车辆中最简单的自行车（1886）则并未风靡新大陆。但在这些看得见的产品背后，更有机床方面的重大变革，涉及：转塔式车床（约 1845）、万能铣床（1861）、自动车床（约 1870）；随之或者稍后还有，开发了足够坚硬和锋利的钢合金（20 世纪还有碳化钨等其他合金），用于按机械高速进行钢材切削，并应提到，可能主要在 19 世纪晚期，用于生产更加威猛的武器。有些物质此前仅为野外地质学家或化学家所知，且被当作稀奇之物，如钨、锰、铬、镍等等，在 1870 年后成了冶金中的必需成分，由此也引发了该领域的一场革命。

这一进展另外体现为，通过对流程环节的计划和对劳动力的"科学管理"，实现批量生产的系统化**组织**，其核心就是对机械以及人力所涉的工作进行实际的分析和分解。在这方面，美国再次独领风骚，很大程度上是因为美国极其缺乏熟练工人。流水生产线的最早实验可追溯到 18 世纪末那些天才的北美技术员，例如，奥利弗·埃文斯（1755—1819）兴建了一家完全自动的面粉厂，并且发明了传送带，当然，这项技术有待于 1890 年代在芝加哥的肉类包装等领域得到认真开发，而且一直要到 1900 年代初在亨利·福特的汽车厂才趋于成熟。[①] 主要在美国人 F. W. 泰勒的影响下，"科学管理"在 1880 年代既成为一项纲领，也成为一种现实。故此，及至 1900 年，现代大规模工业的基础已经奠定。

这种被称为"福特主义"的工业形式从美国向外扩散，并在 20世纪激发了世界各地的大规模生产，无论是资本主义的还是社会主义的工业社会概莫能外。其势头和成效如此之大，俨然是天经地义、历史命定的工业发展样式，为一切现代工业生产所热捧。

第三项重大变革与第二项变革紧密相连，体现为人们发现，最大的潜在市场存在于经济发达国家工人群体不断提高的收入中。美国在这方面再次一马当先，部分是因为美国的国内市场潜力巨大，部分是因为在一个劳工长久短缺或至少某些经济部门生机勃勃的国家，人们的平均收入相对较高。举个明显的例子，美国的汽车业得以建立，其依据是人们断定，当一辆汽车足够便宜（虽仍价格不菲）时，就会出现一个大众市场。[②] 在工业化初年，这是不可想象的，其时，对精致、昂贵物品的需求仅限于人数不少但容量有限的中产阶级及少数富人，而大众的需求不过徘徊在衣、食、住（包括若干简陋的家庭用品）等基本要素上。如此一来，批量生产的市场呈粗放形态而不是集约形态，而且即便如此，也局限于最简单、最标准化的物品。因为人们的工资偏低（也理当如此），所以他们不但买不了

154

---

① 然而，为英国海军服务的政府企业于 19 世纪初在德普福德著名的饼干厂，开发了也许是第一条生产装配线。

② 不过，在当时的美国农村，马车本已拥有一个大众市场，福特一定程度上就瞄准着这一市场。

多少东西，而且为满足这样的需求就没有必要去让物品的生产机械化。当家仆数量大、成本低时，真空吸尘器的需求自然不大。

最后一项重大变革是，经济中企业的**规模**、生产与所有权的集中度都有了提升，经济中形成了若干大块头，如托拉斯、垄断企业、寡头企业①，而不再是大量的小石子。集中化是竞争的逻辑产物，固然有人早就质疑这一观点，但马克思将集中化打造为其经济分析的基石之一。在德国和美国，集中化这一过程早在 1880 年代便清晰可见，这方面最好的历史学家阿尔弗雷德·钱德勒曾有描述，称从此出现了公司的组织、管理和战略这一"有形之手"（有别于亚当·斯密的市场"无形之手"概念）。几乎各种政治倾向的经济学家都不大赞成集中化趋势，毕竟它有违工商经济自由竞争的理念，他们认为，集中化不仅从社会角度看不可取（因为它以大压小、嫌贫爱富），而且在经济上也趋于退化。然而，有充分的理由可以相信，相对于小企业，"大企业"实际上是**更好的**企业，至少长远看是如此，它们终究活力更大、效率更高，更能承担愈发复杂和昂贵的开发任务。反对大企业的真正理由并不在于它们规模大，而在于它们具有反社会性，这一点并不适用于全部企业中最大的那一类——政府及其他公有企业。当然，在这一阶段，经济经营规模的扩大体现为私有企业巨头及其联合体的兴起，而不是政府企业的兴起，但间接而言，政府的角色变得越来越具有决定意义。在维多利亚时代中期尚且在强调，理想的国家政权应当有意放弃经济管理与干预，但 1873 年后，这样的理想总体上已遭摒弃。

*

无论其他地方如何劲吹变革之风，一旦穿过英吉利海峡，这样

---

① 当一家公司几乎或全部控制某一经济活动领域，那就形成了垄断；当少数公司联手控制某领域（如美国汽车业为通用、福特、克莱斯勒所控制），则形成了寡头垄断。第二种情况比第一种情况更为常见，但在实践中二者差别不大。

的风就失去力量。在上述经济变革的四个方面，英国在任一方面都落到了竞争对手的后面。更让人惊异甚至痛心的是，在对手所占据的这些领域，英国都曾率先开垦过，无奈以后撒手而去。就在不长的 30—40 年时间里（1860—1890/1900），英国从拔得头筹、最富活力的工业经济体，骤然蜕变为因循守旧、缺乏生气的工业经济体，这一点堪称英国经济史中的要害问题。1890 年代后，我们也许要问，英国为何如此无所作为，不去恢复经济的活力；我们也会指责 1890 年后的几代人无所事事、错招迭出，甚至弄巧成拙。但本质上说，这些都是"亡羊"以后的"补牢"之议，可是这只羊在 19 世纪中期到 1890 年之间已经走失。

在新的成长型行业，英国与更现代工业国的反差特别惊人。而这种反差的惊异之处在于，在某些领域，凡是陈旧的结构与技术尚能创造最佳的结果，英国的工业便成就不俗，而其他对手却表现乏力。这些领域中，最突出的要算造船行业，这是英国霸权最后也是最成功的表现之一。在传统的木质帆船时代，英国曾属造船强国，尽管决非不受挑战。严格说来，英国作为造船国的分量并非来自其技术优势，因为法国的船舶设计更好、美国的建造水平更高，不妨见证一下，从当年"快速帆船"著名的长途运粮大赛，到当今百万富翁集团之间的游艇比赛，美国帆船几乎始终拔得头筹。自美国独立到内战爆发，美国造船业的扩张速度要快很多，稳步地接近英国造船业，及至 1860 年已几乎赶上英国。[①] 英国造船商的优势在于，英国作为一个航运与贸易强国毕竟举足轻重，再说，英国的货运客户即使在废除了严密保护航运业的《航海法》之后也照样青睐本国船只。英国船坞的真正胜利随着钢铁轮船的问世而降临。就在其他英

156

---

① 1800 年，英国（含殖民地）的吨位是 1900 万，大约两倍于美国的吨位；1860 年，英国的吨位是 5700 万，美国的吨位已达 5400 万。

国产业纷纷落伍之际，英国的船坞却大步向前。1860 年，英国的船舶吨位稍多于美国，是法国的六倍、德国的八倍；而到 1890 年，英国船舶吨位已是美国的两倍还多、法国的十倍，大致还是德国的八倍。

问题是，现代生产性技术和组织所蕴含的优势中，没有哪一个应用到了船舶。船体作为超大单件，建造时基本上使用非标准材料，并需要投入大量五花八门、纯靠手工的技艺。可以说，船舶并不比皇宫更加机械化。另一方面，专业化地生产船上的小单元又具有巨大优势，其在实际中达到的效果，恰如大公司现将生产流程进行系统细分一样。在建造如此复杂的产品时，当时肯定不可能用其他方式来取得这种效果。况且，细分成小单元大大增加了可能性，并大大降低了技术创新的成本。在竞争性市场上，一个专门的海洋机械公司会有极大的动力去建造更好的引擎，同时，造船的总体进度也不会因为专攻船舶管道的公司跟不上有关创新而造成耽误。一直要到"二战"后，当一体化整合的技术优势势不可挡时，英国的造船业才丧失其领先地位。

非常遗憾的是，在科技类成长型行业中，情况却大相径庭，因为一体化整合与大规模生产在这些行业会带来显著回报。英国原本开辟了化工产业，并首先发明了苯胺燃料，甚至在 1840 年代，部分依靠德国的理论化学，英国在化学领域就已领先于世。然而，到 1913 年，我们却仅占世界化工产量的 11%，而美国占到 34%，德国占到 24%，德国的出口量是我们的两倍。最值得注意的是，德国供应了英国市场上 90% 的合成燃料，英国尚存的化学工业也主要依靠了外国移民的企业，如布伦纳–蒙德的公司，该公司后来成为帝国化工公司的核心。

电工学无论在理论上还是实践中，都是英国开创的成就。法拉第和克拉克·麦克斯韦奠定了该学科的科学基础，惠斯通的电报首次让维多利亚时代在伦敦的父亲可以马上发现，他女儿是否跟"那个高挑俊朗、留黑色小胡子、着军用披风的小伙子"私奔到了法国的布洛涅（这里且引用当时一本技术手册对该发明的好处所作说明）。[2] 斯旺在 1845 年开始琢磨碳丝白炽灯，那可是爱迪生出生之前两年。然而，到 1913 年，英国电力行业的产出不过是德国的三分之一，相关出口几乎不到德国的一半。况且再次可见，外国人侵入了英国市场，该行业由外国资本启动并控制，主要是美国公司如威斯汀豪斯。当 1905 年伦敦建造首条地铁并实现电气化时，项目的经营与融资绝大部分由美国人承担。

　　与其他行业相比，机器与机床业更属英国首创。该行业的先驱之一威廉·费尔班爵士写道：1853 年"引发的自动机器变革，及其给我们建筑机械所带来的改善，具有无比的重要性。我还要高兴地补充说，它们基本上属于曼彻斯特，在曼彻斯特成长并在曼彻斯特首创"[3]。然而，也恰恰在这一领域，外国（主要又是美国）取得了最有决定性的跃进。早在 1860 年，英国人在观察美国的进步时已经心存一丝忧虑，尽管还谈不上多少真正的恐惧。可在 1890 年代，还是从美国传来了引进自动化机器设备的压力。美国人达尔上校带领合伙的英国雇主，虽未完全成功，但试图打破熟练工匠在业界的支配地位，他们创办了拥有机器垄断权的一家美国公司，首次完全机械化地生产靴子和鞋子这样的消费品。

　　最悲惨的案例也许是钢铁行业，因为我们看到，该行业丧失优势之时，正是它在英国经济中气势如虹、其世界地位如日中天之际。钢铁制造中每一项重大创新都来自英国或由英国所开发：1856 年问世的贝塞麦转炉首次让钢材的大批量生产成为可能；1867 年问世的西门子-马丁平炉大大提高了生产率；1877、1878 年问世的吉尔克里斯特-托马斯碱性炼钢法可让大量新矿石用于炼钢。不过，除酸性转炉外，英国业界在采用新方法时动作迟缓，而且他们完全无法跟上后续的改进。例如，吉尔克里斯特-托马斯的炼钢法对德国和法国带去的恩惠就远多于对自己英国的恩惠。于是，不但英国的产量在 1890 年代初开始落后于德国和美国，而且英国的生产率也被甩到后面。到 1910 年，美国单是碱性钢材的产量就几乎是英国全部钢产量的两倍。

*

159 为何一至于此，人们已多有辩论。显而易见，英国人并没有适应新的形势，而他们本来是做得到的。在那样一个时代，即使有大量生活阔绰的业余科学家、私人资助的研究实验室，还有掌握实际生产经验的能手，都已显然无法弥补大学教育的几近缺失和正规技术培训的虚弱无力。有鉴于此，为何英国的技术和科学教育居然如此微不足道，这一点着实令人费解。也找不到什么强大的理由可解释，为何英国 1913 年仅有 9000 名大学生，而德国却有近 60000 名大学生；为何英国在 1900 年每千人中仅有 5 名全日制学生，而美国却有近 13 名全日制学生；为何德国每年培养 3000 名拥有学位的工程师，而英格兰和威尔士在**全部**科学、技术、数学之类学科中仅有 350 名甲等和乙等毕业生，且他们中很少具备研究素养。在整个 19 世纪，很多人警告国民，英国教育的落后蕴含危险。当时不缺资金，肯定也不缺可接受技术或更高训练的适合人选。

正当世界其他国家大举工业化时，英国所开创的产业相对丧失阵地，其扩张速度出现下滑，这无疑是难以避免的。然而，纵然在纯粹的统计数字上出现此等现象，也未必一定要真正丧失激励和效率，更不是说英国在后来某些产业中的失败是预先注定的，须知，英国在启动这些产业时，既不存在开路先锋也不存在后发国家通常遭遇的可能劣势，基本上是与其他国家同时或同等起步的。有些经济体的落伍可以纯粹从物质上的薄弱来解释，比如它们规模太小、资源太少、技能供应太过缺乏，可英国显然不是这样的国家。只有从某种不太确定的意义上说，对任何一个如英国这般国土和人口的国家，其经济发展的可能性从长远看终究要逊于美国或前苏联这样幅员远为辽阔、资源远为丰富的国家，然而，英国在这一点上并没有明显逊于 1870 年的德国。

英国未能适应新形势，并不是因为它做不到，而是因为它不想做。问题是，为什么不想？有一个日益流行的社会学解释，说原因在于工商业者的创业精神萎靡不振，或在于英国社会因循守旧，或者就是兼而有之。这一观点的好处是，经济学家把解释的担子扔给了历史学家和社会学家，可这些人更不大可能挑起这副担子，无非是也跟着试试而已。现在找出的各种版本的理论都不那么令人信服，但最耳熟能详的一种大致这样说：英国资本家巴望着最终融入更受社会尊重的"绅士"乃至贵族那样的更高阶层，一旦实现这一目标，他就停止奋斗了；一旦赚到了钱，哪怕这笔钱在边远地区可能也只是一笔小钱，英国的等级体系就巴不得要接纳他；他作为企业家，缺乏那种不问目的、只图永葆技术进步的内在欲求，据信，美国的工商人士就具备这种特质。又说，家庭小公司是英国典型的企业种类，它基本上不可能大规模扩张，因为那样扩张会引发家族失控的风险，因此，代代相传之中企业精神日益萎靡，再说，既然可以躺在创业利润所累积的安乐窝里，后代也没必要再去奋斗了。

这样的解释自有一番道理。贵族价值体系的确具有举足轻重的影响，涉及"绅士"的价值标准就包括君子不器的业余心态和点到为止的外在风度，一心教化新兴中产阶级公子们的"公学"就在灌输这些价值标准。"做生意"确实是一种可怕的社会污点，哪怕这里说的"生意"更往往指小本开店，而不是指那种可赚大钱因而也能博得社会认可的其他任何活动。① 富有的资本家一旦褪去其乡野的粗鲁言行

160

---

① 只要贵族实际上比中产阶级**更富有**，他就没有必要收敛其鄙夷的目光，局部而言，贵族经常一如既往地更加富有。在剑桥（1867），绅士和神职人员去世时留下的财产中位数价值在 1500—2000 英镑，学院的教授和院长留下财产的中位数达 26000 英镑，而当地商人留下财产的中位数仅 800 英镑，店主则仅 350 英镑。

（而从爱德华时代起，甚至都不必改变原来的乡音），便肯定能获得骑士或贵族身份，他的子女就可毫无困难地跻身有闲阶级。家庭小公司肯定在数量上占优势，利润的安乐窝的确舒适无比。一个人固然不得不努力奋斗才能进入中产阶级，但一旦身处比较繁荣的某个行当，那确实就如鱼得水，除非他犯下天大的错误，或者在罕见的经济衰退中遭遇巨大困难。按照经济理论，破产是对低效商人的惩罚，这个幽灵徘徊在维多利亚时代英国的小说中，但实际上发生破产的风险极其有限，除非是某些行业中地位不稳的小本经营者，如零售业的小店主、建筑业的小工头、若干依然兴旺的五金等行业的小供货商。在爱德华时代的英国，包括其中发生危机的两年里，破产所涉债务平均不到 1350 英镑。事实上，在"一战"前 30 年，因破产而遭受损失的风险在稳步减少。[①] 在重要的行业，破产损失简直可以忽略不计。因此，1905—1909 年（其间有一次萧条），在棉纺织业约 2500 家厂商中，每年平均只有 11 家破产，大致不足 1.5%。

对破产的恐惧本身就说明破产相对少见，在免除了突然坠入贫困并遭社会排斥这种幽灵的困扰后，英国的工商业者并不需要拼命干活。弗里德里希·恩格斯也许不是一个典型样本，但没有迹象表明，在他 49 岁退休、且让本人和马克思一家都有笔殷实收入之前，他没有在曼彻斯特繁荣的"厄尔曼与恩格斯"棉纺企业尽到职责。不过，世人都知道他尽量不把时间花在生意上。

同样真实的是，英国工商界缺乏激励创业的某些非经济动力，可以说也必然如此，毕竟这个国家已经登上世界政治与经济的首位，

---

① 在英格兰和威尔士，因进入破产程序而给债权人造成的估算损失按英镑计平均每年为：

| 1884—1888 年：8662000 | 1889—1893 年：7521000 | 1894—1898 年：6417000 |
| 1899—1903 年：6017000 | 1904—1909 年：5965000 | |

应当记住的是，这一时期企业总数相当肯定是在增加。

162

难免带着沾沾自喜及一丝鄙夷的目光俯视其他国家。美国人和德国人或许还在梦想着实现自己的天定大业，英国人却知道这样的大业已经化为现实。例如，无可否认，在德国借科研手段全方位做大做强其工业的背后，大致有一种志在追赶英国的民族主义渴望在起作用，德国人自己就这样说过。谁也无法合理地否定，美国总是想要拥有最新最现代的机械设备，并且始终如一地着力激发技术进步，其动机单纯从经济角度看可以说也是非理性的。在 1950 年代末和1960 年代，安装高精尖电脑设备的企业一般从中得不到多少好处，不会好于普通男人放弃简单、灵活、便宜、优质的刮胡刀片而改用电动剃须刀。当一个经济体把消费品甚至资本都变成社会地位的符号（也许因为没有其他符号），单就推动技术进步而言，这样的经济体比那些不这样做的经济体必定具有毋庸置疑的优势。

然而，诸如此类的说法终究价值有限，原因很简单，许多英国工商业者并不符合这套说辞。20 世纪以前，一般的英国商人并非"绅士"，也从未成为骑士、贵族，甚至都没有拥有过乡间别墅。是劳合·乔治才把乡野市镇变成"可怕骑士的城市"，将杂货店主和棉纺厂主的儿子吸纳到贵族行列，这是英国工商业失去动力后的一个**结果**，不是其原因。即使在 1950 年代，中型企业的管理者（这类人退回到 1860—1890 年一定是自有经营者）中，上过大学的不足五分之一，进过公学的不超过四分之一，其中进过前 20 来家顶尖公学的人不到二十分之一。①

163

按社会学分析，拼命赚钱的动机在维多利亚时代的英国一点也

---

① 这样的数据也适用于 1956 年。我们可以把接受公学教育及就读于两家古老大学之一，当作（至少在英格兰）融入"上层阶级"的标准。但维多利亚时代晚期及爱德华时代的有趣现象是，百分比**不断增大**的公学学子进入商界，而百分比**不断减少**的学子进入专家职业。公学的风气并没有打压赚钱取向，只是打压了投身技术与科学的职业取向。

不弱，绅士和贵族的吸引力也绝没有势不可挡，尤其是对北方和中部的那批商人更是如此。这些人具有中产阶级意识，经常持不信奉国教（也即有意反贵族）态度，脑子里装满了"要致富别怕苦，要兴旺别怕脏"这样的信条，对自己的不凡成就从心眼里感到自豪，对于自己赚钱的城市中漫天飞舞的煤灰和烟尘，他们也感到骄傲。

此外，以前在 19 世纪，英国肯定不缺乏对技术进步那种强烈乃至非理性的兴奋，我们现在总以为只有美国人才有这种天性。难以想象，一个对技术的新奇性**无动于衷**的国家或工商群体会去开发（更不用说去建造）铁路，因为如前已示，铁路的实际商业前景并不为众人所看好。诚然，大众科技类批量读物在 1850 年代后逐渐减少，这些读物可能本来就以"工匠"群体而不是中产阶级为对象，也即瞄准了那些希望上升、也应当上升而不是那些已经上升的人。可是，这批人恰恰是资产阶级大军中最有动手能力、最雄心勃勃的新人，即使在 19 世纪下半叶，他们也人数甚众，足以让工程师中的秀才塞缪尔·斯麦尔斯发了财。斯麦尔斯的《自己动手》问世于 1859 年，四年中就发行了 55000 份。技术的传奇色彩依然十分强烈，乃至 1880 年代在某一大型公学中，75% 的男孩选修了工程学。

进而言之，在英国经济的某些部门，显然不大能套用麻木迟钝、抱残守缺之类的批评。看看以伯明翰为核心的西米德兰兹郡，那里小企业比比皆是，主要为国内市场生产着消费品（经常是耐用金属制品）。米德兰兹地区以前没有充分经受工业革命的洗礼，1860 年之后确实发生了转型。走下坡路的旧行业被取代，有时候实际上得到改造，例如在考文垂，1860 年后纺织业一蹶不振，但当地的手表制造厂变身为自行车行业的核心，由此日后还发展了汽车业。如果说从 1914 年的兰开夏尚能看到其 1840 年的模样，则沃里克郡一定不是这样。那里的各种行业呈现出理论家们所谓生机勃勃的私人经营所蕴含的变幻无常，忽而生意兴隆忽而关张歇业，其中就包括为日益重要的器械和五金制造提供零部件的行业。尽管 1905—1909 年间棉纺织业平均每年只有 11 家厂商破产，同期在五金行业中每年却平均有 390 家厂商破产，主要是那些资源不足但试图独立生产的小本商家。经济中的另外某些部门如分销行业，恐怕也很难用停滞不前来描述，这些部门同样立足于国内市场，并非以出口为导向。

由此可见，简单的社会学解释不能说明问题，无论如何，对于经济现象，只要可能还是首先应作经济学解释。实际上已有几种经济学解释，它们或暗或明地基于这一假定，即，在资本主义经济中，至少在 19 世纪那种类型的资本主义中，商人们之所以进行经营活动，无非是因为从个体厂商标准看，这样做是合理的，而所谓个体厂商标准就是利润最大化、亏损最小化，或者可能就是维持在它看来满意的长期利润率。但光有个体厂商的理性是不够的，所以，厂商标准最终未必最符合总体经济（甚至是个体厂商）的最大利益，部分原因是，厂商利益与经济利益在短期或长期会相互背离，毕竟个体厂商一定程度上无力实现其所期望的目标，也毕竟个体厂商的会计人员不可能确定其最大利益，此外还有其他类似的原因。所有这些都从不同角度表达了一个主张，即，资本主义经济不是计划出来的，而是从众多为追求私利而作出的个体决定中兴起的。

关于英国工业活力的丧失，最常见也很可能最好的经济学解释是，问题终究缘于"工业强国的发动时间早且过程长"[4]，它以多种方式彰显了私有企业机制的不足。率先工业化所寄身的那些特殊条件自然不可能维持下去，它所采用的方法和技术无论当时多么的先进和有效，不可能始终独领风骚，它所创造的生产和市场方式也未必一直最适于支持经济增长和技术变革。然而，从过时的旧方式转向新方式既昂贵也困难。说昂贵是因为，这种转变需要淘汰那些仍能带来良好收益的旧投资，而新投资所需的初始成本甚至会更高，通行的规律是，更新颖的技术会更加昂贵。说困难是因为，要想在大量个体厂商或行业之间进行改进，必然需要有个协定，可是大家谁也无法肯定改进的好处将具体归属哪里，甚至都无法肯定在进行这种改进时自己是否在把钱扔给局外人或竞争者。只要旧的一套还能赚点钱，只要现代化改造的决定只能来自于个体厂商全部决策之和，现代化改造的动力就必然微乎其微。再说，经济的总体利益很可能也难以看得一清二楚。

英国钢铁业很好地证明了前一种效果。就采用吉尔克里斯特-托马斯碱性炼钢法而言，英国的钢铁厂主动作迟缓，因为他们尚能容易且廉价地进口非磷矿石，也因为如果进行技术改造的话，酸性钢生产厂家的大量沉淀资本将失去价值。其他国家很可能倒有更大的动力转向碱性钢的生产，毕竟它们能从中获得更大的利益，而英国不从中失去利益就算不错了。然而，英国充分利用新流程（以及利用本国磷矿石资源）的慢节奏还是让人惊愕不已。如果英国在1920年代能在生产250万吨老式酸性钢的同时，生产将近500万吨碱性钢，那为什么在某个英国人发明了新炼钢法之后约20年，英国既然生产着400万吨老式酸性钢，就不能生产出800万吨以上的碱性钢呢？为什么英格兰东部蕴藏的磷矿石直到1930年代都没有得到认真的开采呢？答案是，过时工厂和过时工业区中已积存的大量投资，把英国工业牢牢捆绑在过时的技术上。

铁路和煤矿很好地证明了后一种效果，这里可提供两个例子。1893年，乔治·埃利奥特爵士十分担忧全国煤矿主方兴未艾的停工歇业，他建议组建煤矿托拉斯，以促进煤矿行业的技术改造，因为行业内3000多家煤矿各自为战，造成了煤田开采利用中相当严重的低效率，更不用说相互间毫无道理的竞争了。煤矿方面的反应却是否定性的，主要原因在于，低效的煤矿不希望按理性标准去估价其在托拉斯中所占份额，他们觉得自己的份额会遭低估。结果便是无所作为。

第二个例子来自铁路行业。英国铁路的诸多过时现象与整个英国经济如出一辙，其中一点是，运输煤炭的货车不但容量太小、效率低下，而且由煤矿而不是铁路公司所有。① 所有专家早就知道，最有效率的货车尺寸应该比现有货车尺寸大两倍以上，如此说来，推陈出新将带来无比巨大的效益！无论是铁路还是煤矿，至少在 1914 年前，本来总会有钱进行相关改造的。可是，这种改造需要铁路和煤矿双方作出联合投资决定，故此在 1947 年这两个部门国有化前，一直毫无相应的进展。煤矿方面想不通，为什么要花钱去把好处送给铁路的业务经营等各环节，而铁路方面也想不通，为什么要冒那么大的投资风险也让煤矿方面得利。双方本可获得很大好处，但私有企业没有提供利益均沾的机制。

应该说在一个私有企业的社会，也还是存在解决此类问题的某些途径，哪怕这些途径作用有限且远非永远管用。第六章已示，在铁路时代的早期，英国社会即设法解决了兴建一个资本货物产业所蕴含的问题，但那种情况属凤毛麟角。有时，单纯的灾难能够拯救资本主义，比如，两次大战让德国摧毁并拆除了那么多的旧工厂，于是不得不建造新的现代工厂。经济灾难的威胁也能产生异常强大的激励，促使人们花下本来不会花费的钱，去推进现代化改造。事实上在大萧条时期，特别是在 1880 年代和 1890 年代，英国工业遭受的明显威胁及其总体晦暗的形势，曾触发人们大量谈论现代化，某些行业因自身利润依赖于其他行业，故而当时施加了很大压力，要求其他行业进行现代化改造，实际上也促成了若干现代化。

我们前已提及乔治·埃利奥特爵士关于煤矿改进的宏大计划，他的计划就是由风起云涌的工会运动所激发，而那种工会运动也是

① 这两个问题都源自最早指导铁路建设的旧观念，即认为铁路不过是另一种普通道路。

大萧条时期的典型特征（参见原书第 167 页）。另一个行业即煤气加工，实际上也由工会压力推动，最后成了欧洲机械化速度最快的行业。铁路曾受到产业客户和政界人士要求降低运输成本的巨大压力，尤其在 1885—1894 年间更是如此，于是发生了重大（但仍不够充分）的变化，比如大西部公司最终于 1892 年修建了一条新铁轨。工程方面的技术进步大幅提速，当然，部分进步来自非经济的军事竞争需要，军械行业特别是海军的快速扩张与现代化提供了有力的激励。这一时期中，人们也在广泛谈论卡特尔、托拉斯之类工业兼并问题，事实上也出现了若干产业集中案例。[①] 然而，按照美国和德国的标准，这些变化尚嫌有限，而且，实施此等变革的迫切性很快缓和了下来。可惜，大萧条尚不足以令英国工业胆战心惊，所以未能倒逼出彻底的改弦更张。

这一局面的原因是，传统的盈利方法尚未走到尽头，它们至少在一段时间内，尚且提供着比现代化改造更便宜也更方便的退路。退回到由正式与非正式的殖民地所构成的卫星世界，依赖自己作为国际融资、贸易与结算枢纽日益成长的实力，这些看起来更像不言自明的解决方案，毕竟这样的出路就现成地摆在面前。1880 年代及 1890 年代初的乌云已经散开，展现在国人眼前的是阳光灿烂的天地：向亚洲出口棉纺织品、向世界的轮船出口煤炭，还有约翰内斯堡的金矿、阿根廷的有轨电车线路、伦敦金融城商业银行的利润。由此可见，当时所发生情况的实质是，英国在向欠发达世界输出它作为最大商业强国、最大国际放贷者所长期积累的巨大优势，同时又留有一手，实施着对国内市场的"天然保护"，必

---

① 该时期最有名的垄断化例子包括化工行业中的盐业联盟、纺织行业中布拉德福德印染商协会及 J. & P. 科茨的纱线垄断、英国持股三分之二的国际铁路辛迪加，但是，在军械、造船（如阿姆斯特朗、惠特沃斯、维克斯）等领域大型一体化企业的成长很可能更为重要。

要时还可借助政治控制，对大片帝国领地进行"人为保护"。当面临挑战时，退回到自己擅长领域尚未充分利用的空间，要比面对面地竞争更现成且代价低。因此，棉纺织业在碰到麻烦时，仅仅是沿用其传统政策，逃离欧洲和北美，冲向亚洲和非洲，并把原先的市场留给英国纺织机械的出口商，这些纺织机械占到英国快速增长的机械总出口中的四分之一。凡有出口时，英国的煤炭会紧随英国的轮船和庞大的商船队，源源流向海外。钢铁如同棉纺织品，也仰仗帝国领地和欠发达世界，到1913年，单是阿根廷和印度就比整个欧洲购买了更多英国出口的钢铁，澳大利亚从英国进口的钢铁是美国从英国进口的两倍还多。此外，钢铁行业与煤炭行业一样，越来越依赖对本国市场的保护。

英国经济总体上趋于从工业退向贸易和金融，在这些领域，我们的服务强化了英国现有的和未来的竞争对手，但创造了非常可观的利润。1870年前后，英国每年的海外投资实际上开始**超过**其国内的净资本形成，况且，二者日渐呈现此消彼长的局面，到爱德华时代可以看到，随着海外投资的上升，国内投资几乎持续不断地下降。在"一战"之前的大繁荣期（1911—1913），海外投资额是国内投资额的两倍甚至更多，有人断言，1914年前的25年里，国内资本形成额已远不足以让英国生产设备现代化，甚至不足以维持其正常运转。此言确非空穴来风。

于此可见，英国正在成为一个寄生型而不是竞争性经济体，纯粹依靠国际垄断盈余、依靠欠发达世界、依靠过去的财富积累、依靠对手的进步而过日子。不管怎样，这是睿智观察家们的看法，即使这些人的分析多有缺陷，他们还是敏锐地意识到了英国发展势头的相对丧失及无奈衰落。尤其是在爱德华时代那段看似无限好的夕阳时光，在现代化的必要性与富人的自满骄横之间，反差已变得愈发显眼。随着英国不再是世界工厂，正如幻灭的民主派与前费边人士威廉·克拉克所指出，这个国家成了世上享受财富和闲暇的最佳国度、一块让外国百万富翁购房置业的风水宝地：

> 她的位置靠近欧洲历史悠久的地区……来自世界各地的船只抵达其港口；这里的社会古老而有序，政府的治理稳定而太平，富人想要的个性化服务随处可得；这片土地上气候宜人温和，景致虽非气势磅礴但也赏心悦目，生活中安排了大量体育、娱乐及有闲阶级钟爱的那些消遣。对于说英语的富人来说，英国怎么可能没有吸引力呢？[5]

克拉克预言，是查茨沃斯、艾冯河畔的斯特拉堡，而不是谢菲尔德和曼彻斯特，将吸引外国人前来英国。英国已经放弃与德国人和美国人去一比高低，可是，这种局面能够持续吗？预言家们已经并不离谱地预告了这一经济体的衰落和坍塌，该经济体的象征现在再也不是烟雾迷蒙、土里土气的城镇中那些其貌不扬的人等，而是萨里和萨塞克斯股票经纪人聚居区的乡间别墅。萧伯纳《错姻缘》中有个角色说过："罗马垮了，迦太基垮了，屁股跑到前头来喽。"如萧伯纳的多数笑话一样，这句话说的可是正经事。

特别是在"一战"爆发前的几年里，弥漫着一股惶惶不安、方向迷失、矛盾紧张的气氛，这与报章上妇人如花似玉、别墅点缀乡野、剧场明星璀璨的太平盛世形象可谓格格不入。这一时期不仅是工党选举力量突然崛起①、社会主义左翼不断激进、劳工"动荡"此起彼伏的岁月，而且是政治断裂的年代。事实上只有在这段岁月，

---

① 大家知道，这主要是因为自由党决定在许多地方不再反对工党候选人，但就如以前把独立权给予殖民地国家一样，这并非恩赐，而是承认现实，至少是明智地预期现实。

英国一向稳定而灵活的政治调节机制才功能失灵，赤裸裸的权力骨头才从平时层层包裹它们的皮肉组织下显露出来。就是在这段岁月，上议院公然对抗下议院，极端右翼（不止超级保守派，还有民族主义者、激烈批判者、街头鼓动者、反犹主义者）看似要横空出世，金融腐败的丑闻折磨着政府，最严重的是，得到保守党撑腰的军官举兵叛乱，反对议会通过的法律。也是在这段岁月，暴力的丝丝味道徘徊在英国的空气里，反映出经济与社会中的危机，而危机的症状却是豪华酒店、衙门殿堂、西区剧院、百货商店、办公大楼此等光鲜亮丽的建筑所难以掩盖的。当战争于 1914 年到来时，它算不上一场捣毁了太平盛世的灾难，更像是维多利亚时代小说中那种司空见惯的场面，即家里顶梁柱的突然死亡重创了小康家庭的生活。战争的降临暂时缓解了危机，转移了视线，或许还提供了某种解决方案。无论如何，诗人们张开双臂热烈欢迎，其中自有一番歇斯底里的豪情在。

171

注释：

1. C. Kindleberger, *Economic Growth in France and England 1850 – 1950* (1964) and H. J. Habbakuk, *American and British Technology in the Nineteenth Century* (1962) 就复杂问题提供了介绍。有关大量争论，参见 M. Wiener, *English Culture and the Decline of the Industrial Spirit 1850 – 1980* (1981), S. Pollard, *Britain's Pride and Britain's Decline: The British Economy 1870 – 1914* (1989), B. Collins and K. Robbins (eds), *British Culture and Economic Decline* (1990), M. Dintenfass, *The Decline of Industrial Britain 1870 – 1980* (1992), D. Coates, *The Question of UK Decline* (1994), as well as B. Elbaum and W. Lazonick, *The Decline of the British Economy* (1987), L. G. Sandberg, *Lancashire in Decline* (1974) and D. Edgerton, *Britain and the Aeroplane* (1991)。也参见图表 1、12、13、17、24、26、30、32、33、51、52。

2. A. Ure, *Dictionary of Arts, Manufactures and Mines* (1853), Vol. I, p. 626.

3. A. Ure, op. cit. , Vol. II, p. 86.

4. H. J. Habbakuk, op. , cit. , p. 220.

172 5. *William Clarke*, ed. H. Burrows and J. A. Hobson (1899), pp. 53 – 4.

第十章

土地，1850—1960年

工业与帝国
Industry and Empire

英国的现代化历程   From 1750 to the Present Day

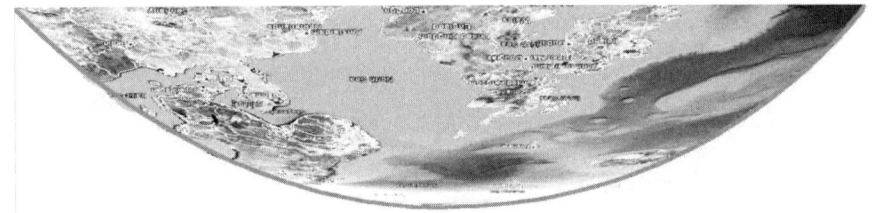

第十章
土地，1850—1960 年 [1]

19 世纪中叶之后，农业不再是英国总体经济的支柱，仅仅成了一个生产部门，如同一个"行业"，当然从就业角度说，至此仍属最大的行业。1851 年，农业中的从业人员为纺织业的三倍，在总就业人口中甚至占到四分之一。即便到 1891 年，农业仍比其他任何行业雇佣着更多的人员，只是到 1901 年，交通和五金行业这一综合部门才超过了农业的就业数。尽管如此，1811—1851 年间，农业对国民总收入的贡献从占三分之一缩减到五分之一，而到 1891 年，只剩十三分之一。及至 1930 年代，农业确已成为很小的一个因素，它仅提供着 5% 左右的就业和不到 4% 的国民收入。

然而，农业仍然值得注意，除了因为经济史著作总是特别关注农业外，还有两个理由。其一，在专业经济学家以外的任何人眼里，农业显然不止是另一个行业。单就占地和地貌而论，英国的大部国土当时乃至今日都依然是种植作物、养殖畜禽的地方。按社会意义说，农业自古以来一直是整个社会的根基和框架，以土地上的生产者为基础，由土地的所有者在管理。土地上的生产者固然没有政治影响力，可是，即使农业不再是人口就业的主渠道，土地的管理者却依然重要。英国的政治和社会结构由地主控制，更主要的是，这个控制者群体规模不大（可能也就 4000 来人），却总共管控着约七分之四的可耕地，他们将这些土地租给 25 万个农场主，若以 1851 年为例，这些农场主再去雇佣约 125 万名农民、牧人等等。如此高度集中的土地所有结构在工业国家中绝无仅有，况且，英国最富有的个人继续当着大地主，进入 19 世纪后很久还是如此。① 这一强大的地主利益集团自然渴望维护自身的经济、社会和政治地位，其对全国的政治控制，加之其传统的影响，使之成为最难对付的既得利益集团。1914 年前，议会投票时，"郡"可以轻而易举地以多数票击败"市镇"，也就是说（尽管有越来越多的保留意见），非工业势力可以在选票上击败工业势力。直到 1885 年，地主依然在议会中构成绝对多数。

需要特别关注农业的第二个理由是，农业的命运往往以某种放大和扭曲的方式，反映总体经济的命运，或者干脆说反映国家经济政策的变化。部分原因是，农业比其他部门对政府的干预或不干预会更加敏感，另一部分原因是（也跟前述理由相关），农业一直卷入政治。自由贸易体制下的农业折射了英国经济在世界上的胜利，也预示了英国经济的衰落。20 世纪中叶国家干预体制下的农业，则比工业更有力地展现了经济现代化的可能。

*

在工业革命的背景下，或更确切地说，由于城市与工业部门食品需求的无限扩张，英国农业随之蓬勃发展。农业实际上在国内市场享有天然垄断地位，19 世纪中后期以前，运输高成本使得人们无法大量进口食品。反过来说，假如英国农业正常情况下养不活英国人口，那谁也帮不了忙。有鉴于此，农产品价格居高不下，农业改

---

① 当然，也有些资本家，如巴林斯、琼斯·劳埃德、格斯特，都是后来购买了地产权益。

良不乏动力和资源。1815 年，农业利益集团给国家施加了《谷物法》，该法的初衷并不是要拯救一个摇摇欲坠的经济部门，而是要维持拿破仑战争期间虚高的农产品价格，保证农场主免遭战时短暂欣喜过后的打击，须知战争期间，农田买卖价格曾经高得离谱，贷款和抵押条件令人难以置信。由于这一缘故，如已所见，1846 年废除《谷物法》实际上在一代人的时间里，并未导致小麦价格的下跌。[①]

因此，拿破仑战争后的经济不景气掩盖了英国农业的实力，考虑到不景气还打压了农业投资和技术进步，情况便更是如此。在繁荣的 19 世纪中期几十年，进步相应地加速并给人以深刻印象。在一代人时间里，虽然爱尔兰农民日子难过，可英国农场主却顺风顺水，他们手上不缺资本，新的交通方式扩大了市场（但尚未惠及海外竞争对手），新的科学知识已可获得（如李比希对农业化学的研究），工业对非熟练劳工巨大的需求稀释了农村劳力，使得英国许多地方的农场主几乎首次开始支付更高的工资，并寻求节省劳动的方法。[②]以前，农业靠的是设法消除传统小农制的经营障碍，同时，把较优农场主获得的实践经验传播给其他较差的农场主，而今，农业首次依靠对工业、机器、外部肥料和人工饲料的使用。

175

---

① 农产品和工业品每十年中的年度平均价（罗塞克斯指数）：

年份	农产品	工业品
1800—1819	173	173
1820—1829	128	112
1830—1839	124	103
1840—1849	120	100
1850—1859	113	111
1860—1869	118	117

② 1851—1861 年间，英国有七个郡的人口出现绝对减少，它们是：威尔特郡、剑桥郡、亨廷登郡、诺福克郡、拉特兰郡、萨默塞特郡、萨福克郡。1871—1891 年间，另有五个郡人口绝对减少，它们是：康沃尔郡、多塞特郡、赫里福德郡、什罗普郡、威斯特摩兰郡。

　　然而，这样的黄金时代不可能延续，它受到两个强大事实的威胁：一是英国这一工业经济体需要大量进口，如此其外国客户才能购买英国的出口；二是海外新兴地区具有强大农业实力，其产品甚至在英国市场上也可比英国农产品卖得更便宜。铁路和轮船问世后才过一代人的时间，就把温带未开垦的大草原变成了大规模农业基地，涉及美国和加拿大的中西部、南美拉普拉塔河大草原、俄罗斯大草原。当这些地方全力生产时，除非设置高关税，否则就彻底无法抵挡它们，谁也保护不了国内高成本的农场主。其他欧洲国家可能愿意设置高关税，但英国不准备这样做。1870 年代和 1880 年代是世界农业遭受重创的岁月，在欧洲缘于廉价食品汹涌而入①，在海外新兴生产基地则缘于产量过剩和价格骤降。英国农业更是首当其冲，因为此前它扩大了基本面包粮特别是小麦的生产，而这正是最无竞争力的英国传统农产品。

　　因此，大萧条让英国农业和土地利益集团遭遇了一场猛烈危机，要想存活下来，唯一的出路就是把有竞争力的外部世界关在国门之外，要么就是对自身天然垄断地位的丧失作出调准。第一个选项已不再可能，引人瞩目的是，在 1878—1880 年这一欧洲大陆农怨沸腾的时期，恰恰是迪斯累里领导的保守党政府作出了关键的决策，决定**不给**英国农业以保护。要知道，迪斯累里是靠反对自由贸易才赢得保守党领袖职位的。显然，英国经济的命运如今取决于工业、贸易、金融，而这些东西据说需要自由贸易，假如农业走下坡路，那

① 英国的小麦进口（千英担）：

1840—1844 年：39700	1845—1849 年：49400
1850—1854 年：82200	1855—1859 年：79800
1860—1864 年：144100	1865—1869 年：148100
1870—1874 年：197800	1875—1879 年：260200
1880—1884 年：288000	1885—1889 年：280600

也只能听其自然了。大地产所有者除了进行名义上的抗议外，也不会再做什么，原因在于，假如此前其收入尚未多元化地投资于城市房地产、矿业、工业、金融，那现在他们完全可以借助这样的投资而自我拯救。例如，维鲁伦伯爵 1870 年代拥有约 17000 英镑的年收入（他经常花光还不够），其中 14500 英镑来自租金和木材销售。他的儿子即第三任伯爵，将其小股组合投资扩展到大约 15 家主要在殖民地及其他海外地区的公司，并成为非洲和美洲多家矿业公司中的董事。到 1897 年，他的收入中有将近三分之一来自这些非农渠道。更应注意的是，并不是所有的英国农业都垮掉了，哪怕时人的哀叹会给出这一印象，但事实并非如此。谷物和羊毛部门固然遭遇损失，可家畜和奶业并未受损，苏格兰人的那种混合农业总体上也未遇困难，苏格兰无可挑剔的气候让苏格兰人拥有那种混合农业，这对他们可谓幸运之至。

不过，在农业领域如同在工业领域一样，大萧条正是一个揭示真相的时刻，无奈在这两个行业，真相刚刚暴露随即就被掩盖起来。英国本乃这个竞争世界诸多国家中的一员，可是它没有用竞争的姿态来面对自身处境，反而是缩回到安全的堡垒，去享受那份尚存的天然保护。英国放弃了谷物种植，转而注重不易受冲击的家畜和乳品生产；放弃了低质肉类的生产（1880 年代后冷藏技术攻陷了国内生产者的天然垄断地位），转而注重高质肉类的生产；放弃了大田农业，转而注重果园和园艺农业。到爱德华时代，农业似乎再次回到了相当稳定的状态，可是某些利润实际上是靠减少维护与投资开支而挤出来的。两次大战之间时期的价格萧条表明，这种恢复不过是一种虚幻的景象，无论如何，它是以农业收缩特别是种植面积的大幅减少为代价换来的。1872 年（黄金时代的巅峰年份），谷类作物种植面积为 960 万英亩，放牧用地为 1710 万英亩；1913 年，谷类种植面积为 650 万英亩，放牧用地为 2150 万英亩；1932 年（两次大战之间萧条谷底年份），这两个数字分别为 470 万英亩和 2030 万英亩。换言之，谷类种植面积在 60 年中减少了一半，而 1913 年后，两项用地的总和也减少了。

这一令人遗憾的局面与其他欧洲国家适成对照，1870 年代和 1880 年代的萧条同样打击了其他欧洲国家，但它们找到了迎接挑战的方法，而不是退避三舍。丹麦就是一个明显的例子，该国从 19 世纪末开始，向英国人的早餐桌供应熏咸肉和鸡蛋。这些朝气蓬勃、观念现代的农业团体之所以力量强大，并不在于其生产过程进行了重大技术改造，而在于农业加工、储存、营销、信贷各环节都发生了革命，特别是在上述各领域相互协作的范围都有了拓宽。在危机压力下，这样的协作方法在每个地方都发展迅速，唯独英国不在此列。① 这里的真相是，英国作为开路先锋所拥有的经济结构，尽管在初始阶段非常管用乃至令人羡慕，却成了后继发展的桎梏。这一真相，跟英国其他诸多领域中的情况何其相似乃尔。

英国农业在 18、19 世纪中的实力在于，土地所有权集中在一小撮非常富有的地主手中，这些地主愿意用租赁条件去激励有效率的承租人，能够进行大手笔的投资，轮到年景不好时也能够承担相应责任，如降低田租或者允许欠租推延到以后再还。② 这在大萧条期间无疑纾缓了租种者的压力，并且降低了政治的热度，唯一的例外是（也很符合规律特点），在少部分小佃农地区，如苏格兰高地和威尔士，当然还有在爱尔兰，那里的 1880 年代正是骚乱激烈、有时甚至革命潮涌的时期。与此同时，英国的情况尚能较好地维持大家的集

---

① 当年的一位观察家描述了英国（不包括爱尔兰）1900 年前后农业协作的状况，称之为"一片空白，只涂上了若干失败的颜色"。[2]

② 他们通常没有其他选择，因为不论租户怎样，总比没有租户要好。与小农国家不同的是，英国不存在大量无比渴求土地、全家小块耕种的小自耕农。农场劳工不要土地，要的是较高的工资。

体生存，它使得激进的全盘改造不那么必要。此外，租种者或农场主兼买卖人很有商业头脑，各个地主与这种租种者之间的关系情况各异，这一特点也不利于触发集体行动。总之，资本家式的大地主曾经是一支向前推进的力量，如今却成了冲击的抵挡者；商业化的大农场主，作为高效农业的一个经营单位，曾经展现出远胜于家庭小农的无比优势，如今却嫌规模过小、不足以实现最优效率，同时却又规模太大并自成一体、不愿意放下架子去加入能大规模经营的协作组织。在个体农场与国家的干预和规划之间，缺少了第三种可能。

　　最终，国家政权介入了，但在介入之前，英国农业的失败已经给英国地主阶级带来了根本变化，其影响所及远远超出了农村范围。古老的土地贵族和乡绅阶层正式放弃原有地位，他们卖掉了土地，而且受 1914 年后战争及战后繁荣的短暂影响，他们找到了很多买家，其中既有确实购买土地的原租田农场主，也有那些购买郡议席用以标榜社会成功的暴发户。1870 年代初，约 10% 的英国土地尚由自有在乡地主耕种，1914 年时这类土地已经不多，可是到 1927 年却又回升到 36%。（那以后，农业危机一段时间内又阻止了土地的进一步转手。）F. M. L. 汤普森写道："1914 年后的 13 年里，足有四分之一的英格兰和威尔士土地因此由租佃土地变为农场主自有土地。……从 16 世纪修道院解体以来，还没有见到过如此大量、快速的土地转手"，或许从诺曼征服以来都还没有过。[3]然而，这场土地所有制的大变动有一个费解之处，那就是当时几乎没有多少人注意到这一变迁，只有人口中比例极小的农业专家和房地产市场人士方属例外。须知，激进分子此前一代又一代地在大造声势，虽然主要风靡了城镇而不是农村，但他们一直在攻击贵族土地垄断的种种罪恶，不久前的 1909—1914 年，自由党政府特别是财政大臣劳合·乔治（威尔士人）在鼓动民众时，还在一味攻击高爵显贵呢。

　　土地贵族的实际退出居然如此波澜不惊，毫无疑问主要是因为

217

乡村的要求已经无关英国大部分工人阶级的痛痒，工人阶级面临着远为迫切的问题，特别是在"一战"当中和"一战"之后。针对乡村的要求，很容易通过决议，但落实起来却又很慢，这两个特点可谓臭名昭著。① 劳合·乔治的失算正在于，他以为一个能在威尔士北部小农社会引发真切激愤的问题，可以长时间内让产业工人运动转移目标。不过，英国人对农村变迁失去兴趣更有另外原因。土地阶级本身显然已不再具有全局重要性。老派的伯爵正成为缺乏天然政治权力、从不出席会议的上议院议员，如同老派乡绅长期以来的那种情形。假如不做与时俱进的贵族，既没有进行股份组合投资，又没有到公司当个装点门面的董事，那就只得出局，出局者多半去往肯尼亚或罗得西亚，在那里，凭借肤色还能保证往下两代人继续过上太平的绅士日子。也有一些人为这些没落贵族鸣冤叫屈，如才华横溢、侠气过头的小说家伊夫林·沃，但总体而言，哀悼之情只限于私下表达。

　　事实已清楚，随着大萧条的到来，就在大萧条期间，本由地主阶级支配的英国社会彻底丧失了立足的根基。撇开某些例外，土地所有权已不再是大富大贵的基础，而仅仅成为地位的象征，社会的门面如今尽是贸易和金融。在土地所有权的堡垒之一爱尔兰，地主垄断制在 1880 年代实际上遭到农民革命运动的挑战，该运动由迈克尔·戴维特的"土地联盟"所领导。农民运动势不可挡，只是在随即静悄悄地清算了地主的经济权之后，才算推迟了运动的政治胜利。② 与此同时，土地所有权在英国的地方政治权力中丧失了其特殊地位，部分原因是 1884—1885 年国民选举权的民主化、1889 年郡行

180

---

① 所有此类要求中，最早一项要求涉及土地的国有化，但没有哪个政府（包括工党政府）曾设法落实该要求。1880 年代以来的政治中，反复出现过让租地者有权买断其所租土地这一要求，可在 1960 年代前，这一要求也从未实现过。

② 依照保守党政府 1885、1887、1891、1896 和 1903 年的土地购置法律，到 1909 年，一共转手交易了将近 1300 万英亩的爱尔兰土地，涉及 39 万份地权。1917年，爱尔兰的土地所有权总量约为 57 万份。

政管理的民主化，另一部分原因在于，行政管理已变得非常复杂，不能再交由业余的无资质乡绅老爷去处理。民主化并没有动摇农村的保守党势力，虽然那波不顺从国教的激进自由浪潮，曾促使大量农场劳工在其1885年首次自由选举中投票反对乡绅老爷和堂区牧师，但这波浪潮已成强弩之末，工党除了在东英吉利这一传统的激进与清教大本营外，并没有拿下多少纯粹的乡村保守派堡垒。不过，工党的地位已经有了微妙的改变。

保守党在自由贸易体制后作为贵族和乡绅的余党曾苟延残喘过一代人时间，从1870年代起这棵老树又开出了新枝，但在复兴过程中，保守党不再是一个以乡村为主色调的党派。是米德兰兹的制造商兼帝国倡导者约瑟夫·张伯伦，在1900年代初让保守党重拾保护主义立场，当然，此后保守党之所以强烈要求加征关税，一定程度上是因为那些来自乡间的"蛮荒"上议员心中窝着一股气，执意要在上议院跟那些该死的激进派决一死战。保守党倡导帝国主义的立场也同样强烈，毕竟帝国领地提供了投资与工作的机会，有时候还提供了地产。在帝国某些地区如爱尔兰，捍卫土地财产、反对革命比起在英国，更是一个波澜壮阔也实实在在的问题。然而，虽然1880年代的爱尔兰问题几乎让所有土地显贵投入到保守党的怀抱，并让自由党失去了辉格派贵族这一传统盟友，但连保守党自己现在都已蜕变为一个工商政党。保守党不再由本廷克、德比、塞西尔、贝尔福这样的人领导，1911年后，其党魁已变成一位出生于加拿大的格拉斯哥铁器商（博纳·劳）、两位米德兰实业家（斯坦利·鲍德温和内维尔·张伯伦）。①

---

① 保守党"二战"后显然恢复了其贵族氛围，部分是因为继1940年张伯伦式保守主义破产后，出现了一些新的非典型领导人；另一部分是因为出现了一种对英国曾经辉煌盛世的怀旧情绪。保守党向传统的回归并未延伸到1950年代之后。1979年后的保守党政府强烈地亲近工商业并以市场为导向，但实际上表现出了对传统贵族和"绅士"价值观的强烈敌视。

与此同时，两次大战之间发生了几乎是全球性的严重农业危机，这场危机迫使政府在 1930 年后采取行动，并借此救援英国农业。基本的救援手段包括市场保护、农产品价格保障，这些措施越来越多地与国家倡建的"市场监管局"联合采用，如在土豆和牛奶领域，但在生猪和熏咸肉方面成效不大。这些都不过是半心半意的措施，甚至是保守党政府都仍然接受 19 世纪自由党的观点，也认为大量进口食品对英国的繁荣至关紧要，并相信农业如同其他任一不景气行业，必须收缩战线，直至回到某一合理的利润水平，要不只能破产了之。因为 1930 年代后期全国有大约 70%的食品（按卡路里计）靠进口来提供①，所以，传统的论点，即农业供养着国民故而需要特别加以关照，看起来难以说得通。

可是，当战争爆发后，上述论点明摆着还是有道理的。对英国的封锁、运能的短缺使得扩大国内的食品生产成为必需。万幸的是，1930 年代已经为系统的政府计划打下了某种基础，现在政府计划的重点首先是要扩大可耕地上的农业生产。战争期间，可耕地面积增加了 50%，从 1200 万英亩扩大到 1800 万英亩②，羊、猪、禽的数量大幅下跌，只有牛的数量（对供奶很重要）增长了 10%左右。本来增加出来的面积多属次等耕地，但凭借某种意义上的重大技术革命，它们的收成也大幅提高。磷和氮之类肥料的使用量增加了两到三倍，尤其突出的是，1939—1946 年间，英国农田上的机械从 200 万马力倍增至 500 万马力，拖拉机的数量增加了几乎四倍，联合收割机也情况类似。这五年里，英国农业从发达国家中机械化程度最低的行列，跃入机械化程度最高行列。该成就的取得，既依靠了经济刺激手段，也依靠了政府计划的推动。国家的"战时农业委员会"能够

---

① 英国 84%的糖和油脂、88%的小麦和面粉、91%的黄油都从国外进口。
② 这些数字与本章前文相关数据已不可同日而语。

而且确实决定着应当种植什么、在哪里种植，调配着劳动力和机器 ¹⁸²（往往从集体机械供应站调配，那里类似于苏联的"机器和拖拉机站"），并且用高效农场主替换低效农场主。

这些举措立刻带来了巨大成果，英国人在食品进口减半的情况下仍然丰衣足食。1938/1939—1943/1944年间，国内产量几乎翻了一倍（按卡路里计），而使用的劳力只增加了10%左右，况且主要增加了无经验的妇女或闲散工人。长期结果基本上同样给人以深刻印象。[1] 1960年，英国农业人口的人均产出比荷兰以外的所有西欧国家都要高，英国的农业人口大致贡献了与其人口比例相应的国内生产总值，这点跟荷兰人一样。而在所有其他西欧国家（除几个缺少工业的落后国外），农业人口对国内生产总值的贡献率都要小于其人口比例。换言之，英国农业不再是一种生活方式，按国际标准衡量，它已成为一个高效的产业。

注释：

1. 除了第五章注释1提及的著作外，参见 C. Orwin and E. Whetham, *History of British Agriculture 1846 – 1914*（1963），E. Whetham, *British Farming 1939 – 49*（1964），E. H. Whetham, *The Agrarian History of England and Wales, Vol. 8：1914 – 1939*（1978），P. E. Dewey, *British Agriculture in the First World War*（1989），B. A.

---

① 欧洲有关经济体的农业基本情况是：

	农业劳动力（百万）	百万英亩（1961）	农林渔贡献的国内生产总值（百万英镑，1960）
英国	1	48.8	2.6
法国	4	85.3	5.8
西德	3.7	35.1	4.4
意大利	6.7	51.1	4.8
丹麦	0.4	7.8	0.8
荷兰	0.4	7.5	1.1

Holderness, *British Agriculture since 1945*（1985）and A. Howkins, *Reshaping Rural England: A Social History 1850 – 1925*（1991）。有关政治变化，参见 W. L. Gutts-mann, *The British Political Elite*（1965）。也参见图表 4。

2. C. R. Fay, *Co-operation at Home and Abroad*（1908）.

3. F. M. L. Thompson, *English Landed Society*（1963）, p. 332.

183

184

第十一章
两次大战之间

工业与帝国
Industry and Empire

英国的现代化历程　　　　　　From 1750 to the Present Day

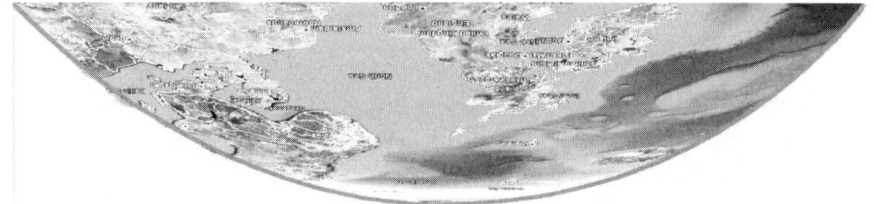

第十一章
两次大战之间[1]

在两次世界大战之间，英国老式的维多利亚经济体步入一败涂地的境地。原本妇孺皆知，太阳永远不会从英国领地和英国贸易上落下，如今这个太阳却落到了地平线下。从罗伯特·皮尔时代以来英国人视若当然的一切，居然轰然倒下，而且倒得如此突然、灾难性、不可逆转，令当时难以置信的公众目瞪口呆。曾几何时，英国打赢了拿破仑以来的首次大战，其主要大陆对手——德国跪地求饶，英帝国覆盖了世界地图上前所未有的更大范围，帝国领地有时候被轻巧而勉强地称为"托管地"、"受保护国"、中东卫星国。然而就在那一时刻，英国的传统经济不但停止了增长，而且还萎缩了。150年以来，有关统计数字虽非口径一致或大致接近，但足以表明几乎始终在前进，而今却出现了倒退。"经济衰落"，这是1914年前经济学家争论不休的东西，如今已成为一个具体可见的事实。

1912—1938年，英国生产的棉布从80亿码跌落到勉强的30亿码，出口量从70亿码减少到不足15亿码。自1851年以来，兰开夏还从未出口得这么少。1854—1913年，英国的煤炭产量从6500万吨增至2.87亿吨，而到1938年，已减为2.27亿吨，并且还在继续减少。1913年，英国航运共出海1200万吨，1938年，出海吨位已不到 1100 万吨。英国的船坞在 1870 年为英国船东建造了 34.3 万吨船舶，1913 年的造船量近 100 万吨，而到 1938 年，造船量刚过 50 万吨。

185　　从人的角度看，英国传统行业的没落引发大量失业，造成了数以百万计男男女女生活的没落，正是这一点给两次大战之间的岁月打上了辛酸和贫穷的烙印。行业种类多样化的工业区并没有全盘崩溃。1912—1938 年间，棉纺织业中的劳动力减少了一半以上（从 62.1 万人减至 28.8 万人），但兰开夏至少还有其他行业可吸收失业者，故此这里的失业情况决非最糟。真正的悲剧发生在那些仅依赖某个单一行业的地区或市镇，它们在 1913 年繁荣一时，到两次大战之间便告败落。在 1913—1914 年，威尔士约有 3% 的失业工人，失业率比全国还低，而到 1934 年复苏开始后，那里的格拉摩根郡失业者高达 37%，蒙默思郡达 36%。芬代尔三分之二的男性，布林莫尔、道莱斯、布莱纳四分之三的男性，默瑟尔 70% 的男性，都无所事事，只得站在街角诅咒那个令自己如此倒霉的制度。在达勒姆，贾罗那里的人依靠帕尔默的船坞谋生。待船坞于 1933 年关闭时，贾罗便一派萧条，每十名工人中就有八人失业。这个船坞长期以来一直是大家劳碌而嘈杂的生活中心，如今船坞的关张等于让他们失去了全部积蓄。某些衰败地区集中、永久、无望的失业，已成为萧条的突出特点，说话拐弯抹角的政府将这些地方委婉地称为"特别地区"。南威尔士、苏格兰中部、东北地区、兰开夏部分地区、北爱尔兰部分地区、坎伯兰，更不用说其他较小的局部，甚至都无法跟上 1930 年代后期的温和复苏。在英格兰北部、苏格兰、威尔士，19 世纪肮脏、喧闹、阴郁的工业地带从来不是亮丽舒畅的地方，但它们曾经生机勃勃、欣欣向荣。而今，剩下的不过是关停的工厂、矿井、船坞留给世人的脏乱、荒凉、死寂。

　　1921—1938 年任何时候，每十名劳动年龄的公民中，至少有一人失业，这 18 年的七年里，每 20 人中至少有三人失业，而在最糟糕的年份，每五人中就有一人失业。按绝对数字说，失业者少则超过 100 万人，多则接近 300 万人（1932），至少根据官方数字是如此，而官方出于种种原因只会少报。在某些特定行业和地区，有关记录更为晦暗。在 1931—1932 年巅峰时，失业的煤矿工人达 34.5%，陶瓷工人 36.3%，棉纺织工人 43.2%，生铁工人 43.8%，钢铁工人 47.9%，造船和修船工人 62%（几乎是三分之二）。直到 1941 年，这样的失业问题大多才得以化解，长期的大规模失业一直要到 1980 年代方又再次降临。

186

经济下跌的岁月紧随世界大战而来，每个人都生活在大灾变的阴影中。尽管灾变对不同地区、行业或社会群体的影响各有千秋，但还是造成了非常普遍的后果。首先就是恐惧，大家都害怕在战争中死亡或伤残，也害怕绝望与穷困的和平。当然，如此这般的恐惧未必与实际的危险相符，"二战"中普通公民的死亡概率其实不算很高，大多数工人在两次大战之间也不大可能长久失业。可是，即使了解这一点的人也清楚，自己及周围人离万丈深渊不过半步之遥。哪怕在和平年代，失去工作也不仅意味着一段时期的茫然和贫穷，它可能意味着全家人的生活坠入绝境。这种锥心刺骨的忧虑如迷雾一般弥漫在一代人每时每刻的生活里，人们固然无法用统计数字去衡量其影响，但也难以在叙述这段岁月时将它一笔勾销。

这种气氛显著地反映在英国的政治格局中，随着国家活动的日益增多，这种政治格局越来越支配公民生活。战争及随后的骚动岁月让工党的选举力量大增了八倍，该党本质上是体力工人阶级的政党。工党的选票从 1910 年的 50 万增加到 1922 年的 450 万。开天辟地头一回，一个无产者的党派从此成为轮流执政的主要政党，工人阶级手握权柄、没收财产的恐怖形象现在如鬼影般徘徊在中产阶级的头上。这倒不是因为工党曾如此承诺并付诸行动，更主要是因为，

187 该党作为民众党的存在本身投下了一道苏维埃革命横扫全国的隐隐阴影。工会和工党的领导人远非革命志士，他们中没有多少人相信自己能当权执政，他们本质上一般将治国理政视为雇主和上层阶级的特权，自己的职责不过是提出改良意见或要求当局让步。但是，这批人如今站到了一场由阶级意识和阶级剥削所集结的浩大运动的前头，能够在 1926 年总罢工那种前所未见的一致行动中展现自身力量。运动表明，他们已不相信资本主义有能力甚或有意愿会把适度的权利给予劳工，同时又不免理想化地注视着国外的苏联，那可是第一个也是唯一的工人阶级国家和社会主义经济。

经济萧条让人们进一步转向工党，不过，在萧条的后一阶段，这一转向放慢了步伐，因为在 1931 年危机的冲击下，惊恐万分、迷失方向的公民们一度向所谓的"全民"政府蜂拥而去（参见原书第 220 页）。"二战"结束时才确立了第一个真正的工党政府，到 1951 年，工党获得的选票超过了史上任何时候。在繁荣的 1950 年代，工党却徘徊不前。

在那个维多利亚时代的经济体中，只有一个部门似乎暂时顶住了大跌，那就是伦敦金融城——世界资本的源头、国际贸易和金融交易的神经中枢。英国不再是最大的国际放贷者，其实它现在还负债于后来居上的美国。然而，到 1920 年代中期，英国海外投资的收益创历史最高水平，更让人刮目相看的是，金融与保险服务等其他无形投资收益也同样超越过去。可是，两次大战之间的危机并非纯属英国现象，当然，英国作为曾经的工业世界冠军而衰落，特别是在苟延几十年后，这种衰落显得更加突然和猛烈。当时的危机是 19 世纪整个自由世界的危机，也因此，英国的贸易和金融不可能重拾英国工业曾经的显赫地位。**全部**工业强国的生产增长都在下挫，这是工业化开启以来首次发生的现象。"一战"减少了生产的 20%

188 （1913—1921），而还没等恢复到新的高度，1929—1932 年的崩盘又让生产短暂地下探到约三分之一的低位，这很大程度上是因为除日本和苏联外，所有工业化大国都同时跌落。更为要害的是，自由世界经济所依赖的三大国际流，即资本、劳动力、货物的国际流动，出现了干涸。世界制成品贸易在 1929 年才刚刚恢复到 1913 年的水平，又马上锐减三分之一；1929 年的暴跌令世界制成品贸易值缩水一半，到 1939 年都未完全恢复。世界初级产品贸易 1929 年后下跌超过了一半还多，该项贸易对英国至关重要，因为英国主要向初级产品生产国进行销售。虽然这些生产国以甩卖价疯狂地增加销量，但它们在 1936—1938 年也最多只能买进 1913 年时能买货品的三分之二，或者 1926—1929 年时能买货品的三分之一稍多。世界各国纷纷筑起边境的关卡壁垒，以防人员和货物的自由进入，还有黄金的自由流出。英国本来是蒸蒸日上的国际流通体系中的世界枢纽，如今却发现自己所依赖的国际流通量正在消失，同时，由于工业生产国遭遇萧条、初级产品生产国更受重创，英国的海外投资收入也随之下跌。1929—1932 年，英国的海外红利从 2.5 亿英镑减少到 1.5 亿英镑，其他无形收益从 2.33 亿英镑降至 8600 万英镑。到"二战"爆发时，这两项海外投资收入均无起色，导致英国拥有的海外资产减少了三分之一还多。当 1932 年最终埋葬自由贸易体制时（参见原书第 222—223 页），老式的维多利亚经济体也跟着付诸东流。自由党本质上乃倡导自由世界经济的政党，以其传统的那套立党学说，该党终于在 1931 年丧失其政治前途，想来这也算顺理成章。

那么多曾被视若当然的东西，瞬间轰然倒塌，令负责经济运行的人们惊诧莫名。工商巨子、当国诸公、经济学家无法理解眼前的事实，更不知道如何有所作为，失败的情绪简直所向披靡。到这个时刻我们才意识到，有一小部分非正统人士已经想在我们这一代人的前头。马克思主义者实际上预言了这样的大崩盘，并因其预言应验以及苏联的完好无损而声名鹊起；J. M. 凯恩斯批判了流行的经济教条，他的理论在以后年代反过来成了正统学说。我们惯于忘记，这些人曾经是何等的人少势弱，直到经济灾难在 1932—1933 年铺天盖地，乃至威胁到英国、世界、资本主义制度的存续后，他们的命运才发生转折。商人们在踏入 1920 年代时，脑子中的信条不过如此：如果大刀阔斧地削减工资和政府开支，英国的工业就会再次步入正轨。他们会不问缘由地呼吁：为了躲避经济飓风，应当实施保护措施。至于政客们，无论是保守党还是工党，在进入 1920 年代时，也不过还在高呼或是理查德·科布登或是约瑟夫·张伯伦之流几乎同样空洞的口号。那些捍卫财政正统教条的银行家和官员们，则在梦想着重返 1913 年的自由世界，相信应当坚持平衡预算①和"基准利率"，把一切都押赌在维持伦敦城的世界金融中心地位这一渺茫的希望上。经济学家们的情绪只能用堂吉诃德式的执迷不悟来形容，他们以这样的劲头聚集到"萨伊定律"的麾下，跟着证明经济崩盘实际上完全不可能发生。还从来没有那条船触礁时，船长和船员对于不测事件的发生缘由是如此的茫然无知，又是如此的无所作为。

*

然而，当我们把两次大战之间的萧条与 1914 年之前时期作比较时，我们会稍稍降低对它的严厉评判尺度。爱德华时代本乃已近黄昏的夕阳时光，人们难以找出任何正面的东西来评说它，各种机会在这一时期几乎是有意地连连错失，注定要让英国经济的衰落酿成一场空前灾难。该时期让富人富上加富，可是甚至都未能实现那个不起眼的目标，即让穷人的生活水准维持不变（参照原书第 144—145 页）。另一方面，或许是因为经济灾难已让人没有多少沾沾自喜

---

① 为预算平衡而削减政府开支，几乎一定会恶化经济崩盘，而政府开支本来可以发挥大作用的。

的资本，两次战争之间的岁月并未完全被浪费。到 1939 年，英国看起来比在 1913 年要明显更像一个 20 世纪的经济体，而之前跟其他工业国相比，英国在这方面还是有距离的。按照第九章中列出的四条标准，英国再也不是维多利亚时代的经济体了。就科学与技术、大批量生产手段、工业为大众市场生产而言，特别是就经济的集中度、"垄断资本主义"、国家干预而言，它们的分量都比以前加重了许多。两次大战之间岁月既没有让英国经济现代化，也没有让它增强国际竞争力，至今英国经济还是式样陈旧、缺乏活力，但至少现代化的某些基础已经奠定，或者至少妨碍现代化的某些障碍已被搬掉。

为什么两次战争之间的灾难并未酿成更为根本性的后果，这里有三层原因：一是对经济的压力尚未达到极其强烈的程度；二是基于政治方面的原因，国家的管理与计划采用得非常节制，这一点与战后法国经济受到的相应改造迥然有别；三是这一阶段启动的几乎所有经济变革都属防御和消极性质。

灾难对经济的压力尚不够大，部分是因为，英国独特的国际地位一定程度上缓解了有关冲击，要知道，1929—1933 年的崩盘本来会是一股最锐利的促变力量。由于英国传统的基础行业在 1921 年后已经萎靡不振，崩盘的影响反而不是那么巨大，毕竟站得低的人不会跌得太重。[①]而且，虽然出口行业遭受打击，但经济的其他部门却从初级产品不成比例的成本下跌中获利巨大，这些初级产品主要指来自殖民地和半殖民地的食品和原料。同样，因为维多利亚时代的经济生产极少依赖国内大众市场，所以，转向内销的空间在英国也明显更大。英国确实处于危机中，但还没有到"不竞争便死亡"的

---

① 例如，美国的制造业生产（按 1913 年 = 100 算）从 1929 年的 112.7 跌落到 1932 年的 58.4，德国从 108 跌落到 64.6，但在英国，仅仅从 109.9 滑落到 90。

地步，至少局面还没有迫切到让人喘不过气来。

第二，国家尚有所克制，并未过多干预。在两次大战特别是"二战"中，英国展现了国家有效干预的能力。当国家干预时，成就有时候还是颇为惊人的，比如，1940—1945 年间国家就让英国农业发生了重大变革。国家干预的必要性显而易见，毕竟有几个基础行业（主要是铁路和煤矿）一蹶不振，已经超出了私有部门自行恢复的可能，而另几个行业明摆着不可能靠自身力量加以改善。然而，两次大战之后，英国都迅速有力地撤除了国家管控机构，依然深感不该让国家去干涉私人企业活动。国家的干预，就如工业界自己采取的现代化举措，本质上属防御和消极性质。

这一点在经济集中度方面尤可显见，因为 1914 年时，英国或许是工业列强中集中度最低的国家，到 1939 年也还是集中度最低的国家之一。当然，有关经济集中度，并无什么新东西，无非是指：生产单位和所有者单位的规模日益扩大，产量和就业等等日益集中于越来越少的巨头公司手中，对竞争施加正式或非正式的限制乃至达到寡头控制或垄断的程度①，凡此种种，都是资本主义人所共知的发展趋势。集中化趋势首先在 1880 年代和 1890 年代的大萧条中可以察觉到，可是在 1914 年前，它对英国的影响明显要小于对德国和美国的影响。英国的工业结构植根于规模中小型、高度专业化、由家庭经营并融资的竞争性企业，正如其经济政策植根于自由贸易体制一样。例外也是有的，主要在公用事业和重工业（钢铁、重型机械、造船）领域，这些行业长期以来所需要的启动投资往往超出了个人或合伙所能提供的范围，而且战争的需要又促进了它们的集中度。但大而言之，占主流的还是开放市场上小型而分散的行业，况且，既然这种格局继续欣欣向荣，总体上原未得到政府的保护或支持，

---

① 参见原书第 155 页注释。

那它也没什么大的理由会走下坡路。工厂的平均规模还是扩大了，公众股份公司 1870 年代前在银行和交通部门之外几乎还不存在，1880 年后已进入工业领域并成倍增长，这进一步增大了企业的规模。到 1914 年，已经出现若干资本主义大型集团公司的杰出样板，还有一些甚至达到了垄断的程度。集中化趋势无疑是存在的，不过它肯定还没有改造整个经济。

然而，1914—1939 年间它就改造了经济，集中化的加速部分由"一战"所推动，部分则由萧条（特别是 1930 年后的大滑坡）所促成，当然，政府也几乎一直乐观其成。不巧的是，集中化进程不易衡量，因为统计学家就如理论经济学家一样，在 1930 年前并没有认真调查其数量增势或理论含义。① 但大略的事实还是肯定无疑的。

1914 年前已存在若干垄断产品，如缝纫用线、普通水泥、墙纸、平板玻璃等，但到 1935 年时，至少有 170 多种产品基本上仅由一家、两家或三家厂商生产。1914 年，共有 130 家铁路公司，1921 年后，只有四家互不竞争的大型垄断企业。1914 年，曾有 38 家合股银行，1924 年，只剩 12 家，其中的"五大家"（米德兰、国民地方、劳埃德、巴克莱、威斯敏斯特）完全主导银行业。1914 年，可能只有 50 个行业协会，主要涉及钢铁，到 1925 年，单是"英国工业联合会"（与"全国制造商协会"一样，在战争最后几年成立）就有 250 个下属协会②，"二战"后，则可能有 1000 家这样的协会。1907 年，一位专业调查者尚且写道："尽管工业已大幅度转入大集团之手，但仍有更大的领域依然由个体商家控制着。"[2] 及至 1939 年，有专业观察家不得不指出："自由竞争作为工业与商业组织的一个特

193

---

① 1930 年后大家转而重视该问题本身就是集中化日益发展的一种体现。

② 根据采集的样本，"二战"期间存在的 100 个行业协会中，26 个组建于 1914 年前，33 个组建于 1915—1920 年间，37 个组建于两次大战之间。

征，几乎已从英国舞台上消失。"[3]

在就业方面，经济集中化现象到 1930 年代中期也已相当显著。大而言之，当时英国有 14 万稍多的"工厂"，除其中 3 万家左右外，绝大部分都是雇工不足 25 人的小微企业，雇佣 1000 人以上的工厂仅 519 家。然而，数量不多的大企业当时的雇工量，在工业生产普查所覆盖的全部工人中占到五分之一，在某些行业（电力机械、汽车等车辆制造、钢铁轧炼、天然与人造丝绸、报纸生产、船舶制造、制糖与甜食）则占 40% 以上。换句话说，仅占总数约 0.35% 的工厂却雇佣了全部工人的 21.5%。由于一家厂商越来越会在同一行业（更不用说其他行业）中拥有多家工厂，就业的集中度实际上还要更高些。在英国 33 个行业中，三家最大的厂商雇佣了全行业工人的 70% 乃至更多。

我们固然无法将此与 1914 年前的情况作精确比较，但对典型的老式行业的结构还是能作出合理的判断。一般而言，与那些技术较新的行业相比，老式行业较少受到 20 世纪产业特点的影响。1914年，一家普通的煤矿雇佣着大约 300 名工人，按当年标准，煤矿属于超大型企业。晚至 1930 年，一家典型的棉纺公司仍雇用着 100—300 名工人，近 40% 的工人工作于员工不足 200 名的工厂。在 1935年的"普通"英国行业中，稍稍超过四分之一的工人系由最大的三家厂商所雇用。在集中度最高的行业（化工、器械与车辆、钢铁），40% 或更多的工人系由最大的三家厂商所雇用，而在集中度最低的行业（煤矿、木材加工），仅为 10% 甚至更少。大致可以肯定，1914 年前，英国大部分工业的雇工集中度更接近上述最低的那类行业，而不同于较高的那些行业。

194　　　但是，最引人注目的变化并不是英国变身为一个拥有巨型公司、寡头垄断企业、行业协会之类的国家，而是工商界和政府都欣然赞成这种足令 J. S. 穆勒大惊失色的变化。诚然，反对经济集中化的声浪在实践中总是要大大弱于在理论中；英国也不存在由激进民主"小人物"所发起的强大运动，这种运动在美国反复促成了（不算太有效的）反垄断立法；社会主义者尽管在理论上反对集中化，但主要出于自身目的，并未不遗余力地一概加以反对（实际上，劳工运动完全不反对产业集中化）。可是，人们对竞争资本主义的信仰还是十分牢固甚至固执的，几乎接近对自由贸易的信仰。虽然如此，我们在两次大战之间还是看到，历届政府作出了系统的努力，争取**减少竞争**，扶植巨型卡特尔，推动企业兼并，促成垄断局面。即使在 1914 年前，钢铁行业便已充斥有关价格操纵的种种安排，只是还没有像 1932 年后那样，形成与政府公然合伙的限制性巨型卡特尔（与政府的合伙是通过"进口税顾问委员会"而实现的）。于此可见，对自由竞争的信仰很快便无疾而终，比自由贸易信仰死得更早。

应当指出，经济集中化本身并非一无是处，为保障充分的产业进步，它经常是十分必要的，极端时的国有化则更属必要。人们通常相信，"垄断资本主义"相对于未加限制的竞争经营，必然减少活力、阻碍技术进步，此乃一种不实的神话。不过，两次大战之间所发生的经济集中化，基本上无法以效率和进步这样的理由来加以辩护，它完全是限制性的、防卫性的、保护性的，是对萧条的一种盲目回应，旨在通过消除竞争而确保盈利，旨在培植更大的各种资本集团。从生产的角度看，这样的资本集团绝不比原先各自独立的组成部分更加合理，但它们为金融家提供了过剩资本的投资机会以及得自公司兼并的获利。英国就此在国内外都成了一个不竞争的国家。

从某种意义上说，这一阶段英国工商业强烈的内向特点是对经济危机的一种防卫性反应。钢铁这样的行业毫不掩饰地逃离国际舞 195

台，退缩到受保护的国内市场①，不过，对纺织业之类出口导向型老
产业，这样的逃离也无助于躲避灾难。1931 年后，政府系统地保护
国内市场，某些产业（特别是汽车制造）完全依赖于保护，这样的
保护从"一战"以来便已存在。然而，不单是逃避主义才让英国企
业转向国内，很大程度上也是因为大家发现，英国工人阶级的大众
消费提供了毋庸置疑的销售机会。再肤浅的观察家都一定会注意到，
在那些始终外向的经济部门与那些因内向而发财的部门之间，居然
形成了显著的反差。

萧条时期最惊人的扩张案例当数零售分销（参见原书第 140—
141 页）。烟草商店的数量 1911—1939 年间增长了近三分之二，甜食
商店 1913—1938 年增长了 2.5 倍，药品商店增长了三倍以上，家
具、电器、五金等商店的数量增长得更快。须知，这一阶段正逢小
店主失去地盘，大企业（合作社、百货店，特别是联号商行）迅猛
拓展呢。发现大众市场也不是新鲜事，某些行业和工业区（主要是
米德兰兹地区）就一向注重国内消费者，并借这一政策而兴旺。新
鲜的地方在于，欣欣向荣的内销行业与愁眉苦脸的出口行业对照明
显，其标志是，中部地区、东南部地区不断扩张，北部和西部却萧
条不振，双方的反差无比强烈。自伯明翰至伦敦这片广大区域内，
工业继续成长，新的汽车制造基本上就限于这一区域，新兴消费品
工厂沿着伦敦之外的"西边大道"纷纷而起，来自威尔士和北部地
区的移民涌向考文垂和斯劳。就工业发展而言，英国正在分化为两
个国家。

196

---

① 钢材产量和国内消费量（年平均，百万吨）：

	1910—1914 年	1927—1931 年	1935—1938 年
产量	7.0	7.9	11.3
国内消费量	5.0	7.6	10.6

转向国内市场也跟新技术行业的显著扩张有一定关联，这些新产业现按大批量生产的方式组织起来。虽然两次大战之间的某些"新"行业出口销路也不错，但它们有别于 19 世纪的大宗行业，基本上依靠国内需求，甚至经常依靠天然的或政府的保护去避开外部竞争。有几个行业更直接地依赖政府的支持，一般而言，这些都是仰仗复杂科技的行业。要是没有政府的撑腰，飞机产业本来就不可能存在，生机勃勃的整个电力产业部门也从政府垄断中获得了难以估量的好处，政府垄断了电力的批发，还垄断了国家电网的建设，这种配电系统其时可谓举世无双。

当然，企业转向内需的另一原因是，工人阶级的生活水平有了大面积的显著提高，尽管难免还有若干死角。这种生活改善缘于大量产品的涌现及其价格的低廉，还缘于这些产品更趋有效的销售。1914 年时，只有食品市场按新方式实现了重大转型。1914 年后，大众市场的兴起一定程度上遭到延误，一是因为受到了两次大战的影响，这里主要指"一战"，毕竟"二战"时管理颇为有效且公平；[①]二是因为政府和雇主坚持认为，应对萧条之良策在于降低工资、削减社会保障开支。不过，即使考虑了大规模失业之后，仍应看到总体情况很可能还是有所改善。哪怕是最不乐观的估计也表明，实际工资平均而言曾温和上升了 5%，之所以称这一估计不乐观，是因为它将失业所引起的收入减损平摊到全体人员，可这种情况不大可能发生。而更加乐观的估计并不把失业因素考虑在内，这种估计最高时认为实际工资提高了 40%，尽管这也非常不可信。总体上难以否认，新的批量生产型经济在两次大战之间的确高歌猛进。

---

① 例如，食品消费在 1939—1941 年下降了大约 10%，此后，借助有效的计划，该比例实际上还稍有回升。而在"一战"期间，食品开支曾持续下跌。

毫无疑问，如今进入市场或者大幅降价的大众商品还不是少数人才买得起的昂贵"耐用消费品"，可能只有自行车是例外。相比而言，美国到 1939 年已为人口中每 10000 人提供 150 台刚问世的冰箱，加拿大是 50 台，而英国 1935 年时仅为 8 台。即使是中产阶级，也才开始按照每 1000 名消费者 4 辆（1938）的较低比例在购买汽车。1930 年代末人们大量购买的收音机已经无处不在，但除此之外，吸尘器和电熨斗也许是仅有的家用电器。产生最大影响的新产品是家庭和个人使用的廉价物品，它们销售于成倍猛增的伍尔沃思式杂货铺、不断扩张花样翻新的"药店"（博姿家化店的数量从 1900 年的200 家增加到 1938 年的 1180 家），以及类似的百货店。比如，廉价化妆品在此期间得到使用，自来水笔也是这样。顺便要说，这两种商品跟香烟、饮料、加工食品一起，位列广告做得最多的产品。广告业就在两次大战之间成熟起来，而依赖广告、发行千百万份的全国性现代报业也随之崛起。

然而，在一个领域，技术革命于两次大战之间已经创立了全新的生活格调。在那些人气不足的传统杂要场和同样老式却依然扩张的舞厅之外，两种技术首创的娱乐形式——无线电和电影院在 1918年后一举走红。二者中，无线电比电影院更具革命性，因为它有史以来首次将现成的娱乐昼夜不停地带给千家万户，控制无线电广播的是英国广播公司这一公共机构，这家并无商业头脑的公司当然初衷不在娱乐。电影院替代豪华小酒店和歌舞杂要场，成为穷人体验奢华的梦幻之地。巍峨高大、巴洛克式的电影院——格拉纳达、多卡德罗、奥迪恩，随着失业率的上升而在工人阶级住区纷纷涌现。单是影院名称就不禁让人想起异国风情和豪华酒店，在软垫座椅的前方，呈现着价值连城的宏大景观和硕大无比的音响系统，它们在闪烁不定的彩色灯光中浇灭着大家心头的不满情绪。电影院可能是所曾制造的最有效的梦幻工厂，看场电影比起喝杯饮料或看场杂要

198

还要便宜并享受更长时间，而且随时可以体验一把性爱这一最廉价的乐趣。

生活水准的提升依然相当有限，这种有限的提升主要靠了某种运气（至少对有工作的人而言），即经济崩溃的岁月往往也是生活成本下降的年份。1933 年的一英镑比 1924 年的一英镑可以多买四先令的东西，按 1924 年在职工人平均工资算，一周赚三英镑的人依然可以比 1938 年增加约五先令的购买力。① 要不是两次大战之间的岁月生活清苦、乏善可陈，1940 年代充分就业、1950 年代经济繁荣所带来的改善就不会让人那么刮目相看。不过，萧条、失业，以及工人阶级中大批人员生活水平继续提高，这些互相矛盾的现象并列杂陈，这本身反映了英国经济在两次大战之间已发生相当多的变化。

对于一个拥有英国那种国际地位的国家，不应该毫无保留地赞成其转向国内市场。"二战"之后，当政府试图鼓励新产业对外出口时，情况一清二楚，企业偏好安稳的国内市场已经积习难改。更严重的是，哪怕是新兴的英国产业也比外国最好的产业缺乏技术活力，即使当创新首先在英国问世（还经常如此），英国的工业也往往无力或不愿进行商业开发。在纯科学中，英国的地位名列前茅，1933 年后随着德国一流科学人才的大批外流，英国的地位更是脱颖而出，尽管这种地位危险地依赖于一两所大学中数量很少的一些人。在核物理和计算机理论的发展中，还有在产业重要性稍逊的生化和生理学等学科的发展中，英国均居于无可挑战的位置。但仍应指出，在两次大战之间，很少有人会期待英国开发出新技术（除了在国家主导的军械领域，如雷达和喷气发动机），更少有人会从英国那里寻找现代工业的样板。20 世纪极少数标志性产品中，实际在英国开发的

199

---

① 换言之，英国萧条的某些负担实际上转嫁给了出口初级产品的欠发达国家。

只有电视机，它首先于 1936 年在英国开播，但即使是这一产品，其进步也不单单依靠了某个领先的私有公司（"电力及音乐集团"），更依靠了国有英国广播公司的努力，这一点也很有典型意义。在电视机的使用方面，英国一直领先于美国以外的所有国家，这或许引人注目，但毕竟是个罕见现象。①

这种萎靡不振的局面一定程度上是因为，英国工商界未能系统开展价值不菲的研发活动，而研发对于产业在科技基础上的进步已越来越不可或缺。1927 年的"贝尔福工业与贸易委员会"就曾激愤地对比了英国"科研方面总体进步的缓慢"与德国和美国工业的卓越成就。⁴英国的失利不完全是研究方面的问题，因为即便在美国，它跟英国一样，这方面真正重大的扩张发生在"二战"期间和"二战"之后，当时政府主要为军事目的曾给予扶持。英国的失利很大程度上体现于"开发"方面，即它未能花大力气孵化发现或发明，使之具有商业实用性。除非依靠某个巨头公司，否则很少发明能在这里**得到开发**。"软棉布印染协会"的研究人员曾偶然发现了一种极有价值的人造纤维（涤纶），干脆将它转交给英国的帝国化工公司及美国的杜邦公司。但总体而言，英国的巨头公司与国外同行相比，对创新的兴趣要低些。

然而，在发表了全部的保留意见后理应承认，英国工业在两次大战之间并非成绩平平，**整个英国制造业（包括那些衰退行业）**的产量，在 1924—1935 年还是比 1907—1924 年要增长得更快，须知，这尚且是在经济萧条和大量失业的时期。1850—1913 年间，人均工业总产出可能刚好增长了一倍或稍多，该指标在 1913—1924 年几乎没有变化，但自此往后直到 1937 年，它增长

① 1950 年，英国拥有将近 60 万台电视机，欧洲其他国家则一台也没有。甚至在 1960 年，整个欧洲一半以上的电视机还是在英国。

了约三分之一，比维多利亚时代的巅峰时期还要快不少。自然，这主要借助新兴产业而实现。电气产品的产量1924—1935年间几乎翻了一倍，汽车产量翻了一倍还多，电力供应也是如此，飞机、丝绸特别是人造丝在不长的同时期增长了五倍。1907年，新兴产业仅占总产量的区区6.5%，及至1935年，已占到近五分之一。

*

由上可见，"二战"爆发时，英国在经济上跟1914年相比已是一个判然有别的国家。在这一国度，农业人员有了减少，但政府雇员有了增加；矿工已经减少，道路运输人员却大幅增加；产业工人减少了，售货员和其他办公室人员却大量增加；家庭佣人少了，但娱乐人员大增；在制造业中，纺织工人少了，五金和电力行业的工人却多了（参见图表4、图表7）。这个国家的工业地理已发生改变。甚至在1924年，传统工业区（兰开夏和柴郡、约克郡西部、东北部、南威尔士、中苏格兰）仅生产了全部净工业产值的一半，到1935年，其产值仅占37.6%，勉强超过后来快速成长的新工业区（大伦敦和米德兰兹）。这也很自然，因为南威尔士1937年都还有41%的工人就业于衰退性行业，而米德兰兹只有7%；东北部是35%，而伦敦只有1%。

英国成了一个经济部门一分为二的国家，一部分在下跌，另一部分在上升，连接二者的是三个因素：大量积累的资本，它同时抓住了两个部分；日益增加的政府干预，它同时覆盖了两个部分；老式过时的特征，它源自英国与19世纪世界自由资本主义方式少有的"契合"，这些特征也同时充斥这两个部分。英国霸权时代的那种自由世界经济到1939年已经寿终正寝，假如我们能确定具体的死亡时间，那应该是在1929—1933年。虽然自由世界经济在1970年代后以某种新形式复活起来，但无论是其全球背景还是其结构方式都已

201

有别于原先的状况。然而，假如其鬼魂还缠着哪个国家，那该是英国，因为英国学会了作为世界工厂、世界贸易大国、航运大国、金融中心的种种本领，可如今却弄不明白，在这套本领变得多余之后，究竟应该怎么办。不过，在以后几代人的时间里，这套多余的本领引发了政府职能的转变，19 世纪的人们会认为这种转变不可想象。我们现在必须转而讨论这一问题。

注释：

1. 参见"后续阅读"中 Pollard and Floud and MaLoskey，以及第七章注释 1 中 Kenwood and Louheed, and Alford 的论著。有关国际背景，也参见 I. M. Drummond, *The Gold Standard and the International Monetary System 1900 – 1939* (1987)，I. Svenilson, *Growth and Stagnation in the European Economy* (1954) and C. P. Kindleberger, *The World in Depression 1929 – 1939* (1973)。有关国内经济，也参见 A. Booth and M. Pack, *Employment, Capital and Economic Policy：Great Britain 1918 – 1939* (1985)，R. Middleton, *Government Versus the Market* (1996) and W. R. Garside, *British Unemployment 1919 – 1939* (1990)。有关工业问题，除第九章注释 1 外，参见 N. K. Buxton, and D. H. Aldcroft (eds), *British Industry Between the Wars* (1979)，R. A. Church, *The Rise and Decline of the British Motor Industry* (1994)，B. Supple, *The History of the British Coal Industry, Vol. 4：1913 – 1946* (1988)，S. Tolliday, *Business, Banking and Politics：The Case of British Steel 1818 – 1939* (1988) and W. A. Thomas, *The Finance of British Industry 1918 – 1976* (1978)。有关劳工问题，参见 H. Clegg, *A History of British Trade Unionism Since 1889, Vol. 2：1911 – 33* (1985) and *Vol. 3：1934 – 51* (1994)，C. J. Wrigley (ed.), *A History of British Industrial Relations, Vol. 2：1914 – 1939* (1986)，R. Croucher, *We Refuse to Starve in Silence：A History of the National Unemployed Workers' Movement 1920 – 1946* (1987) and S. Macintyre, *A Proletarian Silence：Marxism in Britain 1917 – 1933* (1980)。也参见图表 1、3、7、8、12、13、17、24、26、35、38、44、47、48、51、52。

2. H. W. Macrosty, *The Trust Movement in British Industry* (1907), p. 330.　　202

3. 引见于 S. Pollard, *The Development of the British Economy 1914 – 1950* (first edition, 1962), p. 168.

4. Committee on Industry and Trade, *Factors in Industrial Commercial Efficiency* (1927), pp. 38 – 9.　　203

第十二章
政府与经济

工业与帝国
Industry and Empire

英国的现代化历程   From 1750 to the Present Day

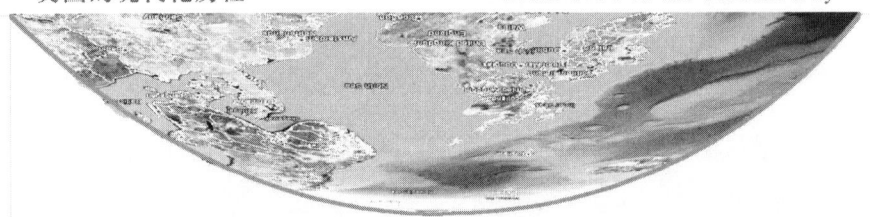

第十二章
政府与经济[1]

　　工业革命以前，英国或其他国家政府对经济的通行立场是，如果必要，就应该做点什么。这也成为1929—1933年大萧条后各国政府对经济的普遍态度。可是，在另外两个时期，这个堪称历史常规（或称常识）的定论却被某种相反的东西所取代，政府和经济学家其时都相信，国家不应当干预经济。1979年以来，英国正处在这种不干预主义的第二个时期。而第一个时期正好跟工业化英国的崛起、胜利、称霸相重合，它特别适合该国当时的情况，可能也适合与英国相像的其他一两个国家，如"二战"后霸权时代的美国。第二个时期并非适合哪个单独的国民经济，而是反映了全球经济的兴起与得胜，主要让跨国经营的企业收获了好处，在这些跨国企业看来，国家及其法律不过是自己牟利道路上讨厌的障碍而已。工业革命以来政府经济政策与理论的历史，本质上就是放任自流兴起、衰落、复活的历史。

　　政策当然以理论为基础，尽管并非总以最好的理论为基础。因此，看来符合逻辑的做法是，在展开这一章时，先应简要地考察经济理论。更进一步的理由是，就本书所涉及的大部分时期而言，英国人主导了经济理论的研究，当然，主导的程度从未完全达到爱国者所声称的地步。然而，也不应该拿出更多篇幅来回顾英国经济理论的发展，这一主题在庞大的专题文献中已有非常充分的论述，此外，还有两个理由：其一，经济学作为一门应用性质的学科，必然深受现实讨论中流行气氛的影响，并会反映经济的形势。当经济前景看来暗淡时，经济学往往成为所谓"郁闷的科学"，就如在 19 世纪前三分之一时期。当工资与支付问题困扰实业家时，此前未曾深思此类问题的经济学家便开始关注它们。在两次大战之间的萧条时期，比比皆是的失业成为头号问题，作为对经济学最独特修正的凯恩斯主义便把提供充分就业放到理论的核心位置。而且，大量经济学所发挥的作用不是告诉政府或工商界应当做些什么，而是告诉它们其正在做（或不在做）什么都是对的。其二，政府政策通常并不会反映当时最好的经济学（即使考虑了控制政策的中年人与其学习理论的青年时代二者间的时滞，或者年纪较轻者获得影响力所花费的时间，也还是如此），政府政策更多地反映了政治上最能予以接受的经济学，经常是经济学的简化版本和庸俗版本，而经济学在落入行政管理者、工商经理、应用技术员手中后往往变成这样。当经济学界存在强大的共识时，政策就更容易将该共识奉为"正统"，然后按照这一已凝固为教条的理论进行操作。

　　完全的政府放任自流从术语上说，就是一种自相矛盾的东西。现代政府不可能**不**去影响经济生活，因为政府的存在本身就是为了这个目的。"公有部门"无论多么有限，单纯从就业的角度看几乎总是一个庞大的"产业"，公共收入与开支构成了国民经济较大的一个比例。即使在英国放任自流的巅峰时刻，即 1860 年前后，政府开支也占到国民收入的好几个百分点。当然，任何政府活动、任何公共法规体系，也必然影响经济生活，此外，即使是最不加干预的政府也发现，难以放弃对某些纯粹经济事务（如货币）的控制。事关重大的并不是政府干预本身，甚至也不是其（一定范围内的）力度，

而是这种干预的性质。在古典自由经济中，政府干预的目标是要为
资本主义创造并维护最恰当的条件，当时人们认为资本主义本质上
是个自我调节、自我扩张的体系，通常会让"国家财富"最大化。

　　英国工业革命起步时，关键的问题是为资本主义创造条件，而
从废除《谷物法》的1846年起，关键的问题是为资本主义维护条
件。自19世纪最后25年开始，情况变得越来越清楚，在一些纯理
论声称最好不管的事物中，若无政府干预，将不可能维护资本主义
发展必需的条件。但在1931年即自由贸易体制被废除之前，人们并
没有放弃维护自由经济的努力，1931年后则放弃了这种努力。质言
之，这就是英国工业辉煌时代政府政策的历史，当然这样说难免挂
一漏万。

　　为私有企业的顺利运转创造最佳条件，首先意味着消除形形色
色的现有政府干预，流行的正统经济理论无法证明这些干预的合理
性。19世纪初的政府干预分属四类。其一，现在统称为**重商主义**的
传统经济政策余波未绝，重商主义的目标跟经济自由主义截然相反，
它倡导利用国家权力系统地增殖国家财富（或者利用国家财富培植
国家实力，经常情况下，富与强是一回事儿）。其二，传统的社会政
策也余波不绝，这种社会政策认定，政府有责任维护一个稳定的社
会，每个人都有权恪守上帝赋予的天职（一般也是较低的社会地
位）。即便在最高决策层放弃这一观点后，不仅劳苦大众，而且境况
较好者中那些思想传统的人，也仍继续坚持这一观点。例如，晚至
1830年，在农场劳工大骚乱所波及的几个郡中，乡绅和地方官违背
高层建议，坚持认为应当设定最低工资，并应当拆毁酿成失业问题
的机器。这些乡绅和地方官因此还受到了议会的责备和惩戒。其三，
存在既得利益集团，这些社会群体妨碍快速的工业进步，其中以地
主阶级为最。其四，存在日积月累的深厚传统，那一大堆庞大、杂
乱、低效、费钱的制度及制度短板阻塞着前进的道路。

205

206

在上述四类中，第一类构成了最严重的理论问题，第三类（而如果既得利益集团出手维护时，则还有第四类）构成了最严重的实践问题。至于第二类，严格说来只有穷人站着它一边。除《济贫法》外，都铎王朝时代确立的社会规范早已时过境迁，当然在 18 世纪，不时会有一些强大（通常就是好造反）的工人团体，有时仍争取到借助法律去设定价格或工资，或借助法律去控制其他劳动条件。到 18 世纪末，大家普遍认为，劳动力是一种可按市场价格自由买卖的商品。在拿破仑战争的艰难岁月，当早期的工人阶级运动试图恢复旧有规范的法律保障时，议会在 1813 年随即废除了残余的旧规范，况且并未引发轩然大波。从此往后直到 20 世纪初，官方相信，通过法律设定工资（但不包括通过法律控制工时及其他某些劳动条件），必然会走向毁灭。晚至 1912 年，当首相阿斯奎斯提出那份（不具操作性的）《矿工最低工资法案》时，这位通常不动感情的人居然还流泪哭泣，那份法案是全国性煤矿罢工迫使政府下咽的一颗苦果。

《济贫法》基于政治理由而无法废除，该法得到了双重支持：一方面，穷人自然且普遍地相信，哪怕实际上得不到自由和追求幸福的权利，至少人人都有活命的权利；另一方面，农业群体怀有强烈的先入之见，希望维持稳定的社会秩序，反对无情地把人和土地转变为单纯的商品。只有在苏格兰，人们依照加尔文教的原理，废除了穷人享有基本供养的**权利**，将救济穷人的事完全交由教会中较优越者去处理，可扶危济困在某种意义上本乃一项道德义务。此外，最近有人指出，在工业化早期阶段，一部普遍覆盖的《济贫法》本来也许有助于吸收大量的隐性失业，特别是农村的隐性失业，毕竟当时的工业扩张速度尚无法为日益增长的人口提供足够的就业。

确有证据表明，虽然存在资产阶级的经济理论，但 18 世纪的《济贫法》变得更加慷慨了。1790 年代中期，当艰难岁月让贫困成为灾难时，乡绅们竭力反对流行经济理论，赞成实行"斯宾汉姆兰制度"。按照最宏大的设想，这一制度设法确立以面包价格为基础的最低工资制，必要时还可用济贫费加以补贴。斯宾汉姆兰制度并没有阻止农场劳工的贫困化，再说也没有得到普遍、持久、充分的执行，可是它已经让理论家们深感恐惧，因为它使得《济贫法》进一步偏离理论家们的设想。理论家们的初衷是：第一，在《济贫法》问题上应当尽可能少花钱；第二，《济贫法》不应当救助隐性的或显性的就业者，而应该成为一种推动力，把闲置的劳动力资源推到自由劳动市场上；第三，《济贫法》应该阻挠人口的增长，当时人们普遍认为，人口增长必然导致日益严重的贫困化。不给赤贫者提供**任何**救助固然不应该也不可能，但这套援助制度必须具有威慑性，相关援助无论如何也应当比市场上工资最低、最无吸引力的工作还要差。就是带有这些非人道特征的一部《"新"济贫法》于 1834 年在议会得到通过，政治压力加之伪装成统计数字的谎言合在一起，保证了法律的通过。该法律酿成的苦难和不幸，超过了现代英国历史上其他任何一部法律。也应提及的是，并非完全走投无路的工人曾发起反抗，阻止了该法律在工业化北方的充分实施，像工厂之外不予救助、工厂之内受援家人分开居住等条文均未在工业化北方执行。十分奇怪的是，谁也没有认真调查过，这部《济贫法》实际上是否增加了劳动力供应的灵活性，想必不大可能做到这一点。

清除制度垃圾堆的说法倒是更有说服力，哪怕这样做显然是因为可以省很多钱。旧有既得利益集团（主要是王室、教会、贵族）手中的权力，还有律师们难以逾越、堆积如山的障碍，限制了制度合理化的范围。更加全心全意的改革（包括若干基础性改革，如改进拼写法与度量衡），一般要靠社会革命去推动，可惜不存在这样的革命。不过，虽则君主制、国教会、老大学、战争部、外交部、法院以及其他古老遗产经过激进改革时代，都几乎毫发无损地留存了下来，但主要在三个回合的政治与行政大扫除中，还是取得了大量

208

的成绩，那三个回合是在 1780 年代、1820 年代和 1830 年代、
1867—1874 年。（这三个回合之间改革活动之所以断档，主要是因
为人们心存忧虑，唯恐在雅各宾革命和宪章运动时期再平添社会革
命。）"经济改革"启动于 1780 年代，但并没有走得太远。这一改革
旨在打击某些政治大佬把中央政权机构变成小金库，私自进行利益
输送。公共服务薪金制（而不是靠山吃山的分赃制）、私有资金与公
共资金的分离、对这些资金的系统核算，至少都已作了宣告。"预
算"这个词在 18 世纪末得到使用，预算工作很可能主要源自 1793
年后战时财政的需要，但它反映了上述关注焦点。中产阶级大臣
1820 年代执政时对刑法和财政体系作了大举清理，新近改革的议会
在 1832 年后对陋习积弊也发起了大举攻击，它在旧利益集团听之任
之的领域开展了成功改革，主要涉及《济贫法》和城市管理（1835
年《市政改革法》），但在其他领域陷入困境。然而，1860 年后，以
前提出的某些倡议至少得到了部分实现，体现为文官制度的重大转
型、古老学校与大学的部分改革、公共基础教育体系的确立，甚至
还对错综复杂的法律作了一定的修剪。

　　为何合理化改革会如此三心二意，原因并不在于据说英国人珍
爱传统、还据说英国人厌恶逻辑。要知道，就在制度改革拖泥带水
的那个时期，英国曾经倾心信奉放任自流经济学，还很少有哪些国
家像英国那样被一套先验的学说所俘虏；也同样在此时期，恰恰依
靠传说中因循守旧的英国人，印度的制度得到了全盘改造，还很少
有哪些国家经历过那样彻底的制度改造。这一时期英国制度的延续，
实际上是旧有利益集团与新兴工商集团政治妥协的结果：砸碎既得
利益，定会引发革命风险，而工商集团尚无意去冒这种风险，除非
涉及他们视为绝对关键的问题，如经济政策。在保护主义抑或自由
贸易的问题上，工商集团准备决一死战，其中最激烈者准备必要时，
不惜发起一场饥饿暴动。土地利益集团意识到这一点，所以在 1846

209

年废除《谷物法》这一问题上悄悄退让了，再说其地租方面的隐患到这一年已经大为消除。对工商集团而言，还没有其他哪个问题值得如此去冒险。制度低效的代价固然不低，但对于世界上最具活力的工业经济而言不过是花点小钱而已。举个明显的例子吧。过时的立法体系基本上不允许正常的合股企业，但就是在这种法律框架下，大家依然能够筹得所需要（甚至更多）的投资资本，所以，这样的经济不会在乎花点额外的小钱。诚然，制度低效的情况下，比如每造一条铁路，都需要以无比高昂的代价去通过议会的法律，这让英国铁路每英里的造价显著高于其他任何国家。但没有证据表明，英国的铁路建设因此受到了一丝一毫的妨碍。

要消除通向放任自流的所有这些障碍，核心问题在于，新兴的工商界能够并且想要给那些挡道的社会群体施加多大压力。单单拆除旧的"重商主义"政策，也会提出理论原则问题。当然，废除重商主义一定程度上就是一个既得利益问题，不难看到，西印度利益集团和毛纺织利益集团对国家财政的贡献已经小于棉纺织利益集团。西印度集团支持蓄奴并支持对殖民地蔗糖的垄断销售，毛纺织集团要求系统地监控并保护英国向来堪称支柱的毛纺产业，二者得到的政治支持远远不如土地利益集团。尽管如此，要想从理论上说明：完全撤除政府对工业与贸易的支持和保护最有利于英国资本主义利益，这可不是一件容易的事。特别是因为，英国经济在过去之所以取得胜利，很大程度上是因为，英国历届政府通过冷酷无情和敢作敢为的经济歧视政策，并通过针对一切潜在竞争对手的公开战争，毫不动摇地随时准备支持其商人。[210]

但是，恰恰是大功告成本身使得完全的放任自流不仅可能、而且可取。拿破仑战争结束时，英国的地位已无可挑战。作为唯一的工业强国，英国能够把商品卖得比任何国家都要便宜，况且，国际限制政策越少，它就能卖得越是便宜。作为世界上唯一的海军强国，英国控制了去往欧洲以外世界的通道，它的繁荣就立足于非欧洲世界。除去一大例外（即印度），英国从经济上说甚至不需要殖民地，因为整个欠发达世界就是它的殖民地，再说，如果在自由贸易体制下，欠发达世界从最低价的市场上购买，又在最高价的市场上销售，也即都在英国这个唯一的大市场上进行买卖，那么，它们就一直会是英国的殖民地。无论如何，当时相当一部分人是这样看问题的。这些人误读了英国率先的工业崛起，以为这种历史偶然是一种天命的恩赐，英国注定充当世界工厂，其他国家则注定生产棉花、木材、茶叶；英国需要的一切就是和平，而当时就享有和平。

于是乎，重商主义的两大支柱轰然倒下。这两个支柱是：应当采用经济手段（包括在殖民地维持私有领地）保护英国的贸易；有必要借助武力捍卫英国的贸易。第一项已经被亚当·斯密抛弃；第二项依然（也很合理地）为他所关注。1815 年后，即使这一项也失去了效力，故而主要在 1820 年代，重商主义规范的剩余部分也遭到摒弃。《航海法》趋于放宽，正式废除是在 1849 年；殖民地特惠制在 1850 年代被取消；已长期不起作用的英国机器和技术专家出口禁令也告撤除；重商主义的残余则随 1846 年《谷物法》的废除（参见第五章）而退出历史舞台。

*

到 19 世纪中叶，英国政府的政策已接近放任自流，达到了一个现代国家所能实行的最高放任程度。政府规模不大、成本较低，随着时间的推移，政府成本跟其他国家相比更显低廉。在 1830 年到 1880 年代之间，人均年度公共开支在欧洲增加了三倍，在海外欧洲移民国家上升得更快（当然起点极低），但这一指标在英国一直相当稳定。除了涉足印钞、若干军工企业以及必不可少的建筑活动之外，政府退出了直接的生产领域，它甚至成功地回避了某些通常看来明

211

显属于政府职能的事业，如 1870 年前的教育。当政府进行干预时，它也像警察一样，重在管理而非激励或打压。国家事务的复杂性必定会衍生特定的政府行政介入，但一个介入行动会连锁诱发其他行动，这一点并非为世人所普遍了解。有两个例子可说明政府超脱的程度。政府长期一贯地反对动用财政手段去保护产业，英国是唯一这样做的国家；政府既不建造铁路系统的任何部分，也不协助进行直接或间接的融资，甚至也不进行相应的规划，这方面英国也属唯一。

不过，政府在所有时候也不得不在两个方面干预经济，其出台的经济政策因此也聚焦于这两个方面，此即税收与货币。

在 18 世纪，财政收入的传统基础有三块：对消费征税（对进口产品计征**关税**，对国内产品计征**货物税**）；对财产征税（主要对象是土地和建筑物）；对各种合法交易征税（即印花税）。1750 年，如同 18 世纪大多数时候，大约三分之二的收入来自第一项，货物税收入一般是关税收入的两倍左右，剩下的大多来自直接税，而印花税呈上升态势。此外，还有借款，主要为特别目的而筹借。现代财政系统保留了这些支柱中的第一项，对第二项则以遗产税替代（遗产税是一种财产税），但突出的变化是，增加了另一项税，即累进所得税。到 1939 年，关税和货物税仅提供了三分之一的收入，对收入或利润所得征收的直接税提供了 40% 左右，遗产税约占 8%，剩下的主要来自大为膨胀的政府经营活动（即邮政）、对机动车开征的新税种，还有其他较小收入渠道。所得税最早作为一项临时措施，是在大革命与拿破仑战争时期引入的，尽管国民大众与经济学家明显讨厌这一税种，也尽管长时间内人们仍然视之为一项权宜之计，但它还是在 1842 年被重新设定为永久税种。晚至 1874 年，格莱斯顿还建议取消所得税，当时税率为聊胜于无的每英镑抽两便士[①]，假如他

---

① 克里米亚战争期间，所得税率达到峰值，为每英镑 1 先令 4 便士。

赢得选举的话，有可能会取消该税。1900 年特别是 1909 年后，所得税开始陡然上升。遗产税主要落在土地贵族积累的大额资产上，在工商圈内十分不得人心，土地利益集团遏制住了这一税种，只是到 19 世纪末，社会开支和武器装备的新需求才让情况发生变化。"一战"前夕，遗产税成为可观的财政收入来源，但与所得税比依然属于小税种。

20 世纪以前，税收制度的沿革并无系统性或合理性可言，人们没有事先研究什么是最有效率、最具社会公平性的筹资方法，也没有事先研究不同征税方法会带来何种经济后果。财政政策重在关注三点：如何最低程度地干扰商人；如何让富人承受最小的负担；如何为满足公共开支需要，最低限度地征收必要税赋，又不至于进一步陷入债务。粗陋的政治经济学赞成间接税（如关税和货物税），理由恰恰在于它们缺乏社会公平性，即穷人会付出其收入中更大的份额，据称如此一来，可让富人有更多资本积累下来从而服务总体经济。撒切尔之流的政策回归到了这一原则。放任自流型财政理论固然精致一些，但也同样肤浅。它不喜欢间接税，理由是它们干扰了自由的贸易流通，另部分理由是，当它们提高穷人的生活成本时，也会提高可使穷人免于饥饿的最低工资。1825—1856 年间，在清理旧税种的过程中，间接税被减少到仅足以取得财政收入的最低程度，其对国民的负担明显减轻了，自由贸易学说使得该税负无法再度回升。由于英国除邮政局外缺少盈利的政府企业（政府企业为新兴的德意志帝国提供了一半以上的财政收入）①，对所得收入和财产征收的直接税长远看将需要不断加重分量。

公共财政的基本目标是要减少开支、平衡预算，这一政策在现代计划经济或调控型经济中并无多少合理性，但在放任自流状态下

---

① 例如铁路。

还是相当合理的，另一同样坚定的理念，即应当减少公共负债，也一样相当合理。整个18世纪，债务持续增长，随后在英国最后也是最大的对法战争（1793—1815）中陡然上升，事实上，战争确为举债的主因，当然1900年后，有相当数量的借款是为了投资目的，用于经济中日益扩大的国有部门。1815年后一个世纪的和平令债务逐渐减少，降至峰值（1819）时的四分之三左右，但1914年后，负债又迅猛增长了10倍多。原希望这种融资方式不过是临时为之，但跟所得税一样，这种希望后来便告破灭。

第二项不可避免的政府经济活动是对货币的控制，该活动让政府直接妨碍到工商活动。最初的问题是如何维持英镑的稳定，以便主要服务于英国的国际贸易与金融。很长时间内，看起来似乎常有一种通货紧缩的偏向。虽然通缩的合理性决没有像19世纪正统经济学家所声称的那样显而易见，但对一个在国际贸易与金融体系中发挥支柱作用的国家而言，长期的通缩偏向也非全然不合理。当时只偶尔会有人提出实行有控制的通货膨胀，伯明翰的银行家阿特伍德即其中之一，对其倡议姑且存而不论。自18世纪初以来，英镑稳定的基础就是"金本位"，此乃在货币单位与一定数量黄金之间固守一种刻板关系。1931年前，金本位崩溃过两次，是在两次大规模战争的过程中，具体即1797—1821年、1914—1925年。崩溃让金本位永远出局，然而，某种类似的东西在1945年后得以重建并存续了大约25年，这次改以美元为基础。

金本位提出了两个问题：其一，如何控制硬币或纸币的发行，并控制其贬值或超发；其二，更困难的是，如何影响黄金的流入、流出及国内流通，同时又不至于动用外汇控制、限制可兑换性这两个手段，人们一般认为，这两个手段十分不可取，只有赞成通胀的少数人不这样想。合乎逻辑的选项是，根据贵金属的供应量来调整货币发行。当黄金流入时，这一选项能正常运作，但当黄金非常快

214

速地流出时，这一选项可能会造成难以应付的紧缺局面。金本位不得不被间或叫停（如在 1847、1857、1866 年的危机中），或只得废除了之（如在 1797、1914、1931 年），实际上就是因为陷入了后一种局面。为解决第一个问题，货币发行权被集中到英格兰银行手中，本来很长时期内，铸币权就一直为造币厂所垄断。经过几十年情绪激动的讨论后，发钞权的集中经由 1844 年《银行特许法》得到了实现，到那时却已意义不大，因为在小额现金交易之外，大家都日益使用非货币支付手段，如汇票、支票等等，货币发行控制对它们影响不大。

第二个问题是通过（或被认为通过）操纵"基准利率"而解决的，该利率是英格兰银行的贴现利率，表明银行愿意在收到汇票后预付多少现金。英格兰银行据说应该成为"最后贷款者"，这个贴现率据说应可表明英格兰银行愿意向其他银行提供何种帮助，同时也以足够有吸引力（即足够高）的利息把黄金吸引到伦敦，从而（据说）保护其至关重要的贵金属储备。由于伦敦金融城是国家的金融中心，甚至日益成为世界的金融中心，英格兰银行的贴现率开始决定世界各地短期贷款的标准利率，根据理论所述，这样便可烫平信贷的波动，即按照经济形势或给予鼓励或进行抑制。此类操纵真正开始于 1840 年代中期。

所有这一切假定了两样东西：首先，英格兰银行将作为中央银行来行动，不扮演其他角色；其次，借助这样的短期信号，没有什么经济波动不能加以处理。第一个条件在《银行特许法》出台后的半个世纪中逐步得到实现，英格兰银行缓慢而不情愿地放弃了其普通银行业务与营利冲动，学会了自己作为国家银行应承担的义务。1890 年"巴林危机"后，它很可能已经做到了这两点。第二个条件一直是个不切实际的空想。英国货币的稳定性是以英国经济的国际霸权为基础的，当霸权终结时，无论多少贴现率操纵都难以成事。

没有证据可表明，贴现率或政府作为最后贷款者而干预市场的其他任何方法，在针对每隔几年就要中断经济活动的周期起伏时，起到了削峰补谷的作用。

*

放任自流的基础在 1860 年代和 1870 年代土崩瓦解。随着其他国家工业化的推进，情况已经明朗，自由贸易不足以维持英国作为"唯一"世界工厂的地位，哪怕是继续成为"主要"世界工厂都有困难；既然如此，就需要修正英国国际经济政策的原则。以前大家以为，英国经济从政府那里所需要的东西，除了税收低、货币稳之外，不过就是任其自然，而随着大萧条迎面袭来，这样的结论已不再那么毋庸置疑。在工人阶级于 1867 年特别是 1884—1885 年获得选票后，情况已一目了然，他们为争取更多的福利，会要求公共部门进行大举干预。近在欧洲，出现了德国这一强权，远在海外，崛起了美国和日本这两个新锐，和平（以及相应的小财政）再也无法得到保障。此外，虽然尚不明显，但人们已开始感到，私有企业放任经营的逻辑后果应该不会是：众多小企业主展开竞争，一台小型国家机器摆在某个不起眼的角落里。更可能的情况是：在越来越规模庞大、层级复杂、竞争很不充分的大公司中间，一个日益庞大且官僚化的国家政权将应运而生。

世人尚无法期望，商界风向和政府政策会作出调整，借以适应这种新局面。大萧条期间，出现了一小部分理论家，他们提出要求，应当与放任自流式"个人主义"一刀两断。此前，这种放任主义跟资本主义连为一体，这两个术语经常被混为一谈，正如作为对立面的国家干预也普遍地与"社会主义"划上等号。真正的社会主义者于 1880 年代在英国再次出现，他们主要从工人阶级的角度看问题，从各种反对放任自流、倡导"国家总体效率"的角度看问题，还从"帝国主义"的角度看问题。他们也从英国经济的国际竞争地位这一

216

角度看问题，或者更普遍（并危险）地从大英帝国理当统治海陆世界这样的国家或种族使命角度看问题。但是，即使在工人运动中，社会主义者也一直是少数派小群体，不过他们很快为工人运动提供了源源不断的领袖。一直到 1918 年，工党才在理论上强调生产资料的社会化、分配与交换的社会化这一纲领。体制内帝国主义者（这是在给一种难以清晰界定的趋势命名），在统治阶级中占有类似地位，因此对政策产生着远为直接的影响。但正如米尔纳勋爵的生涯所示，这些人并不能代表上层阶级中的流行政治观点，这一点还是幸运的，因为他们的思想不恰当地倾向于世人日后所谓"法西斯主义"。劳工主体，很大程度上自然还有工商阶级，经由各种事件的冲击和推动，从理论家们所称的"个人主义"时断时续地滑向"集体主义"。

各种事件固然都在推进变革，但在五个时期，变革的催化力尤其来势汹汹、难以阻挡，具体是在大萧条（特别是 1880 年代末、1890 年代）、1906 年后、"一战"期间与随后、1929 年崩盘冲击之下、"二战"期间。

第一个时期并未引发经济政策的真正变化，因为（令英国长期不幸的是）工商界和政治圈还没有受到足够惊吓萧条就消失了。这场萧条仅仅提出了一个问题，即原有正统学说尤其是自由贸易这一准宗教标记，是否应当加以抛弃。基于类似的理由，萧条也没有引发社会政策方面的实质性变化。另一方面，"帝国主义"与战争让英国的外交政策发生了革命，推崇者认为，这两样东西可以解决经济问题和社会问题。实际上国家此时不得不改弦更张，很大程度上是因为殖民扩张和武力恫吓已让行政成本特别是经济成本不堪重负。海军开支已从 1875—1884 年间年均约 1000 万英镑，增长到 1890 年代后半期的年均 2000 万英镑以上，再增至"一战"前的年均 4000 万英镑以上。政府给予军工和通讯相关直接经营的贷款量从 1870 年为零，增长到"一战"前夕的 5000 万英镑左右。正是这一点，而不是对（教育以外）社会福利的极少花费，使得开支不多、作为不大的旧政府模式无以为继。

工党的崛起及其背后激进罢工运动的升级，一段时间内并没有给政策带来很大影响，不过在 1906 年，产生了 40 名工人阶级议员，到 1912 年则又促成了雄心勃勃的社会福利立法框架。此时，社会福利的开支仍然很小，但已标志着从两个重要方面正在突破旧的放任自流治国原则。1929 年前，废止《济贫法》的多次图谋遭到抵制，而且人们不再认为，《济贫法》就是社会为穷人担当的全部责任。人们进而承认，有必要让政府直接干预劳动市场，需要时实际上还可以确定工资水平。同理，人们认为，当劳资纠纷可能危及总体经济时，有必要让政府进行干预，这也是一个同样新颖的突破，其由来一直可追溯至 1893 年全国性煤矿关闭行动。遥想当年风光岁月，英国不存在有力的外国竞争对手，谁也没有考虑过劳资纠纷会危及经济这样的不测事件。上述变化说明两点：官方承认，工会不仅是法律已能容忍的团体，且已成为参与政府治理的团体；至少有可能利用税收手段，减少过分的收入不平等，从而化解社会不满。 ²¹⁸

"一战"引发的政治激进化，将上述几项变化由理论转化为代价不菲的实践，同时也向政府展示了某种更可怕的前景，即劳工运动实际上将致力于产业的国有化。1919 年，面对严阵以待的矿工，政府在言不由衷的某一时刻，只得承诺将煤矿国有化。不过，"一战"的重大后果就是临时但几乎全盘地摧毁整个维多利亚时代的体系，一场世界大战岂能跟"一切照旧"连在一起？到 1918 年，政府已接管了好几个行业的经营，通过征用产品或特许权而控制了其他行业，组织了自己在海外的大批量采购，限制了资本开支和对外贸易，设定了价格并控制了消费品的分销。政府另外也（笨拙地）动用财政政策，主要是间接地采用诱导通胀的手段，让资源向战争方面倾斜，其幅度超出了人们愿意的程度。此种战时努力的一部分便是所谓1915年"马克科纳关税"，该税的征税对象为进口的小轿车、摩托车、自行车、钟表、乐器、胶卷，它在自由贸易的大堤上打开了一个缺口，以后这一关税作为保护性关税得以保留，让英国汽车业长久地蒙受恩惠。实际上到1916—1918年间，英国在不得已中，以不完整和不情愿的方式，已经勾画出了"二战"中强大的国有经济。

这一经济架构在1918年后即告拆解，速度快得有点过分，到1922年已所剩无几。1925年，英国采取了最后一个怀旧举措，实际上恢复了金本位，主政者希望，随之可以全盘重拾1913年时那种自我调节的美好自由。可是，一切都无法复归原样。政府机器比以前更大也更包罗万象了，对"关键"产业的保护已不再是个理论问题，政府强制推动行业改革、兼并乃至国有化如今已成实际政策目标。突出的一点是，政府行为的潜能已经得到检验，因此，人们或可痛恨国家干预，但一般再也不能声称，政府干预不起作用。

219

非常有意思的是，两次大战之间的萧条激发国家更多地干预工商活动，这方面的干预大大多于对福利活动的干预。1920年代初以后，劳工政治压力明显松弛下来。此时，一方面并无新的重大福利开支方案，另一方面，面对1914年之前方案中福利开支的巨幅膨胀，政府舆论立即作出反应，一味要把它降到"精算角度看恰当可行"的水平，这等于就是要砍到无可再低的程度。针对1929年崩盘，财经正统派所作出的自动反应是全面削减开支。1931年对公职人员工资的削减，酿成了1797年以来英国海军的首次哗变。对失业补助及补助对象的减少，尤其是对申请补助者的"经济状况调查"，引发了饥饿游行与骚乱。为控制福利开支而采取孤注一掷的措施，未料因此给民众的愤怒火上浇油，这正是1945年工党终于取得选举胜利的主因之一。但从短期看，萧条并未促使历届政府向福利国家迈进，倒是让它们不顾一切地要防止福利国家的延伸。

另一方面，遭受危机重创的产业亟须政府采取行动，于是，紧接着那个放松控制的短暂时期，迎来了一个国家干预工商活动的空前时代。大家乐于接受这种干预，纯粹是因为干预行动明显有利于工商经营。政府自己的那一块经济并未发生革命性变化，但在某些行业，主要指具有海上和军事意义的行业，私有企业得到了补充或替代。即使在 1914 年前，海军便已突破放任自流理念，让英国政府成为苏伊士运河、英国波斯石油公司（1914）、卡纳德轮船公司（1904），以及马可尼无线电报公司（1913）等项目的部分所有者或补贴方，最后那个项目还引出了臭名昭著的腐败丑闻，政府高官也卷入其中。与此同时，政府邮政局于 1912 年买断了主要电话公司的股权，从而将此项服务国有化，尽管国有化这个词尚属禁忌。"一战"后，官方对这些产业的支持有了进一步拓展，主要是在航空运输和无线电通讯领域，此外，主要出于政治理由，广播业作为公共垄断部门得以建立。然而，尽管战时经验消除了人们对政府干预的顾忌，但政府的大多数干预依然着眼于让私有产业提高效率，而不是要取而代之。在实际工作中，这意味着要打破传统的竞争与分散格局。两次大战之间特别是在 1930 年代，正如前已所见，英国从集中度或受控度最低之一的经济体变成了最高之一的经济体，这基本上就是通过直接政府行为而实现的。英国实现了铁路的兼并（1921）、电力供应的集中化甚至部分国有化（1926）、政府主导的钢铁垄断（1932）、全国煤炭卡特尔的形成（1936），只是在棉纺织领域成效稍逊。从维多利亚时代资本主义的角度看，同样难以想象的是，政府通过法律强制行为，着手在农业领域调控价格和产量，1930 年代初，约三分之一的农业产出受制于国家主导的营销计划，涉及生猪、熏肉、牛奶、土豆、啤酒花。到 1930 年代末，此类营销计划中有若干已接近国有化程度，如煤炭开采权方案（1938）、英国航空公司方案（1939）；同时，在经济萧条地区，工业的破产至少导

220

致了一项政策原则，即为了扶持工业，可通过政府计划直接给予补贴。从政治上说，"二战"期间及之后政府活动的扩张依然令人震惊，但从经济上和行政上说，那不过是按照早已开辟的道路继续前行罢了。

但经济下跌最突出的后果莫过于自由贸易的死亡。由于自由贸易简直就是老式竞争性资本主义社会的宗教般符号，它的终结实际上不但表明一个新时代已经开启，而且激发了政府管理职能的大举拓展。此前，只要自由贸易一息尚存，政府干预行为便属个案性例外，终究是对理想的不幸偏离，对于这种例外个案，自应仔细审视并严加限制。而在自由贸易退出舞台之后，再用过去的老黄历来衡量政府行为还有何意义呢？

自由贸易随金本位一起在 1931 年被大浪席卷而去，这一点不足为奇，真正值得惊奇的是，它居然没有消失得更早。早在 1880 年代，自由贸易便遭受攻击，"公平贸易论者"当时建议，对于正在加高关税壁垒的其他国家，理当采用报复手段作为谈判武器。在某一时刻（1886），甚至是那个形同"科布登正统学说"的梵蒂冈——"曼彻斯特商会"，也就这个问题产生思想动摇。1902 年后，约瑟夫·张伯伦发起"关税改革运动"，使之成为国内政治的一件大事，并让保守党转而力挺这一运动。这一切背后的辩护理由是，由于英国工业再也不能在全世界独领风骚，最好还是集中于英帝国范围内，毕竟帝国能把咄咄逼人的外国竞争对手拦在外面。反对自由贸易，原本就理由充足，而当英国工业在世上再也不是规模最大、效率最高时，当这个国家显然落后于 20 世纪的新技术产业时，则更是如此。古典曼彻斯特学派的论断是，如果某个行业不能在世界市场上生产得更便宜，它就应当停业。该论断或许可以容忍牺牲某些小行业，甚至牺牲英国的农业，但恐怕很难容忍大部分英国基础产业及其前途都被牺牲掉。况且，1860 年时，忽略大规模战争的爆发危险尚情有可原，但从 1890 年代起岂能无视战争危险，正如亚当·斯密早已认识到，国防的需要甚至比贸易自由还要重要。

然而，还是有三个理由使得自由贸易顶住了所有批评者的压力。第一，1873—1896 年的大萧条尚未让政府和工商界惊慌失措就先已退潮了（参见原书第 168—169 页）。第二，更重要的是，大部分英国经济部门依赖国际贸易，它们不可能从保护中受益（除非英国仅仅摆出保护的架势就能威逼外国调低关税，但这并不可能）。关税固然可以保护国内市场，但终究难以保护出口市场，再说，关税固然可以阻挡外国向英国的出口，可是外国原本要凭借这种出口才能购买英国货物，故此关税只会恶化局面。一直要到"一战"后，当 19 世纪末的基础性出口导向产业溃不成军，面向国内市场的产业开始发挥决定性作用时，保护的条件才算水到渠成。最后也最重要的一点，即使在英国工业一蹶不振之时，英国的金融也仍然凯歌高奏。前已看到，中产阶级中真正富裕且具有政治影响力的部分，始终源自贸易和金融而不是工业，源自伦敦而不是曼彻斯特或伯明翰。1870—1913 年间，伦敦金融城对世界的支配达到了前所未有的程度，其在国际收支体系中的角色也更趋关键。金融城只能在一个统一的、未加约束的世界经济中才能发挥作用，至少资本流动在其中不应受到阻碍。历届政府与金融城的联系要比与工业的联系更加紧密，它们对此自然了然于心，"一战"期间，政府不惜一切代价也要避免金融城的动荡。在要工业还是要金融这样的选择中，工业就不得不作出牺牲。只是到 1931 年，当经济崩盘终于摧毁了以伦敦和英镑为中心的统一的国际贸易与金融交易体系时，自由贸易才寿终正寝。即便此时，也不是英国抛弃了自由贸易，而是世界抛弃了伦敦。

222

*

由上可见，到 1930 年代中期，放任自流甚至作为一个理念也名存实亡，仅仅存活在普通的金融记者、小企业代言人和经济学家那里，那些主流经济学家必须拼死一搏才能为之正名。J. M. 凯恩斯则是 1920 年代典型的"非主流"经济学家，他后以《就业、利息和货币通论》（1936）奠定了新正统经济学说的基础，该书并没有说出多少前人未曾暗示的东西，无非它说话时读者生活在 1931 年危机的阴影中。因此，两套经济政策遥相对应，彼此都远离约翰·斯图尔特·穆勒。一方面，存在着社会主义，它本质上以工人运动的追求为基础，但因苏联的经验而得到大大的强化，苏联看来丝毫未受大崩盘的影响，这让非社会主义的观察家印象深刻。社会主义就具体政策而言内容甚少，不过是早就要求的生产资料、分配和交换的国有化，还有由苏联的五年计划而名噪一时的"计划经济"。另一方面，存在着主要以自由主义为背景的经济学家（如 J. A. 霍布森）或依然坚持自由主义的经济学家（如凯恩斯和贝弗里奇），这些人希望保留资本主义制度的基本要素，但意识到，如今只有在系统干预的强大国家政权的框架内，甚至只能通过建立某种"混合经济"才能做到这一点。在实践中，上述两大趋势的差异有时难以分辨，特别是因为，某些凯恩斯主义者放弃了作为其思想源泉的自由主义而转向社会主义，工党又往往会采纳凯恩斯主义政策作为自己的政策，其对凯恩斯主义的偏好超过了对传统社会主义口号的喜爱。尽管如此，大而言之，社会主义者钟情于自身主张，是因为赞成社会平等和正义，非社会主义者钟情于自身主张，是因为追求英国经济的效率、反对破坏社会秩序。双方都同意，只有系统的国家行为（且不论其实质）才能消除并避免大崩盘和大失业。

"二战"让英国绕过了上述派别争论，因为 1940 年后，为了生存下来，英国被迫转变为国家计划和管理程度最高的一个经济体，其程度仅次于公然的社会主义国家。英国这种经济架构部分得自 1916—1918 年曾经刻意为之的经历，部分得自 1930 年代的经历，部分得自新的凯恩斯经济学，该学说随着大量招募外部学者及其他人等进入公务机关而迅速渗透了政府系统。但它很大程度上也得自工人阶级固有的政治压力，该压力明确地将社会公平因素注入到公共政策中，这是"一战"期间显然缺乏的东西。政府不但更加贴近工人阶级（很大程度上因为"二战"不同于"一战"，它始终让**民众深深卷入**其中），不但采取了系统的"公平分享"政策，而且，政府开启了福利立法大举拓展之先河（如 1942 年的"贝弗里奇报告"）。此外，政府以革命性姿态，致力于维持"高就业水平"，以此作为政府的首要目标（1944）。战争结束时情况已经明了，退回到 1913 年已基本上此路不通。1945 年后，经济调控的国家机器迅速遭到拆解，一如 1918 年之后。从 1950 年代中期起，出现了非常明显的政策回归，即回到了崇尚自由企业和自由市场的政策。然而，纵然到这一时候，给自由经营留下的空间也比 1941 年前要小得多了，那些要求"灵活就业"（即失业率高于 1%—2%）的人在政界缺乏影响力。

224

　　1945—1951 年的工党政府一定程度上是两次大战之间痛苦经历的滞后结果，可是就政府政策而言，其成就并没有多少革命性。工党政府国有化了某些产业，如英格兰银行、大东电报公司、航空、煤气与电力等公用事业，这些产业长久以来实已处在公共部门的控制之下；国有化的某些其他产业如煤矿和铁路，本来已经萎靡不振，超出了私有部门能够自救的程度；国有化的另两个产业即钢铁和公路运输，实际上倒并未处于破产状态。这些产业在 1950 年代初又退出了国有化经营。由此形成的国有经济部门，若与同期欧洲大陆数个国家相比，要稍大一些，但幅度不明显。英国并未试图系统并认真地经办此事，国有化的标准形式是在两次大战之间专为广播、电力供应、伦敦交通而出台的，即要成为自主经营、理论上盈利的"公有公司"，必要时，这种实体也应跟其他公有公司相竞争。只有在 1950 年代末，主要与公共交通投资相关联，"社会效益"的概念才出现于实际政治中，这一概念断言，一个企业可能本身并不盈利，但它实际上能为其他经济部门节省大量资金，远多于它自己亏损的数额。政府也没有刻意去"计划"经济活动，它本已拆除大多数此类战时机制，现在至多作出若干个案性、多属被动型的干预。1950年代末，政府也尝试性地设计了一些机制，用于协调并管控公私部门的联手开发（此即"全国经济发展公司"），但这种机制跟工党的政策思路没有什么关系，倒是受到了法国计划实验的很多启发，其时法国快速的经济进步越来越让观察家们印象深刻。

另一方面，由于落实了全面的"国民保险制度"（1946）和"国民保健制度"（1948），工党时代的福利计划比起此前的任何福利安排都要宏大得多。实际开支（无论按人均论还是按国民收入占比算）并不是特别高，至少在经过 10 来年的通货膨胀后是这样。1964 年，就占国民收入的百分比而论，英国的福利开支远低于欧共体**全体**成员国的水平。然而，英国借助工党所开展的改革，获得了比任一欧洲国家都要更加多样的社会保障服务及其更加全面的覆盖。

假如约翰·斯图尔特·穆勒或者格莱斯顿再世，他们会如何看待 1960 年英国的政府主导型经济，这该是个很有意思的问题。政府开支此时已接近国民总产值的 30%，如果包括地方政府的话甚至已达 40%；公有企业的投资占到固定投资总额的 32%，整个公有部门的投资占到 42%。然而，这些进展实际上并非英国所独有，甚至也不是某种特定政治倾向的国家所独有。到 1960 年，对 11 个西欧国家（及美国）而言，其政府开支均超过了国民生产总值的 25%；五个典型的经济部门（铁路、航空、电力、央行、煤炭）牢牢掌控在政府手中，不仅英国是这样，法国、意大利、荷兰也是如此，剔除煤炭的话德国也一样。奥地利的公有部门比英国的还要大，法国政府开支占国民生产总值的比重还要高于英国。其实就公有部门对传统私营领域的侵蚀而言，其他国家在许多方面都更为严重：法国和西德的公有部门拥有了很大部分的汽车行业；法国和意大利在石油业、法国在航空业、奥地利在钢铁业、意大利和奥地利在器械业也莫不如此。这些国家谁也没有自称社会主义，但都显示在从传统资本主义经济转向某种混合经济，在这种混合经济中，越来越难以将政府经营与大公司经营区分开来。政策上的重大问题已不再是国家是否或在多大程度上应该介入经济，而是国家应该如何调控经济，应该如何尽量避免拿下至今尚未占领的经济"制高点"从而给私有企业输送一些利润，还有，国家调控的目标应该是什么。

在1970年代的英国（以及多数西方国家），政府与经济的关系史揭开了新的篇章，本质上缘于两重理由。下一章即将描述的长期繁荣至此结束了自己的黄金岁月，公共财政收入貌似不请自来的增长也因此画上了句号，原先的财政增收曾激励政府推出了日益全面并慷慨的社会开支项目。在1970年代，发达资本主义国家确实统统成了"福利国家"，公共开支的大部分进入了福利领域（收入保障、护理、教育等等），从事此类活动的人员构成了全部公共雇员中最大的群体，在英国占到40%左右。放任自流型自由市场的老套学说本已哑然失语，因为它们随着大崩盘的发生而自1930年代以来已告破产，因为它们对"二战"及冷战所需的经济学无所帮助，也因为1945年以来政府所驾驭的经济（甚至在英国）已取得非凡的进步。可是就在此时，人们再次开始倾听放任自流学说信奉者的声音，特别是当英国经济陷入相对但惊人的衰退、普遍繁荣再也无法掩饰此种衰退时，则更是如此。1970年代让经济学家和各届政府领教了"滞涨"，这一问题出乎预料地结合了经济停滞（迄今为止都跟通缩相伴）与通货膨胀（迄今为止往往是扩张的象征）。通胀现在成为政府的棘手问题，直到1990年代末始终如此。政府还面临着1930年代那种规模的失业卷土重来，追求充分就业的无望努力只让财政预算愈发失衡。

227 　　1980 年代和 1990 年代的政府先是缓慢、后则加速地打造一个新放任自流时代，它们在某些方面甚至比以前年代还要极端，力图拆解公共福利体系、放松管制、实行私有化、有意让盈利冲动去取代其他一切经济考虑。这些努力背后的基本原则是："政府不是答案，反而是个问题。"此言由美国总统里根的撰稿人宣称，里根与撒切尔夫人一起，乃新政策的主要倡导者。在英国，唐宁街收缩政府边界的努力却导致中央政府增加了手中的权力，这种增势超过了都铎王朝以来的任何时候。恰如在其他经济富裕、选举民主的西方国家一样，这一轮行动并未使得住房、社会保障、福利及医疗方面的公共开支有所减少，然而，它引发了政府财政收支制度的转变，即从或可谓有形部门转向了无形部门。

　　直接的累进税制如所得税已不得人心，各政党竞相承诺不再提高甚至还要降低这种税收。鉴于税收总额没有也不可能降下来，等到致力于减税的保守党政府执政 18 年结束时，总税负比 1970 年代末奉行"征税花钱"的工党时代反而有所加重，于是，为筹措收入，不得不依靠稍不透明的方式，即主要采用经济上具有累退性质的间接税。同样，在公共开支方面，由选民（无论经由全国议会还是地方政府）所直接监督的花费在数额上有了减少，因为中央政府开支中的30%（1992）转移给了5000多个政府委托的专项委员会，这就是所谓"准自治、半官方管理机构"。

注释：

　　1. 参见"后续阅读"，尤其是 Pollard, and also Clapham（第六章注释 1）。也参见 D. Winch, *Economics and Policy*（1969），R. E. Backhouse, *Economists and the Economy：The Evolution of Economic Ideas*（1988），E. Eldon Barry, *Nationalisation in British Politics*（1965），B. Semmel, *Imperialism and Social Reform*（1960），
228 A. J. Marrison, *British Business and Protection 1903 – 1932*（1996），J. Tomlinson,

Problems of British Economic Policy 1870 – 1945 （1981）, R. Middleton, *Towards the Managed Economy：Keynes, The Treasury and the Fiscal Debate of the 1930s* （1995）, W. Hancock and M. Gowing, *British War Economy* （1949）, S. J. D. Green and R. C. Whiting（eds）, *The Boundaries of the State in Modern Britain* （1996）, N. Thompson, *The Market and Its Critics* （1988）and N. Thompson, *Political Economy and the Labour Party 1884 – 1995* （1996）。 [229]

第十三章
长期繁荣

工业与帝国
Industry and Empire

英国的现代化历程   From 1750 to the Present Day

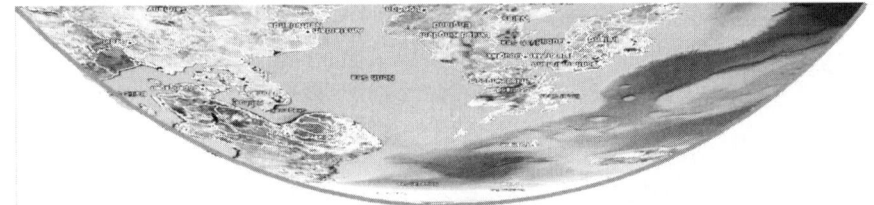

第十三章
长期繁荣[1]

1960 年代的英国经济中，很少有什么重要内容可追溯至维多利亚女王时代，有些因素曾出现于爱德华国王的帝国主义时代，更多因素属于乔治五世国王时代（1910—1935），而"二战"前夕尚未问世或推想不到的东西并不很多。

如果我们考察 1965 年 20 个产业实体的话，可发现其中只有一个实体对本杰明·迪斯累里的同时代人举足轻重，此即铁行轮船公司。部分公司如壳牌公司、英美烟草公司（现为英美烟草产业集团），或许为爱德华时代的人所熟知，但达不到其现代规模或现代多样性。至于其他企业，虽然研究当时经济集中度的学者知道它们是正在做大的集团，但也不过在两次大战之间才具备了其现代特征，这些企业包括帝国化工、联合利华（与壳牌一样，乃英荷合资企业），以及兼并后的西米德兰五金集团——盖斯特、基恩与奈特福。（所有这三家企业 1970 年代初按资本量排名尚位列前 30 强英国公司，但到 1996 年均已榜上无名。）某些企业如汽车和飞机制造商，在两次大战之间将家喻户晓，不过此前并不出名。没有哪一家企业所代表的研发成果严格来说属于 1965 年之前的 30 年。街上的那些大银行集团可溯源至 1921 年的兼并，那次兼并后形成了巴克莱、劳

埃德、米德兰及另两家（国民地方、威斯敏斯特），后面两家在
1970 年代整合为国民威斯敏斯特。大的保险公司和建屋互助会也在
同期脱颖而出，成为重要的资本持有者。经由这些机构所汇拢的
"小额储蓄"在 1901—1913 年最多达 3200 万英镑，在净积累中占
13%，但到 1924—1935 年，已增至 1.1 亿英镑，占总投资的一半。
230 然而，长期繁荣给这一领域带来了重大变化。在充分就业和社会保
障的年代，小额储蓄直线上升，到 1960 年代末，建屋互助会积存的
储蓄额只比全部银行存款稍微少一些。不仅小额储蓄在直线上升，
而且，快速增长的养老基金也成为日益重要的投资方，到 1970 年简
直可以匹敌保险公司、投资信托基金及另一个成长迅猛的小额资金
平台——单位信托公司，同为市场上的资本大户。1957—1970 年间，
此类"机构投资者"在总股权中的占比几乎放大了一倍，最终已拥
有全部上市股份中的三分之一，而英国散户投资者直接持有或委托
操作的股份占比下降到一半以下。[2]（该比例在整个撒切尔主义时代
继续减小，撒切尔主义力图将英国变成一个股票购买者的国度。）然
而，超自由市场时代的另一个标志性进展尚未起步，也即还没有开
始把建屋互助会之类维多利亚时代的大型互惠机构改造为股东所有、
有时十分庞大的银行。当然，按甩卖价系统出售国有产业的进程也
还没有起步，这种国有产业的甩卖以后将成为保守党执政年代的特
别标记。1980 年代的去工业化运动也还没有吞噬制造业领域。

因此，与 1950—1973 年这一长期繁荣期相比，长期繁荣结束以
来所发生的变化很可能要更加剧烈，它们是否已根本改变了经济则
有待观察。1971 年英国市值最大的 30 家公司中，有 17 家已从 1996
年的排名中消失。然而，假如我们排除两大去国有化的巨头（英国
电信和英国燃气），那些名字中大多数若倒推 25 年，依然为公众所
熟知。不过仍然要问，在 1960 年代会有多少人预想到，1994—1996
年上市公司中市值最高的经济部门，在不足为奇的银行和石油之后，

会是医药、电信和传媒？又有多少人会预想到，"器械和车辆"部门的市值会萎缩到跟"纺织和服装"同等的水平？

在画面的另一端，直到1980年代以前，工会运动始终是改革不彻底、改良不充分的一个巨头，这支庞大力量是在1911年劳工骚动与1926年总罢工之间崛起的。老一代的工运主力是"运输与普通工人工会"（得自1924、1929年的兼并）、"普通与市政工人工会"（目前形式成于1928年）、"混合机械工会"（目前形式成于1921年）、历史较久的"矿工联合会"（于1944年改组为"全国矿工工会"）、"全国铁路工人工会"（1913）。长期繁荣年代有利于工会的发展，"二战"后不久，工会运动达到900万之众，1960年代增至1000万人，到1970年代末一举跃至1300万人的顶峰。然而，与普遍的观念正恰相反，在各工业化经济体中，英国并未居于工会化程度最高的行列，其工会覆盖面明显要低于北欧国家、比利时、奥地利，大致跟意大利持平。自1980年起，经济萧条、去工业化、政府强烈的反工会倾向，三者叠加削弱了工会运动并改变了工会的性格。1990年代初，工会成员减至不足900万人。在15年里，英国前10大工会中蓝领工人数从480万降为270万，而其中的公共服务与白领职员维持了原有规模，现在通过一次大合并，以"英国公共服务总工会"之名，结成了最大的英国工会。

只有在政府行为这一领域才发生了重大变革，当然，变革的力度可能没有1930年代形势突变时人们曾预想的程度。

如已所见，面对两次大战之间传统基础的崩塌，英国经济以四种主要方式作出了反应：

其一，随着出口市场的萎缩，传统的基础产业及相关行业纷纷衰落。

其二，商业与金融部门虽然由于自由经济的崩溃而不知所措，但还是保存了足够的实力（特别是在有形的和无形的帝国范围内），

231

232 也保存了足够的国际关系，从而不至于跟着跌落。这一部门拥有某些其他的可能性，并继续善加利用，政府则毫不动摇地给予支持，政府相信金融城和英镑是至为关键的经济资产。

其三，有些技术新颖的规模生产行业基本上立足于国内市场，它们照样扩张并兴盛，毕竟英国在发展消费型经济方面尚有很长一段路要追赶。另一方面，正因为这样的扩张轻而易举，它并没有催生善于开展有效国际竞争的产业，同时，因为国内市场是活跃的工业部门所重点关注的对象，在国内产业部门与国际业务部门之间一直摩擦不断，这反映在收支平衡上。

其四，出现了引人注目的双向进展，一方面私有部门的集中度在不断增强，另一方面政府对经济的干预行动也在加强，事实上，这两个过程密切关联。

总而言之，英国经济继续沿着这样的路径演变，试图影响该进程的努力（主要是政府的努力）无非在调节这一趋势，却不能改变其方向。传统的基础产业在继续衰弱，同样继续衰弱的还有这些产业的出口导向，尽管几乎不断有人想要力挽狂澜。**煤炭业**不断退步，"二战"前夕的煤炭产量比"一战"前夕低了20%。"二战"的冲击过去之后，煤炭产量有所恢复，但即使在1950年代初的巅峰时刻，它也从未真正达到1939年的产量水平，而自此往后，它又再次下探，直到跌至比1913年还低约三分之一的水平。[1] 煤炭出口从1913年的9800万吨锐减到1939年的4600万吨，自"二战"以来，还从未达到过2000万吨。尽管曾有乐观的计划希望在1961—1965年达

---

[1] 煤炭产量（单位：百万吨）：

1913 年：287	1954 年：224	1970 年：140
1939 年：231	1960 年：194	1980 年：107
1945 年：183	1964—1965 年：193	1994—1995 年：31

到 2500 万—3500 万吨，但 1960 年代初产量始终徘徊在 500 万吨这一可笑的水平。煤炭行业一蹶不振，部分是因为 1984—1985 年那次管理乏善的全国大罢工之后，政府政策出了问题。（不过，从 1970 年代起，北海石油的出口足可替代煤炭出口并有余。）**纺织业**继续衰落，1937 年织布的总量仅为 1913 年产量的一半左右，1950 年代的最高产量勉强达到 1937 年产量三分之二的水平，以后 10 年（1951—1960）的平均数又几乎再降一半。[①] **造船业**似乎坚持得稍好一些，主要是因为船只特别是油轮的吨位有了增长。[②] 然而，按当年下水船舶吨位计算，1950 年代最好的年份要低于 1920 年代最好的年份（大崩盘随后几乎摧毁了造船业），恰如 1920 年代最好的年份也稍逊于 1913 年。到 1980 年代，这一行业已不复存在。

自 1930 年代或至少从"二战"以来，大多数严肃的观察家都已接受此等衰落。不管未来英国繁荣的基础是什么，它一定不会再是煤炭、棉纺、生铁、钢梁或船坞。情况已日益明了，真正的问题在于，面对经济中老旧和淘汰部门的双重萎缩，如何做好筹划，以便最大限度地减少其中蕴含的巨大人员痛苦。两次大战之间英国传统经济的自行解体表明，崩盘会造成何等重大的人间灾难：工厂及所在地空空荡荡、陷于绝境，百业萧条、了无生气，房屋和设备由于缺乏维护与投资而日渐破败并朽烂下去，原有人员悄无声息地去往

---

① 机织布量（单位：百万码）：

1913 年：8050	1951 年：1961	1985 年：629
1937 年：4013	1951—1960 年：2100	1990 年：514
1945 年：1847	1962 年：2612	1995 年：361

② 造船量（单位：下水船舶万吨）：

1913 年：186.6	1970 年：129.7
1927—1929 年：157	1980 年：43.1
1951—1960 年：130	1990 年：13.4

国内比较繁荣的其他地方，也更可能原封不动地留在所住的旧街角落里，情绪低落、天天老去、越来越难再就业、无望地期盼昨日的回归——想当年生活固然不易，但一个人毕竟在本人熟悉的唯一行当内还有活可干。造船行业也许想尽量减少亏损，干脆关闭那些"无效益"的船坞，但其必然的代价是，无意中会让技工与劳工社区成为殉葬品，如同贾罗那里。在这类民生困苦之地（苏格兰、南威尔士、东北部尤其突出），1930年代就曾率先采取过鼓励就业、鼓励产业多样化的特别措施，比如在新设的"工商地块"按优惠价出租工厂。战争的到来帮了更大的忙，既然要发动平民百姓参与战备，也就为各地提供了大量工作。1945年后，特别是在1950年代后期，区域开发得到了鼓励，人们发现，普遍的繁荣与经济扩张并没有自然而然地消除地区差距，即使在繁荣的南部和东南部与尚算繁荣但也相对落后的北部和威尔士之间，要想缩小日益拉大的距离都谈何容易。

由此可见，区域开发可追溯至1930年代。另一方面，一直要到"二战"，国家才开始有计划地改造萎缩产业，将之当作一项社会事业。这一进程意味着要通盘考虑产业萎缩对所在行业工人的影响，而此前在1930年代，工会作为主要维护工人利益的团体尚比较虚弱并在政治上不受重视。进入"二战"后，鉴于劳工短缺并需要调动民众积极参与战事，工会力量有了显著增强，1945—1951年的工党政府进一步加强了工会的地位。况且，战争让某些最过时的夕阳产业（煤矿和铁路）收归了国有，于是，行业中的工会压力比起在私人手中又大了不少。[1] 就这样，一个相当困难且有可能悲惨的局面，得到了顺利且公正的处理。[3] 在煤炭行业，1949—1960年间，就业人

---

[1] 矿工们另还有个优势，即他们此时的头领乃20世纪英国最出色能干的工会领袖——共产党人亚瑟·豪纳。

员削减约六分之一，但实际的解雇及人浮于事还是被压到了最低程度。煤矿数量减少了近三分之一，采煤工作面上每班每名工人的产量提高了近三分之一，机械化程度有了引人注目的提高。[①] 随便看一下美国阿巴拉契亚等地的矿难，就不难发现英国矿业经营的人道与成功。就铁路而言，成功却不那么彰显，部分原因是铁路国有化的条件要苛刻得多，国家为此支付的代价约为煤矿的七倍；另部分原因在于，铁路员工跟煤矿工人不一样，在他们做得到的时候，也未能给自己定下足够高的工资；还有部分原因是，交通运输的合理化改进到底意味着什么，大家都不甚了了。

但是，就在老产业衰落时，新产业茁壮成长。1924—1957 年间，制造业按价值论猛增了 2.5 倍左右。不过，在制造业内部，行业之间的表现大相径庭，有些（如采矿）实际上在走下坡路，有些（如纺织、皮革、服装）增长幅度远未达到平均水平，有些（如食品、饮料、烟草、造纸、印刷）大致赶上了平均幅度，还有一些则大幅跃进。**机电**商品这一大类即使包括疲软的造船业，依然大涨了343%；**化工**类值增长了四倍；"交通工具"类（主要是机动车和飞机），以及代表了诸多新消费品行业的"其他制造"类，都增长了近五倍。现代科技对战争已不可或缺，两次世界大战都以科技为基础（"二战"更甚于"一战"），故而激发了上述新产业的成长。煤矿工人的数量从 1939 年的 77 万下降到 1945 年的约 71 万，但新兴电子产业中的工人数量几乎翻了一倍，从"二战"前最多时的 5.3万人激增到 1944 年的 9.8 万人。战争促进英国经济从 19 世纪的形态

① 煤炭，1949—1962 年：

	1949 年	1962 年
就业人数	720000	556000
国家煤炭局所属煤矿数	901（1951）	669
采煤工作面每人每班产量（英担）	66	91

转向 20 世纪的形态。① 1930 年代挖好了基础，战争则奠定了基础，以后经过从战争向和平的调整，大厦便拔地而起。

假如我们同意汽车和电子产业代表了典型的 20 世纪新趋向，不妨以它们为例来展示这一过程。[4]汽车业是"一战"后靠"马克科纳关税"才起死回生的，该关税抵挡了强大无比的美国汽车业，其时美国实乃世上唯一的汽车出口国，毫无疑问有实力让所有汽车批量生产商都无力招架。（1929 年，美国出口的汽车约为英、法、德、意四国出口总量的三倍，几乎是英国所**制造**汽车的两倍。）英国的产量在大崩盘前达到 18 万辆轿车、6 万辆商用车，1930 年代翻了一倍以上，战时经济不太需要私家车，到 1948/1949 年，汽车总量基本上恢复到了战前水平。（战争结束后，商用车产量大大超过以前；拖拉机新款问世且比战前产量高出近一倍。）及至 1955 年，轿车产量再次翻倍，1950 年代末越过百万辆门槛，到 1960 年代中期已达 200 万辆，而商用车产量在 1949 年比战前产量增加了一倍，1950 年代末又再倍增。在**电子**行业，如前已见，战争几乎让战前就业人数翻了一倍，当然，战后的调整花费了较长时间，主要是因为 1930 年代领跑国内市场的收音机已停止增长，大多数人已人手一台，而 1950 年代领跑国内市场的电视机尚未确立起来。尽管如此，1950—1955 年间电子行业的就业仍再次倍增，站到了约 20 万人的高位。换言之，

---

① 生产与第二次世界大战：

	1938 年	1944 年
煤炭	2.27 亿吨	1.93 亿吨
机织布	41.03 亿码（1937）	19.39 亿码
下水船舶	105.7 万吨（1937）	95.9 万吨
粗钢	1040 万吨	1210 万吨
电力	24600 千瓦	38800 千瓦
化学制品（1958 年 = 100）	35.8	53.7（1946）
拖拉机	1 万辆	2.8 万辆

1939 年时煤矿工人与电子行业从业者的比例在 15∶1 左右，而到 1950 年代中期，二者比例已降为 3∶1。

这种新陈代谢带来的一个良好结果是，它似乎为英国经济的头号问题（即出口问题）提供了某种答案。两次大战之间，英国凭借 1914 年以前曾经主导世界的那些产品努力维持着出口，当时的出口中已包括部分机械产品。但即使在 1938 年，英国出口中近 30% 仍为纺织品和煤炭，机械、车辆和电子产品约占 20%。由于旧的当家产品已市场不再，无法再对之寄予厚望。不过，到 1950 年代中期，形势还是发生了根本变化，"旧"产品的出口跌至不足总额的 10%，煤炭出口已基本消失，相反，器械、电子、车辆、建筑这一大类却构成了海外销售的 36%。看起来英国在告别 19 世纪后，终于有了 20 世纪可卖的东西。毫无疑问，英国出口不断下滑的势头在 1950 年代得到了制止，甚至还有温和反弹。1900 年时，出口占到我国国内消费总额的 36% 左右，在 1913 年占到 40% 以上，也就是说，相对于国内花费在货物与服务上的每一英镑，就有八先令的出口值。在两次大战之间最好的年份（1935—1939），出口占到国内消费总额的 27%，但在 1950 年代平均而言超过 30%。换句话说，两次大战之间，英国生产急速地从海外市场转向国内市场，而在"二战"之后，却又开始重新面向海外世界。当然，这个时代正好属于西方经济史上最大的国际繁荣期，即所谓 1950—1973 年"黄金时代"。在 1950 年代初到 1970 年代初之间，世界制造业产量仅增加四倍，但制成品的国际贸易增加了 10 倍。在财源滚滚的这一时期，英国也分得一杯羹，不过要逊于其他欧洲国家。

面对此轮繁荣带来的变化，英国战后历届政府都欣然欢迎乃至全力倡导，1945 年后各政府念念不忘（也很可能因无效而）反复告诫，不出口毋宁死，政府部门的卷宗充斥了鼓励出口、不时还要抑制国内消费的无穷计划和无尽措施。英国经济的出口表现也

238

确实出色。1938 年后，出口量提高了大约 2.5 倍，进口量的提高则不足一半。1930 年代的我国进口中，不足三分之二是靠出口货物来支付的，而到 1950 年代末，由出口货物支付的部分明显超过了 90%。

不过，在此必须提出两个保留性观点。有鉴于下文即将讨论的理由，对出口的推进并未解决英国的收支平衡问题，按国际标准论，这种出口推进仍不免三心二意，并未给人了不起的深刻印象。[5] 关起门来看，我们"现代"产业的发展已经好得出乎预料，可是放到世界上看，情况并非如此，不妨再次援用汽车业来说明有关弱点。英国在 1930 年代就开始出口汽车，主要销往帝国领地，但真正的机会在"二战"之后方才到来，有几年简直就是独占市场，部分因为美国的汽车出口在走下坡路，部分因为战争扰乱了欧洲大陆的汽车工业，部分因为工党政府所赞成的抑制国内消费的政策使得汽车业难以就近在国内销售。（当然，与此同时，汽车业也乘推进出口之机，获得了相当多的支持。）在 1949—1951 年战后恢复的大好三年里，英国的汽车业出口了超过 100 万辆车，是美国出口的两倍还多，也是法国、意大利、德国三家总出口的两倍还多。1948—1952 年间，大约三分之二的英国汽车产量都涌向海外。然而，随着国内消费紧缩政策的结束，汽车业自然转向国内市场，相对注重出口的导向又开始松懈。同时，其他欧洲国家的汽车业，虽然也向其更加兴旺的国内市场供货，但以无比巨大的热情向外出口。及至 1950 年代中期，德国在海外销售的汽车已经多于英国，有三家欧洲生产商的出口量约为英国的两倍，尽管其生产量并没有英国的两倍。到 1963 年，德国的汽车产量已明显高于英国，法国和意大利各自的产量也已差之不多。须知，1955 年，英国的汽车产量尚且大幅超过德国，也几乎是法国的两倍、意大利

239

的四倍。①

正当英国赢得有形出口的新资源时，曾经帮助英国实现国际收支平衡甚至实现了盈余的无形资源却萎缩了。英国再也不是世界商业与金融体系的中心，也再不是该体系中的海运大国。② 另一方面，英国的海外投资看上去还坚持得不错。1914 年后它们曾受到打击，战争强制清算了投资，大崩盘使之贬值并遭抑制。从 1930 年代起，一片新的乌云笼罩在海外投资者头上，那就是产业的国有化，不仅正牌的布尔什维克政府发出这种威胁，而且，欠发达世界中一切有独立意识的政权也在如此扬言。这必然会打击英国资本的传统投资对象如铁路和公用事业，甚至也会威胁到矿山和油田。不过，1945 年后，英国资本重新大规模流出，1946—1959 年间可能输出了约 40 亿英镑，年均规模约占国内固定资本净投资的三分之一到四分之一。这比爱德华时代最好的年份（1909—1913）要低很多，但很可能赶得上 19 世纪末的水平，不过，相当多的外国（主要是美国）资本输入抵消了资本的输出，尤其是在 1950 年代后。到 1950 年，大致可以估算，英国人对外投资所获得的收益中，可能有三分之二被外国人抽走了。

240

---

① 从产量看英国汽车业的相对地位（单位：千辆）：

	1929 年	1937 年	1950 年	1955 年	1963 年
美国	4587	3916	6666	7920	9100
德国	117	264	216	706	2700
法国	211	177	257	560	1700
意大利	54	61	101	231	1800
英国	182	390	523	898	2000
英国占世界比重	3.5%	8%	7%	8.5%	11%
英国占欧洲比重	32%	44%	48%	37.5%	24%

② 甚至在 1939 年，英联邦仍拥有世界商船吨位的 30% 还多，单是英国的吨位就在 25% 左右。1964 年，英联邦的百分比下降到 18%，英国的则降至 14%。

在某些方面，新的这一波对外投资潮跟过去的资本输出颇相类似，它日益投向发达而不是真正的欠发达地区，并也保持着对旧帝国领地的偏爱，无非旧帝国如今以"英镑区"的面目延续着。[1] 然而，在其他方面，情况已经不同。对外投资中，如今个体进行的私人投资或者经由政府股票之类的投资已大为减少，很大部分现在直接来自于大公司，它们或建立海外分公司，或入股于外国公司。老式的食利者模式已日薄西山，国际巨型公司正如日中天。石油公司是最为人熟知的此类例子，事实上，如果不算石油投资的话，我们对前殖民地或半殖民地国家的资本输出可能只有实际规模的一半。无论如何，这样的投资已不再特别引人注目，英国对这些国家的官方援助也同样不那么起眼。按绝对数（1962）论，英国的官方援助还不到法国外援的一半，比德国的外援要少；若按占中央政府开支的比例来论，比美国、法国、德国、比利时、日本都要低；即使按国民收入中的占比而言，也比日本以外的上述国家都要低。

乍一看，这种投资中很大部分来自于英国海外经营所获得的利润，在欠发达国家，用利润进行的再投资可能占到一半甚至更多。然而，英国资本毕竟在净流出，对一个没有收支盈余的国家来说，这样的局面难以长久支撑。人所共知，英国的国际收支一直处于困难之中，它肯定无法创造我们资本输出所要求的那种盈余。于是，大量的海外投资似乎来自于各种各样短期和长期的借款，包括战后最初 10 年的美元贷款和拨款、1950 年代中期以前积存在伦敦的殖民地"英镑结余"、拥有丰富石油的酋长继续积存在伦敦的结余，还有英镑区（即南非）的黄金生产以及部分英镑区美元交易的盈余。此

---

[1] 1962 年，如果不算石油和保险的话，三分之一的英国海外直接投资流向了被委婉称作"发展中"的国家。

外，也越来越依赖于外国对英国的投资，特别是以高利率吸引到伦敦的大量短期"热钱"。伦敦金融城日益想要弥补陈旧业务衰落所留下的空缺，它着力打造英镑对外国投机者的吸引力，这意味着除其他手段外，特别要把英镑汇率维持在一个稳定且高估的水平上。这是一个危险的局面，不仅因为用短期借款进行长期投资本身蕴含风险，包括承担起了对海外债权人和投资者的巨大支付负担，而且因为资本大量并快速地从英国流出让风险始终常在。更有甚者，可以日渐明确地断言，这让产业界和政府都不得不挑起一副无可容忍的担子。

从 1931 年起，对英镑的挤兑频频发生，1964 年后的工党政府也对这一家常便饭感到苦不堪言。鉴于政府致力于维持英镑的人为高价及其汇率稳定，它们往往在几周甚至几天内就被卷入政治经济风暴，因为要维持币值，它们只得向市场抛售黄金和外汇以购入英镑，如此却耗尽了黄金和外汇。由于现在英国政府手中拥有的随时可调动的资产要大大少于外国人同样可随时出售的债权，每一次这样的危机都具有潜在的灾难性。[①] 就如 1931 年和 1964—1966 年所示，此类危机屡屡让政府措手不及，迫使它们在海外寻求对英镑的支持，如此一来，为了满足我们的支持者和债权人的愿望，只能牺牲对国内政策的必要调整。

纵然存在这些风险，英镑还是维持着世界货币的地位，赞成的理由称，考虑到传统的"无形"收入在不断减少，维护英镑对外国人的吸引力有利于英国的收支平衡，其好处特别是其灵便快速的长处要优于其他方式。反对的理由则说，要说外国人觉得英镑有吸引力，如今已经不再是因为英镑背后的经济繁荣强大，而仅仅是因为

---

　① 1937 年，针对反复无常的外国人可能想要卖出的每 5 英镑所谓"英镑结余"，政府安排了 6 英镑的黄金和外汇。而比如在 1962 年 12 月，针对外国人每 4 英镑的结余，政府仅仅安排了 1 英镑的储备。

英国给出了一些诱人的持有英镑的特别优惠，即便如此，只要一有或真或假的风吹草动，他们就会神经紧张地抛售。况且，那些特别优惠，即高利率、高估值，以及据说可维持外国人信心的国内通缩，会损害总体英国经济的增长。人们再次看到，工厂的利益被牺牲给了银行，可是已不再像1913年前那样，是为了大举培植伦敦金融城的某些利润，借以夯实收支平衡所严重依赖的根基。如今这个根基已变成愈发危险的赌博，偶尔固然会有高额利润涌入伦敦，但它们定会在频繁发生、无可逆料的兑付危机中酿成无比巨大的损失。此类危机发生于1947、1949、1951、1955—1957、1960—1961、1964—1966及1967年，英镑最终不得不进行战后第二次贬值，情况已经明朗，英镑作为世界货币的日子已屈指可数。然而，英镑所属的整个国际货币体系到后来变得混乱不堪，危机呈此起彼伏之势，逐一影响到包括美国在内的所有国家。有鉴于此，英镑的虚弱成了一个挥之不去的问题。

观察家们偶尔会提到一个令人啼笑皆非的事实，即，让英国如此虚弱不堪的实际收支赤字一般而言数额甚小，大多数时候不过是英国庞大军费开支中很小的一小部分，而英国如此大把地开支军费是为了在全球政治中维持其日暮西山的角色。据称，若把军费开支从占国民收入的7%左右减少到（比如说）法国人和德国人的同类可比水平，就能在大多数年份消除英国的经常项目赤字。①

然而，收支失衡是某个更深层问题的表征，它本身还算不上是个问题。这一问题可以得到纠正，但能够在不危害经济增长的前提

①　英国的国防开支，就其占国民收入的比例而言，超过了其他国家，仅次于美国、苏联，还有埃及和以色列等相信自己永远处于局部战争边缘的少数国家。

下解决吗，须知这个经济本身已经落伍于世界标准。① 凭经验似可知，问题解决不了，因为一次次兑付危机都靠压制国内需求才得以解决，而一旦经济稍有起色，随着进口增长快于出口并由此使赤字再现，危机又会卷土重来。摆在面前的选择似乎是：要么走自由经营的道路，经济停滞不前或走走停停但毕竟具有偿付能力；要么走计划经济的道路，政府为防止经济扩张引发支付失衡而控制进口及资本输出。1945 年的工党政府本质上选择了第二条道路，其后果是国内出现"紧缩"局面，政府因此不受欢迎。1951 年后的保守党和工党政府则选择了第一条道路。

　　此类问题并没太让多数英国人操心，他们终究从该国现代史上最持久的繁荣中获益良多。失业在"二战"期间已近消失，随后除某些地方外，也依然可以忽略不计。1950 年代，英国的失业率平均在 1.7%，这 10 年里，股价几乎增长了三倍，消费支出几乎增长了两倍，比价格的上升要快不少。公司的交易利润时有下滑，如在 1952 年、1957 年，还有在 1960 年代初，但总体而言却持续上扬，1946—1955 年间翻了一倍，以后五年中又提升了大约三分之一，繁

①　实际生产的年均增长率（Source：*UN Statistical Yearbook*）：

	年份	总量增速（%）	人均增速（%）
美国	1954—1962 年	2.9	1.2
比利时	同上	3.5	2.5
法国	同上	4.9	3.7
西德	同上	6.4	5.1
意大利	同上	6.1	5.5
荷兰	同上	4.3	2.9
挪威	同上	3.7	2.8
瑞典	同上	3.7	3.1
英国	1953—1961 年	2.7	2.1
苏联	同上	9.4	7.5
捷克斯洛伐克	1954—1962 年	6.2	5.3

荣与崩盘的景气循环已经远去。在工党政府执政的战后岁月，工商界感到自己受到了政府管控措施的妨碍，但当保守党政府认认真真地放松这些管控时，也就不大有人再表示特别的不满了。保守党的理念犹如太阳一样灿烂地普照在私有企业经营和私人消费开支上。商用电视的推出可谓该时代最了不起的创新之一，一位加拿大百万富翁在论及这一创新时说："如同拿到了印钞票的执照。"假如其他人同样坦率的话，恐怕也会这么说，这些人中包括那些经济气氛稍差就很可能难以生意兴隆的低效大商人。

因此，虽然经济学家和公务员始终在担忧经济的危急状况，但这种忧虑对英国民众影响甚微，除非是来回旅行的人才会发现，北美的生活水准明显更高、某些大陆国家的经济进步明显更快。在这一代人的脑海里，"危机"意味着失业与贫困、经济拮据、生产萎缩、利润归零，难以想象可用这个术语来描述眼前的时代，毕竟在这一时代，91%的英国家庭拥有了电熨斗，82%有了电视机，72%有了吸尘器，45%有了洗衣机，30%有了冰箱，成年人的汽车和年轻人的大小摩托车在快速地替代原先工人们的自行车。（几乎一半的洗衣机、一半以上的冰箱、三分之一以上的电视机是在1958—1963年间首次购买的。）事实毋庸置疑，大多数人的物质条件"从来没有这么好过"，也许有人说这不仅得益于技术革命及收入提高，而且得益于分期付款购物方法的日益普及，可是繁荣的事实总归摆在那儿。分期付款于两次大战之间流行起来，相应的金融机构也在当时建立起来。"二战"后，它进一步打破了经济上量入为出、道德上拒绝欠债的传统顾忌，当然，从人们对"分期付款贷款所"有点非理性的讨厌中，仍可见到传统习惯的影子。无论如何，到1957年，英国人分期付款的债务总额已达3.69亿英镑，到1964年又增至约9亿英镑，更不用说还有45亿英镑的集体透支。英国的生活水准现在很大程度上依靠债务，因此除了会受收入下降的影响外，还特别容易遭受信贷收紧的影响。

在此背景下，不存在强大的让英国经济迈向现代化的自发动力，所以，私有部门中结构变革的力度也弱得惊人。自1930年代至1960年代初，甚至是经济的集中度似也未有太多提高，尽管并不容易作出比较，也尽管某些领域在1950年代有过相当大规模的兼并。让变革力量更加弱化的是，政府如今提供了一劳永逸的庇护，从原则上看没有理由为什么要这样。在其他国家，无论是社会主义国家还是非社会主义国家，政府证明自己既可以成为变革速度的掌控者，也可以成为经济前行的推动力，无奈在英国却并非如此。

如已所见，自1930年代以来，特别是"二战"之后，政府及其他公共机构的角色有了显著扩大。就普通公民而言，这种角色体现为两种主要形式：法律的规范与强制；直接与间接的社会开支与补贴（统称为"福利国家"）。此外，公共机构的行为还有两种延伸：一是公有部门扩大了自身规模，该部门到1950年代雇佣着英国全部劳动人口的25%（1914年时仅为3%）；二是公有部门扩大了对经济的管理。不过，这两种扩大并没有大幅改变普通工人的生活状况。第二种扩大通常意味着政府似应作出充分就业的承诺，但尚不清楚战争以来的充分就业在多大程度上缘于这一值得称道的目标。① 公有部门就业者的待遇条件有别于其他部门的就业者，主要在于其固定性（有时这是好事，有时则是坏事），某些较古老的公共服务部门更有较好的工作稳定性和养老金待遇。

养老金、医疗保险、失业保险是社会保障开支的主要形式，

246

---

① 不过，政府严格限制移民进入的政策还是有所帮助的，这一政策从两次大战之间时期继承下来。有一种意外情况却抵消了移民限入政策，那就是，政府对"英联邦"的眷恋使得前殖民地和附属国的大批人员自由进入英国，直到1963年立法骤然限制有色人群移民进入，但这一次又没有人认真考虑该立法的经济后果。

1914年前推行力度不大，"一战"后却有了出人意料的增长。① "二战"及随后的工党政府让社会保障制度取得了长足发展，各种社会福利得以统一，全面的健康服务开始创立，新的补助方案（如从第二个孩子起政府给予家庭津贴）额外出台。例如，有一年（1956），在英格兰和威尔士总共申领了大约1500万份各类福利补贴，约等于每三个居民享有一份。② 有325万个家庭也收到了总共给予840万孩子的津贴，更多的家庭因孩子养育而享受了以税收减免为形式的间接补贴，且不说还有校餐、福利牛奶等各种实物馈赠。有150万人从以前《济贫法》更为人道的后续安排中领取了"国家补助"。几乎所有人都从1948年的"国民保健制度"中受益，90%—95%的儿童上了全部或部分由公共资金支持的学校。有史以来从未有这么多人被覆盖到公共福利网下。

　　这一制度为普通公民贡献了多少收入，这是另一个更复杂的问题。1914年前，除了《济贫法》以及70岁以上人员享受的每周五先令的养老金外，实际派发的福利金基本上寥寥无几。到1938年，福利金可能已占到（税前）个人总收入的约5%—6%。令人吃惊的

---

① 社会福利开支（单位：百万英镑）：

	1914年	1938年
养老金	0.8	2.5
失业保险	2.25	15
医疗保险	13	20

② 具体分类大致如下（单位：百万份）：

失业	2.2
疾病	6.9
养老	4.2
鳏寡	0.4
丧葬	0.2
孕产	1.1

是，这一比例此后并无太大提高，1956 年时估计也仅占 7% 左右。
这是因为价格上涨使得目前社会保障福利的真实价值低于战前水平，
也是因为失业人数有了下降。社会保障制度的覆盖面已经扩大很多，
但给予极端贫困公民的福利依然十分有限。此外，到 1960 年，英国
的社会福利，除了在保健制度和国家补助方面有所胜出外，再也不
能跟其他许多西欧国家一比高下。这种不足特别体现于，当公民无
法赚取工资时，其所获现金资助相当微薄。今天跟 1914 年前及两次
大战之间一样，**完全**依靠失业救济、养老金或其他福利的公民一定
是个穷困潦倒的人。

　　另一方面，政府干预在住房、教育以及 1948 年以来的医疗方面
发挥了重要作用。除控制房租外，"一战"及战后时期都启动了公共
住房的系统建造，这主要由基层市政当局承担。两次大战之间，公
有部门直接或资助建造了约 190 万套住房，同期未获补贴的私人建
造了约 270 万套。"二战"后，全部住房中极大部分都由市政当局建
造，不过在 1950 年代，随着官方回归到调整后的自由市场经济，受
此鼓励，私有部门建造的比例有了显著上升。在出现这一变化前，
英格兰和威尔士的 1350 万套住房中，300 万套由公有部门拥有，另
有 400 万套的租金受到控制，从中明显可见公共干预的力度。当然，
这种情况也会引起反向效果，比如会推高不受控住房的租金。

　　然而，颇为奇怪的是，作为大多数人收入主渠道的工资却基本
上未受公权扩张的影响，例外情形仅涉及某些干预行动，如主要在
1945 年前，政府在工会势力较弱的行业推行法定最低工资，或鼓励
落实带薪休假等劳动待遇。（在 1938 年《带薪休假法》出台前，据
说有 450 万至 750 万人享有带薪假期，此后五年人数增至 1500 万，
"二战"以后则已惠及几乎每个英国人。）但决定工资的机制本质上
是雇主与工会之间的自由协商，除危机时刻外，国家干预主要是为
了促成双方自由协商。自 1890—1914 年以来，这种工资协商多已成

为某种国民协议，一方是全国性工会，另一方越来越是某一特定行业中的雇主联合会，但相同的经济大环境、同样面对的生活成本上扬态势、每一行业职员与其他行业类似职员攀比的倾向，往往会让整个工资结构都朝同一个方面缓慢前行。在实践中，随着这种协议在全国推开，它们也变得更加不精确。此外，全国性工会及雇主联合会从各自立场出发，都赞成维持已日益脱离现实的工资支付等正规制度，雇主联合会之类的组织属于"一战"到 1960 年代初产业界最保守的团体。有鉴于上述情况，在协商达成的工资底线与实际到手的工资之间，差距在显著拉开。因此，真正决定雇主**确实**想要付给工人工资的那些**实质性**协商，越来越采取非正式、相当不成系统的复杂方式，一般由单独厂商层面的代表与人数日众的"车间代表"或类似的草根谈判者进行协商。这是典型的放任自流型劳资关系，故而人们很不了解这些草根谈判者的情况，只知道他们的人数在快速增长，1959—1960 年间的总人数估计有 9 万到 20 万。在"混合机械工会"，此类谈判者在 1947—1961 年间可能增长了 60%，其中一半的增长发生于 1957—1961 年间。[6]

故此，政府干预所做的，在于稳定既有现状，它只是补充职工的收入，而不会决定职工的收入（除非是最穷者）。政府干预提供了每一个体或团体可资谈判的底线，承认并从法律上保障了现存的工会和雇主联合会，但又不会刻意去影响讨价还价的结果或工资制度的结构，仅在危机时刻才短暂插手。本质上看，政府把问题交由相关方通过谈判、遵循传统去自行解决，于是造成了一个章法不明、得过且过的复杂过程，会让实际的工资水平及其实际的确定方法愈发偏离理论，也愈发偏离产业结构的现实。充分就业的良好局面、生活水准的普遍上升、兴旺的各行各业有能力把工资上涨转嫁给消费者（反倒没有为生活成本上升而争取法定的工资提升机制），一起掩盖了这种状况的缺陷，只有经济学家及低薪职工群体看清了其中的问题，这种状况往往会让低薪群体的低工资和低地位永久化。到 1960 年代初，针对这一状况，批评声浪日益高涨，可惜多数批评反而把矛头指向工会的讨价还价，这反映了那个错误的传统观念，即总以为经济情况不好时，问题必定出在职工身上。事实不是这样，职工与管理层各有自己的经济非理性，彼此构成了一枚硬币的两面。或可断言，人们一直试图节制工会的压力，这至少让经济失去了推进产业现代化的一大激励。后来在 1979—1997 年保守党执政时，这种劳资关系体制被彻底砸碎。

政府同样没有刻意要对工商业结构施加多少影响。1945 年后，英国接管了一个相当大的公有部门，并手握决定经济总动向的方向盘。然而，随着战时计划和战后重建的成功机制被一一拆毁，政府失去了如何处置手中相关权力的兴趣。后来的转变发生在 1960 年前后，当时法国经济的成功景象让英国政府重拾掌控经济的兴致。煤炭、铁路及其他运输与通讯行业被国有化了，钢铁行业国有化后又去国有化最后再国有化。这些产业的国有化固然是多重情况叠加作用的结果①，但每一行业都相当独立地进行改制，并不清楚其国有化的目的是要为经济其他部门提供服务（如果是的话，以怎样的成本提供什么样的服务），还是要像其他行业那样去争取盈利，或者为了从其他行业订购如飞机这样的货物，或者干脆为了充分降低亏损借以避免引发议会和报界令人尴尬的议论。至于公有部门与彼此竞争、赢利至上的私有企业保持何种关系，这一点并没有说清楚。同样没有说清楚的是，公有部门作为产品采购者应当遵循何种政策，公共订单的庞大规模使得公有部门能支配不少产业。毫无疑问，政府在

---

① 例如，在控制能源的行业中，电力和燃气早就部分国有化；煤炭行业被国有化是因为它在私有经营中已经破产，矿工和舆论都坚持让国家接管；石油完全未被国有化，据说是因为英国不希望由此鼓励其他国家也把油田国有化，毕竟英国政府借助几家关系密切的大公司，从中获得了宝贵的外汇。

经济活动中实际发挥的作用，比起它本可能做到的程度，是要小了很多。[①] 这不但针对那些国有化行业而言，也特指那个由官方控制的更重要的投资机构。

实际情况是，且不论战争时期，关于公有企业的流行理论并没有将公有企业视为保障经济增长的一种手段。英国作为首个"发达"经济体，难以按照一些耳熟能详的思路来考虑问题，什么落后国家要追赶先进、贫穷国家要实现富强、崩溃国家要东山再起，甚至是一路领先的国家力图保持技术优势，如此这般都很难套到英国头上。英国的社会主义者把公有部门当作实现收入再分配的一个工具、促进社会正义的一项措施，或者相对于唯利是图的资本主义，笼统地视之为一种"公共服务"。（公共服务实际上是指为了"公众"而提供尽可能低廉的产品与服务，可是，因为国有行业的主要消费者乃私有企业，所以这种所谓的公共服务反而意味着补贴私有企业，顺便还消磨了自身现代化的动力。）假如企业家还考虑过这一问题的话，他们大体上也是这样认为的，无非用一些不同的术语。企业家眼中的理想公有企业是：一不会干涉私有企业活动；二不消耗纳税人的资金；三以低于市场的价格提供产品与服务；四按垄断价订购产品与服务；五补贴或干脆承担研发成本。[②] 这些目标是不兼容的。最后，政府将公有部门视同公共开支，当作传统意义上的经济稳定器，用以烫平短期波动。一旦政府发现自己拥有了很大一块经济，它就不仅动用财政和金融手段去鼓励或抑制私有经营活动，而且凭借自身巨大力量进行直接调控（实际上就是不时调减国家的民用投

---

① 可能除英国广播公司外，英国没有什么技术上或经济上的标志性公司，可以跟欧洲大陆的公有企业相媲美。例如，大陆有汽车业中的雷诺和大众公司，有法国等国的国有铁路部门，还有意大利的石油与天然气行业。

② 1949—1958 年间，国有化行业从私有部门购买了约 120 亿英镑的产品与服务，政府直接的采购很可能也有这么多。

资）。尽管如此，政府至少在"二战"后的大多数时间内，仍未将自己视为经济的主要引擎，当然，久而久之，它也日益相信，为让经济增长得更加迅速，自己理应有所作为。

政府终究没有发挥引擎作用，理由之一是，政府基本上并未觉得自己迥然有别于私有产业部门，或者迥然有别于那几个对经济举足轻重的巨头公司。这些巨头公司的架构经常跟行政官僚机构颇相类似，公司老总危机时分往往熟门熟路地溜回公务部门，正如退休高级公务员也时常溜入控制经济的巨头公司。① 只要两边的管理者思路差不多，并且听从官方经济学家的一般意见（官方经济学家实与其他经济学家无甚明显差别），那么，哪一边在照正常商业原则运作，哪一边不这样做，或者哪一边名义上属私有，哪一边名义上属公有，似乎就不是什么紧要问题。除工党左翼及其他社会主义者之外，人们普遍把国有化当作一个无关宏旨的问题，仅把现有的国有化行业当作历史的偶然而已。曾经有一个时刻，工党领导层甚至建议，公众控制非国有部门的最好方法，就是去购买首要私有公司中的政府股票。在1964—1966年的金融危机中，国有化了的英格兰银行的行长虽然理论上该是政府的代言者，但实际上居然在代言金融城的反政府舆论，局外人恐怕觉得这件事自相矛盾。可是，既然政商两个部门连为一体，既然据信是大企业管理者的共识在实际指导着经济，那么，这种自相矛盾也就不足为奇。

因此，1960年代初的英国经济尽管受到公共政策的一定推动，但总体上它依然有赖于"自然"和自发的演进力量，特别是因为1951年后，政府刻意放弃了行政控制，除非（理论上）将之作为短期的反危机措施。1960年代初的这种状况遭到了愈发猛烈的批评，

①　比如，帝国化工公司1966年的掌门人曾经是一名公务员，而被选派去改造国有化铁路的那位专家曾是帝国化工公司的高管。

显而易见，很快就将需要大大系统化的计划措施、合理化措施、消除非理性和低效率之措施。按国际标准衡量，英国的经济绩效比较差，英国在国际经济中的根本问题显然还没有得到解决。

事实上，到长期繁荣的最后岁月，相比之下英国经济的相对衰落在显著加速，无非是大家没有怎么注意到而已。在 1963—1973 年这 10 年里，日本的工业生产已经大增 2.9 倍，西班牙大增 2.5 倍，奥地利和法国大增约 1.75 倍。在爱尔兰和西德，工业生产增长了约三分之二，意大利、挪威、瑞典、澳大利亚、比利时、美国也都增长了约一半，但英国仅勉强增长四分之一。待长期繁荣结束时，已再不能忽视英国经济问题的严重性了。

注释:

1. 除了"后续阅读"列出的相关著作外，也参见 Middleton（第十一章注释 1）and S. Pollard, *The Wasting of the British Economy: British Economic Policy 1945 to the Present*（second edition, 1984）。有关国际比较，参见 A. Maddison, *Dynamic Forces in Capitalist Development*（1991），N. Crafts and G. Toniolo（eds），*Economic Growth in Europe Since 1945*（1996）and A. Sutcliffe, *An Economic History of Europe Since 1945*（1996）。有关现代英国各方面的有用论文，参见 T. Gourvish and A. O'Day（eds），*Britain Since 1945*（1991）and R. Coopey and N. Woodward（eds），*Britain in the 1970s: The Troubled Economy*（1996）。有关产业关系，参见 C. J. Wrigley（ed.），*A History of British Industrial Relations, Vol. 3: 1939 – 1979*（1996）and *British Trade Unions 1945 – 95*（1997），and also R. Taylor, *The Trade Union Question in British Politics*（1993）。有关经济的更多细节，参见 M. J. Artis（ed.），*The UK Economy*（fourteenth edition, 1996）。也参见 K. D. George and L. Mainwaring, *The Welsh Economy*（1988），此书讨论了 1960 年代至 1980 年代中期，and also A. Dickson and J. H. Treble（eds），*People and Society in Scotland, Vol. 3: 1914 – 1990*（1994）。也参见图表 1、6、7、8、12 – 14、17、20、21、23 – 28、30 – 37、47、48、51、52。

2. A. B. Atkinson, *Unequal Shares*：*Wealth in Britain*（1974），p. 42.

3. 然而，西欧国家包括英国在内，都面临煤炭产量日益锐减的现实，这在 1960 年代中期引起了严重得多的尖锐问题。

4. 参见 G. Maxcey and A. Silberston, *The Motor Industry*（1959）。

5. 1965 年有关国家中出口占国民生产总值的百分比及出口指数（资料来源：*Guardian*, 22 November 1967）：

国家	出口占国民生产总值的%	出口指数（1958 年＝100）
美国	3.9	153
日本	10.1	294
法国	10.8	196
意大利	12.7	278
英国	13.7	148
西德	15.9	203
瑞典	20.2	190
比利时/卢森堡	36.4	210

254

6. R. C. on Trade Unions，研究论文之一：*The Role of the Shop Stewards in British Industrial Relations*（1966），p. 5. 有关售货员之角色与性质的更多信息，参见同一个委员会关于同一专题的研究论文之十（1968）。

255

第十四章
1914年以来的社会

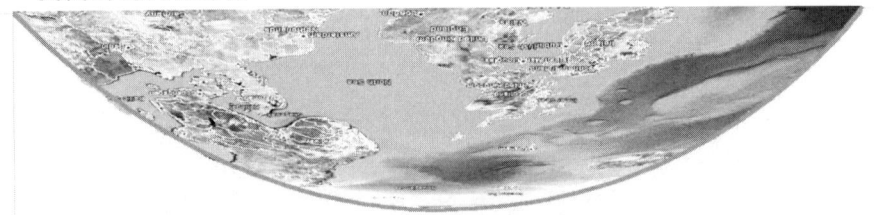

工业与帝国
Industry and Empire

英国的现代化历程　　　　　From 1750 to the Present Day

第十四章
1914 年以来的社会[1]

从经济角度说，这是一个生活水准经历了显著净提高的世纪，从社会角度看，这一世纪的变化也同样显著乃至令人炫目。两次世界大战以及大战之间的萧条很大程度上让英国人没有注意到这些长期变迁，毕竟他们有更迫切的问题要关注。然而，到 1960 年代初，经过了相当长的和平年景，当物质条件及公众习惯发生了前所未有的广泛和快速变化后，茫然之中自我省思并自我批评的某种情绪徘徊在思想文化界的心头。这个国家已经发生了什么，眼下又在发生什么？

首先一目了然的最直观现象就是英国在国际舞台上的衰落。1931 年后，英国不再是国际经济的枢纽，1951 年后，它甚至不再是一个规模可观的有形帝国，在与其他工业国比较时也越比越不利。实际上如前已见，英国国际地位的变化几乎没有影响到国内生活。商人的生活依靠利润，这些利润无论来自何处，都还是相当可观的。职工的生活依靠就业与工资，这两样东西都比以前要高出很多。专业阶级和知识分子的生活依靠就业与机会，此二者与"二战"前的岁月相比已有无可估量的拓展。1950 年代末以来显而易见的怅然若失当然不是因为物质上的不满，更不是因为与国力衰落相关的艰难困苦，而显然是因为拆毁了上几代人不假思索视若永恒的某些里程碑。众所周知的清教道德国度似已变成了纵容性生活的社会，至少对大部分年轻人确已如此。这个民族以前曾以遵守廉明的法纪为自豪，如今却在称颂盗贼的胆大妄为以及对他们的网开一面，并开始怀疑警察队伍的刚正不阿。属于工人阶级的国内公民过去除非扛枪打仗基本上没有跨越过英吉利海峡，而今却每年数以百万地涌向地中海沙滩和阿尔卑斯山滑雪场，还不大情愿地接待着人数不多但异常显眼的一批批有色人群，并且喜欢吃吃挪威海螯虾，尝尝中式炒杂碎，再以前所未有的海量喝喝葡萄酒。反正看起来是这样吧。

1911 年以来，英国的官方统计数据，后来还有"二战"后趋于活跃的市场与舆情研究人员，将英国社会视为某种由五个（以后是四个）阶级所构成的等级体系。最上端是人所熟知的 AB 档，指的是专业人士和工商人士组成的中产阶级；接着是 C1 档，指的是白领下中产阶级；往下是 C2 档，包括薪资较高的熟练蓝领；再下是 DE 档，包括民意调查者眼中那些半熟练或无技能者。在长期繁荣的巅峰时候（1971），人口中 12% 归属 AB 档，20% 属 C1 档，35% 属 C2 档，33% 属 DE 档。其中的 C2 档和 DE 档在缩小，但仍占英国人口的绝对多数，这一点将在随后 20 年里发生改变。

然而，这一社会结构中，"二战"后的男女性别平衡却发生了某些实质性变化，它们最初并未引起世人关注。最重要的变化是，主要由于更多的已婚妇女开始在家庭外领薪就业，妇女的（领薪）劳动参与率有了显著上升（参见原书第 96 页）。两次大战之间，妇女尚且只占劳动队伍的四分之一稍多，但"二战"后即持续扩大，从占三分之一上升到 1995 年的占一半，这种提升至今还在继续。到 1990 年代，随着重体力旧行业的衰落，工人阶级已成为一个以妇女为主的社会群体。同时，妇女也越来越显眼地跻身于专业岗位和工商职位，特别是 1970 年代妇女解放运动复兴后则更是如此。进步固然在加速，但总体上仍嫌缓慢。即使在高等教育中，全职女学生的人数在 1990 年代中期依然低于男生。

英国社会结构的这些变化让国内居民难以适应，最严重的"怅然若失"出现在"中产阶级"身上，如前所见，中产阶级如今主要由工薪阶层所构成。富人没有多少理由要抱怨，尽管他们总觉得自己被税收压得喘不过气来。可以肯定地说，两次大战之间并未有过重大的财产平均化举措，之后也没有进行过实质性再分配。"一战"以前，即 1911—1913 年，人口中最高层的 5% 拥有个人财富的 87%，最底层的 90% 拥有 8%；"二战"以前，即 1936—1938 年，最高与最低分别拥有 79% 和 12%；1960 年，则分别为 75% 和 17%。[2] 至于**投资**收入，1954 年时，最高的 1% 依然获得了总投资收入中的大约58%，英国远非"财产分享意义上的民主体"。在社会等级的最高端，极端富裕者稍有增多，人均财富也稍有增加，但他们占财富所有者人数及财富总值的百分比都有所下降。1936—1938 年间，15000人拥有了全部财产的 22% 左右，"二战"后 19000 人拥有了近 15%，从 1948 年以来，财富集中度再次缓慢回升，到 1980 年代则迅猛加速。1979 年，最底层 40% 的英国人曾拥有全国可支配家庭收入的24%，到 1990/1991 年时其所占份额已降至 18%，而最高层 20% 的所占份额从 35% 扩大至 43%。[3]

这里出现的情况是，在一个不断变化、日益受国家影响的经济中，不平等的基础在发生调整，未能适应这一趋势的人会遭受损失，抓住了新机会的人则获得好处。两次大战之间，回归 1913 年作为一个理想依然萦绕在富人及当国者的头脑中，上述变化及其特点还没有变得像"二战"之后那么清晰可见。这种情况在税收领域表现得最为明显。官方的累进税及遗产税等财富税上升到令人头晕目眩的高度，从理论上说，富人们被剥夺了超额收入中的一大部分。实际

258 上在国家仁慈的关照下，大量避税的法律工具日趋完备，如果收入不以工资为形式、不会在源头被征税，就基本上可以获得免税。这些漏洞中，最大的一个很可能就是资本利得税 1962 年前的缺失，这使得在资本持续升值的长期战后岁月里，证券和可转让房地产的所有者获得了未被征税的大笔横财。这一时期最显著的新资产如房地产投机者的财富，即建立在这一基础上。给予家人和亲戚的财产"馈赠"规避了遗产税，如此等等，不一而足。

由上可知，大富豪们基本上跟以前一样富裕，只不过其人员构成有所改变。"一战"乃牟利者的天堂，战争让他们更加富有，当然，由于劳合·乔治售卖贵族头衔，战争也大大降低了财富能带来的传统社会回报，使得加入土地贵族行列不再那么具有吸引力。两次大战之间的萧条给富豪们增加了一点麻烦，但还不足以上演 1929 年大崩盘后百万富翁从华尔街窗口一跃而出那样的美国式传奇。"二战"及随后的工党时代对挥金如土多有打压，令富豪们平添了几分恐惧，直到 1950 年代中期的保守党时代，等到相对紧缩的官方政策告一段落，公然炫富的那股豪气才重回人间。如前所言，这些年里富人无疑变得更加富有，而且有个较新的团体也加入进来，这批新人的收入和资本要素并不属于富人圈，但其经手的开支（由厂商以各种方式支付的"业务费"）却属于富人圈。这些人在公司购买的荒郊僻野上猎杀松鸡，这些荒野名义上是公司为业务接洽之便而购入，他们靠着夜总会和豪车生产商而发迹，在那些伪装成"工厂餐厅"的董事俱乐部喝着"1921 年木桐红酒"。

大多数"中产阶级"当然生活在这一水平之下，他们如同部分富人一样对某种世态变故颇感苦恼。在他们看来，最高的物质回报既没有落到传统贵族的头上，也不再奖励创业和勤劳这样的美德，反而来自按 19 世纪标准所谓的说假话和不道德。他们觉得自己的境

259 况明显在变差。到 1960 年，人口中有四分之一属于此类白领、工薪

及专业阶层所组成的群体。该群体 20 世纪中一直在不断扩大，日益替代着维多利亚时代的"中产"与"下中产"阶级，后两个阶级本质上包括了小店主、小企业家、依靠"收费与利润"（借用所得税分类）而不是靠工资或薪金为生的人。无论在经济意义还是社会意义上，新的中产阶级都名副其实。他们的收入没有那么高，当然比普通工人的收入要高出一两倍，反正这样的收入已足以过上无产者尚难想象的舒适生活。① 那时，一年赚上一千英镑已能过上很不错的日子了。

殷实小康是中产阶级的最高期望，在英国这一等级社会中，土地贵族无论如何均非中产者力所能及，而大富豪们的百万家产也难以让正派人士怦然心动。在爱德华时代，偶尔会有某个浪漫者如 H. G. 威尔斯笔下的庞德莱沃，偶尔还会有某大宅门中的儿子如约翰·布肯，梦想着通过做生意或者搞专业（主要是提供法律服务）而日进斗金并赢得社会承认，另外，大批来自殖民地的年轻企业家肯定也希望发笔横财一举拿下伦敦。是有人（如比弗布鲁克勋爵）成功了，可是通往社会巅峰的道路实在太窄，不过就是牛津、律师界、议会、约翰内斯堡、股票交易所。无论是托马斯·利普顿爵士（的食杂商店和豪华游艇），还是伯肯赫德勋爵（的政法活动及挥金如土），都无法为普通的中产阶级公民提供奋斗动力。普通人所要的无非是一个稳定可靠的地位、运气好的话日益超越"下层社会"、充裕舒适的家庭设施、儿子们接受良好教育、一种"国家中坚"的感觉、或许还充分享有宗教与文化生活，但最主要的还是前面第一条。

---

① 例如在 1937—1938 年，年收入在比如说 400 英镑的工薪家庭，就会比普通工人家庭在衣着和（好得多的）住房上多花一倍的钱，在取暖和照明上多花三分之一，在食品上多花五分之一。即便如此，它仍可剩下一半收入可用于其他项目，它在这些其他项目上的开支会是工人家庭的三倍。

260　就经济而论，大批白领职员从未稳稳当当地超过普罗大众，他们原来赚得的收入未必高于体力劳动者中的佼佼者，他们跟劳工阶层的差别在于生活方式、社会地位，故而但凡底层社会的改善可能缩小这种差别，他们总是极其敏感。两次大战之间，听说市镇当局可能要给工人改造住房、提供盥洗间，他们便会郁郁寡欢；有流言称那些苦劳力在住房改造后只打算在浴室里堆放煤块，这种不实传言不过反映了他们心中的希望而已。这种边缘阶层有时也会失去立足根基，比如在通货膨胀时期。他们并不拥有工会（公务部门中除外），说实话也不掌握什么技能，至多他们的女儿会速记和打字，日益在白领工作的低端替代男职员。过去整整 50 年里，这些痛苦不已、愤愤不平的男职员始终是郊区情绪低落的一帮人，也是右翼及反工会报纸与政客的大力支持者。

　　单纯从经济上看，没有证据表明中产阶级中较核心的阶层境况变差了。不妨举小学老师为例，这是下中产阶级中远非优越的群体，他们的年均工资"一战"期间很可能落后于生活成本，"一战"刚过则显著超过生活成本，直到"二战"前都始终相当稳定，那时工资的实际购买力上升了。[①] 借助所得税统计，可以比较容易地对比"二战"前与"二战"后的情况，具体参见下表。[4]

　　战后的数字必须除于约 3.5，以计入币值下跌的因素，但仍清楚可见，已有更多的人在赚取相当于战前中产阶级的那份收入，中产阶级中间层的平均收入很可能增加了。这很大程度上不是因为实际工资水平有了多少提升，更是因为大量人员晋升到了日益扩大的高261　薪工作行列。

　　[①]　男性注册教师的年均工资（单位：英镑）：

| 1914 年：147 | 1918 年：180 | 1923 年：346 |
| 1928 年：334 | 1933 年：296 | 1938 年：331 |

按所得税划定的各档收入人数

1938—1939 年		1963 年	
总收入档次（英镑）	人数（万人）	总收入档次（英镑）	人数（万人）
200—400	303	700—1500	1150
400—600	57	1500—2250	100
600—1500	45.9	2250—5000	51
1500 以上	15.8	5000 以上	10

　　不过，即使是中产阶级的中间层，也从未停止过对自身窘境的抱怨，实际上他们在 1914 年时就已牢骚满腹，背后有几个原因。其一，税率在上升，而工薪阶层难以避税。若一个家庭有两个成人、三个孩子，收入在 1000 英镑，该家庭的名义货币收入在 1913—1938 年间大致增加了一倍，在 1938—1960 年间再增一倍。中产阶级的支出方式却是另一本账。支出中总是包括了较重的保险负担、上学费用、购房花费等等，这些支出必然会在一生较长时间内拉低其他项目上的消费，只有相当富裕者方属例外。一直要到中产阶级学会使用 1945 年后的社会服务，并且比工人阶级从中获得更多好处后，医疗和教育方面极重的私人开支负担才告缓解。

　　但主要原因肯定在于，要想维持相对于"底层社会"那份有形的**质**的优势已愈发困难和昂贵，而这份优势原本是中产阶级地位的一个真正标记。家佣首先离开了。1914 年前，雇佣家仆简直就是跻身中产行列的规定动作，而到 1931 年，仅 5% 的英国家庭还雇着住家保姆，到 1951 年仅剩 1%。[5] 除做清洁的钟点工外，家佣服务已经消失，直到 1950 年代才又以外国"互裨"姑娘的面目有限回潮。中产阶级对家政服务的占有就此而瓦解，到 1960 年，哪怕是电话和汽车，哪怕是国外度假，都不再是社会地位的稳当标记。这并不意味着手中有更多的钱可花到其他方面，因为在这个社会，人们日益要用金钱来衡量一个人的地位，跟周围邻居攀比的压力使人不得不进

262

行炫耀性消费。某些形式的炫富消费，如花在娱乐上，明显越来越有害。况且，在一个大众消费型社会，只有大富豪们才有望靠自身财产的显著质量来跟社会其他阶层拉开距离。一个有冰箱的女人与一个没有冰箱的女人，相互间有巨大差别，但拥有市场上最廉价冰箱的人与拥有最昂贵冰箱的人，其间的差别不过就是上下百来英镑，这点差别也很容易用分期付款来掩盖。更糟的是，甚至衣服也是这样，尤其是休闲服装堪称最大的社会平等推动力。

　　"二战"后中产阶级作出的回应，一定程度上就是采用势利者的最后绝招，即以高傲的慢一拍来自命清高。（当年面对贸易暴发户，土地贵族就用了这一招，故意继续穿着十分破烂的粗花呢衣服。）他们有时干脆就放弃消费某些批量生产或批量提供的东西。虽说中产阶级买电视机没有工人阶级那么爽快这是个不实神话，但该神话在早先电视娱乐中广为流传，本身就很说明问题。反过来，中产阶级花钱的很多典型做法贵得不成比例，其生活也变得不必要地费事费力。由于还梦想着家佣，中产阶级家庭妇女比起工人阶级妇女，在采用洗衣机等真正节省劳动的用品时就慢了一拍，哪怕她们更买得起。同样，即开即食型包装食品方便了大众生活，可中产阶级妇女也更晚才倾心接受这类食品。① 由于一心想着维护隐私，中产阶级不愿意利用团队旅游带来的好处，团队游实乃改造了大众假期的一场革命。他们力图坚持旧的个体化旅行方式，可那既更费钱又不舒服。总之，他们的整个生活方式已陈旧不堪，而维持独立生存方式的最可靠途径，即从事思想文化活动，又不合大多数中产阶级的口味。尽管如此，在战后吸引中产阶级注意力的报纸上，大家已明显重视"文化"，这可能是报界最重要的一个创新。报纸上如今给读者准备了

---

　　① 在1950年代和1960年代，人们明显反感"饮食"，崇尚"美食"（特别是追捧大陆与异域的烹饪），后来又反感"制成"食品，崇尚"天然"食品。饮食习惯成为中产阶级最可靠的标志之一，直到富裕的无产阶级开始追赶上来。

大量书评，还有关于戏剧和艺术的专页，其重视程度为"二战"前所罕见。

中产阶级中根基深厚的老派阶层也发现自身社会地位在遭受侵蚀，底层社会（这方面也包括下中产阶级）的儿子们在加入到日益庞大且重要的专业行当。强调通过考试、积累专业素养，而不是依靠家族荫庇或"声望品格"，注重专业知识，而不是泛论"全面素质"，这些成功要素在"二战"前少有提及，"二战"后却大为重视。古老的"公学"发现，自己筹集资金不是要造战争纪念馆和英烈祠，而是要建历来陌生的实验室之类设施，借以在培养科技专家方面跟文法学校一争高下。由来已久的中产阶级地位不再能自然而然地谋得发号施令的权力，即便在能够这样时，也需要跟来自低阶层的新人共同分享。树大根深的旧精英利益群体，即金融城、产业高管、律师界、医疗界及其他专业团体，还有保守党，全力抵挡这一趋势，其效果还是颇为显著的，1950 年代末，甚至有过刻意回潮的迹象。可是，威胁已经出现，而且越发强大。

因此，中产阶级的怅然若失并非源自贫困化，甚至亦非源自阶级差别的缩小（当然表面看，在公开场合特别是在年轻时，经常难以识别阶级差异）。中产者的失落感更缘于英国社会中中层群体的结构与功能已发生变迁。这种失落感是双重的，既因为部分人无法顺利地适应变迁，也因为另部分人觉得变迁还不够快，自己的才智简直无用武之地，故而它叠加了老"绅士"与新"玩家"两类人的失落，这两类人携起手来，同声指责工人阶级。

264

*

按照"富有"一词的本义，1960 年代初真正富有的工人不多，也许十分之一的工人实际上还生活匮乏。尽管如此，工人阶级的怅然若失肯定也不是因为经济上的困苦。大多数英国工人的日子比历史上任何时候都要好很多，也一定比他们 1939 年时所能期望的要好很多。事实上，工人们的收入在逐年攀升，有时候如在 1970 年代，增速还相当惊人。广而言之，大多数人首次不必再为基本的日常必需品而苦苦奋斗，也首次不必再为失业而担惊受怕。只有年老力衰仍属挥之不去的忧虑，那毕竟是既贫困又空虚的时光。然而，有两个因素在推动社会局面的变革，这种变革对工人阶级的影响不亚于甚至更大于对中产阶级的影响。

第一个可能也不那么重要的因素是，大批量生产兼大批量消费型经济要仰仗工人们如今并非干瘪的钱包。如前可见，19 世纪末以前形成的诸多生活方式，包括所谓的"传统工人阶级文化"，反映出工人阶级在社会中处于与世隔离的状态。他们在经济和政治上都是遭遗弃的对象，单是一个头戴工人帽、操着工人腔调的人出现在议会里（如 1892 年的凯尔·哈迪），就足以掀起一番历史书中至今仍余波不绝的震荡。假如他们不再被大企业完全忽视，那么，满足工人阶级需求的工商业也迥然有别于满足中产阶级需求的那种工商业，除非工人阶级刻意去购买中产阶级常用的商品。至于面向工人阶级的工商业有别于面向贵族乡绅的工商业，那更属天经地义。若非去当仆人，工人阶级与上层阶级不会发生接触，如同两次大战之间美国白人与黑人生活彼此隔绝一样。上层社会及思想潮流对拳击选手、赛马骑师、风尘女子、杂耍剧场摆出的屈尊俯就态度，跟某些白人对爵士乐表现出的不屑态度差不太多。"普罗大众世界"并非完全是个下流社会，它也有自己的结构，在工业化地区，其顶端也有一群合成的精英，包括了技术工人、小店主、小企业主、客栈掌柜、小学老师等等，此即后期维多利亚时代人所知的"下中产阶级"。（当然，不该将这一阶层跟**新兴的**由白领组成的"下中产阶级"混淆，也不该与非工业化地区的小店主之类混淆，因为后面这类人既不跟劳工中的佼佼者交往，也不愿与他们划入同一类。）然而，不管普通中产阶级一员对工人阶级了解多少，或者普通工人阶级一员对中产阶级了解多少，这"两个族群"简直就生活在不同的世界。①

　　工人阶级世界几乎各类机构因此都自成一体、封闭运转，实际上也只能如此。普罗大众的市场和商店（包括当铺），等级分明的酒吧中那些工人阶级专区，他们标志性的报纸（综合了赛马提示、激进主义、犯罪报道）②，他们的歌舞杂耍场、足球队、劳工运动，与中产阶级并肩而立，但并非其中一部分，几乎不会相互重合。如果说有变化的话，在 1880—1914 年，这种彼此隔离反而加重了，因为随着"工厂"规模的扩大，跟雇主的接触减少了（或者由于新兴白领办公人员的增加而更难接触了），非无产者从杂居的街坊搬到了阶级清一色的郊区。

　　两次大战之间，这方面变化不大。伍尔沃思、博姿及"五十先令成衣"尚不足以把工人阶级吸收到中产阶级甚或下中产阶级的消费中，有关住房开发（即"市镇房产"的兴起）反而强化了居住方面的阶级分割。在英国大部分地区，经济萧条把活在萧条阴影下的所有人汇成一个愁眉不展的群体，新的阶级意识和被剥削意识油然而起，而在另一方则恐惧心理日益上升，如此一来，两大群体间的鸿沟进一步拉大。僵化的教育制度，再加摇摇欲坠的经济，将工人及其子女闭锁在自己的天地。年轻能干的无产者如阿钮林·毕凡，依然在劳工运动中或中小学校里为自身才华找到最佳机会。让自己的儿子获得中学教育并非不可能，尽管 1918 年《费舍尔教育法》未能显著扩大教育的台阶。③ 大学教育几乎没有可能，1938 年总共只有约 5 万名大学生，其中 20% 是在牛津和剑桥。

266

---

　　① 我记得迟至 1940 年，在剑桥不过相隔一英里，恍惚就从一个世界转换到了另一个世界，当时从学院调集起来，宿营在一条工人阶级街上。

　　② 最成功的例子是年代久远的《世界新闻报》，而不是报龄短得多的诺斯克里夫的《每日邮报》（1896）。因为工人阶级是最大的"市场"，第一份迎合工人阶级的现代大发行量报纸是《每日镜报》，时间上并未早于 1940 年。

　　③ 公立中学的学费到 1945 年才告废除。

因此，当"二战"后不多几年变革彰显起来时，事先并无多少催化的准备。变局并非在于新耐用消费品的"富足"，其实跟其他国家相比，除了电视机外，耐用消费品的购买量并不突出。（如在1964年，每100名英国人拥有37辆车，而德国和法国分别为50辆和47辆。）变局也非单纯因为钱更多了、居家更舒服了、房产保有量后来更大了，并不是这些东西让工人阶级生活的重心由公共和集体（酒吧或足球赛）转向私人和个体，由此转向一种以前跟下中产阶级相关联的生活方式。在1950年代，名闻遐迩的连载漫画人物"安迪·凯普"，这个不肯回家、爱泡酒吧、欺负老婆的传统无产者，变身为一个让人开心（尽管也有点让人怀旧）的人物。

变局的真相是，大众消费型社会受到了其最大市场的支配，这一市场在英国便是工人阶级。随着生产及生活方式就此出现民主化（更不用说无产阶级化），劳工们原先的隔离状态大势已去，或者说封闭的格局发生了逆转。劳工们再也不必被动接受本质上为其他人所制造的商品或娱乐，如，理想化的小资产阶级"小人物"（可见于两次大战之间最成功的大发行量日报——《每日快报》），中产阶级午后演出的简化版（体现为大多数流行音乐）①，或者某个耳提面命的教师爷（比如英国广播公司）。

从此往后，恰恰是**工人阶级的**需求执掌了商业之牛耳，他们的口味和风格甚至逆势而上，进入非工人阶级的文化：或带着胜利者姿态，如全新流行音乐中充斥利物浦腔调；或间接反映出来，如对纯正工人阶级主题与背景的追捧不仅横扫电视屏幕，而且席卷剧场这一资产阶级堡垒；或显得滑稽可笑，如底层人粗俗的口音和行为居然风行一时，堂而皇之地主导了表演及时装摄影等不

---

① 1950年代中期以前脍炙人口的当红歌曲中，有很大一部分最初出现于音乐剧或为音乐剧创作，而音乐剧这一体裁跟无产阶级差之远矣。

搭界的行当。① 相反，现在轮到高端的 A 档和 B 档市场②，来开放其自我封闭的大众传媒及商业与文化设施，其中最突出的就是所谓"平面"报刊。

商界于是着手去填补无产者的生活天地，此时正逢贫困问题得到缓解、向失业和匮乏不断宣战的必要性趋于下降，国家政治已把劳工运动这一让工人阶级特立独行的最大因素纳入到日常轨道。"二战"及 1945—1951 年的工党政府展示，"劳工"不再是一个局外人，甚至在理论上亦如此；工党已成为永久可选的当政者，而两次大战之间，其执政岁月尚捉摸不定、断断续续。工会已经牢牢扎根于大企业和政府部门，以至于罢工这一原先家常便饭的活动，现多数时候简直形同非官方行为或底层叛乱。工资变动基本上随价格变化或定期审议而自动到来，定期审议机制的运作甚至不需要工会会员去操心，再说工会会员资格如今等于自动奉送。正因如此，与中产阶级构建的神话恰恰相反，英国并未遭受罢工的严重打击，所受影响实际上显著小于其他更活跃的工业国。③ 罢工也并未趋多，自从"一战"前夜及"一战"之后那个巅峰以来，罢工从趋势上看已大幅减少。

有鉴于此，传统上自成一体的工人阶级世界中的全部机构都显著疲软下来。工党在国家选举中的长期上升势头于 1951 年戛然而止，且未再重续步伐，工会会员数量停滞不前。老一辈激进分子颇

---

① 至少在一段时间内，随着同性恋风尚在这些领域的显著退潮，此风有所收敛。

② 五大收入分类简直已被广告人奉为圭臬，这五档中的最高两档相当于上层阶级和中产阶级。

③ 1959 年，因罢工损失的劳动天数占千分之一。1950—1954 年，与英国比，每 1000 名工人损失的工作天数在西德约低 15%，在比利时约为四倍，在加拿大和法国约为五倍，在日本、澳大利亚、意大利约为六倍，在美国将近 10 倍。只有北欧国家和荷兰在产业中比英国要和平得多。（*International Labour Review*，Vol. 72，1955，p. 87）

268

为正确地抱怨称，劳工运动的激情之火正在熄灭。即使是对足球的热情这一极其非政治的现象，也在走下坡路。如电影院观众人数，"二战"后不久它攀上顶峰，此后则一路江河日下。城市民众的"传统"周日报纸《世界新闻报》不再独领风骚，由劳工运动催生并维持的大发行量日报退出了舞台。年轻的思想者在察觉"传统工人阶级文化"于1950年代衰落时，曾过分地将这一文化理想化，可是他们的挽歌也未能令其起死回生。

　　或许更严重的是，经济变迁侵蚀了传统上所理解的工人阶级的基础，包括主要在矿井和工厂围着机器干活、双手肮脏的男男女女。在整个20世纪，有三个趋势在无情地继续，两次世界大战不过暂时阻挡了一下而已。趋势之一，与第三产业如分销、运输及其他各种服务业相比，工业相对衰落；之二，与每个行业中的白领或"干净"工作相比，体力劳动相对衰落；之三，大量需要老式体力劳动的典型19世纪的行业也衰落了。① 应当承认，非体力劳动者也是工人，到1931年，只有约5%的就业人口为雇主和经理（1951年仅2%为

269

---

① 某些行业每100名生产性技术工人中，管理者、技工和文秘人员所占百分比（资料来源：J. Bonner, *Manchester School*, 1961, p. 75）：

	1907 年	1935 年	1951 年
纺织	3.5	6.7	10.6
非金属矿产处理	6.4	9.9	14.7
金属制造	5.9	10.8	19.0
车辆	7.6	13.8	22.1
器械与造船	8.1	20.1	27.3
木材与软木	10.8	12.7	15.6
服装	11.5	10.7	11.2
皮革	12.7	13.0	17.0
造纸与印刷	13.4	21.7	27.8
食品、饮料与烟草	15.8	26.1	24.1
化学品及相关产品	16.2	32.4	41.0

实际雇主），另有 5% 左右自主就业，90% 被归入"技术工人"。况且，特别是在"二战"后，非体力劳动者越来越接受自己跟体力劳动者地位并列、利益与共的现实，他们加入到相关工会中，这些工会在 1950 年代后期明显想要纳入"英国工会联盟"或与之合作，该工会联盟堪称体力劳动者的庇护所。尽管如此，"办公室"与"工厂"的差别还是相当大的，这种差别在工作时间内且经常在工作时间外，始终是公民之间最显著的分野。

技术引发了另一个越发不妙的差别：19 世纪的工业类型对于没有任何资格证书、只有力气和干活意愿的男女几乎有着无限的需求，而 20 世纪中叶的技术却越来越不需要这样的男女。有一段时间，第三产业尚可为缺乏技术证书的劳动力提供某种庇护，可是到 1950 年代，不少单位开始裁员（见于自助商店和超市），或者用机器来替代人工（如常规办公室工作的自动化），这种趋势也许比在制造业部门还要快。对技能的需求已急剧提升，所需技能未必是 19 世纪理想中的灵活全面型素质或适应力，无论对工人还是行政人员均如此。如今需要的是那种高度专业化的技能，要求一定量的训练、才智，特别是事先的正规**教育**，体力的灵巧再也不够。这尤其明显地体现于整个 20 世纪都飞速增长的那组职业，即器械、金属加工、电机，其职业的猛增与制造业中劳动力停滞的总趋势截然相反。1911 年，男性工人中仅 5.5% 在金属电机类行业，到 1950 年，已增至 18.5%，再到 1964 年，不分男女的**全体**英国工人中近五分之一就业于该领域。[1] 这些行业比其他行业需要更多熟练工人和更多白领员工。

不幸的是，在这些智力型或半智力型领域，传统的工人阶级，尤其是 1964 年在其中占三分之一的熟练和半熟练工人，处于相当的

270

---

[1] 相反，在 20 世纪初，将近五分之一的男性就业者为矿工或农场劳工。到 1964 年，从事矿业工作的全部人员在劳动队伍中已不足 3%，从事农业的全部人员（包括农民和渔民）约占 4%。

不利地位。这里的部分原因在于英国教育制度显著的反平等偏向，1944 年《教育法》并未大幅削弱这一偏向；部分原因在于某种恶性循环，即让穷人和未受教育者的子女只能自动得到较差的教育机会，甚至还不断打压这些孩子的能力，使之无法得益于教育所能提供的东西。1956 年，文法学校共有约 13.4 万名学生参加了"普通教育证书"考试，此乃继续深造的入门关卡；公学共有应试者约 5.2 万名，可公学本来最多只占在校生总数的 7.5%；而来自"现代"学校的应试者仅 8571 名，须知，这些学校的在校少年学生占到总数的 65%。因为正规教育的考试和证书日益决定着是否能够获得薪酬最高的工资岗位，甚至决定着是否能够获得大多数受尊重、有权威的地位，所以，大部分英国公民，还有大多数英国职员，越来越发现自己显然无法追求远大志向。相当数量的一部分人甚至无法指望自己的孩子将来会比自己发展得更好，他们的命运在生长发育完成前已被限定死了。他们可以期望，几乎一离开学校就能得到比父辈更高的工资，再说工资不错的同时生活成本却不高，至少在结婚生子拉低生活水平之前是这样。从短期看，他们会比那些继续读下去的人过得更好，可是，他们很快就会碰到天花板，况且这个天花板还不高。难怪这一阶段的青少年在任何部分的工人阶级中，都是不成比例的最大的奢侈消费群体。为了补偿其长久的不利处境，及时行乐成了社会给他们的最好回报。

故此，在旧的劳工阶级中出现了两个对立趋势。一方面，其中的某些人尤其是熟练工人，在所发挥作用、生活方式、本人（或孩子）社会流动的可能方面，正在接近白领、技术、优薪阶层，而其中大部分人正在变身为典型的工人阶级，其日益增加的工会活动也表明了这一点。除那些一贫如洗或与世隔绝者外，所有工人都在快速过上一种以大批量生产为基础的生活方式。这种生产旨在满足工人们的欲望，部分反映了其追求更高生活方式、为个人和家庭争取更多物质产品这样的愿望。工人们的这种追求与其他阶级并无本质差异。当 1950 年代的社会学家谈论**资产阶级化**时，他们头脑中想到的就是这些变化，只是记者们往往误读了这些变化的政治意义。因为就如宪章运动之后的"富裕"时代那样，生活水平的提高、采纳此前限于中产阶级的某些习惯，固然可能磨掉了劳工运动的锐气，但并没有把工人改造成为小一号的中产阶级公民。在维多利亚时代的英国，文化上的同化完全是个单向运动，即社会上层文化自上而下地扩散到社会底层。与此相反，在伊丽莎白二世时代的英国，文化同化呈现上下互动的双向态势。

但与此同时，在工人特别是不熟练、无证书的工人与社会其他成员之间，距离确实在拉大。体力劳动与非体力劳动之间的差异总体上没有缩小，反而更加显眼了，因为白领工人不再是偶尔现身的怪物或者只是管理层的简单延伸，他们已成为劳动队伍中的重要部分。"办公室"越大，就越不可能忽视"办公室"与"工厂"之间的显著差别。

旧的工人贵族发现，自己的新处境尤其令人难堪，尽管本人特别是儿女前景的改善让情况尚可忍受。这批人的自豪与地位很可能在 19 世纪末到达顶点，其时，他们代表了工人阶级世界毋庸置疑的最高端，其工资远高于"劳工"，其地位尚未遭到白领这一替代性工人贵族的严重挑战，自己也还没有明显掉落到特种机器的半熟练操作工这一地步（此类操作工不少是从无学徒经历的底层人员甚至妇女中招募而来）。而今，原来的工人贵族却丧失了这些特权地位。蓬勃发展的机电类行业特别彰显了他们的困境，因为在这些行业，20 世纪的要求与结构正面挑战着 19 世纪根深蒂固的行业自豪与特权：样样拿得起来的手工技能现在要变成对特种机器半技能型的操作；传统的计时工资制要变成普遍的绩效付酬制；工匠的特立独行要变成批量生产的纪律或称"科学管理"；工人阶级"技师"的一言九

272

鼎要变成办公室与技术人员的行情看涨。自打新技术时代在 1890 年代开启以来，金属制造就是阶级交战的一个前沿阵地，1897—1898 年全国性"技师关厂"大行动足可为证。而在技术变迁日新月异之时，如军事装备加速批量生产的世界大战期间，金属制造简直成了阶级交战的唯一前沿阵地。① 1914 年后，熟练工与非熟练工的工资差距不可避免地缩小了，假如熟练技工不能或不愿适应新的工作和工资结构，他就可能发现自己比缺乏技术的"流水线工人"赚得还要少。所以，敌意重重的工人贵族急速向左转便不足为奇。甚至在 1950 年代，典型的工人阶级共产党骨干就是一名金属工人，党代会上至少四分之一的代表通常是技师，"英国工会联盟"中左派的主要代言人代表了以前那些保守团体，如锅炉制造者工会、电工工会、翻砂者工会、混合机械工会。② 可能到 1970 年代中期，新的产业结构才获得接受，在 20 世纪大部分时间里，地位不保的工人贵族的激进立场成了劳资关系中的一个重大因素。

与之相反，缺乏技能缺乏证书者反倒得益于上述变化。本来，他们的工会由新社会主义者在 19 世纪末组建，其所主张的政策极端激进，如今，随着他们得到官方的承认，也随着他们意识到，官方承认能比虚弱的单独谈判实力带来更多好处，他们迅速地向右转。③ 在欣欣向荣的行业，他们的收入会很不错，当然，在正在衰落或组织性较差的行业，他们的境况经常十分糟糕。不过，这些人比其他

---

① 1914—1918 年所有交战国中的反战运动都具有工会基础，而这一工会基础又扎根在军械行业中熟练金属技工的不满之上，工人运动的骨干就是器械厂的"车间代表"。

② 另还有衰落行业中传统上激进的团体，如煤矿工人和码头工人，然而，从不断兴起的技术专家工会中，开始出现很有意思的"新左派"。

③ 其中最大的团体即"运输与普通工人工会"在 1950 年代末重新回归左翼立场，这种左转主要缘于"运输"与机车生产，与工会成员中的"普通"部分关系不大。

人更受现代工业社会中恶性循环的压迫，弱势群体发现自己的弱势地位反而在固化，未受教育者发现教育缺失会成为永久的障碍，愚笨让愚笨者寸步难行，低能让低能者雪上加霜。随着旧的蓝领手工行业的衰落，不仅缺乏技能缺乏证书者，而且以前在煤矿、船坞、作坊固定就业、工资不低、受人尊重、不失自尊的大量（男性）工人，如今也加入到虚弱不堪且日益无组织的大军中。正因为现在的社会流动相对容易了，至少对那些擅长考试的男孩是这样，所以，那些无法走这条"英才教育"道路向上发展的人发现，自己注定永远只能沦落在社会底层，除非他们赢得足球赌注、胆敢以身试法，或者对年轻人最可能的是，撞上表演或流行音乐行当赌球般的大运，毕竟这些领域现在不再需要任何预备资格。在繁荣的 1950 年代的某个时候，工人阶级中的众多公民已产生某种信念，相信自己的卑劣状态到 11 岁即正式定型，因为从此被排除在进一步教育之外，或许这本身便反映了他们的自卑心理。[①] 这种被排斥感一定程度上影响了大多数体力工人，只有技能超强的技术精英方属例外。更富戏剧性的是，这种感觉束缚住了大量底层的倒霉蛋，身为倒霉蛋并看来永远会倒霉下去这个事实让他们更加灰心丧气。他们的愤怒没有找到有效的政治表达，经常以亚政治方式呈现，而在年轻人那里，愤怒情绪有时会汇入模糊又暂时的反现状群众抗议运动，如"核裁军运动"。然而，某种底层倒霉者的意识有了明显升华，它也许在流行音乐中得到了最好释放，这个 10 年里，一无所有的年轻人在流行音乐中找到了自我，这种音乐随之成为全体年轻人的通用语言。黑人的布鲁斯和民歌的抗议传统是该流行音乐的两大源泉，它们为被排斥者和反抗者而倾诉而宣泄。相关的明星是工人阶级男孩，以后也有

274

---

① 劳工运动在这一时期并不十分活跃，在其中发挥关键作用的是人们对中学平等的呼吁，从中可见大家对这一问题的关注度。

女孩，最好来自于最没有受中产阶级同化的地方（如勃门赛或利物浦）。这些明星让公众认同未受过教育、不接受现状、无体面可言的
275 形象，不过他们自己赚到了钱，也名噪一时。

＊

简单地分为两个阶级，人们普遍认为这是英国的基本格局。但事实上，经济富裕和技术变迁产生了新的社会群体与阶层，如"知识分子"与年轻人，其行为表明，他们无法干脆地认同传统的两大阶级。知识群体和青年群体都是新现象，只是知识分子作为一个独特社会群体可上溯至1914年前。这些脑力劳动者绝大部分等于是薪酬较高的非体力临工，单是人数的增多便凸显出其群体性问题。他们较少参与企业管理和政府部门，缺乏传统的社会地位，这使他们不像同等收入档次中的其他人那么保守。①

知识分子的来源已经不再限于既有的上层阶级和中产阶级，1950年代大批知识分子从下中产阶级及工人阶级中涌现出来，社会矛盾便应运而生，这种矛盾反映在1950年代后期（有时颇为肤浅）的文化"左倾"上。迅速增加的大学成了不同政见的聚焦场所，在英国历史上，"学生"首次成为一支政治力量，而且是一个基本上必然"左倾"的群体。当然，从1930年代中期开始，在较小的局部范围，已在出现学生的"左倾化"，但这种"左倾化"要低于通常传说的程度。

"青年"作为一个可识别的群体也出现在1950年代，这里说的"青年"并不仅仅指儿童与成年之间会尽快度过的那个过渡期，也指商业上出现了"青少年市场"，年轻人形成了专门的习惯和行为，并且参与了反对核武器之类政治运动。然而，年轻人公开的政治活动

---

① 显然正因如此，器械、医学、法律这些专业中出现的政治异见学生要比自然科学专业中少得多，而自然科学中的异见学生又比人文和社会科学中要少得多。

主要限于中产阶级和知识分子青年，未婚工人的"富裕"加之教育体制的扩张为这一现象提供了物质基础，但很可能总体社会方式显著快速且未曾防备的变化在这一阶段罕见地拉大了代沟。部分作家、某些专门成立但往往为时不久的请愿组织，当然还有商人，经常随自己首先发现的新市场而兴起，他们观察到了这些变化并且顺应这些变化。面对知识分子与青年二者的崛起，主流英国社会和政界都猝不及防。知识分子与青年的大多数活动（至少在初期）故此都发生在现有体制之外，当然是在政治圈之外，除非对既有政党、运动、政客的抗议也被视为某种形式的参政行为。如果说青年作为一个有自我意识的社会群体没有留下其他什么东西，它毕竟为 1960 年代的英国生活带来了某种未曾料到的火爆、欢快、相当多的傻气，以及一种思想文化的兴奋气氛，可惜并不是总能转化为成就。

276

注释：

1. 除了"后续阅读"及第八章注释 1 提及的著作外，也参见 A. H. Halsey（ed.），*British Social Trends Since 1900*（second edition，1988），Paul Thompson，*The Edwardians*（1973），Jane Lewis，*Women in England 1870 – 1950*（1984），A. V. John（ed.），*Unequal Opportunities：Women's Employment in England 1880 – 1914*（1986），T. Wilson，*The Myriad Faces of War*（1986），J. Winter，*The Great War and the British People*（1985），B. Waites，*A Class Society at War*（1987），W. D. Rubinstein，*Wealth and Inequality in Britain*（1986），R. Holt，*Sport and the British*（1989），Pilgrim Trust，*Men Without Work*（1938），A. Calder，*The People's War*（1971），P. Summerfield，*Women Workers in the Second World War*（1984），H. L. Smith（ed.），*War and Social Change：British Society in the Second World War*（1986），B. Bousquet and C. Douglas，*West Indian Women At War*（1991），A. Marwick，*British Society since 1945*（second edition，1990）and *The Sixties*（1998）。也参见图表 2、3、7 – 10、35、41 – 52。

2. 录自未刊论文，即 J. S. Revell，'Changes in the Social Distribution of Prop-

erty in Britain in the 20th Century' (Cambridge, Department of Applied Economics, 1965).

3. *The Economist*：*Britain in Figures* (1997).

4. *Economist*, 23 May 1965.

5. 每1000 个家庭中女性家佣的数量 1881 年为 218 名，1911 年为 170 名。然而，应当注意的是，两次大战之间的失业明显减缓了家政服务的萎缩步伐。就绝对数而言，家政服务在 1921 年后的 15 年里实际上有了增长。

277

第十五章

英国其他地区

工业与帝国
Industry and Empire

英国的现代化历程   From 1750 to the Present Day

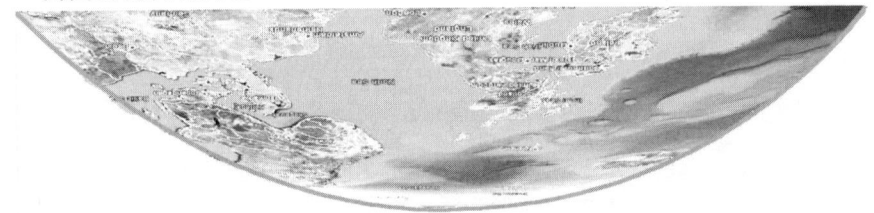

第十五章
英国其他地区[1]

至此我们考察了总体的英国经济史，没有特别关注苏格兰和威尔士，完全没有涉及爱尔兰（它当然不是英国的一部分）。① 如果不算苏格兰高地等人烟稀少的边鄙之地，工业革命以来的英国只有一部经济史，尽管其中难免有地区差别和不同侧重。另一方面，苏格兰和威尔士在社会特征上，还有在历史传统上，有时候在机构制度上，都完全有别于英格兰，因此不能简单地淹没在英国历史中，或如通常那样遭到忽略。这一章的相关讨论恐怕不能令威尔士和苏格兰的读者感到满意，但它至少能提醒英国读者，英国是个多民族社会，或称多民族社会的集合体。本章也会简要论述进入英国及英国内部的大规模移民，但不会涉及爱尔兰，尽管大规模移民中多数来自爱尔兰。长期以来，苏格兰和威尔士已是英国的一部分，但爱尔兰并非如此，它曾经是个殖民经济体，如今则是单独的经济体。

----

① 爱尔兰1801—1922年与英国的政治联合并未在多大程度上使它成为英国经济的一部分，一如阿尔及利亚与法国的联合并没有让它成为法国的一部分。然而，这里排除爱尔兰，意味着排除了从1922年以来选择与英国保持联系的六个郡。这是不可避免的，也难免令人遗憾。爱尔兰的经济史无法包括到本书中，北爱尔兰自1922年以来的经济史在书中也无法得到较多的论述。不过，书中会稍稍涉及爱尔兰人在英国的情况。

威尔士在 1536 年正式并入英格兰，可这对两国若即若离的关系影响很小，对于威尔士在英国经济中无足轻重的地位也影响甚微。

威尔士人生活在英格兰体制的外壳及英格兰（或英式）地主阶级的下面，在一片交通不便的贫困地区过着相当落伍、勉强糊口的小农日子，正式尊奉着任何落到头上的宗教和政府，反正这些东西离自己的语言及生活方式一样遥远。与英格兰的联合剥夺了威尔士人或曾有过的那一点上层阶级，酿成了已属威尔士社会典型特征的民粹主义，大家的收入状况不是穷就是非常穷，阶级归属不是小农和小店主就是体力劳工。在某种意义上，这一直是威尔士经济发展的样式，也可以解释威尔士政治难以磨灭的激进主义。工业化或其他任何经济变革，都是外加到威尔士人身上的东西，不是他们自己争取来的。即使曾有过威尔士人自己的创业活动，当地堪布里安商人最初的举措往往也是要迎合唯一存在的上层阶级方式，即英格兰方式。煤铁大王鲍威尔家族被英格兰化了，恰如此前威廉姆–温恩家族在自己地盘上也被英格兰化了。工业化仅仅意味着在原本纯粹的乡土社会里，威尔士人增加了若干市镇①，在原本日渐衰落的小农阶级和小资产阶级之外，又增加了一大群无产阶级。

到 1750 年，把威尔士山丘与英国其他地方连结起来的线条开始绷紧并日趋粗壮，主要是因为增加了外销牲畜的饲养，农民们一般都用销售款去支付地租；也因为进行着规模不大的矿藏开发，它们是威尔士的主要收入来源。从英国的角度看，这些矿产开发都还不成气候，也许只有铜和铅除外，但对威尔士人来说，变化已经显而易见。其结果是，在传统上操威尔士语的小农中间，基本上诞生了一个有自我意识的威尔士民族，最明显的表现是，威尔士人大举皈

---

① 工业革命以前，最大城市斯旺西仅有一万居民（1801），加的夫仅有两千居民。

依非官方的宗教，主要是对国教不加信奉的各种新教门派，其中若干派别，如北威尔士的加尔文循道宗，具有强烈的民族主义精神，对威尔士文化与历史怀有自觉的兴趣。分散而民主的非国教信仰在1800年后成为多数威尔士人的宗教，它带来了三个极为重要的后果：教育的显著发展；威尔士文学的显著成长；本地社会与政治领导人才的打造，此即涌现了宗教布道者和牧师，原本分散的威尔士小资产者得以融入这一群体。此外，它在经济追求之外，也带来了一套异样的社会追求，从此往后，年轻威尔士人的一般志向不是发家致富，而是接受教育并能说会道。与苏格兰人不同，威尔士人很少为英国经济提供工业巨子与金融达人，其中最著名的一位即来自新城的罗伯特·欧文（1771—1858），也是一个非常另类的资本家。另一方面，威尔士人中出了很多修道士、记者，最后还有教师和官员。威尔士劳工运动后来也提供了同样可观的产业工人阶级领导骨干，这是对英国社会的另一显著人文贡献，无奈一直要到20世纪其重要影响才越出威尔士并波及他地。

在这片贫穷、偏僻、落后的地区，工业革命的迸发所采取的一般形式就是，更多地融入国家经济和国际经济，具体则是以铁、铜特别是煤而介入重工业发展中。奇怪的是，这一过程虽未瓦解农业社会，却使之更加贫困了。在威尔士占支配地位的始终是家庭小农庄，不过其主体是佃农而非自耕农。这里并未出现大的农业劳工阶级，真有农业劳工时，他们并不比小农穷很多，小农自己常常去新兴行业当季节性流动工人，或者去赚点其他外快。最有名的农村风潮是1843年的大规模"吕贝卡骚乱"，这些风潮真出现时，都是全体农村团体（在小农场主领导下）的普遍运动，其反抗对象是外来的、格格不入的、经常客居在外的地主阶级，这些地主除了知道定期收租外，很少采纳资本主义经济的东西。另一方面，贫瘠的山峦拯救了威尔士农业，使之避免了英格兰农业的重大折腾。谷物价格高涨时，这里无法大幅增加农业生产，价格跌落时，这里也没必要收缩生产。家畜饲养和乳品生产得到了同等重视，这种混合农业特征正好为农村经济奠定了一个相当稳定的基础，故此，19世纪农业大萧条的冲击在这里要小得多，有关冲击主要体现为对地租的压力。尽管如此，威尔士人同样程度地遭受了小农经济的困境，而且遭受得更加一以贯之，这种困境是指生计艰辛、人多地少，向外移民只能缓解却无法消除这些问题。威尔士中部人口1840年代实际上开始减少，威尔士农村总人口1880年代也出现萎缩。

然而，农业不再是威尔士人的典型职业，在卡马森、格拉摩根、蒙默思这三个郡特别是后两个郡，工业有所发展①，也因此让威尔士面上的发展不免相形见绌。1801—1911年间，威尔士的人口增加了三四倍（从不足60万增至200万以上），但几乎所有这一增长都发生在工业郡中，这些工业郡到"一战"时拥有威尔士总人口的四分之三。②人口的如此涌入不但依靠威尔士内部的人口流动及本地人口增长，很大程度上也依靠了英格兰工人以及较少爱尔兰工人的迁入。工业化的后果之一是威尔士语的衰落，说威尔士语的地区不过是多山的农业地带，它们越来越像是南部工业化地区的一个附着物，同样，说威尔士语的小农和小资产者，越来越像庞大无产者群体（尤其是煤矿工人）的一个附着物。20世纪借助国家教育体制为威尔士语提供了系统的支持，可是也未能阻止上述衰落趋势。19世纪中叶时，这一点还不太明显，在卡马森这一发展步伐相对较慢的工业郡，

---

① 1970年代对威尔士的传统郡作了区划变更，卡马森成为德韦达郡的一部分，格拉摩根被分为三个郡，蒙默思更名为格温特郡。

② 威尔士的人口增长（单位：万人）：

	1801年	1851年	1911年
威尔士和蒙默思	57.7	116.3	202.7
格拉摩根和蒙默思郡	11.1	38.9	151.7

威尔士语尚且维持着比较稳固的基础。但在 19 世纪下半叶，当煤矿进入快速扩张阶段时，威尔士就完全变了，更确切地说，在文化上（不是语言上）被分割为两个威尔士板块，除都不像英格兰外，二者愈加缺乏共同点。相互间的交通也多有困难，威尔士各地最容易通达的地点反而是英格兰市镇什鲁斯伯里，这种状况使得彼此反差更加彰显。

就工业化第一阶段的典型产业特别是纺织业而言，威尔士几乎没有参与过，它的重要性完全体现于重工业，最初是铁（及重要性稍逊的铅和铜），以后突出的是煤，不过，重工业直到 19 世纪下半叶才充分崛起。铁乃 19 世纪上半叶的主角，对工业化英国及工业化世界而言，威尔士的意义主要在于道莱斯和塞法萨的锻造和铸造车间，及其工厂主（原属英格兰的）克劳谢家族和盖斯特家族。随着轮船和英国海上霸权的崛起，尤其是随着可出口的"轮船用煤"的异军突起，煤炭简直一手打造了 1860—1914 年的威尔士大繁荣。重工业行当的熊熊火光、堆堆矿渣，还有它们的卷扬设备，以及一长排一长排石板屋顶、层层蔓延在光秃山坳上的低矮房舍，构成了典型的可怕景观，大多数威尔士人就是在这一背景中，过着他们矿井与教堂间的日子。铁业崛起、波动，19 世纪中期后又停滞。煤业也波动过，但其崛起非同寻常，乃至掩盖了单一产品和单一行当支撑一个地区所内含的脆弱性，只是到"一战"后这种脆弱性才显露出来。"一战"往后，南威尔士潦倒了一代人时间，有三个郡在 1921 年后出现了人口的绝对减少，剩下没有外迁的居民只能在煤渣堆之间茫然等待并自生自灭。"二战"之后，当地经济经历了多元化与繁荣，可是没有哪个威尔士人会忘记两次大战之间的岁月。

威尔士地理闭塞、文化封闭，那里的工业通常坐落于山坳的村庄，因此，19 世纪末以前，威尔士的生活相对而言始终没有受到英

282

国大潮的冲刷，唯一就是经由自由主义和非国教信仰而与英国相联系。哪怕是联盟足球那种全国性工人阶级生活方式，也在山坳面前停下了脚步，这里的人们毕竟更喜欢另类的、也更剽悍的橄榄球。威尔士的文化按自己方式往前走，日益定型于当地富有民族色彩的"诗歌音乐赛会"，这种赛歌斗唱之类的节日充满了多半生造出来的伪"德鲁伊特"民族仪式。甚至是威尔士劳工运动（本质上是矿工运动），在1898年矿工罢工以前，也跟英国其他地方很少有接触。1889年的全国劳工复兴开始把威尔士带入英国，部分是因为构成这一复兴运动领导核心的社会主义者具有辐射全国的影响力。从这一年到1914年，威尔士与英格兰更加接近，相互靠拢的基础是，双方的左翼都有一股斗争精神，同时，英国自由党1886年分裂后其反保守的边缘族群力量日益壮大。威尔士律师劳合·乔治的政治崛起与胜利从一个侧面标志着这种合流，另一个侧面则体现于为威尔士选民选出社会主义领导人凯尔·哈迪。

两次大战之间的灾难继续推动着这一进程，而且，由于报纸、收音机、电影院这类全国性传媒的成长，尤其是由于"二战"后经济繁荣带来了标准化产品及电视，上述进程更是加速发展。自由党的崩溃让大部分威尔士人转而效忠工党，这对革命工团主义和共产主义这些极左派是一大挫折，极左派提供了好斗的矿工领袖。大萧条加之教育让威尔士人走向全国，其散布的程度前所未有。威尔士教师、公务员、政界人士和工会骨干代替了威尔士挤奶工和新教牧师，成为英国范围内威尔士的典型代表。反过来，旅游与度假把英国人带入了具有浓郁威尔士特色的威尔士核心地带，到访者数量之大可谓非同寻常。更有甚者，"二战"之后，英格兰（作为多样经济体）与威尔士（作为前者的矿业附庸）之间的经济差别有了缩小。纵然是威尔士日益提升的文化与行政自治，也没有抵消这一趋同进程，自治程度的提高乃20世纪威尔士政治压力使然。

*

苏格兰的情况，虽然在某些方面与威尔士相似，却要复杂得多。苏格兰 1707 年与英格兰联合时，已经是一个成熟的社会，拥有自己完整的阶级结构和体系、历史悠久的完备国家政权、完全独立的制度框架（主要涉及法律、地方治理、教育及宗教），苏格兰在联盟中保留了这些东西。威尔士因为片面工业化而形成了一种二元体系，苏格兰与此不同，它一向是个二元社会，大而言之，其中包括了封建制的低地和部落制的高地，高地在领土中占大头，但在人口中占小头（1801 年约占七分之一）。此外，与威尔士不同的是，苏格兰的低地是一个自成一体又富有活力的经济体，当然，它也有意跟庞大的英格兰市场相结合，从中寻求也确实寻得了机会，在与英格兰经济快速趋同的过程中，低地将成为其中特别有活力的部分。

与英格兰相比，整个苏格兰显得经济落伍尤其是生活贫困，1750 年，家道殷实的苏格兰人即使与社会地位较普通的英格兰人相比，也吃得更加简单、住得更加糟糕、居家用品也更少（也许只有充足的自产亚麻品属例外）。在规模不大的各级土地贵族之外，几乎不存在富有的苏格兰人，这个"富有"系按南部标准而言，不过，贸易和工业很快就会造就一批富人。工业化时代以前，困扰欠发达国家的周期性食物短缺和准饥荒状态（所谓"匮缺"）早已从英格兰消失，但即便在苏格兰低地，到 18 世纪中叶这依然是个眼前现实或让人记忆犹新。从经济角度说，苏格兰缺乏资本，这意味着它必须有一套比英格兰有效得多的资本筹集与配置手段，更不用说还得有一种强烈得多的储蓄风气（至今这还反映在有关苏格兰人贪婪成性的笑话中，应当说这些笑话虽耳熟能详却并不公正）。苏格兰人的银行系统其实比英国的银行系统更有优势，苏格兰率先推出了联合股份银行及众投信托基金。再要强调，这个人烟稀少的国家缺乏劳

284

动力，现有劳动力也始终会流失到报酬更高的外部世界。不过，贫穷与落后足以保证，这种劳动力短缺不会过分推高工资水平，苏格兰因此维持了低成本生产优势。当然，劳动力短缺最终得以缓解，主要是因为爱尔兰人大举移入，移民规模甚至比移入英格兰的还要大不少。此外，苏格兰太小也太穷，无法提供一个像样的国内市场，其经济增长不得不依赖于利用大得多的英格兰市场，甚至是去利用经由英国联系而能通达的世界市场。因此，苏格兰的工业发展本质上走了一条"低成本生产出口产品"的道路，这让它在19世纪及20世纪初获得了非凡活力，反过来也酿成了它在两次大战之间的崩塌。

然而，尽管18世纪苏格兰各地都穷，但并不是各地的经济都在进步。高地以及一定程度上西南端的农业半岛盖勒韦，正在滑向永久性社会与经济危机，情况类似于爱尔兰，甚至也到了发生严重灾荒及大量逃荒的地步。在苏格兰，实际上并存着两极对立的社会与经济生活，即一个社会十分乐意并十分成功地采纳并利用了工业资本主义，另一个社会却不仅无法认同而且难以理解工业资本主义。高地社会的基础是勉强糊口的农民或牧民所组成的部落（宗族），他们在本族首领的带领下定居在祖先留下的土地上，旧的苏格兰王国曾（不当地）试图将宗族首领同化并改造为封建贵族，而18世纪的英国社会（更错误地）试图将其同化并改造为贵族地主。这种同化兼改造让宗族首领获得了法定权利，可以随意处置其"财产"，但按宗族标准衡量，这是不道德的权利。同化兼改造也让宗族首领陷入英国贵族社会代价不菲的地位竞争，可他们既无资源也无经济观念来玩这种游戏，只有通过摧毁自己的社会才能提高自身收入。从宗族成员的角度看，首领不是一个地主，而是部落的头领，在平时和战时，宗族成员理当效忠头领，头领则应当回之以赏赐和供养。高地社会中，首领的社会地位并不取决于沼地和森林的数量，而是取决于他能征召的兵员数量。由于这一原因，首领身陷两难困局。作为"旧的"首领，为了自我利益，他们应当在日益拥挤的地盘内多多增加勉力营生的小农；作为"新的"贵族地主，他们应当采用现代方法开发手中的地块，而这几乎一定意味着或者减少佃农、增加家畜（这不需要多少劳动力），或者干脆售卖土地，要不同时干这两件事。这些事他们实际上接连都干了，先是大量增加了日益穷困的佃农，后来则迫使佃农大量向外迁徙。

偏僻、封闭，以及1745年后高地及岛屿实际上的自治，一定程度上限制了上述进程。面对英格兰和苏格兰低地飞速发展的工业化，高地陈旧的经济体却走到了要么现代化、要么毁灭这一残忍的十字路口，它选择了毁灭。极少数首领，主要如坎贝尔家族即阿盖尔公爵，长期以来采取的家族政策就是要跟进步的低地全面结盟，于是试图将现代化与照应宗族社会结合起来。大多数首领却一味醉心于增加自己收入，抛弃山丘的原始和简朴，去换取城市贵族生活精致而昂贵的享乐。1774年，布勒道尔本的租金为4900英镑，1815年的租金升至23000英镑。与通常一样，18世纪末以及拿破仑战争的繁荣岁月推迟了大灾难的到来。在这一时期，偏远的海滨和岛屿也找到了一种短命的经济资源，这就是用海草制作海草灰（一种含碱的灰），工业中对此存在需求。战争之后，恐怖年代从天而降。贪婪或破产的地主开始从土地上"清除"盲目效忠的宗族成员，逼迫这些人远走他乡，从格拉斯哥的贫民窟到加拿大的森林，满世界都有这些移民。羊群把人从山上赶了下来，令不断增长的人口更加稠密，进一步跌入贫困化的拥挤状态，只能靠土豆糊口为生。1840年代中期土豆歉收酿成了同期爱尔兰大饥荒的一个缩微版，饥荒和大迁移造成了不断加剧、至今未绝的人口减员过程，高地从此始终是一片美丽的荒原。1960年，在这片比荷兰还要大的土地上，只居住着相等于朴茨茅斯市规模的人口。

286

苏格兰低地则不仅适应了经济发展，而且欢迎并引领了这种发展。18 世纪中期，最早一批"寻求改良"的苏格兰地主着手引进英格兰的农业专家、农具和技术，借以改善苏格兰农业。到 19 世纪初，革新的农业简直已成苏格兰人的专长，那些垄断了农业改良文学的北方作家们反而批评英格兰人，称其机械化进展缓慢，简·奥斯丁笔下的南方地主在争论，是否应当雇佣某个闻名遐迩、麻利高效的苏格兰农场经营者。苏格兰的经济学家，自伟大的亚当·斯密（1723—1790）以来，主导了工业化时代这一最具标志性的学科；苏格兰哲学家是英国民粹主义激进分子的辱骂对象，也是英国保守分子的讽刺目标；苏格兰人在发明与技术创新史上发挥了不成比例的大作用，改进蒸汽机的瓦特，铁行业中的墨雪特和尼尔森，运输领域的特尔福德和劳登·麦克亚当，器械领域的内斯密斯和费尔班，可谓比比皆是。在英国商界和政界的高层，一直要到 19 世纪末和 20 世纪才会充斥众所周知的苏格兰成功者，但海外的创业活动，无论是在物质领域还是精神方面，1850 年前就已经是苏格兰人大展身手的天地，例如，贾丁·马西森（怡和洋行）开辟并主导了远东贸易，慕法特和利文斯通率先对黑非洲最深处探险传教。

低地苏格兰人与工业社会如此一拍即合，其中有多少可归因于其加尔文教，或更确切地归因于其所创立的民主的乃至全民的教育制度，这是一个复杂问题。该问题属于一个更大、永远令人神往且意义重大的问题，涉及新教伦理与资本主义的关系，或更普遍地说涉及思想与经济的关系，这种大问题自卡尔·马克思和马克斯·韦伯以来人们已作了很多讨论。我们不可能在这里深究这个问题，但必然难以否认一点，即苏格兰人在 19 世纪的出色表现（决不限于商业或技术成就），与他们在 1559 年革命中所赢得的制度体系存在某种关联，那场革命是在加尔文和约翰·诺克斯的旗帜下发动的。无论如何下定义，那显然**不是**一场"中产阶级革命"，在 18、19 世纪将成为苏格兰创业型中产阶级的那个群体基本上显著软化了自己的意识形态热情，而把“日内瓦没有稀释的烈酒”留给落后地区、财产甚少的阶层去喝下肚。此外，独立于旧地主的那个社会等级体制之所以兴起，跟1843年苏格兰教会大分裂是有关系的。很少有地主加入新的“自由教会”，该教会（至少在低地）与自由党相关联，而这个自由党对土地贵族持强烈批评立场。更应指出，工业资本主义标志性的意识形态（包括批评资本主义但接受工业化的那些人的意识形态）①，是一种以自然神论或不可知论为基础的理性精神，世人所吸收的这种思想来自于18世纪“苏格兰文艺复兴”的巨子，那批伟大的爱丁堡和格拉斯哥教授包括大卫·休谟、亚当·斯密、弗格森、凯姆斯、米拉。

然而，苏格兰必定从其加尔文革命中派生出了三样东西，这三样东西在工业社会中具有毋庸置疑的价值。其一是相当民主的教育体制，这使得苏格兰能够仰仗丰厚的人才库，从而比英格兰开辟出更宽的人尽其才道路，并且可能受加尔文教派好辩深思精神的激发，特别重视对世事进行系统思考。托马斯·泰尔福特（1757—1834）从放牛娃成长为伟大的工程师，尽管在苏格兰也不像传说所称那么司空见惯，但至少比在英格兰要常见一些。其二是英式《济贫法》 288
的缺失，因为1845年以前，救济穷人的工作凭借教会的支持，始终由组织起来的本地社区承担着。也许可以说，这一做法使得苏格兰的乡间和小镇得以完好保留（它们在1801年拥有87%的人口，在1830年代都还拥有80%的人口②），使之避免了令英格兰大伤元气的礼坏乐崩。随着城市和工业的发展，社区救助体系不再起作用，苏格兰工人阶级不仅（如历来那样）比英格兰人穷得多，而且住在市

① J. 哈里森教授已阐明，罗伯特·欧文的很多思想借鉴了苏格兰哲学，欧文居留新拉纳克期间吸收了苏格兰哲学。

② 就等于凡是不住在格拉斯哥、爱丁堡、邓迪、阿伯丁的苏格兰人。

镇中成片的石棚简屋里，穷困得臭气熏天、触目惊心。其三是加尔文教的勤劳理念，很可能正是通过劳动求得完美的理想造就了低地苏格兰人出色的技术才能，使得克莱德河畔成了造船业的重镇，并让世界轮船上尽是苏格兰工程师。苏格兰肯定是落后经济体中的罕见一员，它不仅在工业领域，而且在大范围高质量的工业技能方面，赶上了发达经济体。

上述结果有多少可归因于加尔文教，有多少可归因于苏格兰社会的落后性（落后性使之避免了较先进社会的某些不平等与低效率），或是这两方面原因兼而有之，这种问题恐怕永远都回答不了。然而，结果却毋庸置疑，世界上很少甚至没有哪个地区像苏格兰这样，为工业文明作出了如此不成比例的巨大贡献。

*

一个贫穷但发展中的国家，借助与英格兰合并而开辟的外国市场，获得了经济的激励，同时又注重开发自身优势，简言之，这就是现代苏格兰的经济史。这种发展模式让苏格兰经济获得了活力，但也平添了巨大的不稳定性，唯一不同的是农业。因为土壤贫瘠和气候阴冷的缘故，苏格兰农民无法专门种植粮食作物，这使之避免了专业化带来的弊端，英格兰农民就周期性地受累于专业化，拿破仑战争结束后及1870年代后都是如此。对苏格兰农民而言，混合农业经营并稍微偏重家畜饲养，几乎在任何地方都是最佳的方案，因此，当英国城市对食品需求扶摇直上时，苏格兰农民简直就能持续不断地从中获益，再说铁路也方便了供应。事实上，在英国农业的萧条时期（如在1873年后和两次大战之间），苏格兰人往往会南下英格兰，接手经营当地农民抛弃的土地并还能盈利。

另一方面，苏格兰的工业和贸易走了一条比较危险的道路，那可是一段不断集中于特定产品与市场、不断重复辉煌之后又崩塌的历史，苏格兰之所以还能起死回生，仅仅是因为总会有某个更宽阔的新领域呈现在前，等待着苏格兰人去征服，这一状况一直延续到"一战"之后。烟草贸易是促成经济繁荣的第一桩生意，它成就了18世纪格拉斯哥的财富。随着美国独立战争的爆发，烟草生意轰然倒下，以后某个时候虽有过恢复，但再也没能在苏格兰经济中收复其原有的重要地位。下一个是棉纺织业，它是工业化的先导，这一点与英格兰情况相同。棉纺织业在格拉斯哥周围成长起来，毕竟这是出口与再出口的重镇，也是苏格兰与外部世界的商业连接点。该行业以苏格兰原本最重要的纺织业即麻织业为基础，充分利用了麻织业的技术与经验。由于苏格兰高度集中于棉纺织精品的生产，拿破仑战争后，它在英国至今垄断的南美这一海外市场上，无法抵挡廉价品的竞争，而且，与兰开夏不同的是，它也无法向新开发的东方市场扩大棉纺织粗品的出口。这一行业由此徘徊不前，最终几乎不见踪影。

可巧的是，从1830年代和1840年代起，苏格兰为自身产业发现了一个替代性基础，这就是铁和煤。（铁和煤密切关联，因为苏格兰煤炭行业依赖于大量烧煤的炼铁厂。）1830年，苏格兰生产的铁仅占英国总量的5%，而到1855年，该比重已升至四分之一。铁业在成长过程中也越来越依赖于出口，约三分之二的产量都要装船外销。1848—1854年间，英国90%的生铁出口实际上源自苏格兰。²⁹⁰ （此后，英格兰的北部起而竞争。）诚然，苏格兰人（及英国人）在维多利亚时代中期这一黄金岁月所做的事情，基本上是在帮着打造外国竞争对手未来的工业潜力，但是，当苏格兰的铁业因此而陷入相对衰落时，另一个新的扩张领域又在眼前打开，这就是造船业及相关的炼钢和航海器械等行业。从1870年到"一战"后繁荣终结时，这些行业构成了苏格兰经济的主要基础。在创纪录的1913年，英国总共建造了近100万吨的船舶，其中75.6976万吨是在克莱德河下水的。

　　有一种观点认为，这些进展固然为苏格兰人开拓了大量机会，但并没有为苏格兰人带来多少好处。这一看法不无道理。（当然，也有某些郁郁寡欢的英格兰观察家相信，大英帝国这种体制纯粹在为北方邻居提供就业与利润。）在整个 19 世纪，苏格兰的工资水平总体上要大大低于英格兰的水平。维多利亚时代中期取得长足发展的行业具有严苛和强制的特点，事实上到 1799 年，苏格兰矿工仍形同农奴。这些行业惯于从缺乏组织、孤立无援的人群中招收劳工，尤其喜欢招收那些从未领过体面工资、不习惯城市工业生活的爱尔兰移民和高地移民。苏格兰的住房不仅一直糟糕透顶，而且明显比英格兰的要差。工业的扩张带来了住地的脏乱差，如果说在半乡野的矿区这种住房景象仅仅令人厌恶，那么在矗立于格拉斯哥雾霾中大片昏暗的住宅楼里，那些看似稍好但十分吓人的"监狱单间"简直危险不堪，到 1914 年，五分之一以上的苏格兰人就住在格拉斯哥。前工业化时代苏格兰的传统体制（如教育制度）到工业社会已失去效用，它们在 1840 年代纷纷瓦解，旧的苏格兰济贫体系以及教会的大分裂都发生在这个年代。恰如在英格兰一样，传统体制最终让位于反映工人阶级生活的那些非正式的自创规矩（从苏格兰人对足球的激情及其成功中可见一斑）[①]，让位于涉及群众党派及民众运动的那些正规制度，也让位于国家的福利安排。但在 1830 年代至 1880 年代的岁月中，除工作和喝酒外，没有什么东西可以充实苏格兰人的生活，甚至是劳工组织也始终比在英格兰明显要虚弱且不稳定。如果说在英格兰穷人的社会生活里，维多利亚时代中期暗淡无光，那么对苏

---

　　① 足球队的功能在于组织（男性）工人阶级社区，通常围绕当地永远对垒的两极而展开活动，工业城市多形成了**两支**互相竞争的一流球队。在苏格兰（如同利物浦），两支球队按特殊形式彼此区分，即具体分属爱尔兰（天主教）移民和苏格兰（新教）本地人，所以格拉斯哥有"凯尔特人"与"流浪者"，爱丁堡有"希伯尼安"和"中洛锡安的哈茨"。

格兰而言这就是个黑暗年代。

随着 19 世纪的结束，苏格兰人在一些技术性较强的基础行业的支撑下，恢复了自己的身份。苏格兰劳工运动有史以来首次掌控了内部的工人阶级，而且确立了对英格兰工人阶级的支配地位。凯尔·哈迪成为英国社会主义的领导人（他的独立工党在克莱德河畔拥有最坚实的基地），詹姆斯·拉姆齐·麦克唐纳成为英国首任工党首相①，克莱德河畔在"一战"期间成了革命鼓动的代名词，并促使 1918 年后的工党偏向左翼，同时为共产党提供了一个稳固的领导核心。两次大战之间苏格兰工业的垮台中止了这一进程，让这个破败的国度封闭起来，从苏格兰民族主义文化的若干现象中，或许可以最清楚地看到这一点。那种民族主义文化试图用刻意古旧的"低地方言"创造一种文学，绝大多数外族人无法弄懂这种文学，哪怕是多数苏格兰人都望之兴叹。两次大战之间的跌落对苏格兰的确是一次惨痛的经历，苏格兰不再是世界工业经济的开路先锋，自 18 世纪以来这还是头一遭。曾几何时，蓬勃扩张的兴奋掩盖了独立的缺失，掩盖了本土制度（主要是教育体系和宗教）已遭侵蚀与颠覆这一严重问题。苏格兰再次陷于反思之中，哪怕 1945 年后经济得以复兴（虽不如威尔士那么显著），有关疑虑和迷茫还在延续。

至此已经清楚，虽然威尔士和苏格兰无疑都是拥有强大且复杂民族情绪的国度，但到 1960 年代并没有形成 20 世纪世界大多数地方司空见惯的那种政治民族主义。二者都曾倾向于通过英国激进的劳工运动和政党来表达自身的独立与追求，联合王国的特性肯定受到了二者的影响甚至得到了部分的改造。两次大战之间的萧条岁月里，二者内部都出现了独立的民族主义政党，这些党派无奈在政治

①　从 1890 年代起，苏格兰的贵族和绅士也打破了英格兰人对首相职位的垄断，甚至是格拉斯哥的铁器商博纳·劳，借助苏格兰外侨麦克斯·艾特肯（比弗布鲁克勋爵）所开展的活动，于 1922 年成为英国首相。

上都翻不起大浪。然而，从 1960 年代中期起，对当时工党政府的幻灭造成选民首次大规模地从工党转向苏格兰和威尔士各自的民族主义，在威尔士那里主要发生在讲威尔士语的地区。到 20 世纪末，民族主义在这两个地方同属少数派力量，正如要求完全独立的呼声属于少数派一样。1990 年代晚期，二者都被赋予了一套地方自治的制度，各自均拥有民选自治议会，不过其权力在威尔士比在苏格兰要有限些。

*

最后要谈一下在英国的爱尔兰人。爱尔兰人因为贫困和饥饿，被迫背井离乡，违心地涌入英国。爱尔兰曾为英国所征服，1801 年只得与英国联合。爱尔兰人成群结队前往英国，并非他们喜欢这个国家，完全是因为英国乃离爱尔兰最近的可去国家。爱尔兰人最早过来充当收割季节的劳工、港口市镇的码头工人、承担零工杂活的穷人，后来他们过来就有什么做什么。由于他们除了挖地掘土之外，不掌握工业社会或城市生活中比较对路的技能，故而能做的也就是肩挑手扛之类重活，往往还是需要搏出性命但又时断时续的临工。这样的活儿还不少，毕竟工业社会不但需要按部就班的常规工作，也需要靠力气吃饭的蛮干粗活。爱尔兰人于是成为码头工人、运煤工人、工地帮工、建筑工人、钢铁工人、煤矿工人，有时当英格兰人和苏格兰人不想干或者工资太低无以谋生时，爱尔兰人就接过人家扔下的工作，成了手织机织工或非熟练劳工。他们也比其他族群更多地成为女王的士兵（帝国的一个惯常特点就是把受害者变成帝国的保卫者），他们的姐妹们则成了大城市中的佣人、护工、妓女。爱尔兰人的工资比其他任何人都低，居住在条件最差的贫民窟，英格兰人和苏格兰人鄙夷地视之为半野蛮人，因其信仰天主教而不信任他们，因其拉低了工资水平而痛恨他们。

爱尔兰人除了自己的语言外（假如他们正好不再说爱尔兰语），

完全身无长技，无法理解 19 世纪的英格兰或苏格兰，其隔膜程度就好像面对着中国。他们作为穷困、破落的小农阶层的一员而迁来，自己的本土社会已被英国几个世纪的压迫所碾碎，旧有的习俗、互助的制度、血缘的凝聚已纷纷瓦解，还能使之维系在一起的不过是一种泛泛与共的爱尔兰"生活方式"（守夜仪式、民歌小调之类）、对英格兰的内心仇恨、向农家子弟提供的天主教神职服务。19 世纪最后 30 多年里，民族独立运动的兴起增强了爱尔兰人的内在凝聚力。利物浦 1851 年人口中，有 25% 出生于爱尔兰，那里的苏格兰选区实际上还选出了一名连任多年的爱尔兰民族主义议员，当然，大多数移民为了争取爱尔兰地方自治，会投票支持自由党，而在获得自治后，会投票支持代表工人阶级利益的工党，爱尔兰人几乎全部属于工人阶级。

部分因为爱尔兰人带来了饥饿线上小农阶层的习惯，部分因为爱尔兰地主制度不鼓励储蓄或投资，部分因为他们从事的职业最不需要工业规程，爱尔兰人对工业社会适应得相当慢。单纯依据其相貌、英语水平及不久就随俗的常规工人阶级衣着打扮，爱尔兰人看起来不像"明显的"外来客，比起后来的犹太人、塞浦路斯人、西印度人、亚洲人等移民群体更像本地人，可是他们还是融入得不快。最初他们居住在利物浦的贫民窟，就像以前住在芒斯特的小屋里一样，甚至几代人之后，大部分人还继续生活在那种物质设施破败、社会组织缺失的居住区，这种住区一般都集中在大城市的城乡结合部。在英格兰人和苏格兰人看来，特别是在中产阶级眼里，爱尔兰人不过是肮脏不堪、无精打采、不受欢迎的半外乡人，理应加以某种歧视才对。然而，他们对 19 世纪英国的贡献却是首屈一指的。他们为工业特别是建筑业和重工业提供了流动的先头部队，建筑业一向是他们蜂拥而入的行业，而重工业十分需要他们的力气、闯劲，以及随时豁得出去的干劲。他们向英国工人阶级贡献了冲在前头的

294

激进分子和革命斗士，贡献了一群不受传统约束、也不因经济成功而有所顾忌、对周围社会了无牵挂的男男女女。所以并不偶然的是，爱尔兰人费尔格斯·奥康纳成了类似于宪章运动全国领导者那样的人，另一位布隆泰尔·奥布莱恩成了英国劳工运动的首席理论家，还有一位爱尔兰人写出了英国劳工运动之歌"红旗"及英国最好的劳工小说《穿破裤子的慈善家》。

爱尔兰人的移民浪潮在 1847 年大饥荒后的几十年达到顶点，然后有所下降。当然，要衡量爱尔兰少数族裔的势力，用罗马天主教信徒在英国的规模（他们在苏格兰占 15%）可能更准确，应该比人口普查有关爱尔兰出生者的记录更可靠。然而，随着爱尔兰人移居美国势头的止步，他们再次掀起移民英国的运动，"二战"以来，英国成为接纳爱尔兰移民的最大目的地，总共接纳了其中约 80%。根据人口普查数据，1971 年，英国共有 95.783 万爱尔兰出生者，占到英国总人口的 2% 左右，这等于是爱尔兰全岛人口的 25%，或爱尔兰共和国人口的三分之一。[①] 这一移民流并没有太多地去往克莱德河畔和默西赛德这些传统的爱尔兰移入地，而是越来越多地去往经济繁荣的英格兰中部和南部以及伦敦。在 1960 年代，建筑业雇佣了其中最多的人（近五分之一），其次是金属行业（13%），家政服务及护理等类似行业雇佣了大部分妇女移民。可是，当时爱尔兰经济的相对落后也造成了专业人士的外流，英国更多的机会吸引着他们。在 1960 年代，英国全部医生中有 12% 来自爱尔兰。

若称这些移民已被同化，那会让人产生误解。然而，老一波移民已经日益得到接纳，因为与 1950 年代明显可以看出来的新移民相比，他们已经难以分辨了。1921 年爱尔兰与英国的政治分离也消除

---

① 1951 年进入的移民中，七分之二来自仍属联合王国一部分的北爱尔兰。

了一个重要的理由，让英格兰人和苏格兰人没必要再那么在意爱尔兰和爱尔兰人。不同群体之间的紧张关系一点点地在减少。工党于1964年之所以在利物浦及其周边赢得最大的全国性胜利，一个理由就是，那个城市中的非爱尔兰和非天主教工人，最终准备投票支持一个过去基本上纯属当地爱尔兰群体的政党。

20世纪后期的一些情况影响到了英国内部爱尔兰人的处境，主要是：在北爱尔兰发生了民族派与联合派之间的冲突，随后在英国本土出现了爱尔兰共和军的恐怖主义行径，造成了大量实质性损失；爱尔兰共和国在1970年代中期加入欧洲经济共同体后，取得了令人叹为观止的经济增长。英国和爱尔兰依然像以前一样不可分割，但两国间的经济差距已经大为缩小。

注释：

1. 参见"后续阅读"3、4中提及的相关著作，及 John Jackson, *The Irish in Britain* (1961)；有关有色人群的移入，参见 R. Glass, *Newcomers* (1960)。A. H. Dodd, *The Industrial Revolution in North Wales* (1953), A. H. John, *The Industrial Development of South Wales* (1950) 是有用的专题研究。Cecil Woodham Smith, *The Great Hunger* (1962) 是了解英国及其他地区爱尔兰人的基本背景读物。有关爱尔兰历史的出色叙述，参见 R. F. Foster, *Modern Ireland 1600 – 1972* (1988) and J. J. Lee, *Ireland 1912 – 1985* (1989)。关于威尔士，除了第十三章注释1中涉及威尔士的文献外，参见 D. Smith (ed.), *A People and a Proletariat* (1980) and A. V. John (ed.), *Our Mothers' Land：Chapters in Welsh Women's History 1830 – 1939* (1991)。除了"后续阅读"及第十三章注释1中涉及苏格兰的文献外，参见 R. M. Devine and R. Mitchison (eds), *People and Society in Scotland, Vol. 1：1760 – 1830* (1994), W. H. Fraser and R. J. Morris (eds), *People and Society in Scotland, Vol. 2：1830 – 1914* (1994) and C. Harvie, *No Gods and Precious Few Heroes：Scotland 1914 – 1980* (1981)。有关移民与英国社会，也参见 Colin Holmes, *John Bull's Ireland* (1988)。

第十六章 趋于严峻的经济气候

工业与帝国
Industry and Empire

英国的现代化历程　　　　　　　　From 1750 to the Present Day

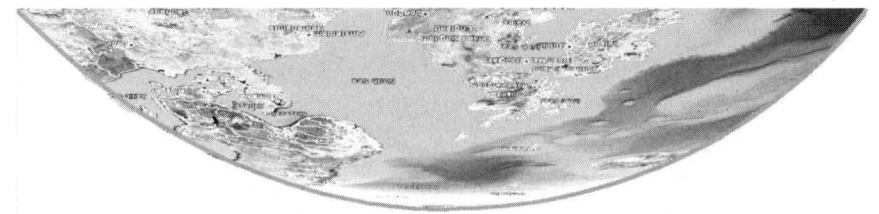

第十六章
趋于严峻的经济气候[1]

1950—1973 年是国际经济的"黄金时代",国际经济大繁荣的好处在英国比在其他西方工业化国家要弱小,消退得又更快。1960年代中期,英国经济已在经历严重困难,远早于因 1973 年石油价格而引发的国际经济危机。

这些困难可见于各个方面,主要表现为海外贸易竞争力衰退、经济增长速度放缓、收支危机屡屡发生(自 1950 年代中期以来便有1955、1957、1961、1964—1967 年的危机),以及 1967 年的英镑贬值。就在国际繁荣年间,英国占世界制成品出口的比例即已快速下降,从 1950 年的 25.4% 降至 1960 年的 16.5%、1970 年的 10.8%,此后降速趋缓,到 1980 年代中期则稳定下来(1979 年为 9.1%,1990 年为 8.6%)。1957—1967 年间,英国国内生产总值的增长率仅为"经济合作与发展组织"其他成员国(即西方工业国)平均增速的三分之二,约为法国和西德增速的一半,不到日本增速的三分之一。

1973 年前英国经济已在经受不小的困难,这从 1960 年代国际收支主要数据所反映的问题中可看得一清二楚。由于存在总赤字,政府不得不在 1961 年和 1964—1968 年大幅增加短期与中期借款。英国经济持续发生大量贸易逆差，但 1960 年代中期的逆差规模已大，无法靠"无形收益"项下的通常盈余加以抵消。例如在 1965 年，贸易（或称"有形"）项下逆差达 2.81 亿英镑，而"无形"项下盈余为 1.53 亿英镑。此前 1950 年代，尽管英国出口商品在交货日期、质量和设计方面显然处于劣势，但商品价格却一直按年均 2% 左右的幅度在上升，相比之下，主要工业竞争对手的出口商品价格年均上升不足 1%。况且，在充分就业、消费高企的年代，许多制造商不必出口、光在国内市场上便可卖出商品的好价钱，而国内强劲的需求又导致了进口的加速。总言之，国内价格 1960—1964 年间年均上升 3.1%，1964—1968 年间年均上升 3.5%，1968—1973 年间年均上升 8.1%，年均周工资同期分别上涨了 5.2%、6.3%、11.4%。

英国的国际收支平衡高度依赖"无形"贸易，1965 年，无形收支占到总收支的 32%（1938 年为 18%）。英国无形项下净盈余的最大来源是英国的海外投资，流入的海外投资收益超过了在英外国私有投资汇出的利润，盈余达 4.47 亿英镑。其他主要盈余来自其他服务，如银行经营、专利授权、教育，总共净收入 2.76 亿英镑。大量的航运服务 1952 年曾为英国赚取 1.34 亿英镑净收益，但到 1965 年，此项收入已减至 200 万英镑，其实从 1950 年代中期开始，英国经常是一个航运服务的净买家。

政府账户中的赤字消耗了"无形的"利息收益、利润与红利以及其他服务收入。政府赤字 1952—1955 年一直维持在年均 9400 万英镑的水平，1965 年已达 4.46 亿英镑，非常接近海外投资的净收益规模。此前"长期繁荣"那一章中已提及，若对英国全球军事开支作出可观的裁减，就可以消除这些年中大量收支赤字。在 1967、1968 年，哈罗德·威尔逊的工党政府确实宣布，要迅速并大幅减少英国在苏伊士运河以东的军事投入，那里军事服务的费用随后从 1967 年的 1.03 亿英镑降至 1970 年的 7400 万英镑、1973 年的 3300

万英镑。然而，这些削减 1970 年后却被其他地方（主要是西欧）的 299
军费增加所抵消，这些地方的军费从 1967 年的 1.07 亿英镑升至
1970 年的 1.5 亿英镑、1973 年的 2.79 亿英镑。英镑作为世界主要储
备货币之一已显疲弱，1967 年英镑贬值即凸现了这一事实，当年与
美元比价从 2.8 跌至 2.4，降幅达 14.3%。货币的脆弱性再现于
1972 年 6 月，爱德华·希思的保守党政府当时让英镑汇率走向浮动，
英镑随即贬值约 7%，这一年后来币值再次走低。英国到 1990 年一
直维持浮动汇率，这一点就如其他许多方面一样，英国都率先预告
了国际经济的普遍性疲软。英国对国际经济的支配地位随"一战"
而风光不再，美国的支配能力到 1970 年代初也显著下降，作为另一
储备货币的美元也重走英镑的老路，于 1971 年 8 月停止了与黄金的
兑换，在当时及 1973 年 2 月接连贬值。到 1973 年，"二战"结束时
确立的国际金融体系已遭损害，浮动汇率成为惯例，黄金价格不再
固定。

　　在 1970 年代和 1980 年代，"二战"后的经济体制和理论假设更
是遭到广泛挑战。凯恩斯曾是国际经济秩序的主要设计者，该经济
秩序在布雷顿森林会议上获得批准，到 1971—1973 年却土崩瓦解。
在那个接近充分就业、福利国家羽翼渐丰的年代，凯恩斯的理念
（至少其简明版本）成了新的正统学说，1950 年代和 1960 年代的多
数决策者都按照他们认为凯恩斯的论断去管理经济。例如在 1972—
1974 年，保守党首相爱德华·希思，恰如任何工党当政者一样，不
假思索地认定，放任失业高涨从社会与政治角度看都将酿成灾难，
故而应当实施政府干预、刺激经济需求，借此避免高企的失业。

　　1960 年代后期以来美国和英国的经济问题损害了凯恩斯的政策
药方，让米尔顿·弗里德曼及其他货币经济学家的观点平添了一定 300
的可信度。特别是，多国经济一方面经受着不断上升的通货膨胀和
不断加剧的失业问题，另一方面又增长乏力，这种滞涨现象超出了

当时凯恩斯经济学或其他任何学说的预想。

货币主义者反对政府在失业上升时刺激经济，他们相信，货币供应的扩张长远看会加剧通胀，对就业没有好处。与此相对，他们断言，经济中存在一定的自然失业率，其水平要高于 1960 年代在他们看来"人为"维持的失业水平；要想降低自然失业率，只能消除那些阻挠自由市场力量起作用的障碍，这主要指工会活动和失业福利。至于经济中的其他问题，根本的出路在于相信不加约束的自由市场的天然均衡。在这些观点之外，还有"供应学派经济学"倡导者的观点，这些人断言，减税将恢复人们的工作动力并因此促进经济增长。对于富豪阶层及中产阶级的纳税人而言，这些思想流派提供的理由可证明，为何不应当用税款去帮助穷人，为何低薪工人的工资应当进一步走低，为何应当砸碎有组织劳工的工会，以及为何应当减税。在英国，确实可以将此视为"回归维多利亚时代的价值观"，至少是回到维多利亚时代早期和中期的状态，可正是那种状态导致了 19 世纪最后 20 年的劳工运动。

英国政府在 1970 年代所面临的国际经济环境已跟 1950 年代和 1960 年的经济状况大相径庭。首先，以前曾有一些特殊因素在起作用，包括：受战争创伤的经济在战后必然趋于恢复；暂时疲软的工业经济借助最新的技术与组织方法大步向前；农业劳动力进一步转移到生产率更高的部门。可是，随着这些特殊因素的淡出以及科技创新步伐的放缓，经济增长速度已经回落。其次，投资已经减少，因为人们不再相信能够延续经济的快速增长，信心的缺失既源于对滞涨的现实感受，也源于政界人士对货币主义理论的日益支持。第三，如前已述，战后（布雷顿森林）金融体系已经崩溃。第四，最富戏剧性的是，1973、1979 年石油价格的陡然上涨严重冲击了国际经济，此后在 1982 年还出现了拉美的债务危机。

1970 年代的保守党和工党政府受到了其时国际和国内经济问题

的冲击。爱德华·希思领导的政府在 1970—1972 年采取了自由市场
姿态，却遭遇到严峻的经济问题（包括某些因释放自由市场力量而
造成的问题，主要是在货币市场上），政府的回应之策是，在 1972—
1974 年回归政府大包大揽的、凯恩斯主义的政策。威尔逊和卡拉汉
领导的政府推行了涉及产业关系和社会福利的措施，此乃与"英国
工会联盟"达成的"社会契约"中的一部分，但从 1976 年 2 月起又
承诺要缩小公共开支在国民产出中的比例。此后在 1976 年夏，政府
为获得一笔 39 亿美元的贷款，又不得不向国际货币基金组织作出了
一个货币主义性质的"意向宣言"。及至 1970 年代中期，工党领导
人已经丧失对凯恩斯经济学的信任，可在应对不利经济环境的冲击
时，又找不到实实在在的替代方案。

　　经受着越来越大压力的不单是失业救济，而是整个福利国家制
度。随着经济增长放慢速度，包括社会保障、医疗、住房、教育在
内的社会开支被当作经济的负担，新的右翼经济学共识将此视为经
济减速的一个重要原因。然而，尽管某些自由市场论者指出，社会
开支上升与经济增长率下降互为关联，这一点据说可见于 1960 年代
末和 1970 年代的经合组织成员国，但其他人却指出，1950 年代和
1960 年代初社会开支增长得更快，可那照样是个经济快速增长的时
期。事实上，1945 年后西德和日本的经济成功中，最快的经济增长
与高水平的社会开支结伴而行。恰如其他诸多方面一样，英国的社
会开支增长率要低于经合组织成员国的平均水平，1960—1975 年分
别为 5.9% 和 8.4%，1975—1981 年分别为 1.8% 和 4.8%。

302

　　在那个"黄金时代"，高水平的经济增长加之较低水平的失业花
费，让英国及其他工业国能够为国民提供日益增加的福利。1970 年
代初及之后，国际经济出现挫折，英国等表现较差的经济体问题更
是严重，此种不利局面削弱了各国的能力至少是意向，使之不再继
续支持社会开支方面的快速增长。然而，高企的失业率、人口的老

龄化、医疗的高成本（部分缘于更好的技术和药物），都令财政资源捉襟见肘。按实价论，英国的总福利开支 1973—1988 年间增长了37%，按其占英国国内生产总值的比例论，在 1976—1977 年达到了25.5% 的峰值，1987—1988 年时降至 23.2%。其相应背景是，公共开支在 1975 年上升到接近 50% 这"一战"后顶峰，后来在 1988 年降低到 39% 这一低位，当然在 1992 年又回升至 42%。不过，对于许多福利受益者而言，比如对失业者、养老金领取者或在等待治疗某种非急性病的人而言，社会福利到 1980 年代已在恶化。社会中最穷的人，也即那些更依赖"社会工资"的人，相对于小康者和富裕者，无论按税前还是税后来衡量，1975 年后都在缓慢但持续地更趋贫穷，须知，1949—1975 年间，收入不平等曾非常缓慢地有所减轻。

从 1960 年代中期起，工会的集体谈判活动也遭到人们的强烈质疑。事实上，随着通胀在 1950 年代的滋长，政府开始担心，在一个接近充分就业的时期，工资上涨会对价格产生压力。保守党政府于1956 年 3 月发表了白皮书《充分就业的经济含义》，此后 23 年里采取了一系列冻结工资、管制价格与收入的政策，工会立法部分地也被视为价格与收入政策之外的一个选择性工具。1969 年，哈罗德·威尔逊的工党政府出台政策建议《避免内斗》，这些建议本来会落实"工会与雇主协会问题皇家委员会"（1965—1968 年，由多诺万领导）所列出的若干改革措施，另还会实施某些较有争议的补充内容，包括强制性罢工投票和调解停歇。希思政府的 1971 年《产业关系法》抛弃了过去那种听任自治与自助的做法（也包括否决了"多诺万报告"），转而试图为产业关系提供一个全面的法律框架。后继的威尔逊和卡拉汉工党政府废除了 1971 年《产业关系法》，并通过立法为工会提供了自 1906 年《行业争端法》以来多数时候它们一直享有的条件，当然也采纳了"多诺万报告"所建议的某些对工会友善的改革措施。1978—1979 年出现了产业骚动（所谓"不满之冬"），同时，公共部门的工人抗议工党政府日益收紧的价格与收入政策，这些动向给了玛格丽特·撒切尔一个政治机会，集中把工会当作立法的优先对象，并在 1979 年选举获胜后，对公共部门的罢工及总体上的工会运动采取强硬姿态。1980—1992 年间，撒切尔和梅杰政府出台了一系列立法措施，旨在限制工会活动，并取消原本给低薪工人以保护的"安全保障"待遇。不过，虽然这些措施的确让产业关系的天平偏离工会一方的利益，致使其有效开展工资谈判的能力受到牵制，但所谓"调教工会"也非英国所特有。在 1980 年代趋于严峻的经济气候下，工会运动在其他经合组织国家中同样遭到削弱，有几个国家即使没有类似于英国 1980—1993 年的那些立法也照样如此。

自 1979 年至 1994 年，英国的工会成员减少了 37.7%，从 1328.9 万人减至 827.8 万人，减少最多的是在私有部门。1995 年，私有部门中的工会密度（即参加工会的员工与有资格加入工会的总员工之比）仅为 21.3%，在共有部门则为 61.4%。工会成员的减少在白领工人和妇女中幅度要小些。1994 年，女性工会成员数甚至还上升了 1%，而男性成员数下降了 8.7%。到 1994 年，女性工会成员占到 42.5%，并在持续上扬。

工会成员数量的减少在 1980 年代和 1990 年代各工业经济体中司空见惯，同理，罢工的高发生率也非英国所专有，本身并不构成独特的"英国病"。工业国中罢工活动的程度往往跟着国际经济的切实变化而上下起伏。1960 年代，就煤矿、制造、建筑、运输、通讯等行业每千名工人平均损失的工作天数而言，英国在工业国中位列罢工最糟糕排名的第七位。1970 年代，英国排在第六位，1980 年代则排在第三位（当然，在 1980 年代已有全部各行各业的可比数据，就此而言，英国排在第五位）。然而，在这样的排名中，英国 1970 年代损失天数的程度十分接近最糟糕的国家，那时大家受影响的程度都很严重。1970年代英国在上述部门损失的天数，是六个最糟糕国家平均损失天数的78%，而在1960年代该比例仅为31%。可是，在各国罢工相对收敛的1980年代，英国在上述部门损失的总天数是六个最糟糕国家平均数的121%（或者，若依据全部各行各业的数据，则英国损失的总天数是六个最糟糕国家平均数的85%）。故此，人们固然可以断言，撒切尔政府与工潮的高调对抗有可能产生了各种良好的经济效果，甚至产生了良好的中期经济效果，但谁也无法声称，与其他工业国相比，英国在1980年代就此成了一个"远离罢工的特区"。

1970年代初也目睹了金融部门的放松管制。1971年，英格兰银行推出了涉及货币体系的一揽子改革举措，一份名为《竞争与信贷控制》的文件对此作了概述。这些举措终结了伦敦主要清算银行对存贷款利率的设定，转而让广大的竞争性市场去决定利率。英格兰银行也明确表示，它不会采取行动去力挺一个疲弱的债权市场。取消对贷款的限制令生意大为兴隆，单是1973年的银行贷款就增加了33%，这很快促使英格兰银行出手干预，以防发生重大的金融崩盘。

新的市场状况导致英国的银行业、建屋互助会的业务及货币市场在20世纪最后25年中发生巨大变化。信息技术完全改造了银行的工作和股市的交易，复杂的金融计算以及日常的案头杂务现在都可快速处理，使得银行和建屋互助会可以轻而易举地扩大业务活动。同样，从不大的电脑屏幕上，可以快速查阅大量复杂且即时的金融指标，新的通信手段可以瞬间联络远方银行和海外经纪商。有鉴于此，1980年代的银行和股市交易者能够跨境竞争，金融服务已经国际化。而且，随着市场联系日益紧密，政府调整短期利率的能力也遭削弱。

英国银行遭受的压力既来自国际银行业，也来自建屋互助会，互助会在向小额存款支付利息时不受限制，也不必在英格兰银行留存准备金。从 1960 年代开始，随着外币（特别是美元）业务的飞速增长，更有许多银行在伦敦设立分行，分行数从 1960 年的 77 家增长到 1976 年的 255 家和 1981 年的 360 家。快速增长的外币业务中，增长最快的当数欧洲的美元（及其他欧洲货币）业务。从 1950 年代末开始，有大量美元结存在美国以外（主要是伦敦）的银行中，目的是规避美国银行法的限制，并且套取更高的利率，这些利率在外国出借方与借款方之间可以商谈。据估计，此类业务在英国 1960 年达到了 20 亿美元，1970 年达 380 亿美元，1976 年达 670 亿美元。1973、1979 年油价大涨后，石油输出国组织成员国的大量利润也源源流入，为伦敦市场增加了几十亿"石油美元"。

1971 年"竞争与信贷控制"措施使得银行为吸引新储蓄，可以自由确定利率并与建屋互助会及外国银行展开竞争，银行也越来越提供多元化的金融服务。于是，当建屋互助会面临来自银行的有力竞争时，1986 年《建屋互助会法》授予它们更广泛的权力，包括可为非建屋目的放贷、可征得成员同意后变身为银行。对建屋互助会而言，1980 年代末的特点是兼并，1990 年代中期的特点是转制为银行。此类变化呈现了利润更大但分点和员工更少这样的前景。

1979 年结束外汇管制，给了厂商更多的金融选项，也刺激了海外直接投资。厂商不仅可以在国内筹资，而且能够从海外借款，并且可以利用得自海外的自留收益。外汇管制刚被废除，单位信托公司和养老基金便在海外大量投资，借以抓住机会进一步让自身资产多样化。流向海外的有价证券投资从 1979 年的不足 10 亿英镑升至 1983 年的 33 亿英镑、1986 年的 223 亿英镑，此后才出现波动。

货币市场本身也经历了重大变化，这可能来得正是时候。1986 年 10 月 27 日的"大爆炸"一日之内启动了重大变革，从此一扫伦敦股市原先清一色男性的老绅士俱乐部做派。此前，詹姆斯·卡拉汉政府的公平交易办公室将证券交易所的规则手册呈交反垄断法庭，

306

随后证券交易所全面检查了自身的运行，结果发现，假如证券交易
所要在国际证券市场上展开竞争，就必须作出改变，比如应当吸纳
规模更大的公司，以凭借充足的资本准备金来克服困难时刻，同时
应当有效利用新技术。此后组建了一个新机构，即"联合王国与爱
尔兰国际证券交易所"，它把欧债交易商与原有的证券交易所交易商
合并起来。到1990年，这一新机构的年营业额已达1.64万亿英镑，
其中6000亿英镑股票交易额中近一半为外国股票。

307　　在20世纪晚期，金融与工商服务部门对整个英国国内生产总值
的贡献持续扩大，从1954年占3.9%提升至1964年的6.5%、1974
年的11.1%、1984年的13.2%、1994年的19.2%。不过，到1990
年代，英国在金融服务领域的竞争力一如众多其他领域，正遭遇
挑战。

　　1973年1月1日，英国经过多年努力，终于加入欧洲经济共同
体。哈罗德·麦克米兰政府在1961年曾申请加入该组织，可惜未能
成功。首先鉴于国际政治原因，其次鉴于国内政治原因，英国的成
员资格11年半后才到来。这象征着也强化了英国贸易的转向，即从
原先注重英联邦国家转为注重欧洲工业国，也标志着一种认知，即
英国不再是一流强国，也不再是庞大帝国的中心，而首先是一个有
分量的欧洲国家。

　　英国与英联邦的经济关系在某些方面依然重要，但在其他方面
则放任其削弱下来。而且，澳大利亚、新西兰等国越来越多地跟成
长中的亚洲经济体开展贸易，加拿大的经济则始终与美国经济相挂
钩。英国在南非（英帝国原先一部分）的投资与贸易在1973年后依
然重要，向南非出口的货值在1970—1980年从3.322亿英镑增至
10.02亿英镑，不过，其在英国贸易总额中的占比有所缩小，从占
4.1%下降为2.1%。然而，南非是一个英国与之尚有贸易盈余的对
象，同期英国的进口从2.584亿英镑仅增至7.566亿英镑（相应总

额占比从 2.8% 降至 1.5%）。香港一直是一个重要的银行与国际金融中心，1997 年 7 月前都与英国连在一起。

英国与欧共体的贸易在 1960 年代后期已在扩大，加入欧共体又强化了这一趋势。在作为成员国的最初五年过渡期（1973—1978），贸易壁垒尚未充分撤除，英国商家在德国的市场份额约扩大了六成，在意大利是四成，在法国是三成，欧共体国家在英国的市场份额扩大了近七成。此后五年里，尽管英镑升值，英国商家在德国和意大利的市场份额扩大了 17%，在法国扩大了 10%，而欧共体在英国进口市场上的份额扩大了 60%。英国与欧共体在贸易上的相互依存在 1970 年代和 1980 年代都不断提升。1973 年，35% 的英国（有形）出口去往欧共体，到 1979 年，该比例已增至 45%，到 1991 年为 57%，英国（有形）进口中来自欧共体的比例从 1973 年的 38% 增至 1981 年的 48%、1991 年的 52%。那一段时间内，世界贸易环境并不景气，若与 1950—1973 年比更是如此，但由上可知，英国在欧共体内还算较为成功地在开展竞争。

正当工业制造商在欧共体成功扩大市场份额时，"共同农业政策"却让英国付出代价。加入欧共体前，英国享受着优势，即从低成本的英联邦生产国那里进口农产品，进口品价格总体上低于欧共体的国际价格，另外则借助 1949 年和 1957 年《农业法》，以一套农业支持体系保护着本国农民。而 1994 年欧洲委员会的一项分析表明，加入欧共体以来，按真实收入效应论，英国农产品生产者的收益为 38.2 亿欧洲通货单位，英国消费者的损失为 43.13 亿，预算成本为 25.13 亿。这让英国遭受了第二大净损失，仅次于德国，第三名意大利跟在后面。到 1990 年代晚期，共同农业政策不过是一套苟延残喘的制度。

成为欧共体成员国并非 1970 年代唯一的重要变化，从 1970 年代晚期开始，整整 10 年里，英国成了重要的石油生产国。北海石油

308

359

产量从 1965 年 1200 万桶的年产量增长到 1980 年的 6.03 亿桶、1985 年的 9.53 亿桶，1985 年的产量占世界总产量的 4.6%。从英国国内生产总值的角度看，石油在 1978 年贡献了 1.8%，1980 年为 3.7%，1982 年为 6.2%，1984 年为 7.2%，1985 年为 6.7%。这无疑改善了收支平衡，但这样做时，也因为推动英镑升值而加剧了英国制造业的竞争力问题。政府通过税收提取了部分石油利润，1980 年代中期，当北海石油收入处于巅峰时，石油利润税占到总税收的 9%。然而，北海石油的益处并没有直接转化为对制造业的投资增量，尽管许多人曾希望如此。

就英国政府追随独立经济政策的能力而言，欧共体并非制约这一能力的唯一因素。跨国公司的实力显然也制约着英国政府的能力，因为它们能够把金融和就业从一国搬迁到另一国。这些跨国公司的总部设于某一国家，但在许多国家中另开设附属公司。以美国为总部的此类组织数量最大，1950 年，美国的跨国公司拥有大约 7500 个海外附属公司，16 年之后，数目已猛升至 2.3 万个。1980 年，世界上三分之一强的此类附属公司与美国总部公司相关联，五分之一强与英国总部公司相关联。1970 年代，这些公司的海外直接投资在国际间的增长率达每年 15%，整个 10 年中海外直接投资总额增长了三倍以上。

1960 年代和 1970 年代另一个显著趋势是，跨国公司销售总额中，海外销售的比重在增大，总体而言，这一比重在 1970 年代从 30% 提升到了 40%。当然，对美国来说，这一比重在 1980 年代稳定了下来，在全世界经济增长放缓的背景下，有更多投资进入了庞大的美国国内市场。1980 年，总部设于英国的跨国公司中，其四分之三的海外附属公司是在发达国家内经营，其中 35% 在欧洲经营，14% 在北美经营，发展中地区拥有最多附属公司的是南亚与东亚（占总量的 10%），其后是非洲（占 8%）。从面上看，1980 年代起，

309

有大量海外直接投资流向服务领域，主要是金融、广告和运输部门。对英国而言，1981—1984 年间，海外直接投资中服务业的占比从 20% 扩大到 35%。至于英国的出口，到 1980 年代初，跨国公司承担了 80% 以上的出口，由外国公司所经营的出口超过了 30%。

英国海外投资的总水平在 1980 年代和 1990 年代迅速上升。1985 年，英国海外总投资（有价证券与直接投资）达到 5936 亿英镑，到 1990 年增至 9090 亿英镑，到 1994 年再增至 1.3992 亿英镑。在 1985—1987 年经合组织国家流出的海外直接投资总额中，英国的份额是很大的 23.4%，相比之下，美国是 25.3%、日本是 16.2%。英国的海外投资此后始终相当可观，即使它在经合组织海外总投资中未必占到那么高。至于流入的投资，英国继续是一个对海外投资者有吸引力的地点。1950 年代和 1960 年代，美国投资大量涌入，英国的吸引力包括日益富裕的消费者、进口费及其他进口限制的免除、运输成本的节省。1973 年后，英国加入欧共体又为多国投资者提供了进一步的激励。1970 年后的 25 年里，出现了大量日本投资，不仅在银行和保险领域，而且日益在汽车、电子与电气设备及其他制造业领域。1985—1987 年间，在流入经合组织国家的外国直接投资中，英国所占份额达到了 15%。

到 1990 年代，英国的海外资产十分庞大，但又被在英资产的外国持有人所部分抵消。1980 年代初，英国的海外净资产有了显著增长，从 1979 年的 124 亿英镑增至 1986 年的 985 亿英镑。到 1990 年代初，资产余额徘徊在一个低得多的水平，1990—1994 年，年均净资产还不到 50 亿英镑。

就 1990 年代英国的收支平衡而言，从大量流出的长期资本中获取的收入不足以弥补短期资本流出或贸易赤字。英国银行业固然赢得了大量的外币业务，但也积累了相当多的负债。1995 年，设于英国的银行拥有的外国负债超出了外国资产达 900 亿美元（美国银行的负债为 2820 亿美元，日本银行的负债为 3760 亿美元）。假如外国债权人要收回大量短期存款（如 1960 年代中后期所发生），这里就潜藏着问题。

311　　就英国的制成品贸易而言，1980 年代人们曾切实担忧，该部门是否能在经济中维持重要的作用。1973—1989 年，英国去工业化的程度超过了比利时之外的任何一个可比的经合组织国家（当然，法国也好不了多少）。1973 年，英国就业的 42.6% 是在工业部门，到1989 年已下降到 29.4%，而工业增加值在总体经济中的比重从38.4% 下降到 29.5%。在经合组织 25 个国家中，英国经历的工业部门中的就业下跌要比平均下跌幅度高出三分之二稍多，而工业增加值在总体经济中的比重下跌只比平均下跌幅度高三分之一。

玛格丽特·撒切尔担任首相（1979—1990）的早期关停了许多工业，致使需要比过去更多地依赖进口去满足消费需求。由于相应的贸易条件的恶化及汇率的走低，从 1980 年代开始出现了实际收入的损失。工业基础的萎缩加之收支平衡的不良，使得持续的经济增长到 1990 年代末更加难以实现。

撒切尔政府的政策加剧了工厂关闭、产业重组、冗员裁减这类问题的严重性，在"黄金时代"结束后趋于严峻的经济气候中，这些问题本来同为工业经济体所共有。国际范围内，在 1970 年代末和1980 年代，大为激化的竞争和节节攀升的失业酿成了一种工商氛围，劳工及工会在其中遭到了削弱。对 1980 年代及 1990 年代初的英国而言，这一进程更因政府的政策而加速、而强化。工会立法妨碍了工会的集体谈判，政府打定主意不再为防止企业甚至行业的破产而出手干预。在煤炭行业，政府的政策有意要拆分它并缩小它，于是大举收回了国家补贴。同样，工业局减少了对有关地区、总体工业及特定部门（航空航天、造船和钢铁）的财政支持，按 1988—1989年价格，从 1981—1982 年的 27.071 亿英镑减少到了 1986—1987 年的 20.53 亿英镑，再减到 1990—1991 年的 10.501 亿英镑。与此同时，公有部门的私有化经常意味着通过裁减员工、裁减新投资而实现利润最大化。以运输业为例，零敲碎打的私有化造成该领域不再拥有某个中央权威，以致无法协调不同的交通方式，也不再要求为农村社区提供相关服务。到 1990 年代中期，本来对撒切尔政府的经济政策抱同情态度的诸多评论家都断言，放任自流的政策至此已经走得太远。

312

1980 年代及 1990 年代初的英国工业有一个值得担忧的特点，那就是没有充分投资于研发及对管理层和劳动者的培训。1950 年代，英国曾拥有西欧最高的研发开支，哪怕它过于偏重国防关联项目及核能开发。到 1980 年代，英国在研发上的投入已少于美国、日本、德国、法国，其相对地位 1979 年后恶化了（1980 年英国的投入比平均水平低 15%，1985 年则低了 22%）。设备和技术方面的投资也不足。金融服务部门的放松管制鼓励了英国企业恶性的竞价收购，人们认为这是一个因素，致使在英国工业中打压了长远投资，激发了短期行为。

在职业培训方面，英国明显落后于竞争对手。1987 年国家经济发展局的一份报告呼吁，应当 10 倍地扩大管理教育。1988—1989年，当经济回升时，严重的技能短缺便显露出来，即使当时的失业维持在 6% 的水平。有 60% 的机械企业报告说某些职位空缺难以招募到熟练劳工，在制造业的其他许多部门也有类似的甚或严重的问题。

1979 年前曾由政府出资支持的技能培训，到 1990 年时多遭私有化并已萎缩。1964 年成立的"工业培训会"大多数在 1981—1982年被撤销，它们的消失等于取消了原本给予 700 个"团体培训协会"的主要支持，这些原为小公司提供支持的协会到 1990 年时，只剩不到 50 个还存活着。那些"技能中心"本来在培训泥瓦匠等方面颇为

313 重要，1980 年代曾盛极一时，300 名工作人员培训过 30000 多人，它们也在 1990 年被私有化。"技能中心"原从政府那里获得很大比例的资金，但政府的新政策是"雇主必须接受现实，即大多数投资必须自己出"，当培训资金依照政府新政策而削减时，不出三年，大多数"技能中心"便进入破产在管状态。与工业竞争者相比，英国的技能短缺问题十分严重，问题的程度到 1990 年代末已表明，不能把职业培训主要交给雇主去出资，国家干预是必要的，英国这方面的行动需要跟其他国家的政府行为相匹配。

不过，在 1980 年代和 1990 年代已经萎缩的制造业盘子中，仍有若干英国公司在国际上正在成长的高科技领域表现出了竞争力。1979—1988 年，这些公司在英国工业增加值中的占比从 15% 提升至 19.7%，这一增势与德国、日本、美国作比较也不逊色。然而，该部门比英国制造业其他部门更好的绩效到 1991 年已在缩小，只有航空航天业不在此列。

航空航天业受益于政府的国防开支，尤其是在 1980 年代初。在 20 世纪最后 30 年里，英国是一个重要的武器出口国，1970 年代末曾位列世界第四。1974 年，航空航天（飞机与导弹）占到 1.79 亿英镑武器出口中的 28%，1989 年，该部门的比重在 24.08 亿英镑中占到 75%。总而言之，武器贸易取得了盈余，1974 年为 1.405 亿英镑，1989 年为 17.36 亿英镑。但这一直是个有争议的领域，特别是涉及地雷出口业务。

到 1990 年代末，劳动队伍中许多人的工作状况已趋恶化。市场的国际化促使工商人士寻求廉价劳动力来从事相对非熟练的工作。例如，软玩具的生产从米德兰兹搬迁到了韩国、台湾地区、菲律宾，314 再后是中国。在英国，1980 年代初不利的经济气候促使雇主们把部分劳动队伍零工化，这部分往往涉及非熟练劳动，雇主们通过短期合同工或分包派遣方式来满足其用工需要。到 1986 年，就业者中约三分之一可以说属于这部分"灵活用工"。此类工人在农业、酒店、餐饮、分销、建筑、修理、商业与专业服务中比例最高。

如同其他工业化国家一样，零工就业的扩大与更多妇女参与劳动队伍是连在一起的。1971—1989 年，零工数增长了 50%，1989 年的 520 万零工中，妇女约占 83%。到 1990 年代中期，约四分之一劳动力在从事零工，45% 的妇女员工在零工岗位上。单就劳动时间论，零工适合许多妇女，不过工资报酬就未必如此。零工的小时工资普遍较低，1980 年代和 1990 年代，零工中有三分之二以上每周工作时长在 16 小时或更少，因此除非已连续工作满五年，否则不能享受涉及生育、裁员或不当解雇等方面的法定权益，立法规定可享受这些权益的最低限度是每周工作满 18 个小时。零工往往从事最低端的职位，在零工队伍中，遇到裁员时，经常会有歧视妇女的现象。

与此相对照，1980 年代和 1990 年代的另一个特点是，更多的人在工作更长的时间。1994 年，约两成的员工每周工作六天或七天，约四成员工每周工作五天。在大量工作中，由于雇员数已被"精简"，核心即全职劳动者的工作强度更大了，由此也增加了工作压力，在某些行业还增加了工伤事故。

"灵活用工"的出笼，随同 1980 年代和 1990 年代失业的高企，造成了英国工资和收入方面更大的差距，从 1970 年代末到 1990 年代，不平等在迅速加剧。1979—1987 年，按税后论，顶尖 10% 赚取的收入其实上升了 22%，而底部 10% 仅增加了 5%。1980 年代和 1990 年代也发生了更加普遍可见的贫困现象，大量无家可归者又回来睡到大街上。

到 1990 年代末，英国政府的行动能力受到了限制，主要英国政党都致力于压低公共开支水平。欧共体的财政政策力主维护价格稳定，当这些政策应用到各欧共体国家时，它们在 1990 年代中期产生了通缩的效应。

315

及至 20 世纪末，已不能再把英国视为单独行动的国家，仅仅英国政策本身已不能决定英国的经济与社会命运。英国切切实实已是欧洲经济及更广大的世界经济的一部分。

注释：

1. 除了"后续阅读"及第十三章注释 1 中提及的文献外，参见 N. F. R. Crafts and N. Woodward （eds）, *The British Economy Since 1945* （1991）, A. Maddison, *The World Economy in the Twentieth Century* （1989） and E. J. Hobsbawm, *The Age of Extremes* （1994）。也参见图表 1、3、4、6 – 8、12 – 14、17、19 – 21、23 – 26、31 – 40、45 – 52。

316

结

论

工业与帝国
Industry and Empire

英国的现代化历程   From 1750 to the Present Day

结　论

我们应当如何看待 1990 年代的英国呢？

到 20 世纪末，英国是个人口达 6000 万级别的国家，规模大致与法国和意大利相当，但比德国小不少。按全球标准看，这一人口规模也不算小，但在 25 个人口达到或超过 5000 万的国家中，已靠近该类别的底限，此类 25 个国家里居住着全球四分之三的人口。在 1980 年代的最后几年，英国经济生产了世界总产值刚过 4% 的份额，大致是美国份额的六分之一至七分之一、日本的三分之一、德国的三分之二。换个角度说，在 1990 年代初，英国国民生产总值的绝对量排名居第六，仅次于美国、日本、德国、法国、意大利。

然而，英国的人均国民生产总值排名第 17 位，仅举欧洲国家而言，英国的人均富裕程度不如奥地利、比利时、丹麦、芬兰、法国、德国、意大利、卢森堡、荷兰、挪威、瑞典、瑞士。换言之，英国人均富裕程度仅高于土耳其、希腊、葡萄牙，稍稍超过爱尔兰和西班牙。英国男性的平均预期寿命不如希腊、冰岛、意大利、荷兰、挪威、瑞典、瑞士；英国女性的平均预期寿命则不如比利时、德国、芬兰、法国、冰岛、意大利、荷兰、挪威、奥地利、瑞典、瑞士、西班牙。英国的婴儿死亡率在所有欧洲国家中，仅低于比利时、希腊、意大利、葡萄牙、西班牙、土耳其。

英国已经大幅度地去工业化。1970 年后的 25 年里，英国制造业中劳动就业的比例减少了一半还多，或许这是该经济体的必然命运，毕竟它在 19 世纪曾那么严重地依赖工业。不过，这还是难以解释为什么这个国家不再拥有一个全国性汽车行业，其所生产的汽车在欧共体制造或组装的汽车总量中刚过 10%，只有德国产量的三分之一、法国产量的二分之一，不及意大利和西班牙的数量（1993 年数字）。（1963 年，英国曾生产了欧洲汽车量的 24%。——参见原书第 240 页）用阿钮林·毕凡的话说，这个岛国满地都是煤，周围尽是鱼，可是产出的煤炭不到世界总产量的 2%（不过曾位列世界十大产油国），捕捞的鱼不到世界总量的 1%，在渔业国家里仅排名第 27 位。不列颠曾经雄霸海上，如今在航运国家中也仅排名第 24 位，世界船舶中还不到 1% 挂着英国商船旗。在世界商业港口中，英国最大的伦敦列第 29 位，远远落后于鹿特丹、安特卫普、马赛，也远在汉堡和勒阿弗尔之后，而这还只是举了欧洲的竞争对手（据 1993 年）。（不过，希思罗机场是世上第五大机场，且就国际旅客量和免税商品销量而言，还超过其他所有机场，但在货运方面，它显著落后于洛杉矶、法兰克福、纽约、迈阿密、东京成田及香港。）

与德国、意大利以及瑞士不同的是，英国放任制造业纷纷凋零，它不再位居欧洲十大工业国之列，这 10 个国家的国民生产总值中三成以上来自工业。经合组织的 19 个欧洲国家里，以德国为首的 12 个国家在工业部门所雇佣的劳动力多于其他部门。英国仍然是一个商品出口大国，但地位已不突出，虽可能超过意大利，但落在德国和法国后面，而且，除了在依赖政治的军工领域英国出口大增外，总体上英国出口颇为乏力。1993 年前，反正在经合组织的欧洲国家里，有 13 个国家的出口增长都快于英国。

不过，英国的情况虽然平淡无奇，却与同期其他欧洲国家也无根本差别。按世界标准衡量，大家都继续处于极其富裕的高位。欧盟

（加上瑞士）包括了世界上 20 个最富国家中的 13 个（据 1993 年人均国内生产总值）①，这一居民超过 3.5 亿的地区积累了全球最大的人类物质财富，大于仅有的其他两个可比地区，即北美（2.9 亿人）、日本（1.02 亿人）。只要这一地区不发生绝对的倒退现象，该地区居民的境况几乎一定会继续成为世界五分之四人口的羡慕对象。（而倒退这种偶发现象不大可能发生，尽管由世界其他地区的社会灾难论，这并非完全不可想象。）在经济方面，即便是此地相对较穷的部分如英国，也面对着一个相当惬意的未来，哪怕"新兴工业经济体"跨越收入鸿沟（1990 年代中期，其居民的人均国内生产总值依然显著落后于老工业国），这点也不会改变。② 纵然欧洲更多的生产性和服务性产业大量迁往印度和中国等地，这点也还是如此，须知，欧盟无法也没有真心想要跟印度和中国的廉价劳动力展开竞争，哪怕人们一直在大谈相关的世界市场压力。总之，在千禧年结束时，英国经济固然不是冠军地位的争夺者，但也没有面临什么重大不测前景。

英国在其他方面也类似于欧洲其他中小型"发达市场经济"。与它们一样，英国植根于 1914 年前时代的产业革命，当然，我们比其他国家拥有更深的历史渊源。与其他植根于 19 世纪的工业经济体相比，英国的农业更早失去了其经济重要性，但到 1990 年代，其他国家都在迎头赶上。英国与其他国家都已从生产转向了服务，服务如今贡献了英国国内生产总值的约三分之二，其他几个国家也达到同一程度。各国都不得不适应工业生产与组织方面的转型，不得不适应陈旧产业的流转风水。大家都不得不面对 1970 年代新兴的跨国世界经济（其中最明显的就是货币与收支的不确定性），不得不面对长

---

① 科威特和阿联酋未列其中，它们更像控股公司而非国家。
② 城邦小国新加坡（人口约 300 万）是例外。

期繁荣的黄金时代过去之后充满风险与麻烦的几十年。与其他欧洲国家一样，大量失业在 1980 年代惊人再现，其对英国的影响有时比其他国家要大，有时则要小，但具体程度已不易看清，因为官方的统计口径发生了一连串改变，官方还倾向于把工作年龄段的非工人特别是年轻人归到其他某项指标下。无论这个众说纷纭的问题中细节如何，1990 年代中期，虽然当时失业在下降，但英国的劳动市场未能向四分之一工作年龄段的人们提供工作，其中男性有 290 万人，女性有 490 万人。如前已述，四分之一的英国工人在打零工，占到男性的 8%，占到女性的 45%。[1]

在经济困难这一新时代的最初几年，大多数欧洲政府只要可能，都以不变应万变。然而，从 1979 年起，保守党执掌的英国政府跟其他各国分道扬镳，它带着激越的意识形态信念，率先选择了激进的经济放任自流政策，该政策刻意告别了保守党与工党长期赞同的经济与社会共识。这一政策转向并未对英国经济产生多少长期影响，虽然它与所有其他类似的经济体一样仍在继续增长，但也继续处于相对的下行通道中。政策转向对英国经济面貌的即时影响可能非常巨大，因为 1980 年代和 1990 年代自由市场执政者与理论家的神学般热情、高于一切的短期利润追求、撒切尔执政初年造成的工业大破坏，造成了英国生活、制度、公共及工商领域准则规范和价值观念的突然断裂，这种断裂很可能比其他国家要严重得多。事实上，对于过去一个半世纪国内外公认代表了英国特色的诸多东西，这都是一次沉重的打击，同样遭受打击的还有 20 世纪前七八十年中那样运转的保守党和工党。

然而，如已所见，英国经济再也不是孤岛，到 20 世纪末，英国身处欧洲经济共同体（现为"欧盟"）已有四分之一世纪。在英国及其他成员国的政治中，该联盟的具体走向尚无法确定且聚讼不休，可无论当政者嘴上说什么，谁也不会严肃地设想英国在欧盟之外会有何种经济前途；反过来，谁也不会真以为英国马上就变身为政治一统、制度划一的全欧实体中的一个行省，毕竟欧洲范围内语言的多样性让这一点难以实现。（也因为这一理由，虽然人们有很大的自由可以在欧盟内随处寻找就业机会，但令人吃惊的是，实际上盟内长期性跨境迁移还是数量不大。）① 在欧盟内部，英国继续享有说写英语这一全球交流语言的天然优势，继续享用着伦敦这份我们霸权时代留下的也许是最后的遗产，从而让我们与纽约和东京一起，在新兴的跨国世界经济中，真正拥有一个作为国际金融和交流枢纽的"全球城市"。另一方面，英国劳动力的教育水平又低于其他国家，而且由于去工业化的发生及学徒培训的萎缩，英国的劳动力缺乏熟练技能。

语言、历史、与美式娱乐文化的接近，都让英国在欧洲范围内平添优势。长期以来，英国等于是美国的欧洲桥头堡，传播着以美国为中心的现代全球娱乐文化，从散拍乐到摇滚乐，从好莱坞到电视剧再到多媒体，可谓比比皆是。英国自身的文化事业也继续繁荣昌盛，本书初版便已提及这种勃勃活力。另一方面，英国科学研究的不凡实力却显露出某些松懈的迹象，须知科研乃 20 世纪世界上任何国家的看家本领之一。当然，英国的科研产出仍超过所有其他欧盟国家，并仅次于美国（但差距很大）。（然而，按人均算，瑞典、瑞士、以色列、丹麦、加拿大等小国发表的科学论文要多于英国，这方面也多于美国。）²

1970 年代以来世界经济及欧洲内部所发生的事件，加之 1979 年以来英国的政治进展，大举改变了英国人 20 世纪末的生活方式。不过，英国人生活方式中的许多变化也干脆延续着本已长期存在的趋

321

---

① 1990 年代中期，欧盟一般成员国中，来自其他成员国的移民在劳动队伍中平均不超过 1% 左右。

势。很可能只有三大变化主要源自保守党时代的政策：拥有自己房屋的英国人有了急剧增加（《社会趋势》报道，从 1981 年的刚过一半增至 1995 年的将近四分之三）；自由职业者人数有了大幅增长（1970—1995 年间从占劳动力不足 8% 增至 13% 以上）；社会与经济的不平等明显加剧，逆转了"二战"后一代人时间内的趋势。1982年，8% 英国人的收入不足平均数的一半，10 年后该比例已升至20%。在另一端，5% 最富有英国家庭现在拥有超过一半的英国可交易财富（房屋以外），也即超过了其他所有 95% 的家庭。[3] 不过，到20 世纪末，相当大部分的英国人在物质上都比以前更富有了，多数情况下要富裕很多。花费于食品的收入份额能够最清楚地衡量贫困状况，而英国人的这一恩格尔系数在 1963—1994 年下降了一半以上。1972—1995 年，拥有电话和中央供暖设施的英国家庭比例扩大了一倍还多。尽管如此，据说即使在经济繁荣时期，当政者所谓"感觉良好的状态"也未能出现，假如的确如此，那是因为（理论家告诉我们一定是因为），作为繁荣的代价，就业与前途不再得到保障，甚至在中产阶级那里也日益如此。

然而，在多数情况下，英国的状况也折射出某些与政府政策变化无关的趋势。妇女在劳动队伍中比例越来越大，到 21 世纪初，预期其占比将接近 50%，可这不过是在延续"二战"以来的进展。男性和女性的寿命都更长了，1994 年平均分别为 74 和 79 岁，而这也只是在延续长期以来预期寿命每 10 年平均增加两岁这一上升势头。我们的老龄化是在发展，但远没有达到政客们声称会国将不国的灾变地步。（说起来，每百名工作年龄段劳动者所要赡养的人数在以后半个世纪中似将下降。）我们更加孤独了，因为全部家庭中有 28%（1971 年为 18%）如今都有独居者，包括鳏寡老人、单身青年及离异者。因为这一理由，再加大量家庭中所有成年人都外出工作，从1993 年起，向来十分钟爱宠物的英国人首次养猫多于养狗，毕竟猫所需要的照料要少些。因为感觉公共场所越来越不安全，普通母亲现在每周几乎平均花上三个小时开车送孩子上学，5—15 岁英国人步行的距离自 1970 年代以来缩短了 25%。但所有这些曲线长时间来本已在往上走。

年轻人和知识分子这些新社会群体在 1950 年代已很显著（参见原书第 276—277 页），它们现在继续崛起，妇女作为一个社会群体也日益上升至重要的突出地位，本书 1960 年代的旧版本曾莫名其妙地忽略了这一点。年轻人与（年轻）知识分子至少有一样共同的东西，即他们总体上置身于劳动力市场之外：作为专职学生，他们在 1990 年代由于保守党的决策而人数倍增；作为非学生，他们经受了失业对年轻人不成比例的影响。（1993 年，25 岁以下的年轻人中，21% 的男性和 13.4% 的女性没有工作。）另一方面，妇女作为工资收入者在劳动力市场中具有举足轻重的作用，这强化并改变着她们的地位，尤其是育儿母亲的地位。在就业大军甚至是参与工会的工人阶级中，女性比重越来越大，单靠一人挣钱的（已婚或未婚）家庭越来越不常见。因此，在经过长期衰落之后，家政服务（主要是雇人为外出工作的父母照看孩子）再次扩大开来。

当联合王国的居民们在世纪之交思考未来时，他们会有何感想呢？他们所居住的国家不仅在世界上变得不那么重要，而且大家多觉得本国已失去了旧有定位，正在寻找却尚未发现新的定位。无论多么模糊朦胧，他们感到英国无法再像以前那样继续下去，但又不知道应该如何作为。这可以解释那个矛盾现象，即保守党从 1979 年起能够 18 年连续不断地统治这个国家，而它的治国方式实际上却完全背离传统的保守党路线，其所追求的几乎连续不停的制度折腾在 20 世纪均前所未有。保守党上台时拿出了一个激进的变革方案，据说借此一招便可终结英国令人束手无策的日渐衰落。1990 年代初经济危机以前，尽管保守党的政策措施那么苛刻难忍、冷酷无情，但

323

即便是向来不支持保守党的那部分选民也不能十分肯定，保守党是否不太对头。

及至 1990 年代中期，大部分英国选民已得出结论，保守党就是不对头。1997 年，他们便作了相应的投票。重大政治转变并不会经常发生。本书第一版的结尾实际上写到工党长期在野之后重新执政，但回过头看，在英国经济史上这不是一个特别重要的年份，它也没有标志任何重大的历史转折。1997 年的选举倒可以更清晰、更鲜明地被视为一个时代的终结，因为它正式确认了一个 20 年工程的失败，那可是一项为阻止英国缓慢衰落而上马的本世纪最雄心勃勃的工程。

可否认为这一事件开启了英国经济史的新时代呢？21 世纪将给出答案。

注释：

1. *Social Trends* 1997，报道见于 *Financial Times*，30/1/97，p. 14。

2. 报道见于 *Science* by Sir Robert May，引见于 *Guardian*，7/2/97。（请注意：英国科学论文被引用次数下降了 25%，报道见于 *Independent*，7/2/97。）

324　　3. *Social Trends*，30/1/93.

图

表

工业与帝国
Industry and Empire

英国的现代化历程　　　　From 1750 to the Present Day

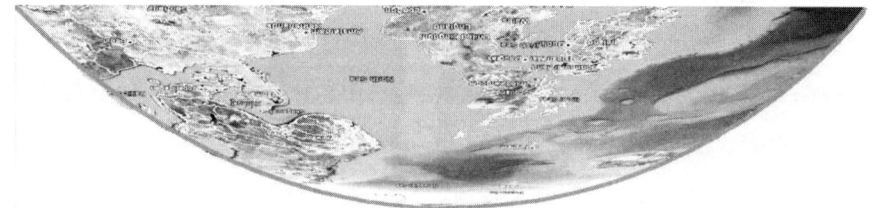

经济与社会史领域的作者会受困于文字与数字二者的对立要求，在文本中加入充分的数据而又保持文本的可读性，这并不容易。因此，我以附录的形式添加了一批图表，其中部分图表提供了涉及全书历史的信息，无法干脆利落地归入时段限定的具体章节，或者假如分到不同章节将难以充分表达其观点。其他图表详细说明了某些特定问题，若放到文字中恐无法做得这么细致。另一些图表所提供的材料无疑事关1750年以来英国的经济史或社会史，但若放到文字中恐会改变我已选定的论辩思路。每章末尾的注释会提请注意相关图表，不妨将这些图表与相应章节一起加以参阅。附录图表是作为直观教具而提供的，它们无法替代其所依据的统计源出材料，部分源出材料在图表之后有关"后续阅读"的说明中会有提及。

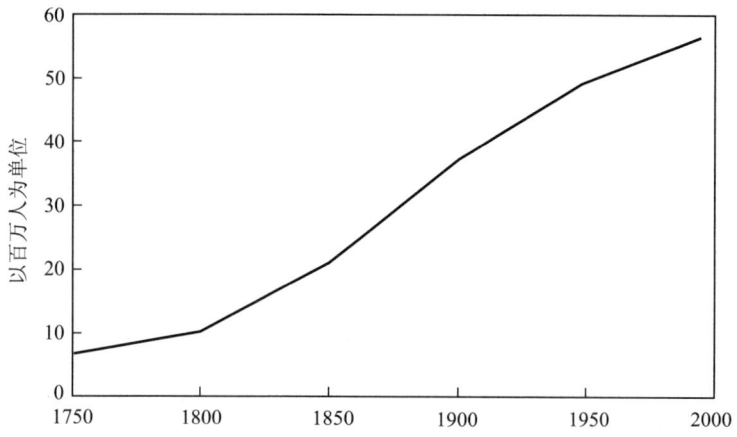

图 1 英国的人口，1750—1991 年

（Source：1801 – 1991，*Annual Abstract of Statistics 1997*，p. 8.）

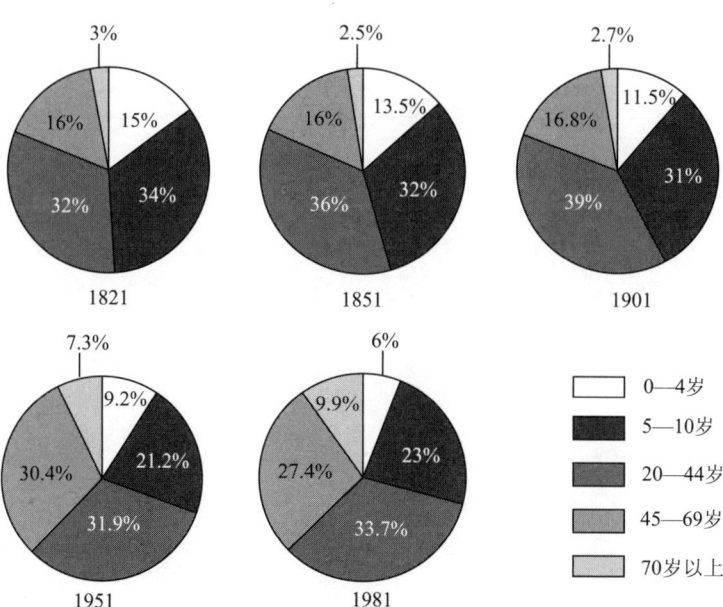

图 2 不同年份英国人口的年龄构成

（Source：1981，*Annual Abstract of Statistics 1995*，pp. 7 – 8；Office of Population Census and Surveys material.）

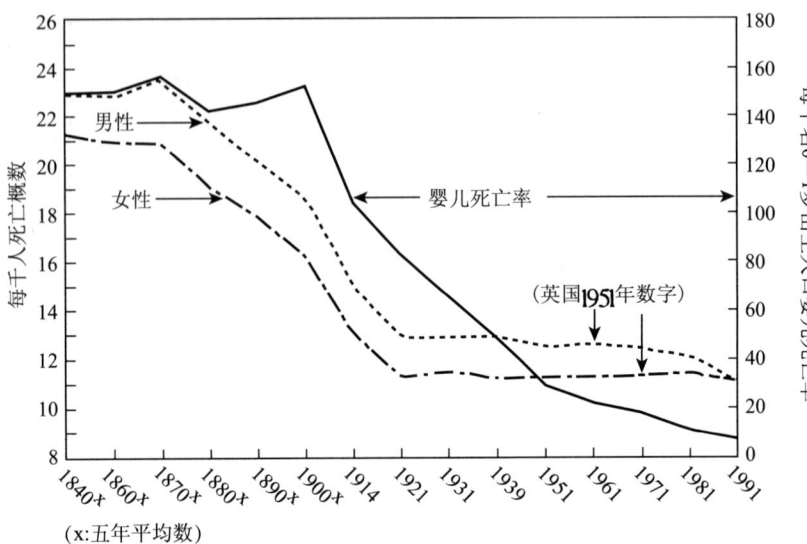

图3　英格兰和威尔士的死亡率，1840—1991 年

（Source：1951 – 91，*Annual Abstract of Statistics 1997*，pp. 39 – 40.）

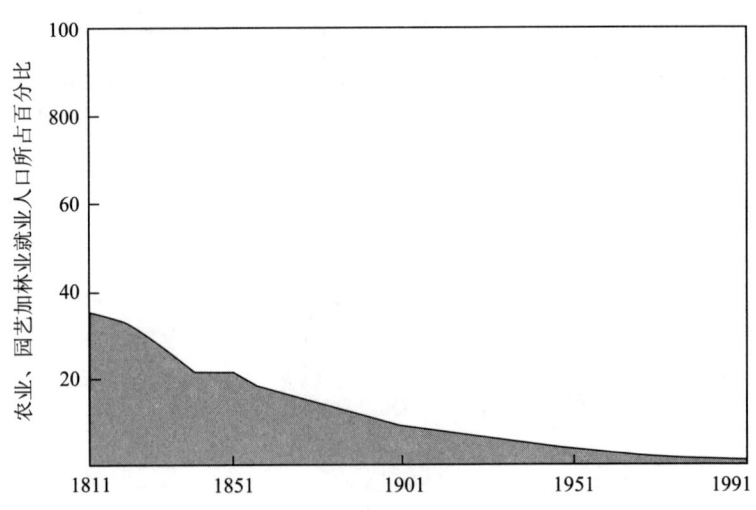

图4　农业人口的减少

（Sources：1951 – 91，B. R.　Mitchell，*British Historical Statistics*，CUP，
1988，pp. 105，107，215. *Annual Abstract of Statistics 1985*，pp. 107 – 8；
and 1997，p. 124；这些数据涵盖大不列颠。）

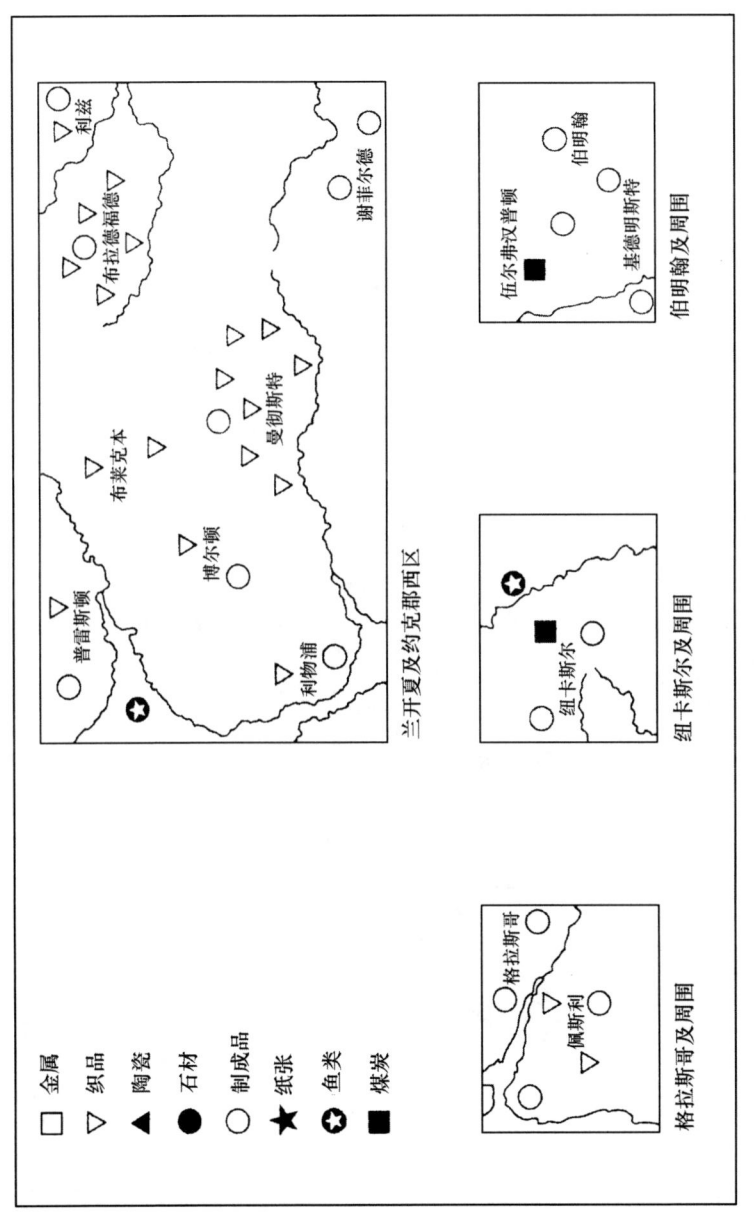

图 5a　工业化英国，1851 年

金属　□
织品　▽
陶瓷　▲
石材　●
制成品　○
纸张　★
鱼类　☆
煤炭　■

兰开夏及约克郡西区

利兹　▽
布拉德福德　▽
普雷斯顿　○
布莱克本　▽
博尔顿　▽
曼彻斯特　○
利物浦　▽
谢菲尔德　○

纽卡斯尔及周围

纽卡斯尔　■

伯明翰及周围

伍尔弗汉普顿　■
伯明翰　○
基德明斯特　○

格拉斯哥及周围

格拉斯哥　○
佩斯利　▽

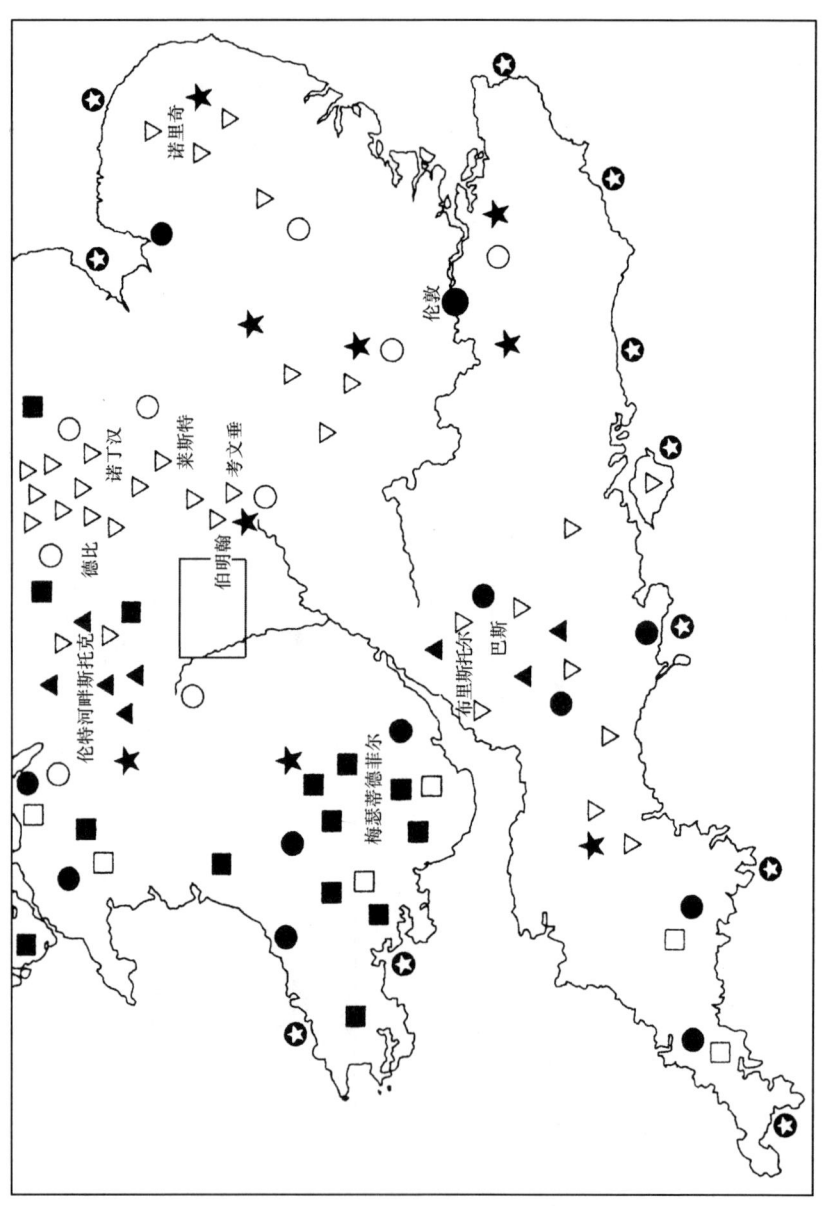

图5b 工业化英国，1851年

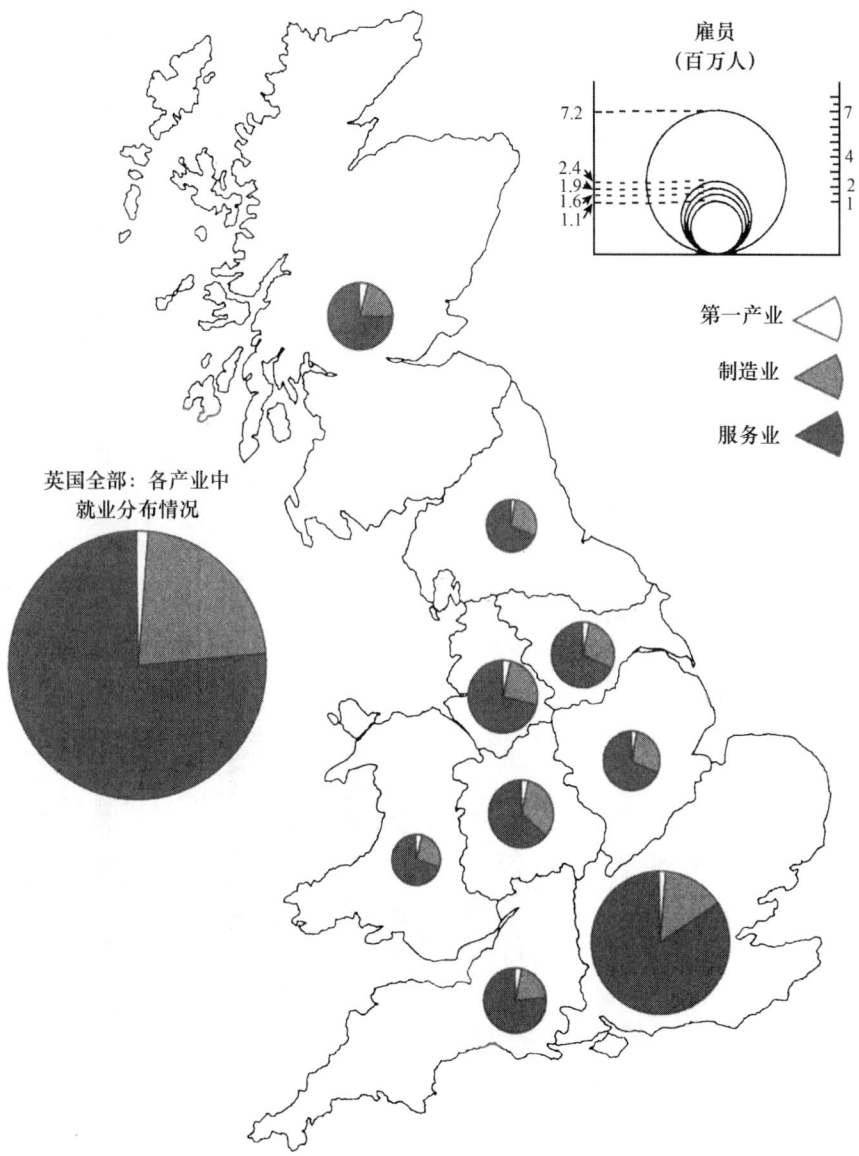

雇员
（百万人）

第一产业
制造业
服务业

英国全部：各产业中
就业分布情况

图6　工业化英国，1997 年 3 月

（Source：calculated from *Labour Market Trends*，August 1997，pp. 514－15.）

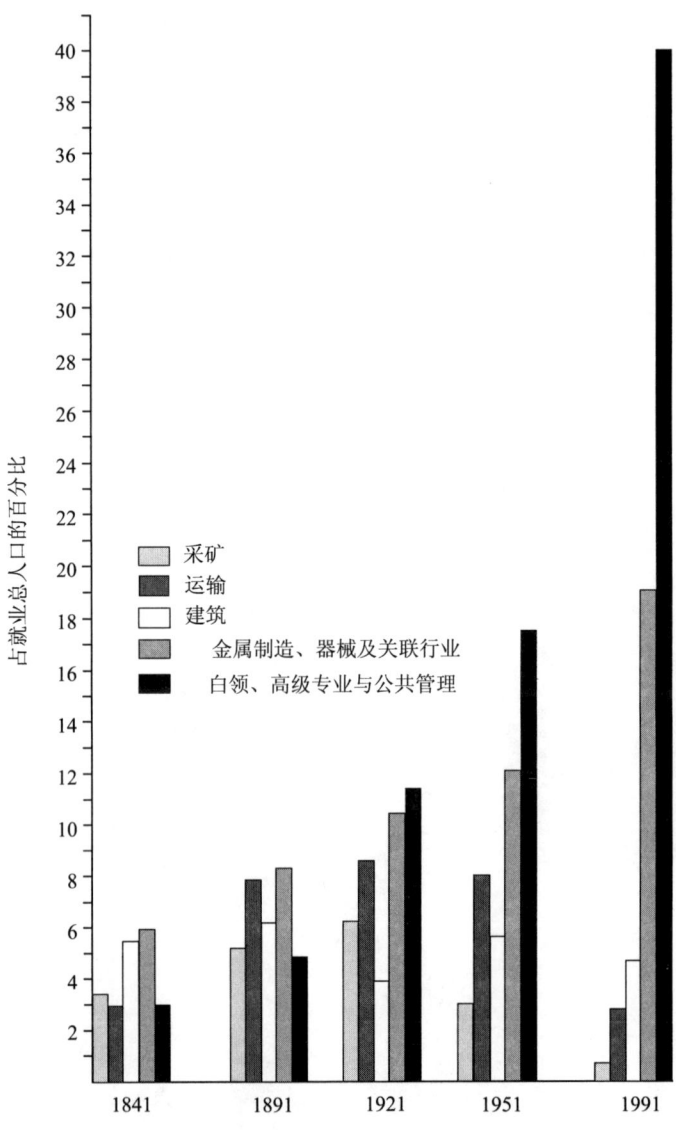

图 7　若干英国职业，1841—1991 年

（Sources：B. R. Mitchell, *British Historical Statistics*, pp. 104 – 5. *Annual Abstract of Statistics 1997*, p. 128. Also *Labour Gazette*, May 1992, pp. 58, S11 – 13 and *Labour Market Trends*, 1997, S9 and 10. 应当注意有关类别口径，尤其涉及白领群体，历史上发生过变化。）

图 8a　阶级结构，1750—1961 年

（Sources：1750，Joseph Massie；1867，Dudley Baxter；

1931，1961，D. C. Marsh.）

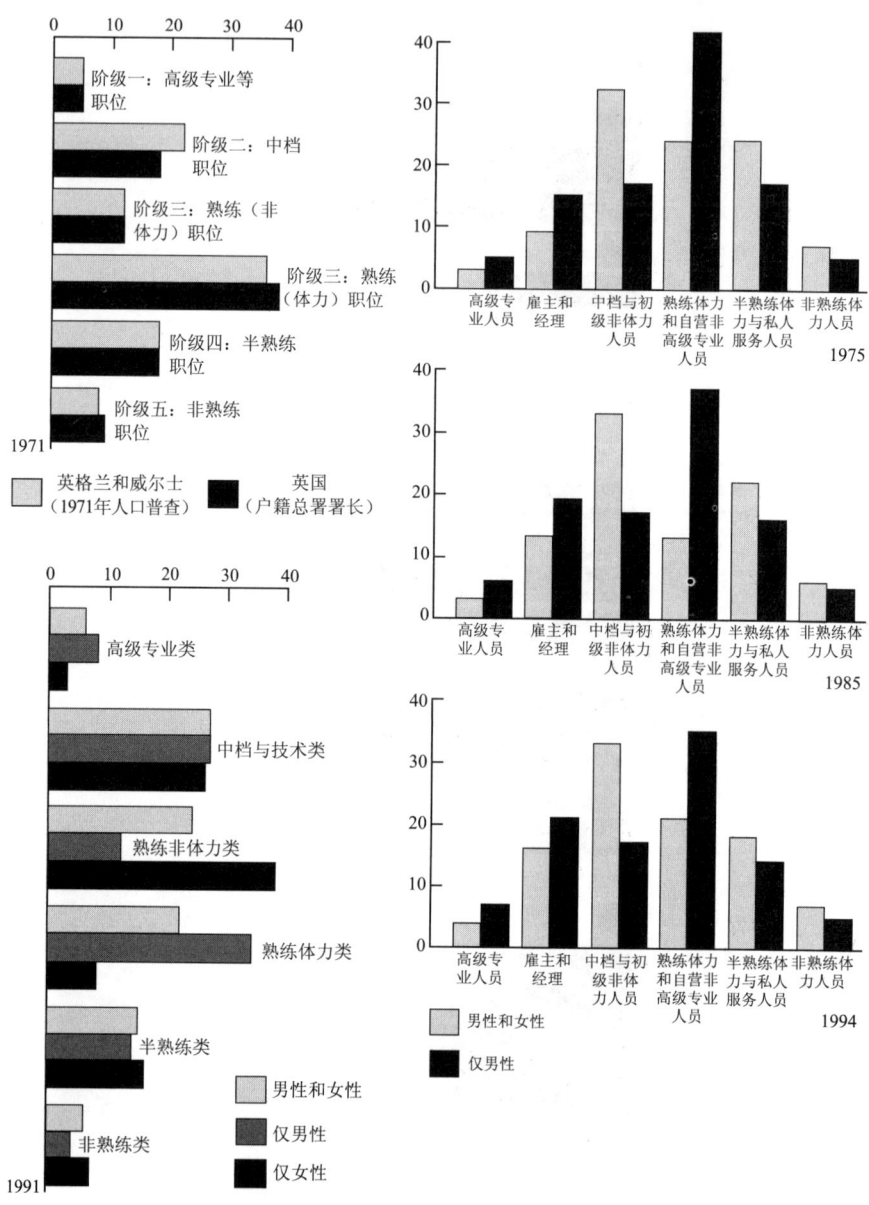

图 8b 英国的社会阶级，1971—1994 年

（Sources：1975，1985，1994，*Living in Britain：Results from the 1994
General Household Survey*，Office of National Statistics，1996，p. 195；
1991，*Labour Force Survey 1990 and 1991*，HMSO，1992，p. 27.）

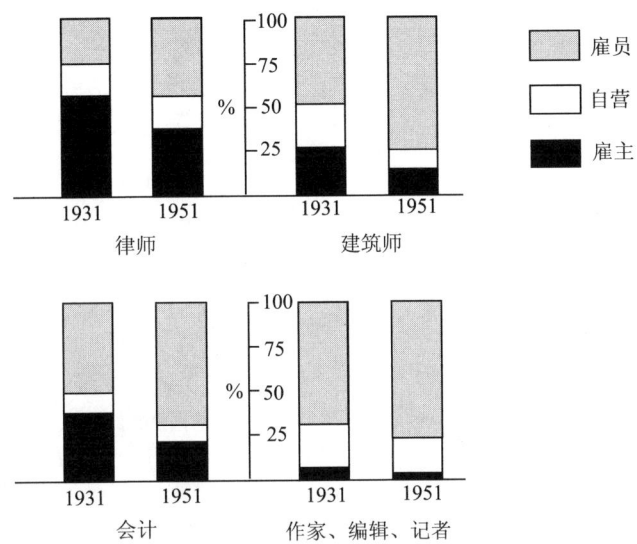

图 9　中产阶级职业的变迁，1931—1951 年

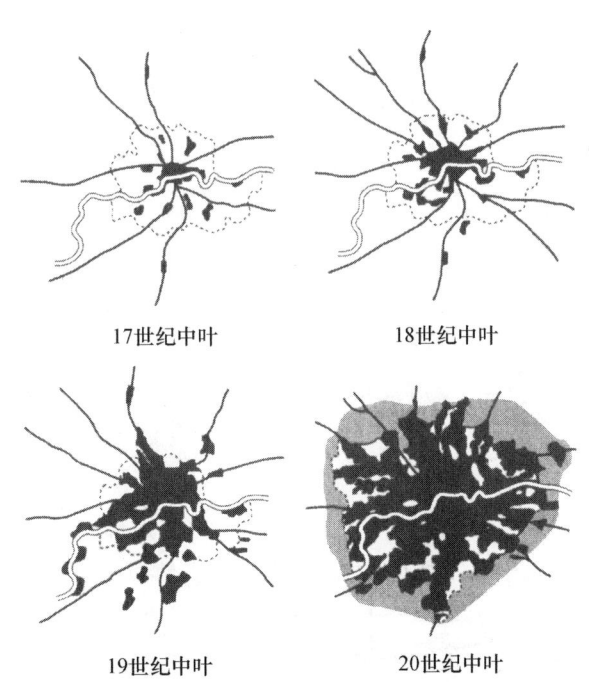

图 10　伦敦的成长

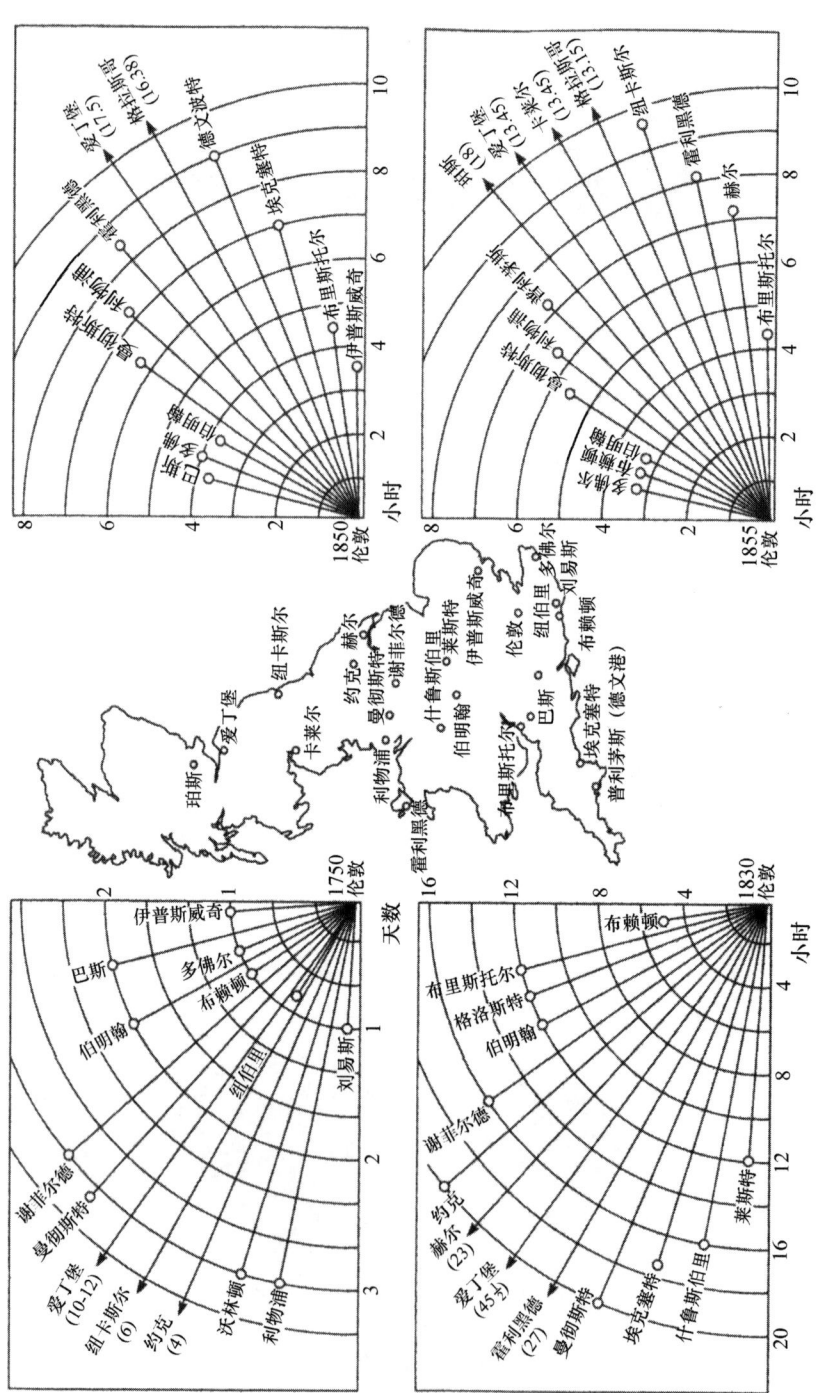

图11 速度的革命：旅行时间

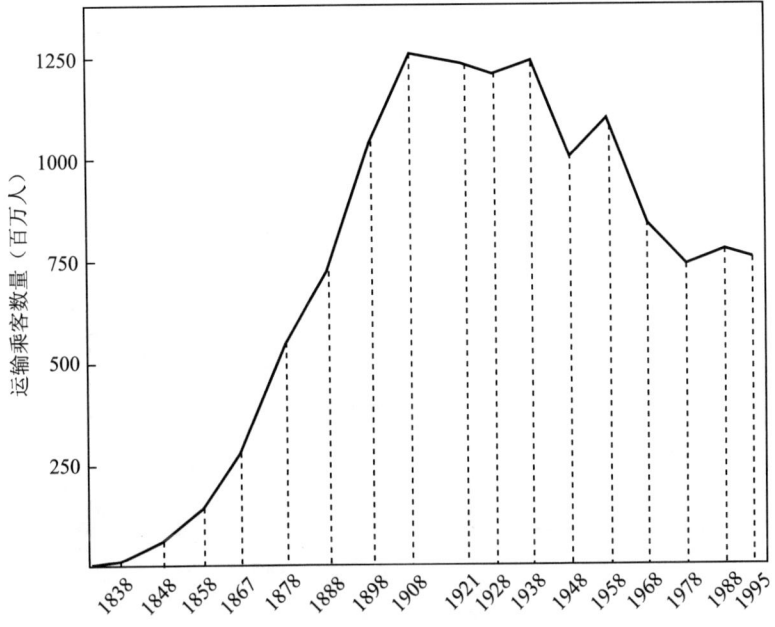

图 12　交通革命：铁路

（Sources：1938 – 95，B. R. Mitchell，*British Historical Statistics*，1988，
pp. 548 – 9；*Annual Abstract of Statistics 1997*，p. 231.）

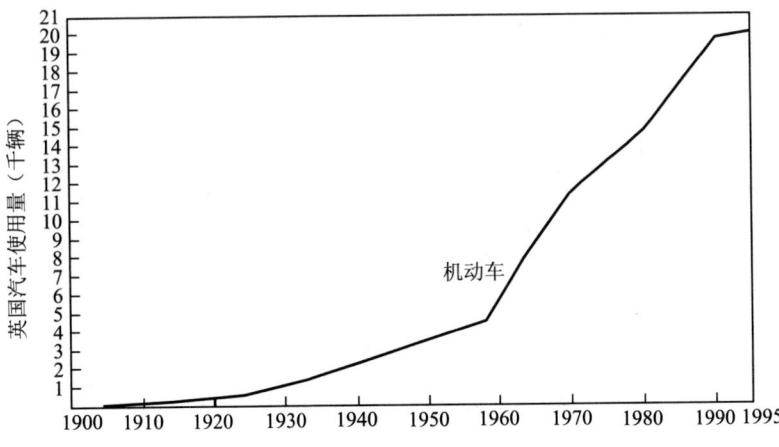

图 13　交通革命：汽车

（Sources：1970 – 95，*Annual Abstract of Statistics 1974*，p. 228；
1992，p. 190；*1997*，p. 224.）

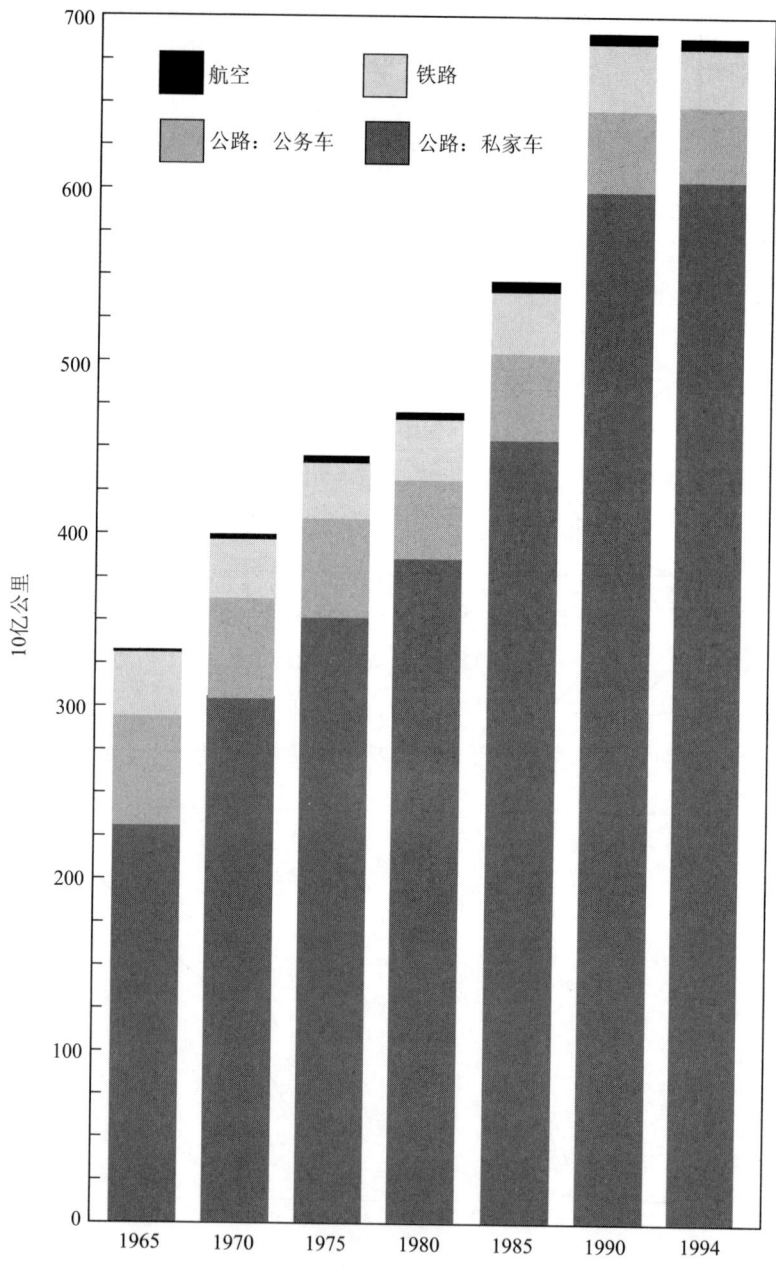

图14 英国的客流，1965—1994 年

（Source：UN, *Statistical Yearbook*, 41, 1996.）

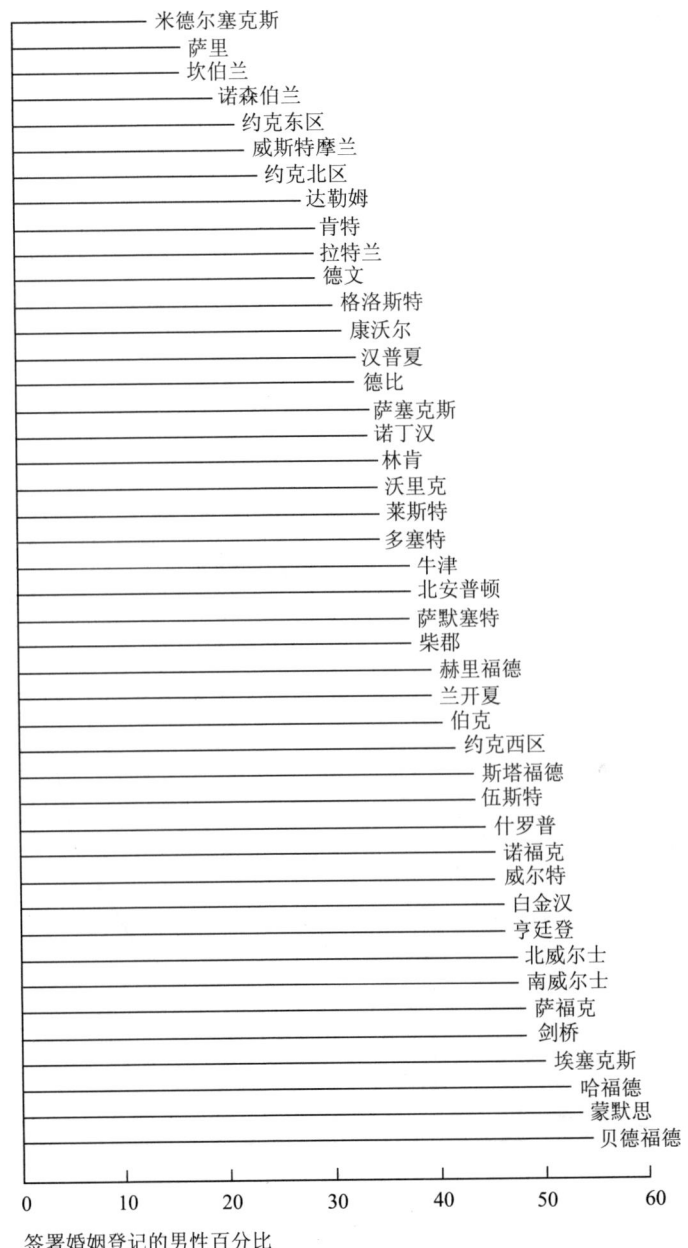

签署婚姻登记的男性百分比

图 15　文化：英格兰的文盲率，1840 年

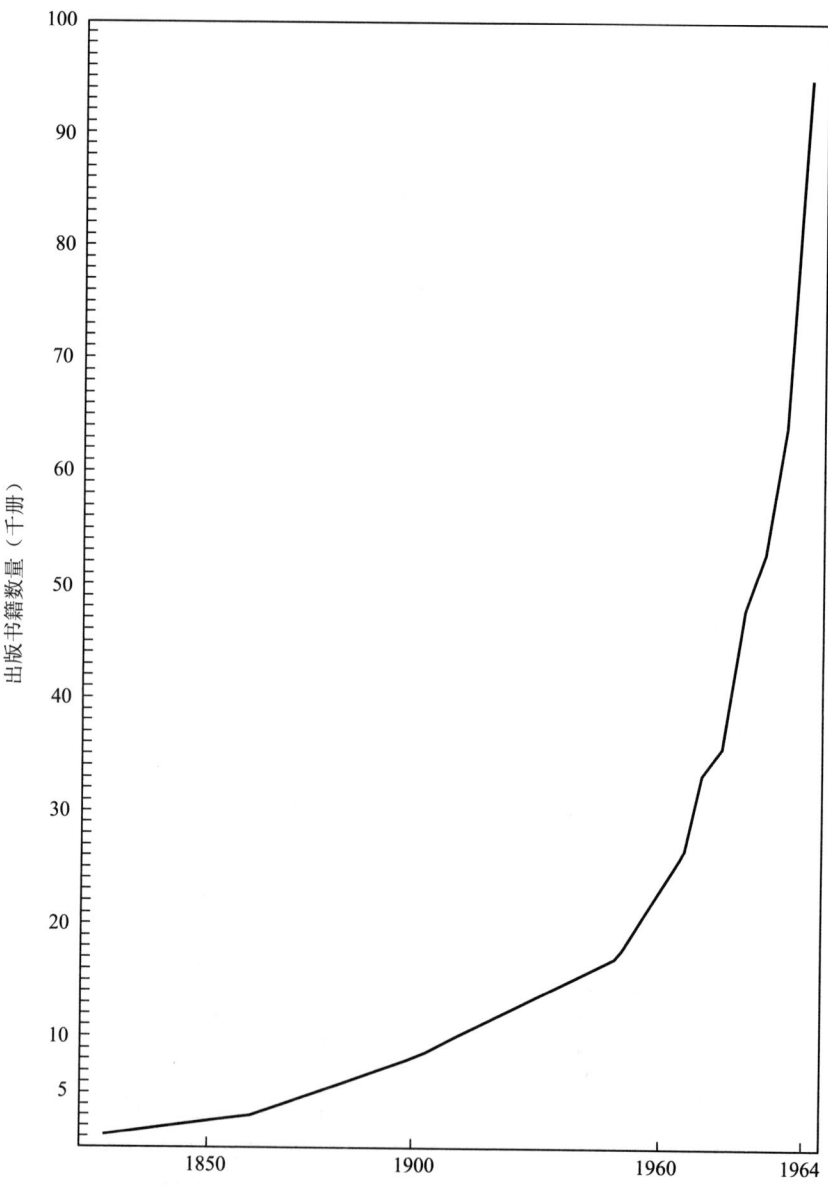

图16　文化：书籍

（Sources：1950 – 94，UNESCO *Statistical Yearbooks 1963 – 96*，
1990 年除外，英国当时非联合国教科文组织成员。）

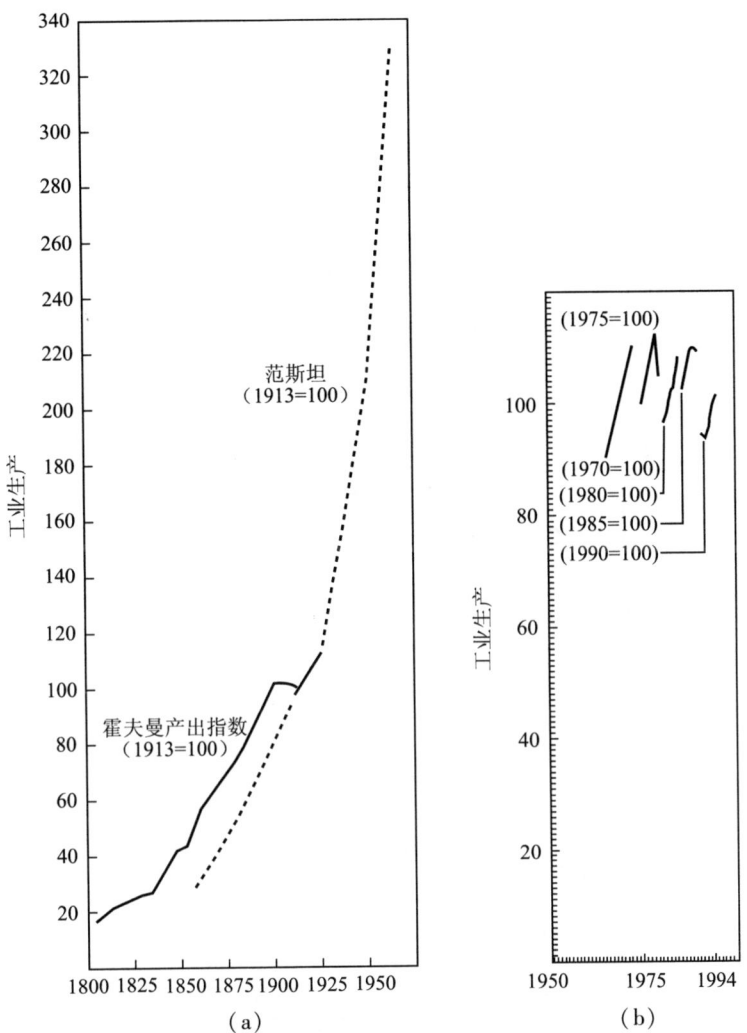

图 17a　英国的工业生产，1811—1965 年

（Sources：1811－1925，W. Hoffmann；1938－1960，London and Cambridge
Economic service；1855－1965，C. H. Feinstein，*National Income
Expenditure and Output of the United Kingdom 1855－1965*，
CUP，1965.）

图 17b　英国的工业生产，1966—1995 年

（Source：*Annual Abstracts of Statistics.*）

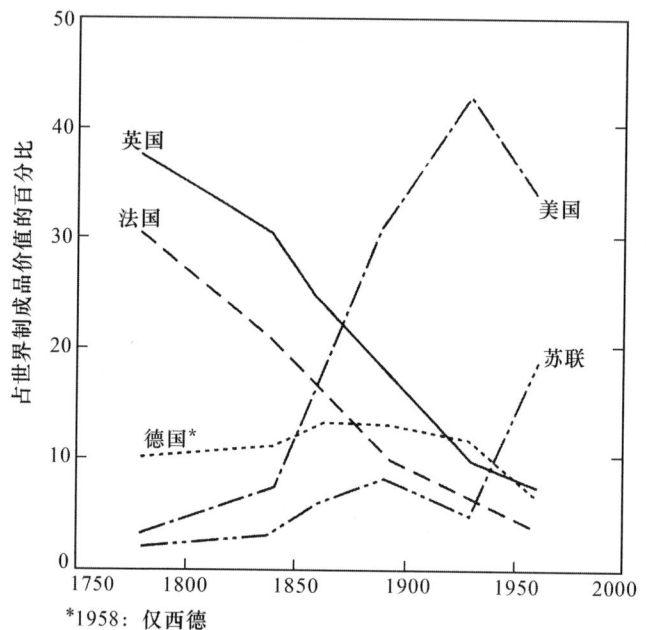

图 18　英国工业产量占世界的百分比，1780—1958 年

（Sources：Mulhall，League of Nations，United Nations.）

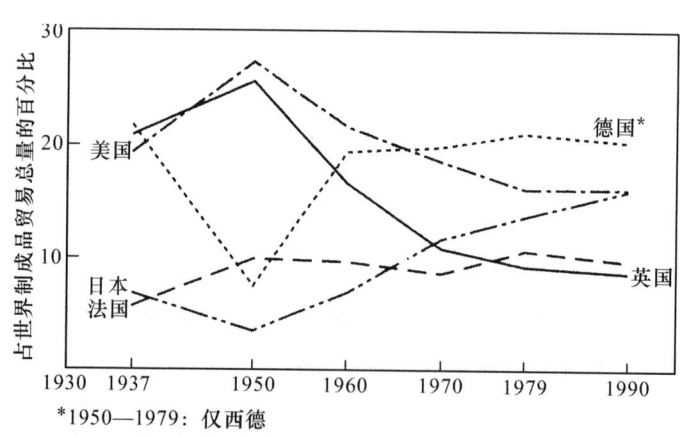

图 19　占世界制成品贸易的份额，1937—1990 年

（Source：N. R. Crafts，*Can De-Industrialisation Severely Damage Your Wealth ?*，1993，p. 20；drawing on Maizels，1963，Brown & Sheriff，1979，CSO，1991.）

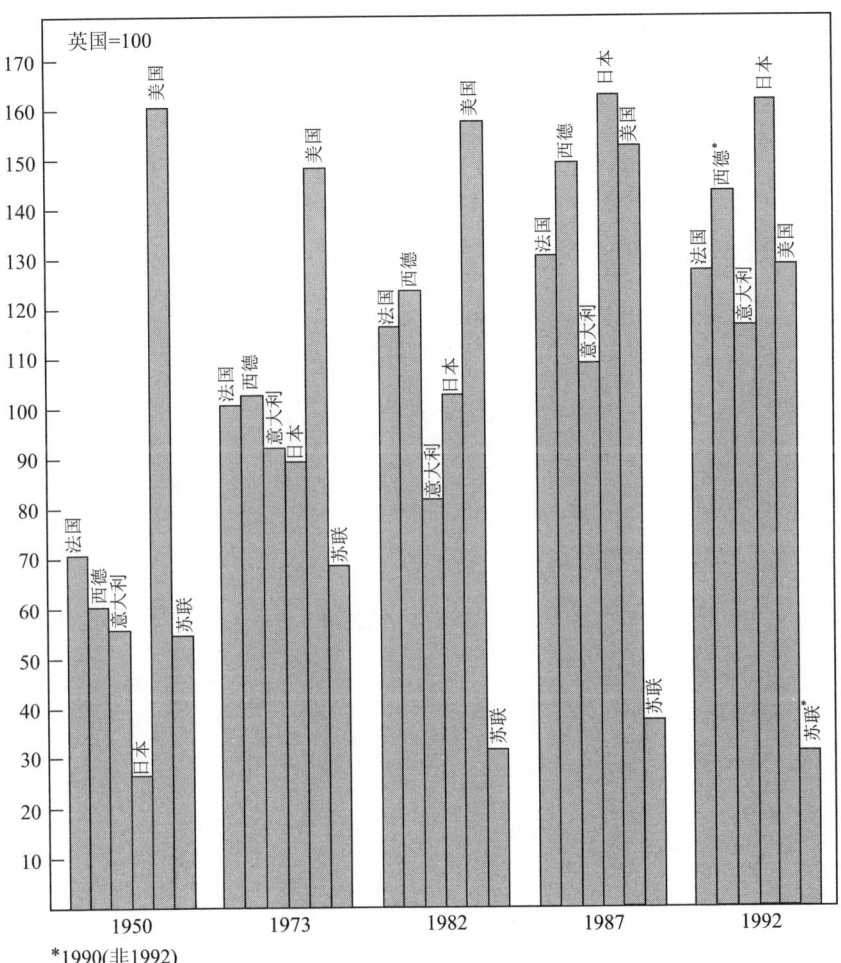

*1990(非1992)

图20　人均国内生产总值，1950—1992 年

（Sources：A. Maddison, *The World Economy in the Twentieth Century*,
1989, p. 19；N. Crafts and N. Woodward（eds.），*The British Economy Since
1945*, 1991, p. 9；UN, *Statistical Yearbook 1985/6*, *1987*, *1993* and *1994*.）

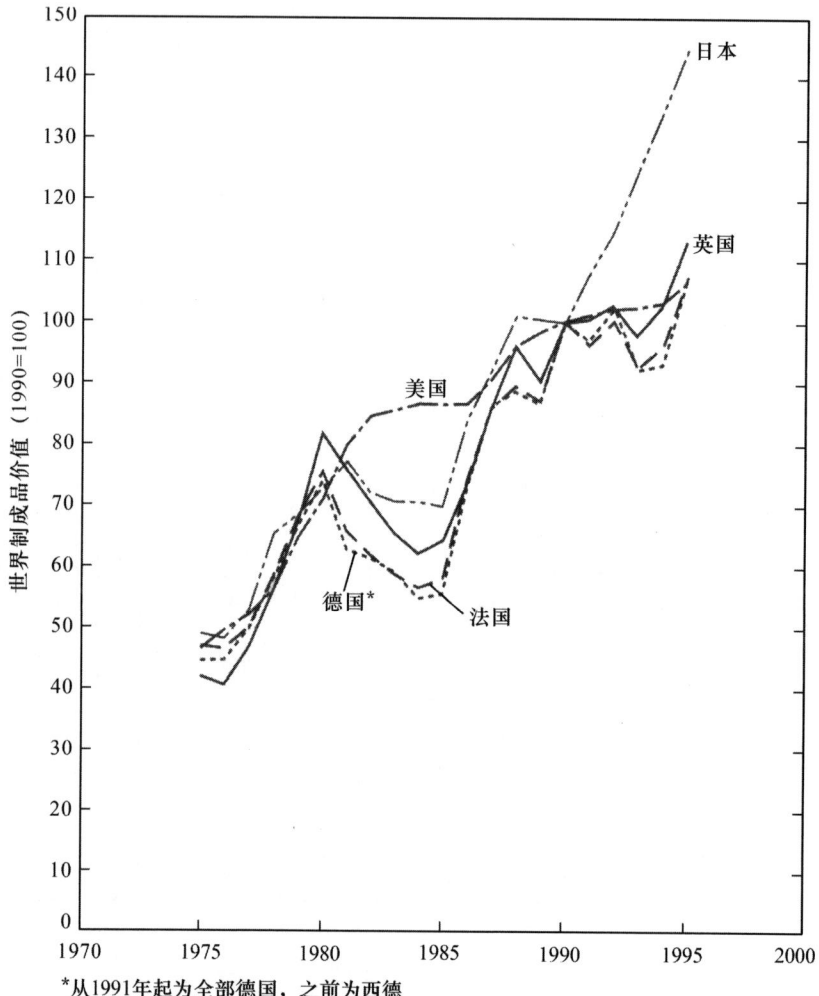

*从1991年起为全部德国，之前为西德

图21　英国在制成品贸易中的竞争力，1975—1995 年

（Source：Office of National Statistics, *Economic Trends 1997*, p. 156,

drawing on IMF data.）

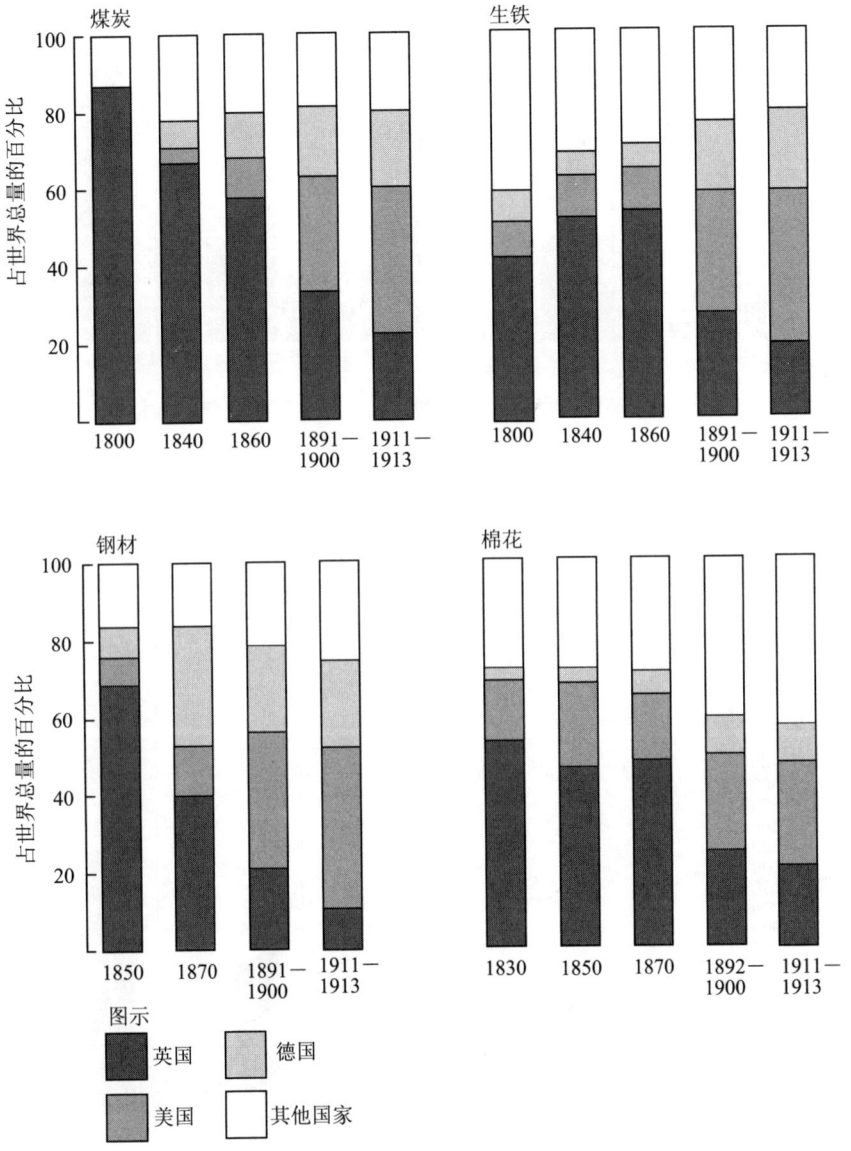

图 22 英国在世界工业中的占比，19 世纪

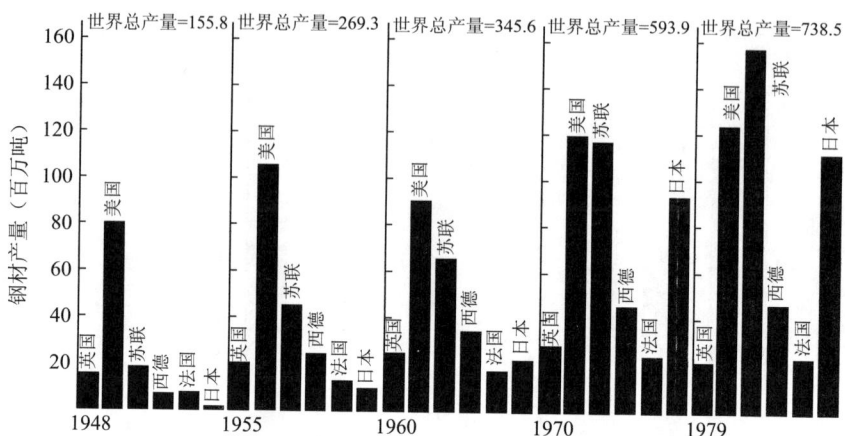

图 23a　英国在世界工业中的占比，1948—1980 年：钢材

（Sources：1970，1979，UN，*Yearbook of Industrial Statistics 1978*，
pp. 471 – 2 and *1982*，pp. 481 – 3. ）

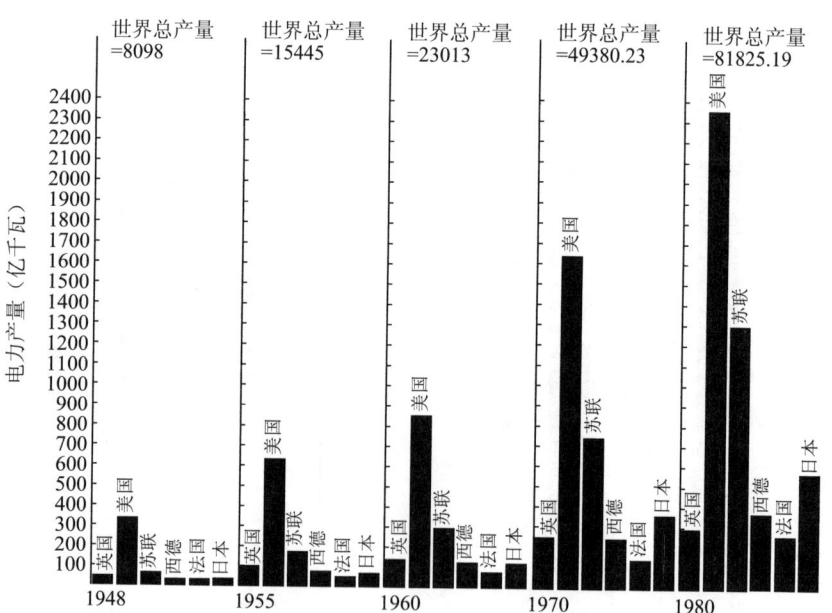

图 23b　英国在世界工业中的占比，1948—1980 年：电力

（Sources：1970，UN，*Yearbook of Industrial Statistics 1978*，*Vol. 2*，
pp. 696 – 8；1980，*1982*，*Vol. 2*，pp. 703 – 5. ）

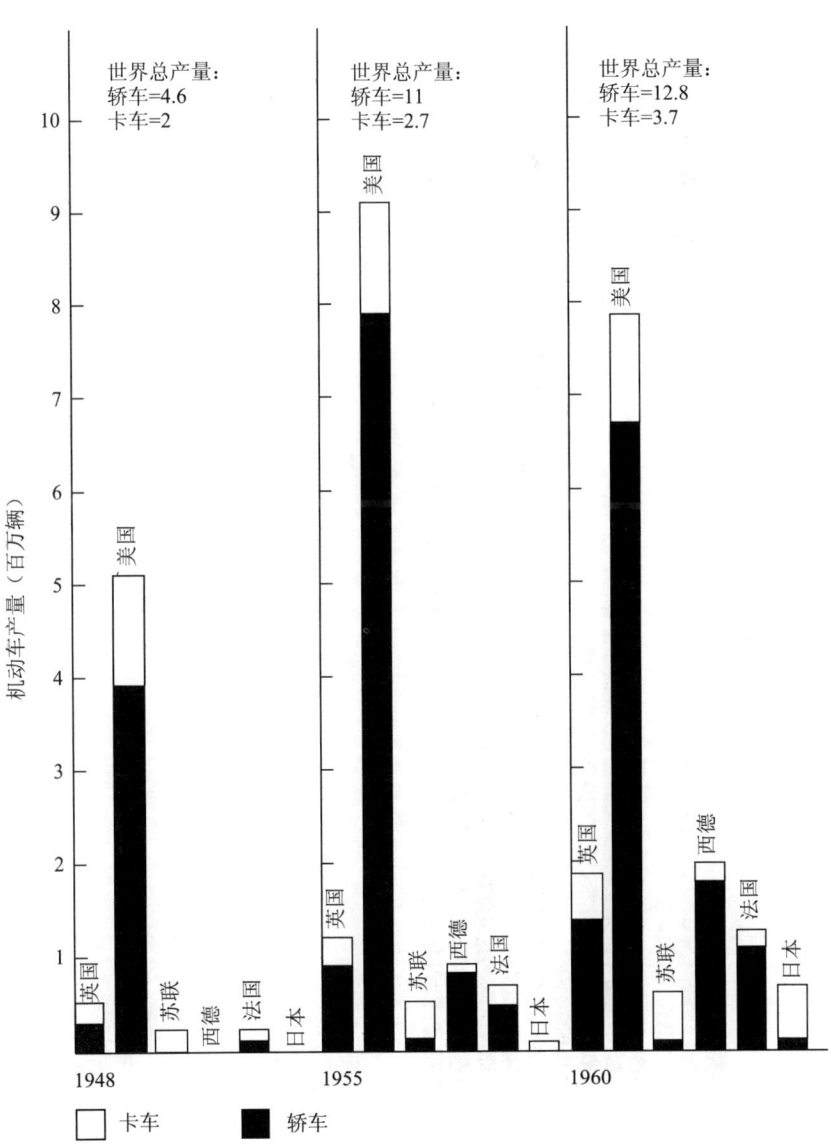

世界总产量：
轿车=4.6
卡车=2

世界总产量：
轿车=11
卡车=2.7

世界总产量：
轿车=12.8
卡车=3.7

机动车产量（百万辆）

美国

英国

苏联

西德

法国

日本

1948

美国

英国

苏联

西德

法国

日本

1955

美国

英国

苏联

西德

法国

日本

1960

□ 卡车　■ 轿车

图 23c　英国在世界工业中的占比，1948—1960 年：车辆

（Sources：见图 23d.）

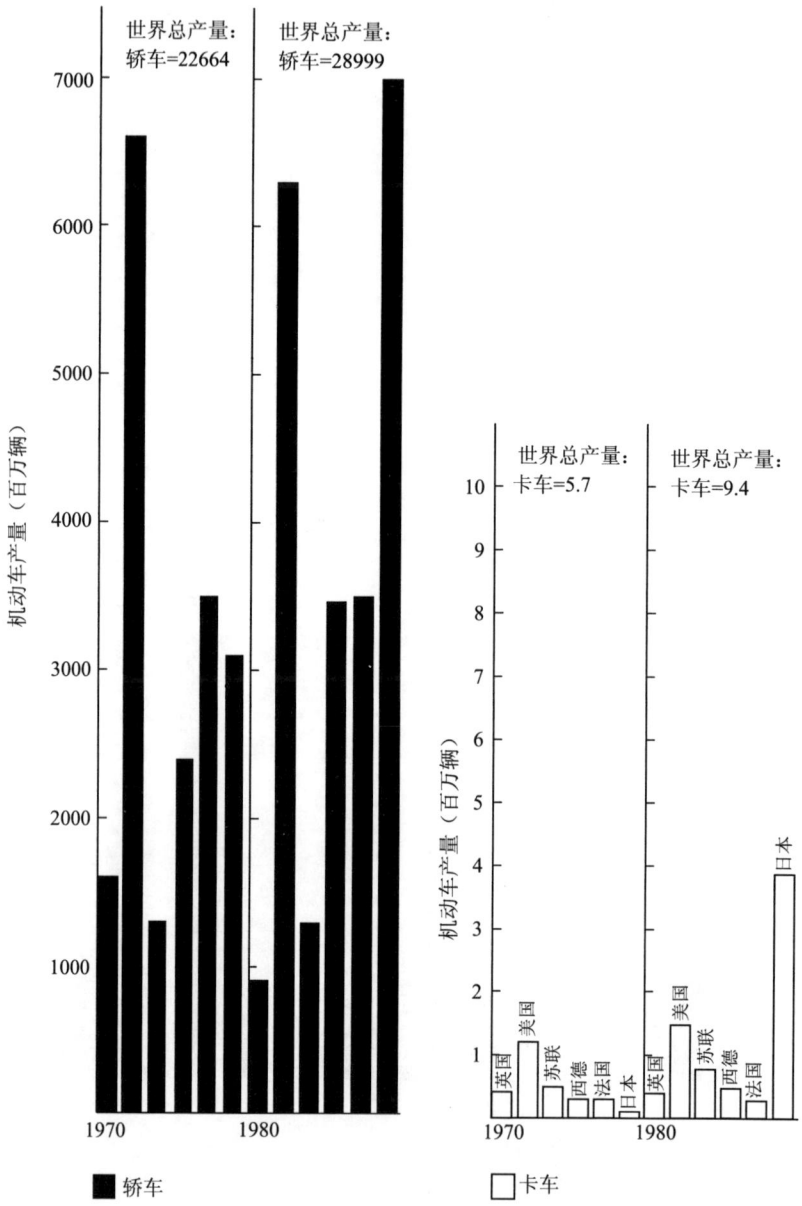

图 23d　英国在世界工业中的占比，1970—1980 年：车辆

（Sources：1970，UN，*Yearbook of Industrial Statistics 1978*，*Vol. 2*，
pp. 667，671；1980，*1982*，*Vol. 2*，pp. 763，767.）

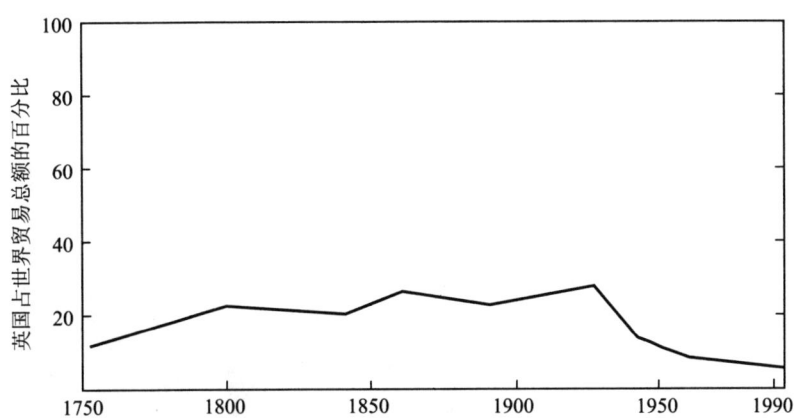

图 24　不同时期英国占世界贸易的份额，1750—1990 年

（Source：1990，UN，*Statistical Yearbook*：41st edition，1996，pp. 692，677.）

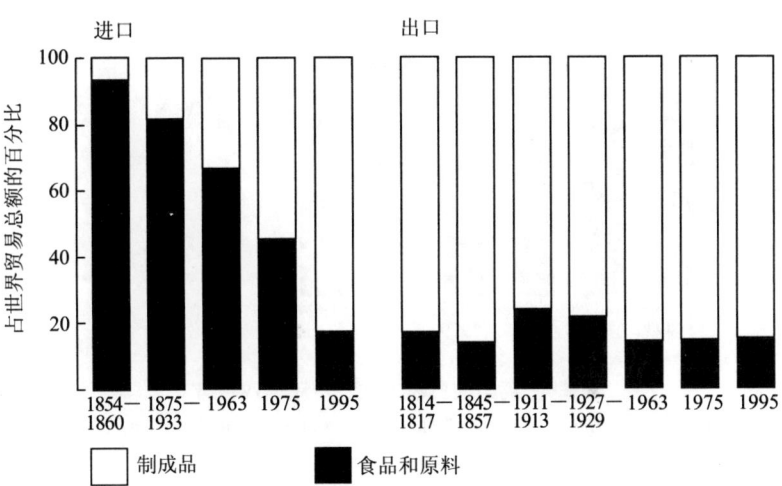

图 25　按商品类别的英国贸易，1814—1995 年

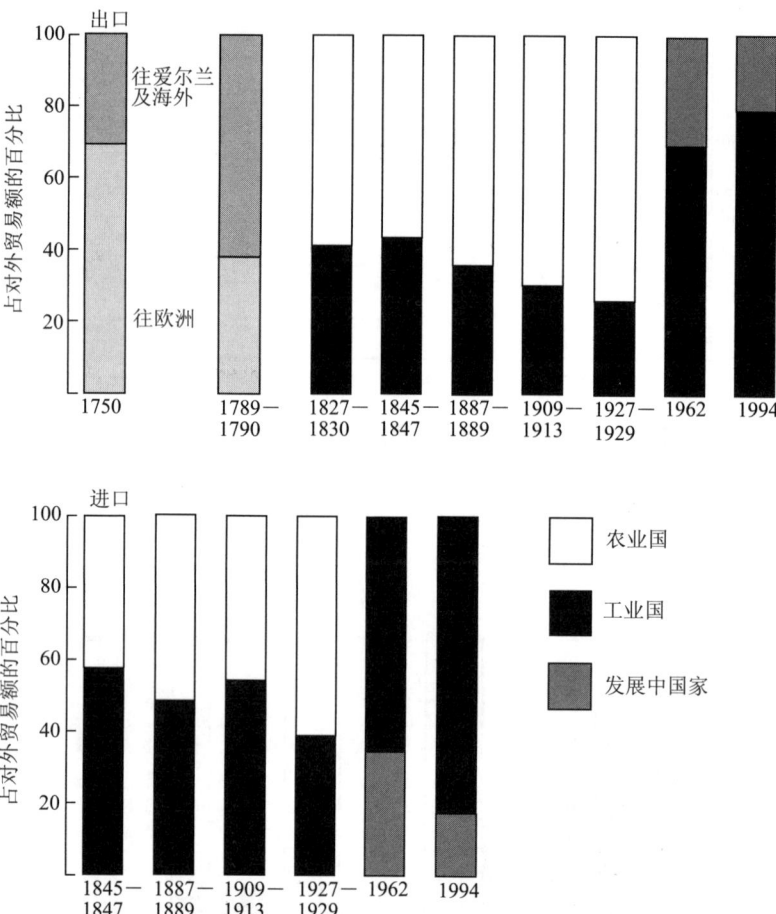

图26　英国的贸易方式，1750—1994 年

（Source：1994，C. J. Green，"The Balance of Payments" in Artis，ed.，
The UK Economy，14th edition，1996.）

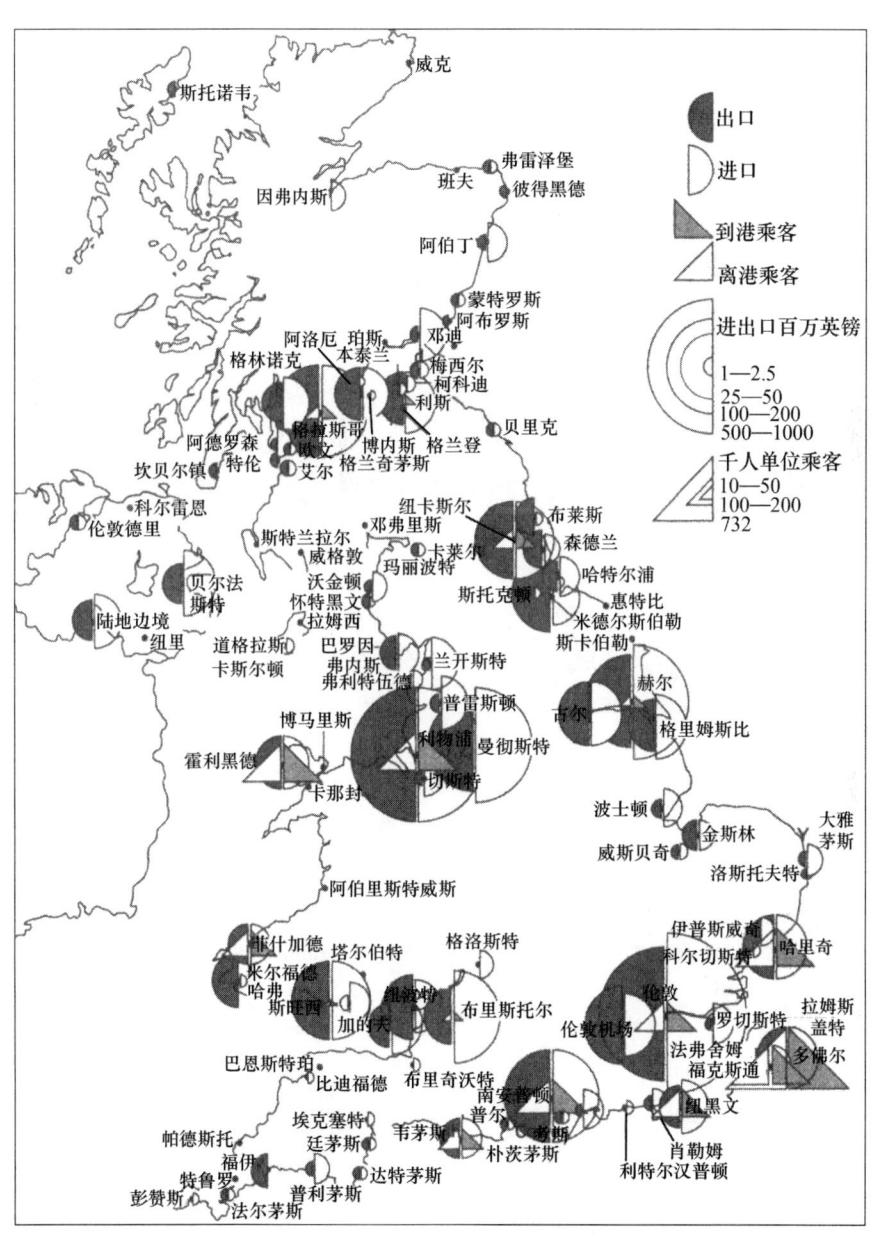

图 27 英国的港口，1960 年

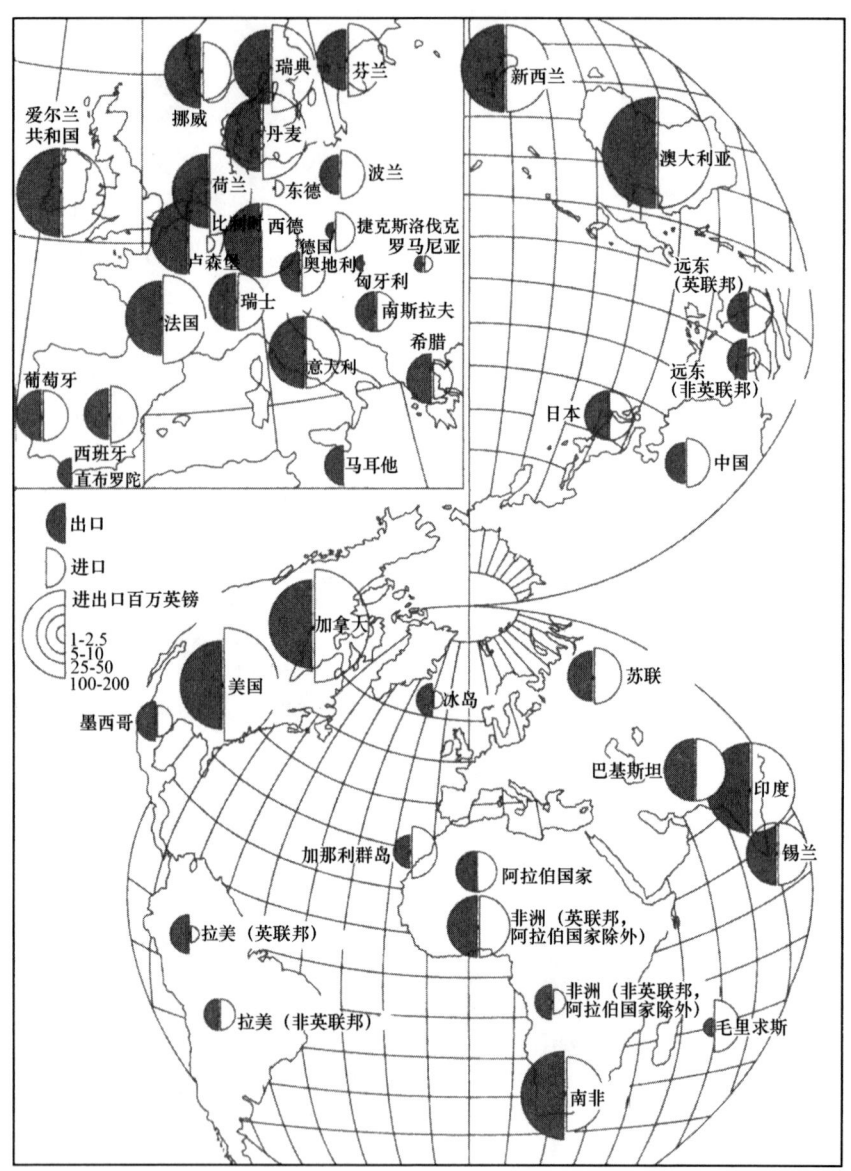

图 28　海外贸易格局，1960 年

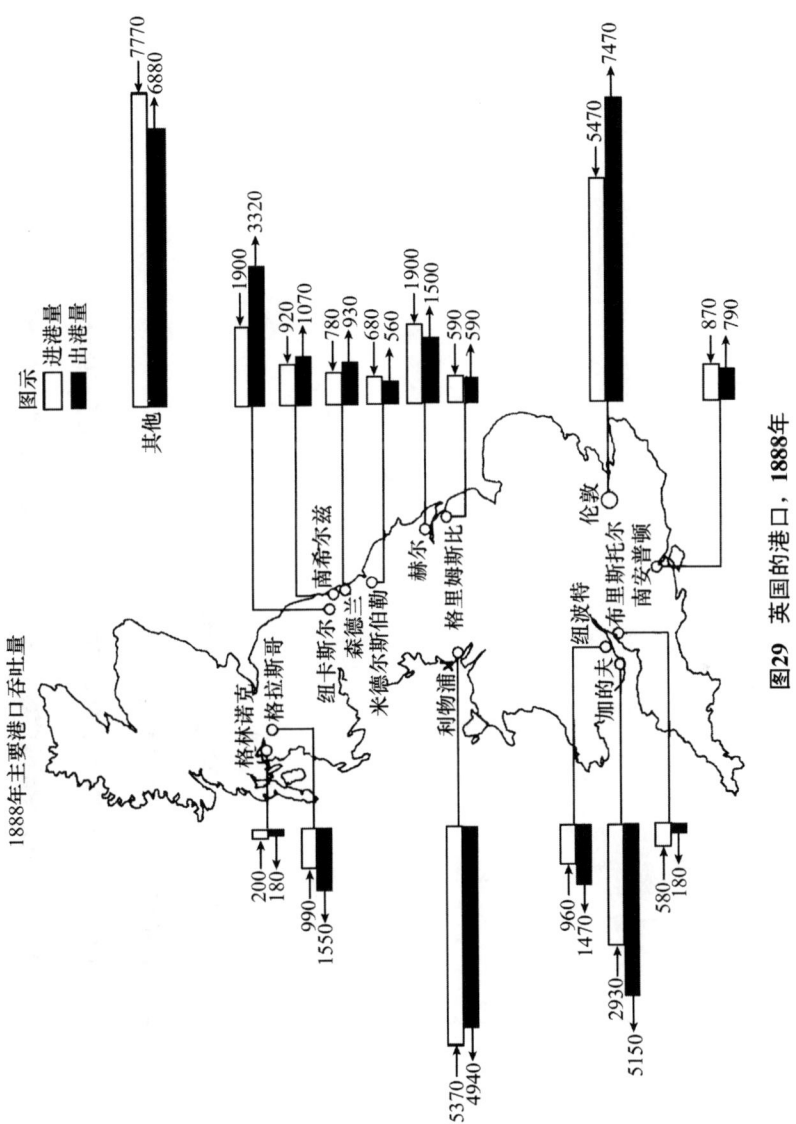

图29 英国的港口，1888年

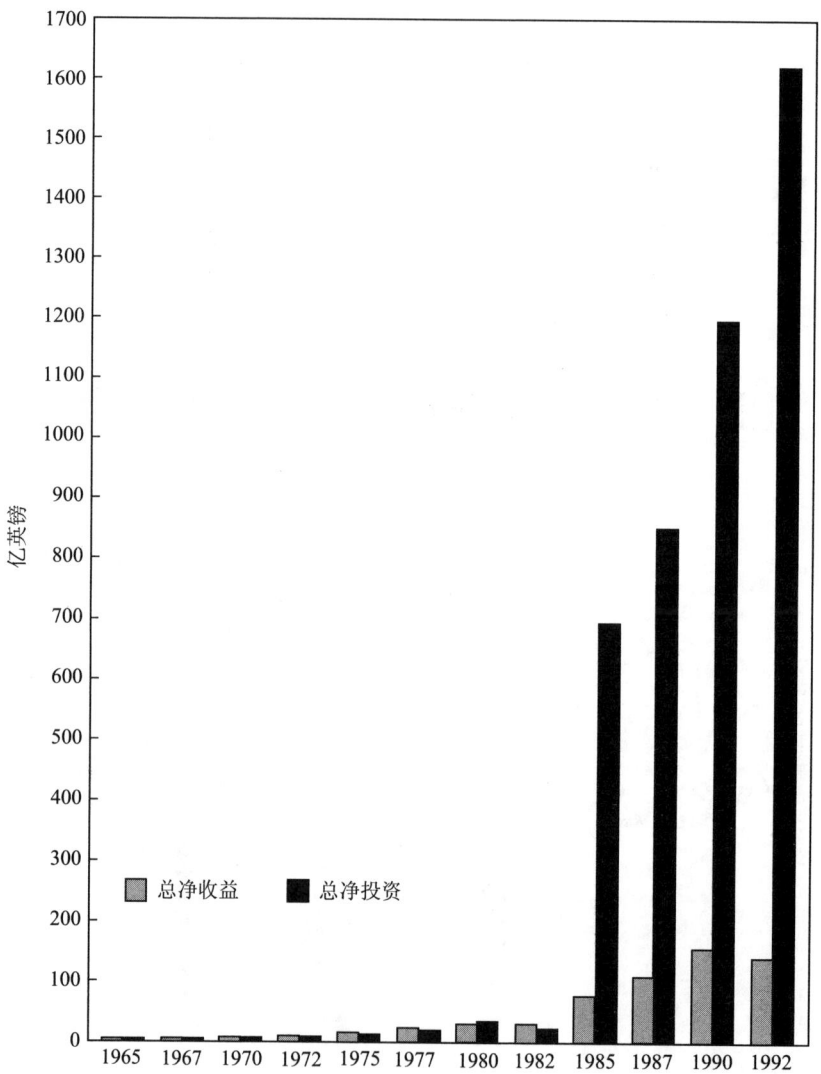

图 30 英国公司的海外直接投资（1965—1983 年的数字不含石油公司）

（Sources：Business Statistics Office，*Business Monitor 1979*，pp. 6 – 7，
1986，pp. 10 – 11，*1991*，p. 15. ）

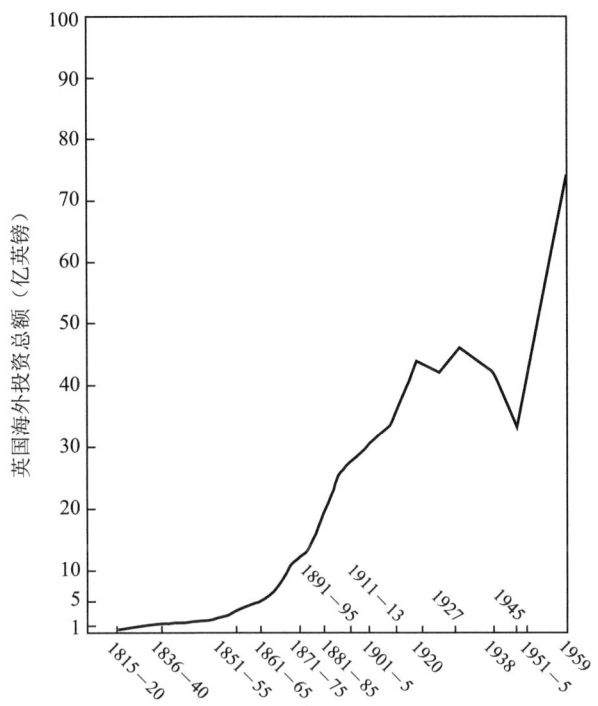

图 31　英国的海外投资

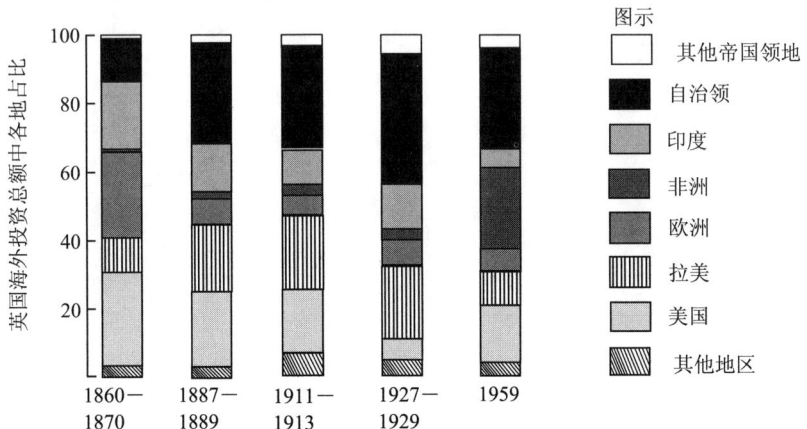

图 32a　英国海外投资的地域分布

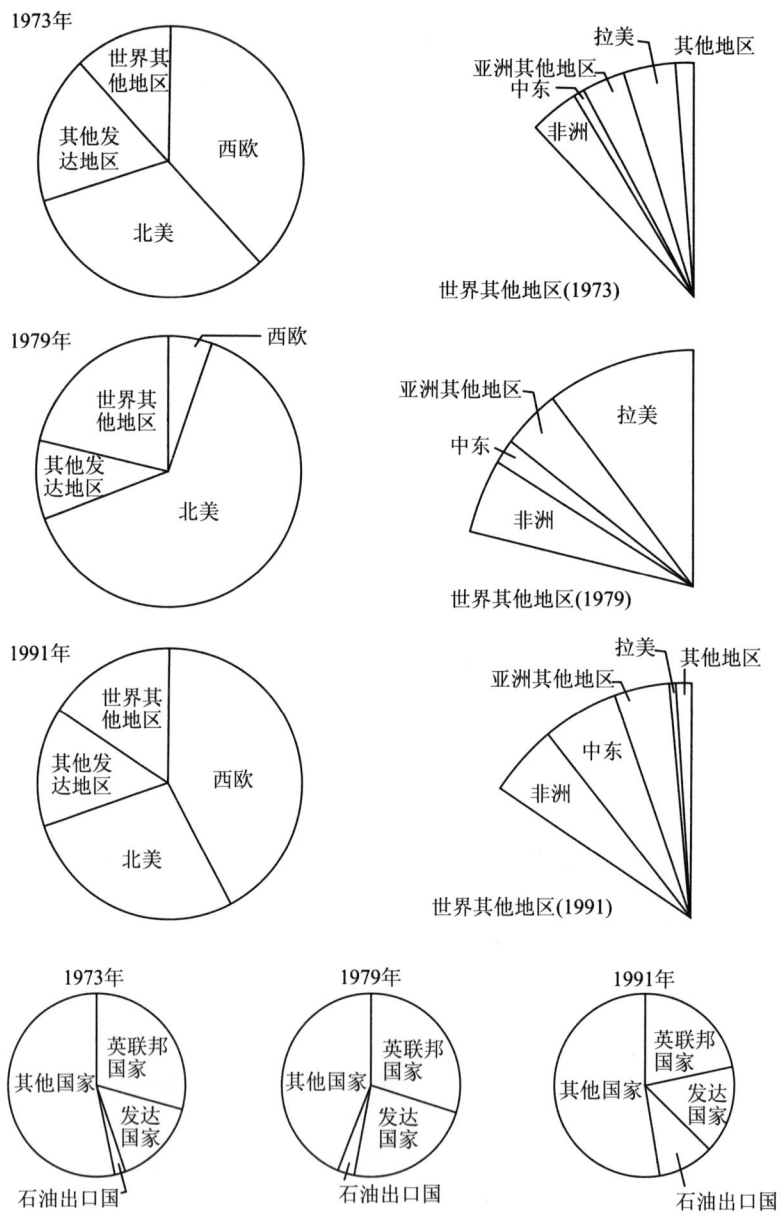

图 32b 英国公司的净海外直接投资（不含石油公司）

（Sources：Business Statistics Office, *Business Monitor 1979*, p. 22,
1991, pp. 22 – 3. ）

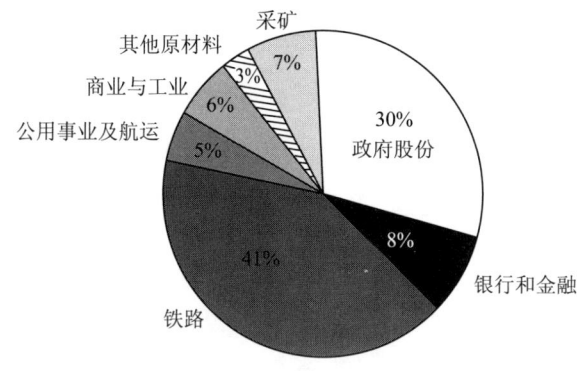

采矿 7%

政府股份 30%

银行和金融 8%

铁路 41%

公用事业及航运 5%

商业与工业 6%

其他原材料 3%

1913年海外投资

包含银行业在内的其他活动 13%

石油及保险 48%

制造业 20%

农业 7%

分销 7%

运输、通讯、采矿、建筑 5%

1958—1961年按行业细分的英国海外直接投资

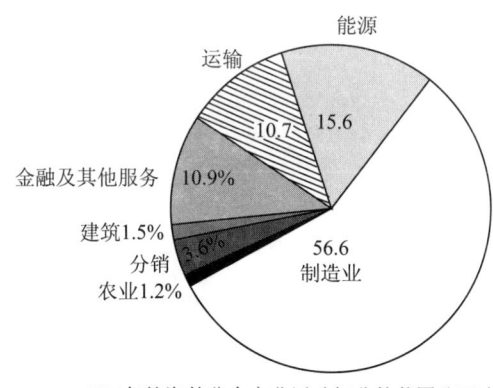

能源 15.6

运输 10.7

制造业 56.6

金融及其他服务 10.9%

建筑1.5%

分销 3.6%

农业1.2%

1991年按海外分支产业活动细分的英国公司净直接投资

图33　英国的投资组合

（Source：1991，British Statistics Office，*Business Monitor 1991*.）

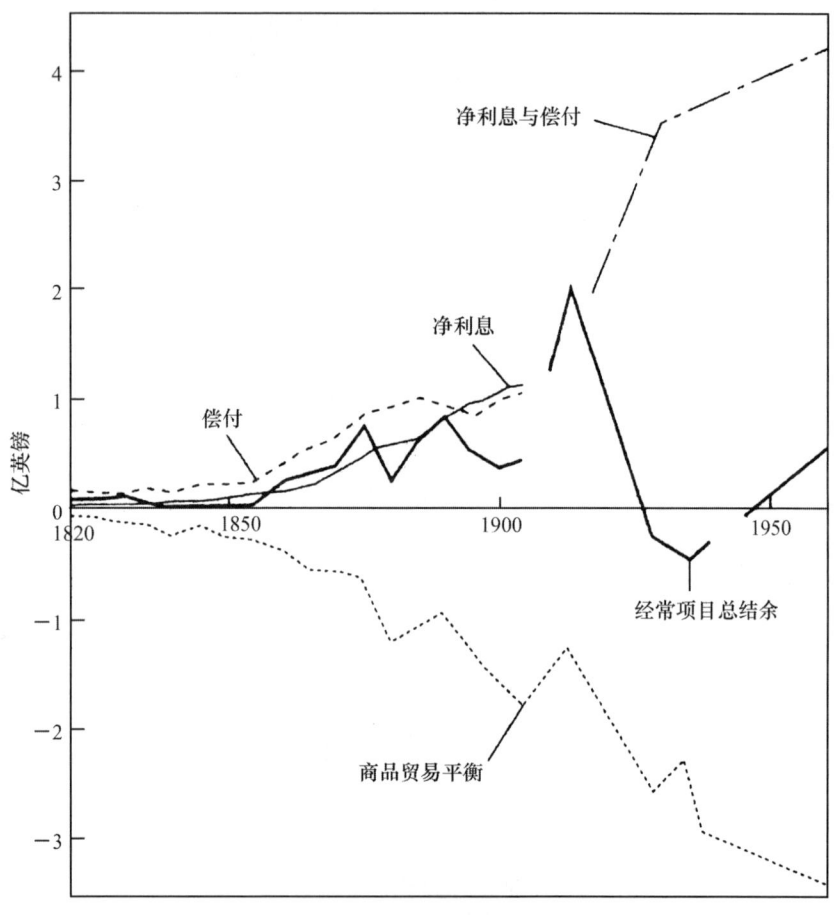

图 34a　收支平衡，1820—1955 年

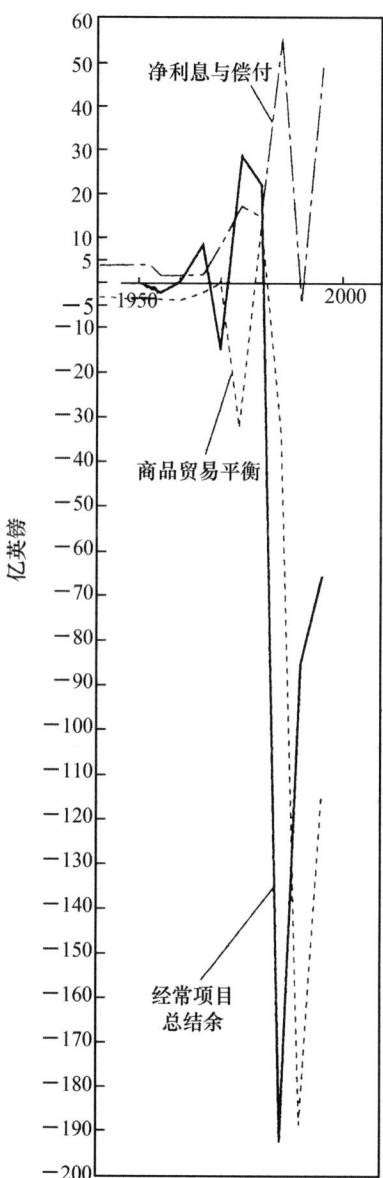

图 34b　收支平衡，1955—1995 年

（Sources：1955 – 95，*The Economist*，*Pocket Britain in Figures 1997*，pp. 94 – 5.）

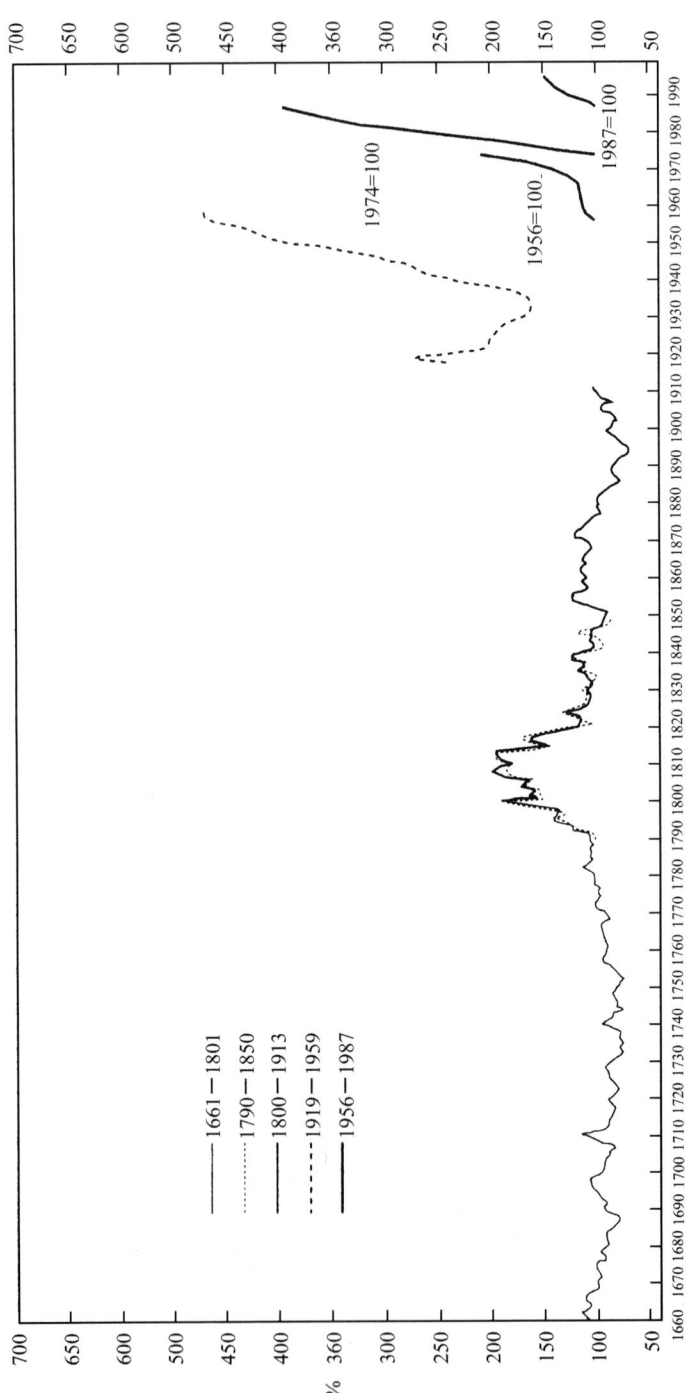

图35 英国的价格变动，1700—1995年

(Sources: 1660—1959, P. Deane and W. A. Cole, *British Economic Growth 1688—1959*, CUP, 1962, figure 7. 1959—95, *Annual Abstracts of Statistics 1964—97*.)

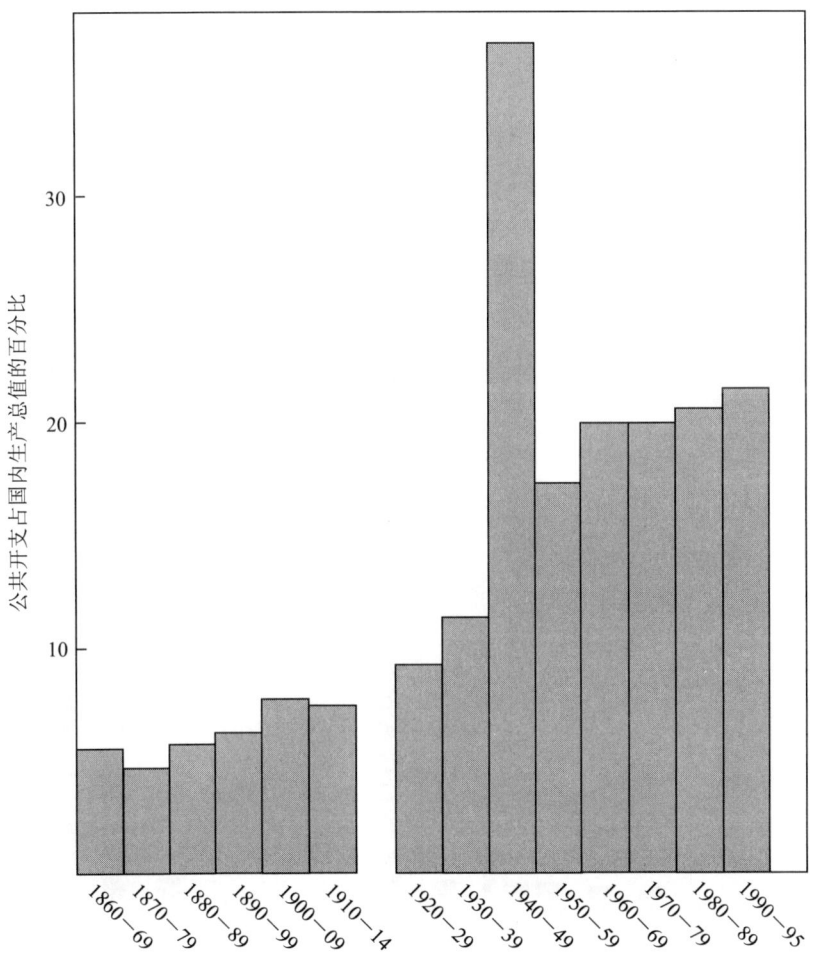

图 36　政府开支占国民生产总值的百分比

（Source：1960 – 90，calculated from *Annual Abstracts of Statistics 1970 – 97*. ）

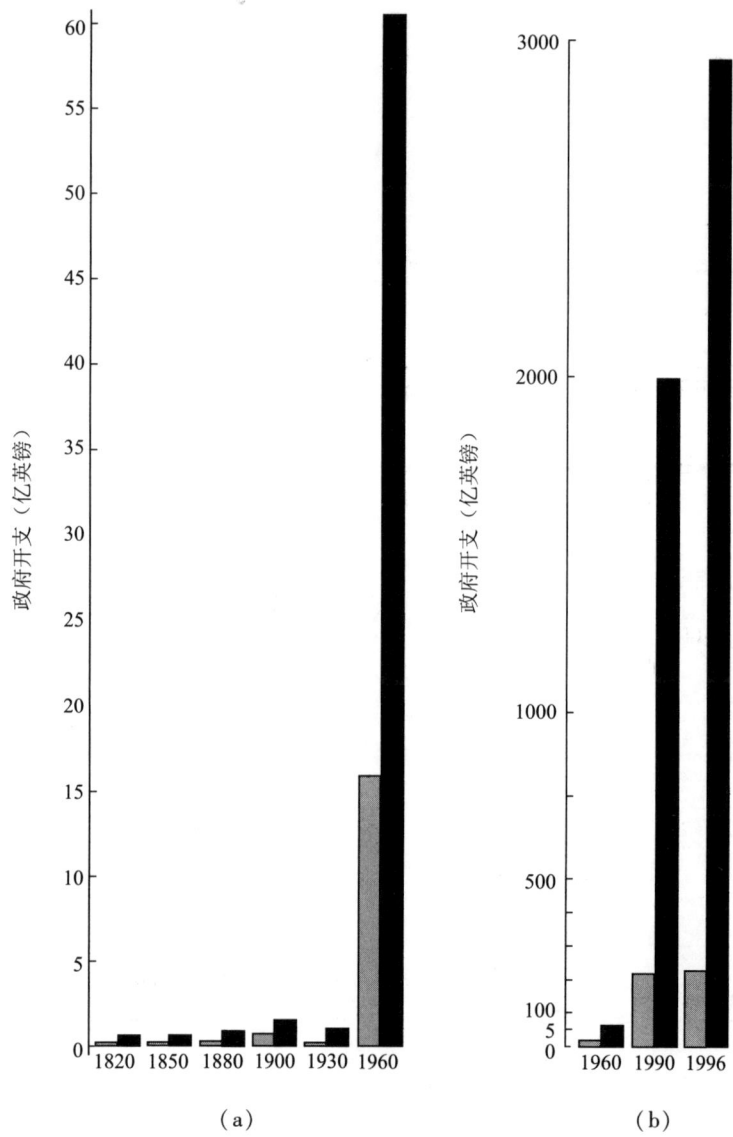

图 37a　国防占政府总开支的份额，1820—1960 年

图 37b　国防占政府总开支的份额，1960—1996 年

（Sources：*Annual Abstract of Statistics 1970*，pp. 294 − 8；Office of National Statistics，*United Kingdom National Accounts 1997*，p. 98，101.）

	1900	1910	1925	1935	1955	1975	1994
	济贫　8.4	济贫　12.4	济贫　31.4	济贫　34.3	国民援助　114.4	社会保障得利　9749	社会保障得利　89411
		养老　8.5	养老　94.8	养老　98.0	养老　94.1	住房　4694	住房　5298
		住房　0.6	住房　18.1	住房　42.3	住房　83.5	福利食品　15	福利服务　8059
			失业　16.9	失业　73.9	国民保险　493.2	福利服务　1095	国民健康服务　39879
			健康保险等　21.1	健康保险等　25.7	国民健康服务　445.5	国民健康服务　5470	
					家庭津贴　94.1	教育　7021	
总计（百万英镑）	8.4	21.5	182.3	274.2	1324.8	28044	177793

图38　社会保障开支的主要项目，1900—1994年

(Sources: 1975, 1994, *Annual Abstract of Statistics 1985*, p. 43, 1997, p. 47.)

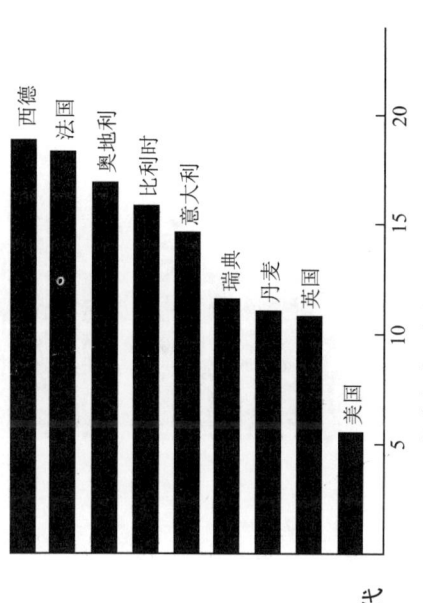

社会保障开支占国民收入的百分比

西德　法国　奥地利　比利时　意大利　瑞典　丹麦　英国　美国

图39　不同国家社会保障开支占国民收入的百分比，1950年代

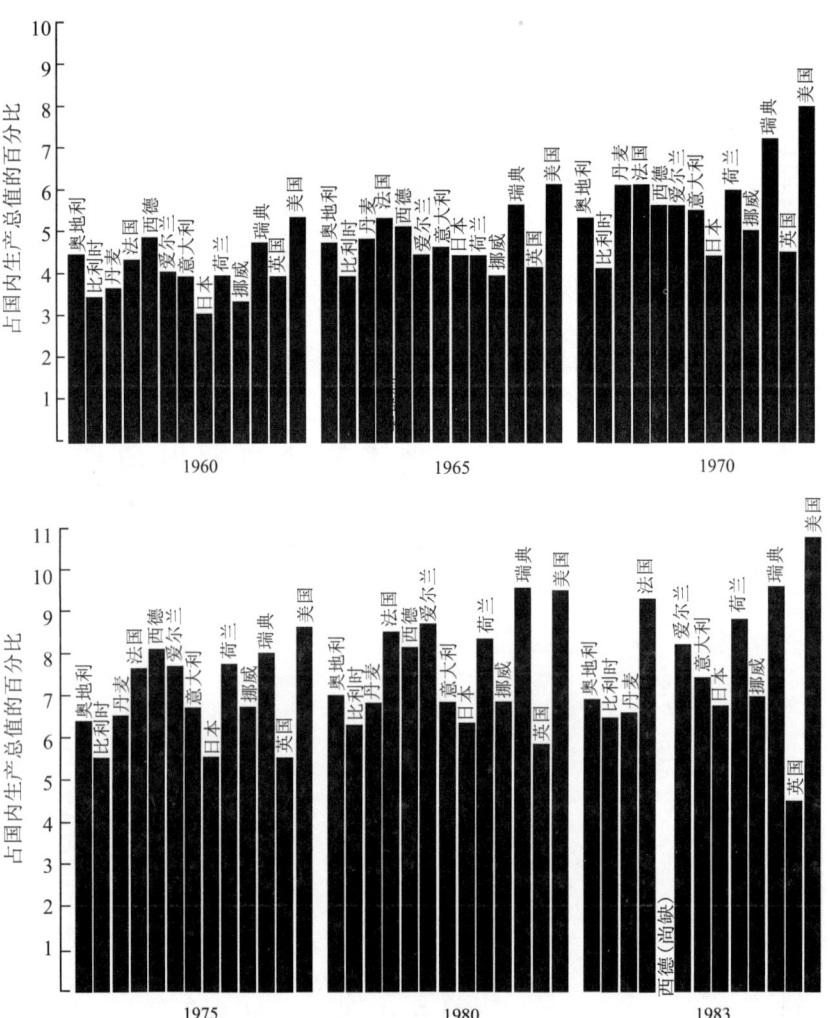

图40　医疗总开支占国内生产总值的百分比，1960—1983 年

（Source：A. H. Halsey, ed. , *British Social Trend Since 1900*, 1988, p. 458. ）

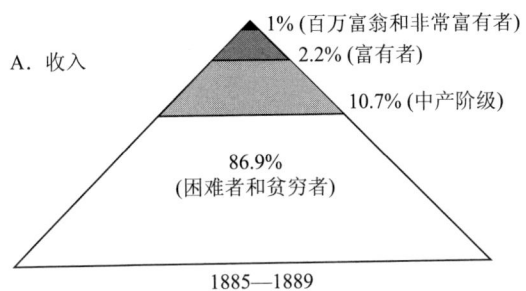

A. 收入

1% (百万富翁和非常富有者)
2.2% (富有者)
10.7% (中产阶级)
86.9%
(困难者和贫穷者)

1885—1889

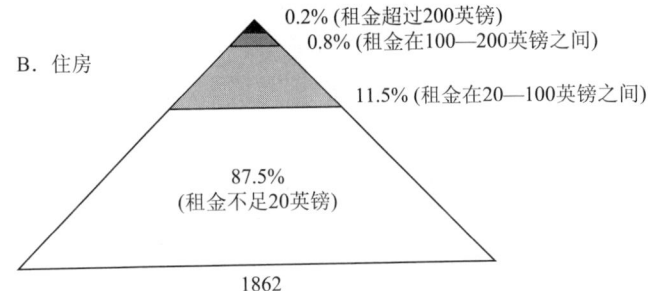

B. 住房

0.2% (租金超过200英镑)
0.8% (租金在100—200英镑之间)
11.5% (租金在20—100英镑之间)
87.5%
(租金不足20英镑)

1862

图41 富人与穷人：维多利亚时代的人们
A. 收入，1885—1889年；B. 住房（年租金），1862年

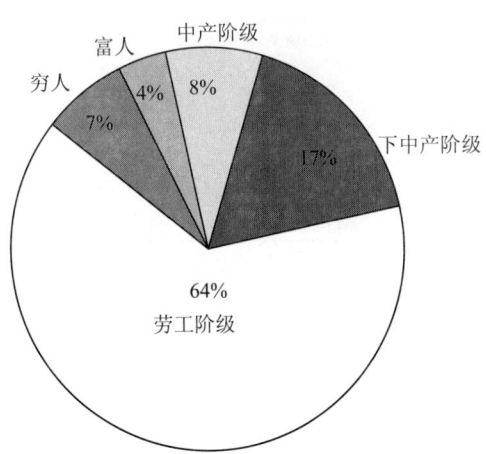

富人
中产阶级
穷人
4%
8%
7%
17% 下中产阶级
64%
劳工阶级

图42a 富人与穷人，1955年

（Source：*Social Class 1955*，Hulton Survey.）

417

拥有财富所占百分比

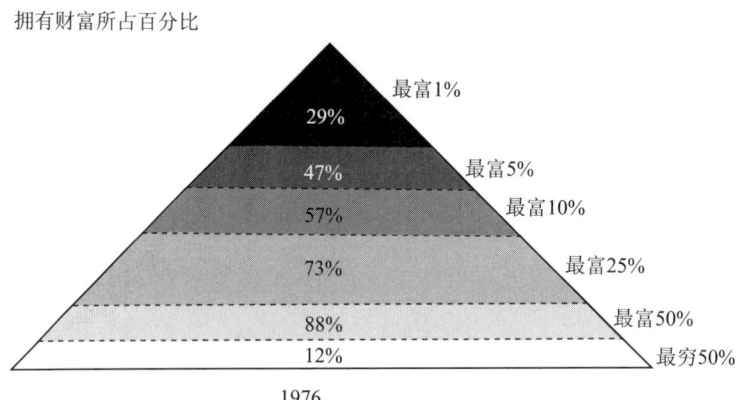

1976

可交易财富总量：2.8亿英镑

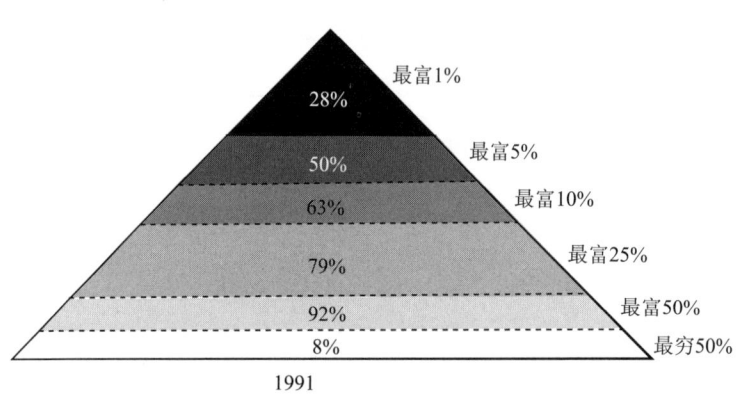

1991

可交易财富总量：16.94亿英镑

图 42b　英国的财富分配，1976、1991 年：可交易财富（包括住房）
（Source：*Social Trends 1994*，p. 78，drawing from Inland Revenue. ）

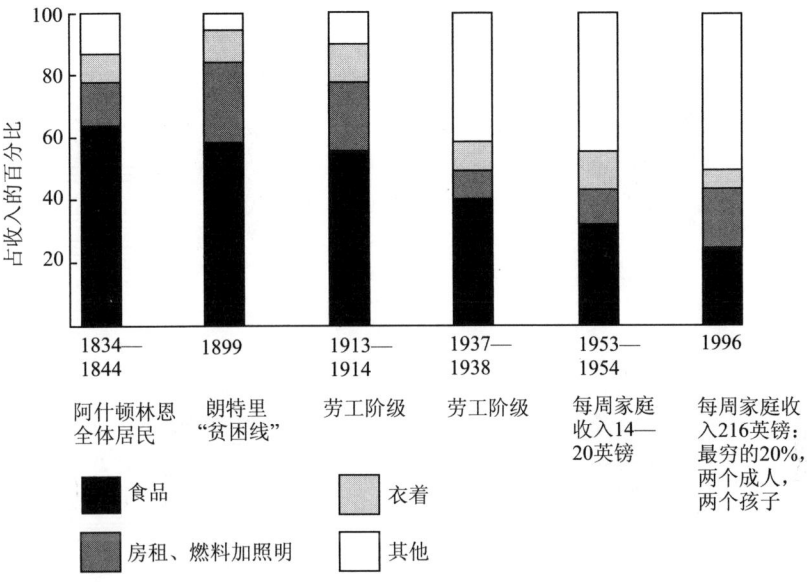

图 43 工人的家庭开支

（Sources：1996，Office of National Statistics，*Family Spending 1996*，p. 70）

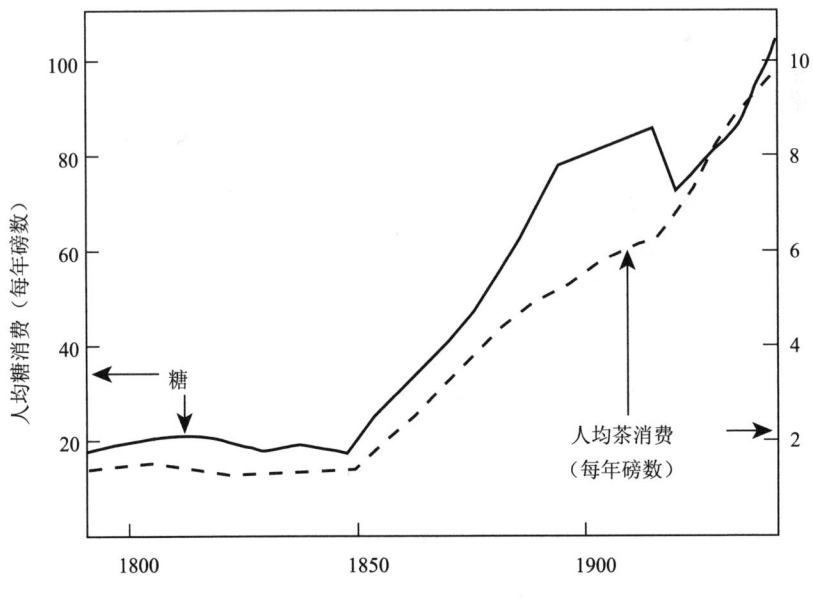

图 44 茶和糖的消费

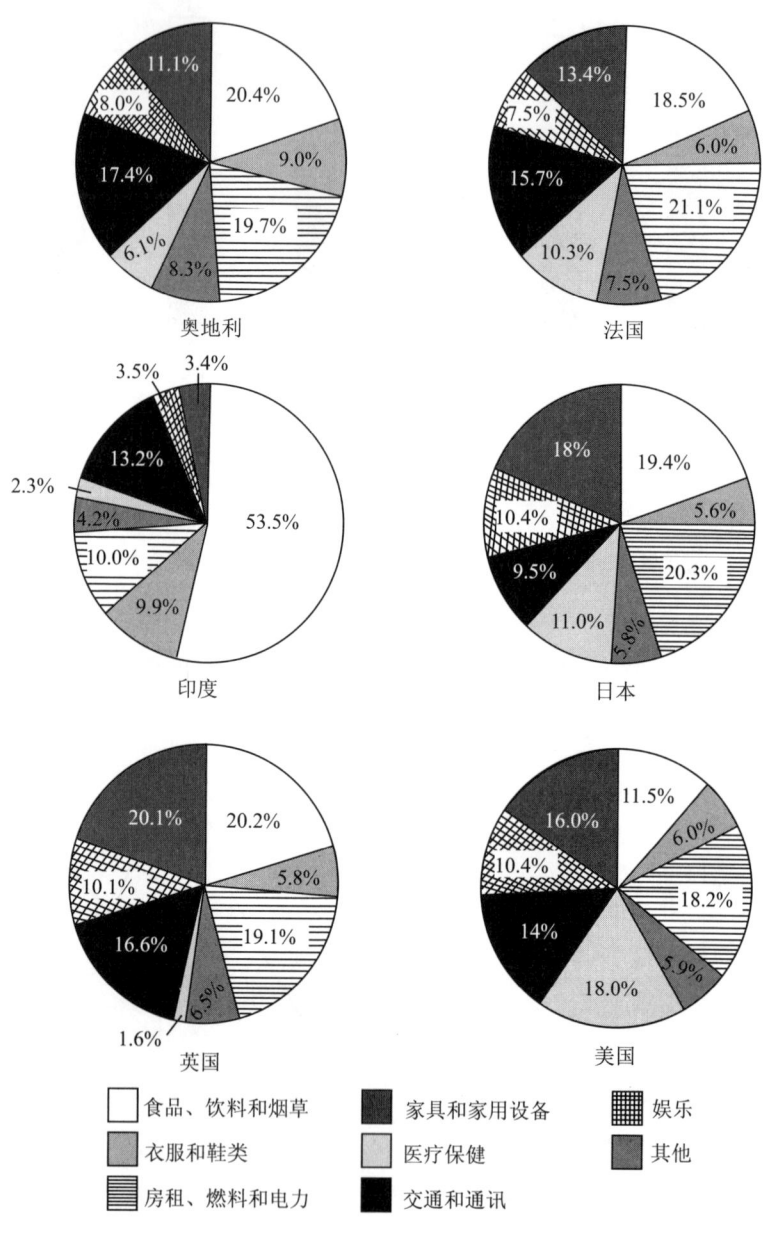

图 45　按类型和目的看私人最终消费，1993 年

（Source：UN，*Statistical Yearbook*：41st edition，1996.）

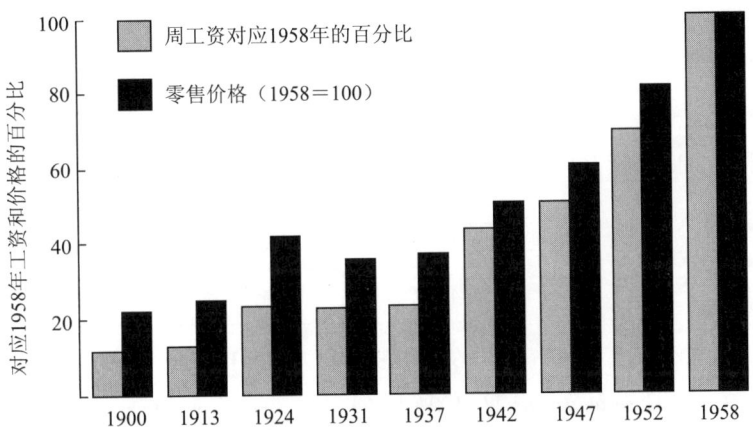

图 46a　平均周工资与零售价格，1900—1958 年

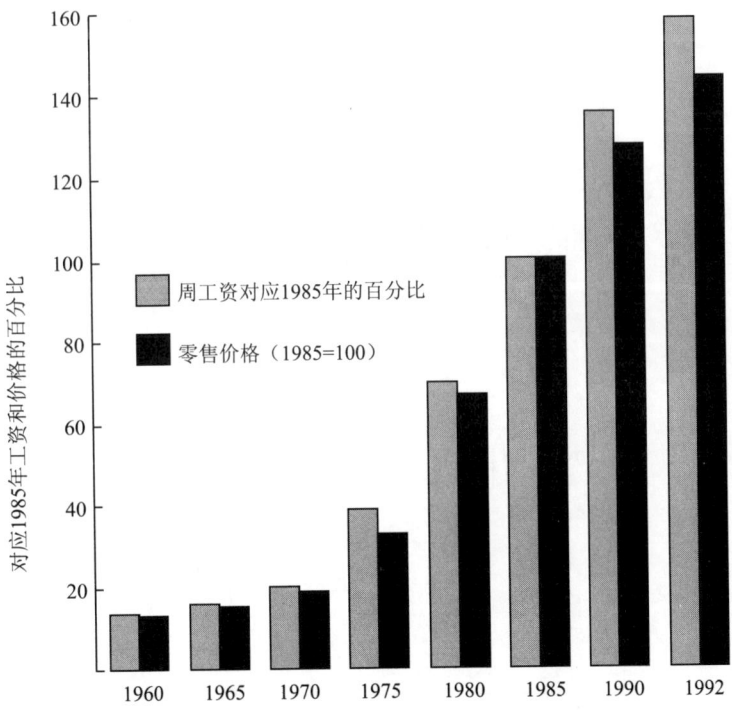

图 46b　平均周工资与零售价格，1960—1992 年

（Sources：Office for National Statistics，*Economic Trends 1993*，
pp. 138－9 and *1997*，pp. 161－9.）

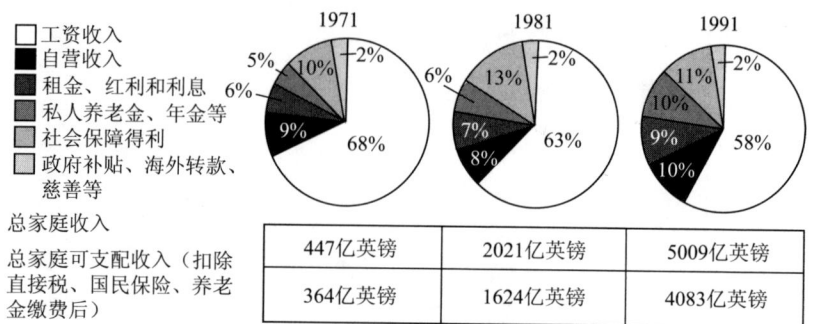

工资收入		
自营收入		
租金、红利和利息		
私人养老金、年金等		
社会保障得利		
政府补贴、海外转款、慈善等		

总家庭收入

447亿英镑	2021亿英镑	5009亿英镑
364亿英镑	1624亿英镑	4083亿英镑

总家庭可支配收入（扣除直接税、国民保险、养老金缴费后）

图 47　英国的总家庭收入，1971—1991 年

（Source：*Social Trends 24*，1994，p. 68，from Central Statistical Office.）

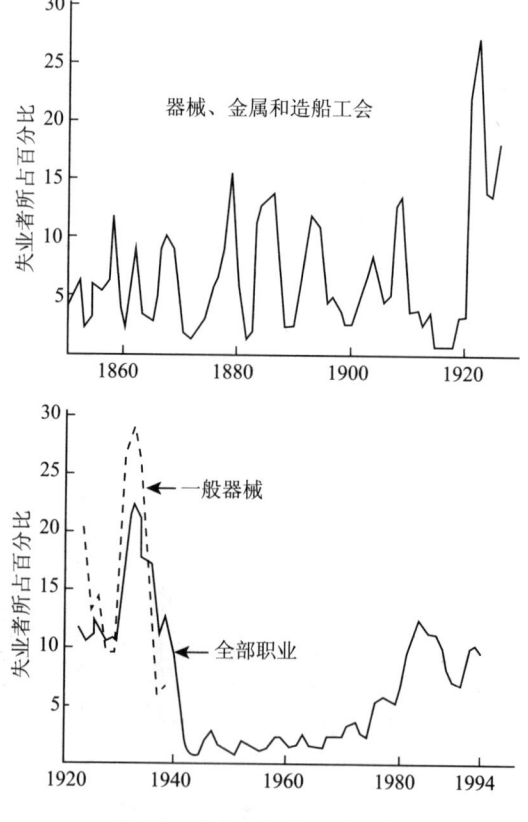

图 48　失业，1860—1994 年

Sources：1961-94，B. R. Mitchell，*British Historical Statistics*，1988，p. 124；
Social Trends 1994，p. 82 and *1996*，p. 93.）

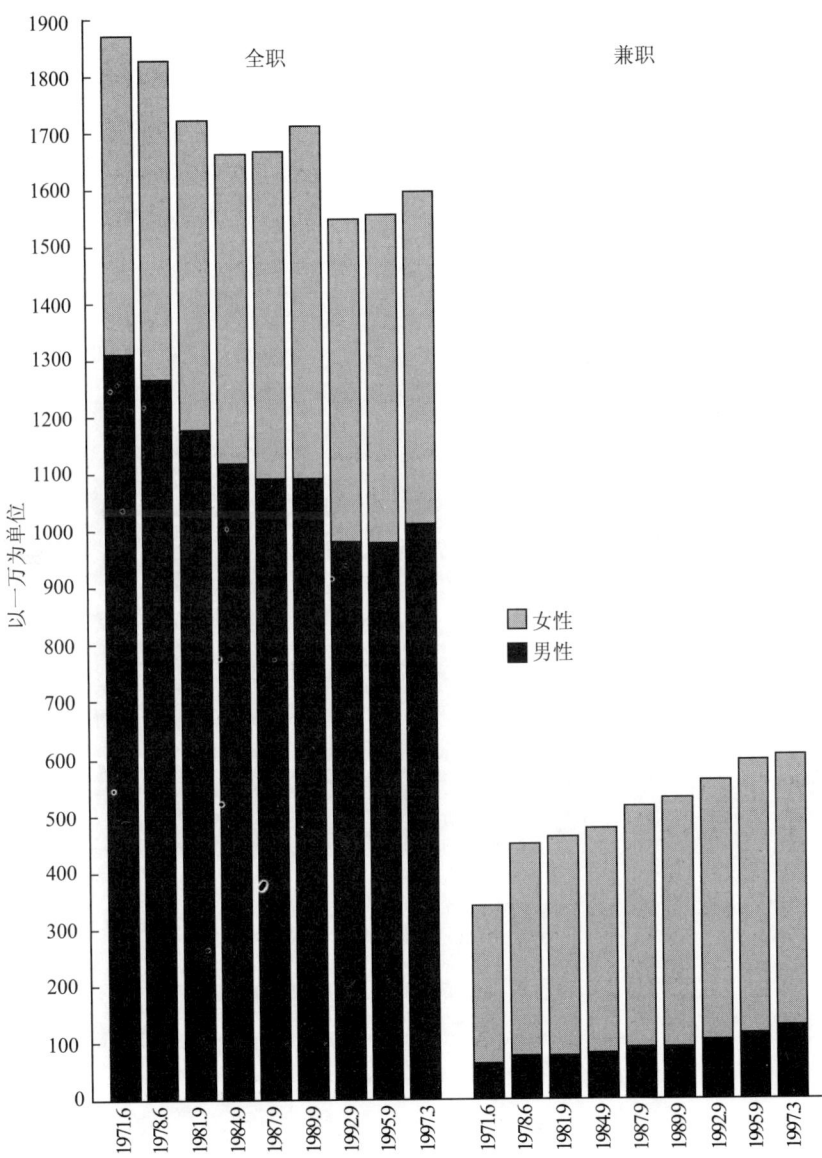

图 49　英国的雇员，1971—1997 年

（Source：*Employment Gazette*，November 1989 and November 1992；
Labour Market Trends，November 1996 and September 1997.）

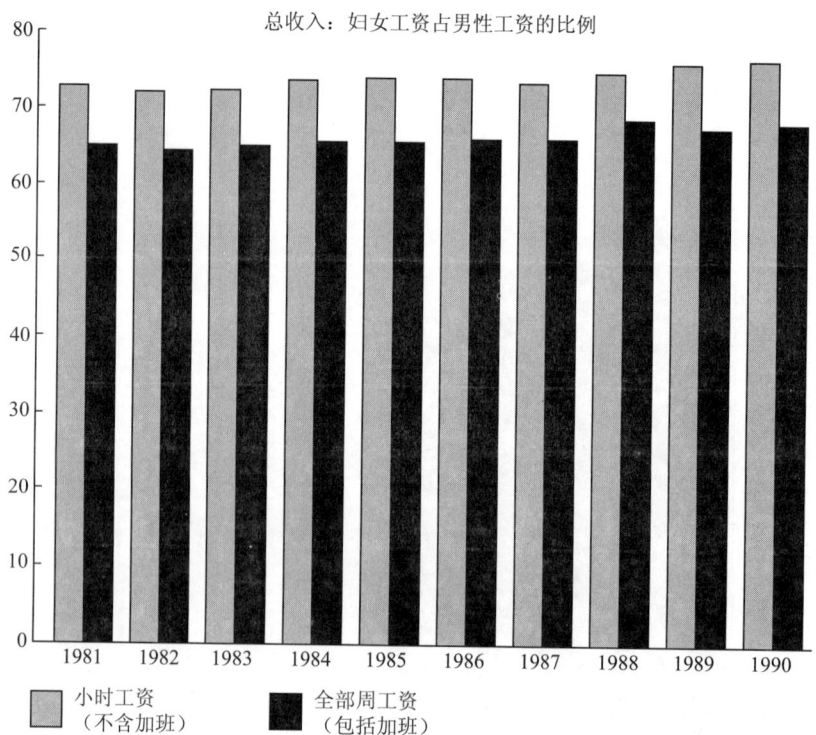

图 50　男女工资差距，1981—1990 年

（Source：'New Earnings Survey'，reported in Equal Opportunities Commission，
Pay and Gender in Britain，1991，p. 3.）

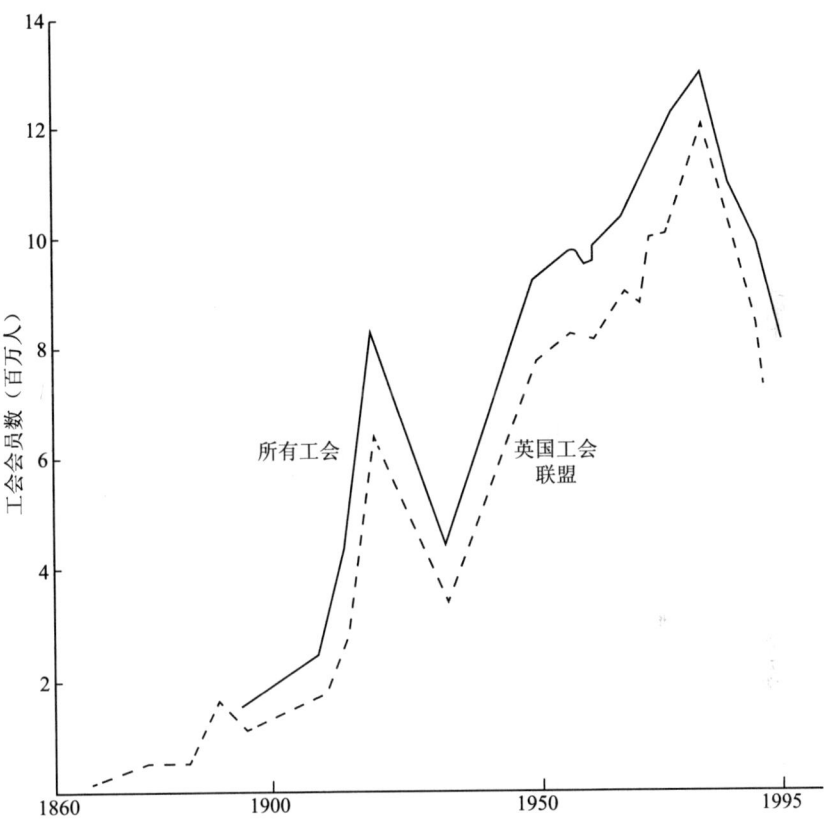

图 51　工会会员，1860—1995 年

（Sources：1945 – 95，Department of Employment，*Abstract of Labour Statistics 1878 – 1968*，1971；*Ministry of Labour Gazette*；*Employment and Productivity Gazette*；*Department of Employment Gazette*；*Labour Market Trends*；*Trades Union Congress Reports.*）

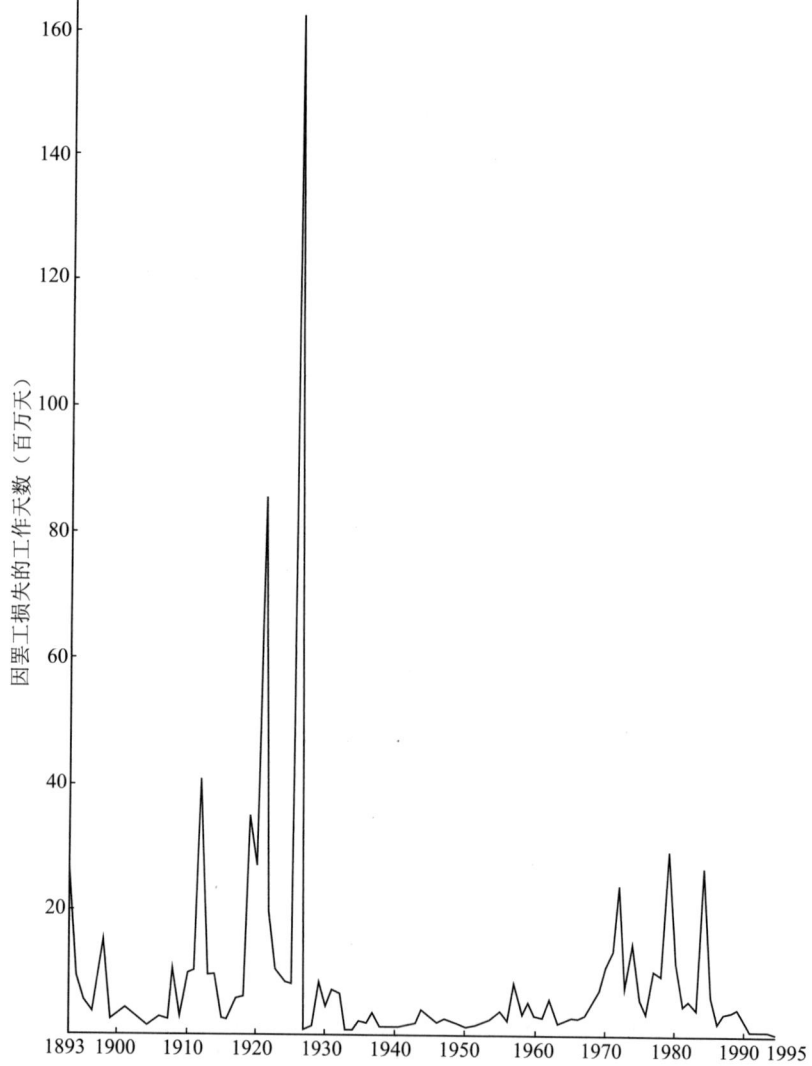

图 52　因罢工损失的工作天数，1890—1995 年

（Sources：*Ministry of Labour Gazette*，*Employment and Productivity Gazette*，
Department of Employment Gazette，and *Labour Market Trends.*）

后续阅读

工业与帝国
Industry and Empire

英国的现代化历程

From 1750 to the Present Day

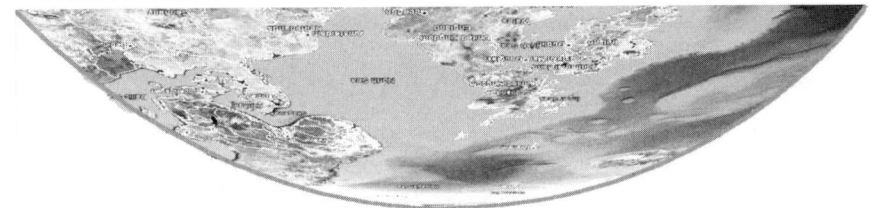

后续阅读

这里就建议的后续阅读文献作出说明，目的是帮助读者针对 1750 年以来的英国社会与经济史了解某些最重要且易得的书籍。能够接触到学术馆藏的学生应当查阅相关刊物，如 *Economic History Review*, *Journal of Economic History*, *Social History*, *Business History Review*, *Labour History Review* and *Journal of Transport History*。经济史学会的系列出版物 "Studies in Economic and Social History"（原先由麦克米兰出版社出版，现由剑桥大学出版社出版）对相关专题作了有价值的介绍。

1. 基础资料

基本的数据最易见于 B. R. Mitchell, *British Historical Statistics* (1988)。可资补充的有 C. H. Feistein, *National Income, Expenditure and Output of the United Kingdom 1855 – 1965* (1972), the Central Office of Information, *Annual Abstract of Statistics* and *Britain, An Official Handbook*, the Department of Employment, *Labour Market Trends*, 以及联合国及其专门机构的各种极有价值的出版物。有关比较性数据，参见世界银行的出版物，如定期出版的 *World Development Report* and *World Atlas*。有关社会数据，参见 D. C. Marsh, *The Changing Social*

Structure of England and Wales 1871 – 1951（1958）and A. H. Halsey, British Social Trends since 1900（1988）。有关近年情况，参见 Social and Community Planning Research 发布的 British Social Attitudes。

现有几种经济与社会史图集，包括：J. Langley and R. Morris, Atlas of Industrialising Britain 1780 – 1914（1986），A. Charlesworth（ed.），Atlas of Rural Protest in Britain（1983，此书上溯至 1900 年），A. Charlesworth, D. Gilbert, A. Randall, H. Southall, and C. Wrigley, An Atlas of Industrial Protest in Britain 1750 – 1990（1996），及近年的 D. Dorling, A New Social Atlas of Britain（1995）。F. D. Klingender, Art and the Industrial Revolution（1968）系图像材料指南。

2. 英国综合史

有关 1750 年来的英国历史，除其他众多著作外，参见 Paul Langford, A Polite and Commercial People：England 1727 – 1783（1989）；Asa Briggs, The Age of Improvement 1780 – 1867（1959）；A. J. P. Taylor, English History 1914 – 1945（1965）and K. O. Morgan, The People's Peace：British History 1945 – 1989（1990）。Peter Clarke, Hope and Glory：Britain 1900 – 1990（1996）系新出的"企鹅英国史"系列中的现代首卷，同样值得重视的还有 T. C. Smout, A Century of the Scottish People 1830 – 1950（1986）and K. O. Morgan, Rebirth of a Nation：Wales 1880 – 1980（1982）。

3. 英国经济史

最好的入门书是 R. Floud and D. McLoskey（eds），The Economic History of Britain Since 1700（3 Vols, second edition 1994），Martin Daunton, Progress and Poverty：An Economic and Social History of Britain 1700 – 1850（1995），Roderick Floud, The People and the British Economy 1830 – 1914（1997）and S. Pollard, The Development of the British E-

conomy 1914 – 1990（1992）。有关比较研究，参见 Angus Maddison，*Dynamic Factors in Capitalist Development*：*A Long-run Comparative View*（1991）。有关技术问题，参见 David Landes，*The Unbound Prometheus*（1969）。P. Deane and W. A. Cole，*British Economic Growth 1688 – 1959*（1962）依然是有用的综合读本。

有关工业革命，较好的最新概论是 Pat Hudson，*The Industrial Revolution*（1992）。重要的研究包括 Joel Mokyr（ed.），*The British Industrial Revolution*：*An Economic Perspective*（1993），G. N. von Tunzelmann，*Steam Power and British Industrialization to 1860*（1978），E. A. Wrigley，*Continuity, Chance and Change*：*The Character of the Industrial Revolution in England*（1988），L. S. Pressnell，*Country Banking in the Industrial Revolution*（1956），F. Crouzet（ed.），*Capital Formation in the Industrial Revolution*（1972），N. R. F. Crafts，*British Economic Growth During the Industrial Revolution*（1985）and C. A. Whatley，*The Industrial Revolution in Scotland*（1977）。

4. 英国社会史

该领域最全面的著作是 F. M. L. Thompson（ed.），*The Cambridge Social History of Britain 1750 – 1950*（3 Vols, 1990）。自初版起，E. P. Thompson，*The Making of the English Working Class* 已如所期待，成为一部经典，同时应为之补充 E. J. Hobsbawm，*Worlds of Labour*（1984）and *Labouring Men*（1964）。也参见 Elizabeth Roberts，*A Woman's Place*：*An Oral History of Working Class Women 1890 – 1940*（1984）and J. Bourke，"Housewifery in Working Class England 1860 – 1914"（in *Past and Present*，Vol. 143，1994）。F. M. L. Thompson，*English Landed Society in the Nineteenth Century*（1963）and Mark Girouard，*The Victorian Country House*（1979）属优秀作品。有关中产阶级，参见 W. D. Rubinstein，*Men of Property*：*The Very Wealthy in Britain since the Indus-*

trial Revolution（1981），E. J. Hobsbawm，Chapter 13 of *Age of Capital 1848 - 1875*（1973）and Chapter 7 of *Age of Empire*（1987），and Leonore Davidoff，*Family Fortunes*：*Men and Women of the English Middle Class 1780 - 1850*（1992）。有趣的广泛考察包括 José Harris，*Private Lives*，*Public Spirits*：*Britain 1870 - 1914*（1994）and R. I. McKibbin，*Classes and Cultures*：*England 1918 - 1951*（1998）及更早的著作：J. F. C. Harrison，*The Early Victorians 1832 - 51*，Geoffrey Best，*Mid-Victorian Britain*（1971）and J. F. C. Harrison，*Late Victorian Britain 1875 - 1901*（1991）。

Asa Briggs，*Victorian Things*（1988）and Cyril Ehrlich，*The Piano*：*A History*（1990）值得强烈推荐，但至少同样值得推荐的是 19 世纪的伟大小说、纪实报道及回忆录，其中特别推荐 John Galt，*Annals of the Parish*，此书涉及 1760—1820 年的苏格兰；Frederick Engels，*The Condition of the Working Class in 1844*，Charles Shaw，*When I Was a Child*，M. K. Ashby，*The Life of Joseph Ashby of Tysoe*（1961），这些书涉及乡村穷人；还有 R. Tressell，*The Ragged-Trousered Philanthropists*，此书涉及爱德华时代的工人。

索引

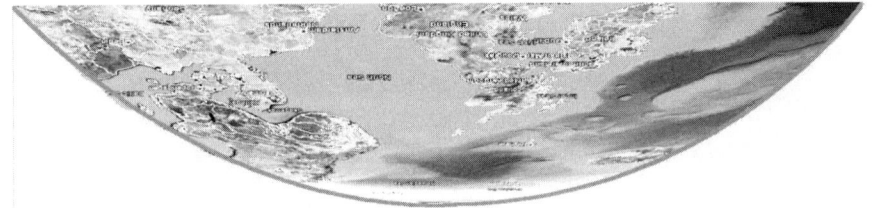

工业与帝国
Industry and Empire

英国的现代化历程　　　　　　　　From 1750 to the Present Day

索　引

（条目后的数字为原书页码，见本书边码）

435

图书在版编目（CIP）数据

工业与帝国：英国的现代化历程／（英）埃里克·霍布斯鲍姆（Eric Hobsbawm）著；梅俊杰译. —2版. —北京：中央编译出版社，2017.8
书名原文：Industry and Empire：From 1750 to the Present Day（2024.4 重印）
ISBN 978-7-5117-3352-8

Ⅰ．①工…
Ⅱ．①埃… ②梅…
Ⅲ．①工业现代化－研究－英国
Ⅳ．①F456.19

中国版本图书馆 CIP 数据核字（2017）第 156849 号

工业与帝国：英国的现代化历程

策划编辑：舟 楫
责任编辑：侯天保
责任印制：李 颖
出版发行：中央编译出版社
地　　址：北京市海淀区北四环西路 69 号（100080）
电　　话：（010）55627391（总编室）　　（010）55625179（编辑室）
　　　　　（010）55627320（发行部）　　（010）55627377（新技术部）
经　　销：全国新华书店
印　　刷：河北下花园光华印刷有限责任公司
开　　本：787 毫米×1092 毫米　1/16
字　　数：438 千字
印　　张：35.25
版　　次：2016 年 10 月第 1 版　2017 年 8 月第 2 版
印　　次：2024 年 4 月第 2 次印刷
定　　价：80.00 元

新浪微博：@中央编译出版社　　　微　　信：中央编译出版社（ID：cctphome）
淘宝店铺：中央编译出版社直销店（http://shop108367160.taobao.com）（010）55627331

本社常年法律顾问：北京市吴栾赵阎律师事务所律师　闫军　梁勤
凡有印装质量问题，本社负责调换，电话：（010）55627320